Die Entkriminalisierung des § 173 StGB

Europäische Hochschulschriften
Publications Universitaires Européennes
European University Studies

Reihe II
Rechtswissenschaft

Série II Series II
Droit
Law

Bd./Vol. 4819

PETER LANG
Frankfurt am Main · Berlin · Bern · Bruxelles · New York · Oxford · Wien

Sandra Karst

Die Entkriminalisierung des § 173 StGB

PETER LANG
Internationaler Verlag der Wissenschaften

Bibliografische Information der Deutschen Nationalbibliothek
Die Deutsche Nationalbibliothek verzeichnet diese Publikation in der Deutschen Nationalbibliografie; detaillierte bibliografische Daten sind im Internet über <http://www.d-nb.de> abrufbar.

Zugl.: Konstanz, Univ., Diss., 2008

Dissertation der Universität Konstanz
Tag der mündlichen Prüfung: 10. Juli 2008
Referent: Prof. Dr. Jörg Eisele
Referent: Prof. Dr. Martin Löhnig

D 352
ISSN 0531-7312
ISBN 978-3-631-58514-6

www.peterlang.de

Meiner Familie

Vorwort

Die vorliegende Arbeit wurde von der Universität Konstanz im Wintersemester 2007/2008 als Dissertation angenommen. Rechtsprechung und Literatur konnten bis Oktober 2008 berücksichtigt werden. Darüber hinaus setzt sich die Arbeit kritisch mit dem nach Abgabe der Dissertation ergangenen Urteil des Bundesverfassungsgerichts zur Verfassungsmäßigkeit des § 173 Abs. 2 S. 2 StGB sowie der hierzu erschienenen Literatur auseinander.

Mein besonderer Dank gilt meinem Doktorvater Prof. Dr. Jörg Eisele. Ohne seine hervorragende Betreuung, insbesondere die rasche Durchsicht meines Manuskripts und die hilfreichen Anregungen, wäre es nicht möglich gewesen, die Arbeit in der Kürze der Zeit fertig zu stellen.

Ebenfalls zum Dank verpflichtet bin ich Herrn Prof. Dr. Martin Löhnig für die zügige Erstellung des Zweitgutachtens.

Ganz besonders aber möchte ich mich bei meiner Familie bedanken: Bei meinen Eltern für ihre selbstverständliche Unterstützung und Geduld während der Entstehung dieser Arbeit. Sowie bei meinem Ehemann Dr. Thomas Karst, für die konstruktive Durchsicht meines Manuskripts, seine unermüdliche Bereitschaft zur Diskussion und sein Verständnis.

Stuttgart, im Oktober 2008 — Sandra Karst

Inhaltsverzeichnis

Kapitel I: Einleitung

A. Ziel der Untersuchung

Inzest – kaum ein anderes Phänomen scheint so universell und so allgegenwärtig in der Menschheitsgeschichte zu sein wie das Phänomen des Inzests. Kaum eine Wissenschaft hat sich nicht mit diesem Thema beschäftigt, kaum eine Nation nicht irgendwann eine Antwort auf die Frage gesucht, ob der Inzest unter Strafe zu stellen ist. Es scheint also durchaus gerechtfertigt zu sein, hier von einem menschheitsallgemeinen Tabu zu sprechen. Kann bzw. darf eine Gesellschaft die sexuelle Beziehung zwischen zwei blutsverwandten Menschen tolerieren oder sogar akzeptieren? Eine Frage die bewegt, Emotionen hervorruft und letztlich auf die jeweiligen Moralvorstellungen einer Gesellschaft abzielt.

Gerade in Deutschland ist die Frage der Entkriminalisierung des Inzests, also der Abschaffung des § 173 StGB in letzter Zeit wieder vermehrt in den Blickpunkt der gesellschaftlichen Diskussion geraten[1]. Der Fall des „Leipziger Geschwisterpaares" sorgte sogar weltweit[2] für Aufsehen und fachte eine erneute Diskussion über Sinn und Zweck bzw. der Legitimation des § 173 StGB an. Bei den Geschwistern P. und S. handelt es sich um leibliche Geschwister, die jedoch getrennt voneinander aufwuchsen und sich erst im Jahre 2000 kennen lernten. Das Paar hat zwischenzeitlich vier gemeinsame Kinder, die zum Teil körperlich und geistig behindert sind. P. wurde bereits zum dritten Mal wegen § 173 StGB verurteilt[3]; im Hinblick auf seine Schwester, die bei Begehung der letzten Tat noch minderjährig war, wurde eine Weisung nach Jugendstrafrecht für ausreichend erachtet. Gegen das letzte Urteil des AG Leipzig legte P. Revision zum OLG Dresden ein, die mit Beschluss vom 30.01.2007[4] gem. § 349 Abs. 2 StPO als unbegründet verworfen wurde. Interessant sind insbesondere die Ausführun-

---

1 Siehe u.a. *Ellbogen*, ZRP 2006, 190 (190 ff.) mit einer Kurzdarstellung der aktuellen Diskussion um die Entkriminalisierung des § 173 StGB.

2 Siehe u.a.: *Connolly, Kate*, „Brothers and sisters fight Germany's incest laws", vom 27.2.2007, veröffentlicht unter: http://www.guardian.co.uk/ germany/article/0,,2022008,0 0.html.; *Moore, Tristana*, „Couple stand by forbidden love", vom 07.03.2007, in: BBC News Berlin, veröffentlicht unter: http://news.bbc.co.uk/2/hi/europe/6424937.stm; *Steiner, Emil*, „A case of German incest. Siblings take forbidden love to High Court", vom 05.03.2007, veröffentlicht unter: http://blog.washingtonpost.com/offbeat/2007/03/a_ case_of_german_incest.html.
Zuletzt: *Müller-Münch, Ingrid*, „Inzest – die verbotene Liebe. Wer sich bekennt, riskiert die Existenz", vom 25.07.2007, veröffentlicht in: Stuttgarter Zeitung Nr. 169, S. 3.

3 Vgl. hierzu die Urteile des AG Borna vom 23.4.2002 (Freiheitsstrafe), sowie vom 06.04.2004 (Freiheitsstrafe von 10 Monaten), sowie das Urteil des AG Leipzig vom 10.11.2005, Az.: 253 Ls 430 Js 29620/04 (Freiheitsstrafe von 1 Jahr und 2 Monaten).

4 OLG Dresden, Az.: 3 Ss 91/06.

gen des OLG Dresden zu einer möglichen Verfassungswidrigkeit des § 173 StGB, auf die P. seine Revision hauptsächlich gestützt hat: So sei es grundsätzlich Sache des Gesetzgebers, den Bereich des strafbaren Handelns unter Berücksichtigung der jeweiligen Lage im Einzelnen verbindlich festzulegen. Die Entscheidung des Gesetzgebers sei nicht darauf zu prüfen, ob er die zweckmäßigste, vernünftigste oder gerechteste Lösung gefunden habe. Vielmehr sei zu prüfen, ob die Strafvorschrift materiell in Einklang mit den Bestimmungen der Verfassung stünde und den ungeschriebenen Verfassungsgrundsätzen sowie Grundentscheidungen des Grundgesetzes entspreche[5]. Auch der BGH[6] habe in seiner bisherigen Rechtsprechung keinen Anlass gesehen, die Verfassungsmäßigkeit des § 173 StGB in Zweifel zu ziehen. Weiter führt das OLG lapidar aus[7]:

> „Die umstrittene Frage nach dem konkreten Schutzzweck der Norm und die Diskussion in der Literatur lassen nach Auffassung des Senats allenfalls Zweifel daran aufkommen, ob der Tatbestand vernünftig, zweckmäßig und in seiner konkreten Anwendung „gerecht" ist, begründet aber noch nicht dessen Verfassungswidrigkeit. Bis zu einer Reform beansprucht die Norm mit ihren „vielschichtigen Strafgründen" vielmehr weiterhin Geltung."

Diese Arbeit hat sich zum Ziel gesetzt, einen Beitrag zur Aufklärung des „Mysteriums Inzest" und letztlich zu dessen Entkriminalisierung zu leisten. Zwar ist über den Inzest und seine Folgen bereits Vieles geschrieben worden, allerdings gibt es bis heute keine juristische Arbeit, die sowohl eine umfassende juristische Überprüfung der Norm vornimmt und gleichzeitig die medizinischen, biologischen und soziologischen Ansätze berücksichtigt. Das juristische Inzestverbot ist nicht abstrakt, d.h. losgelöst vom gesellschaftlichen Inzesttabu zu betrachten, sondern vielmehr mit diesem in Bezug zu setzten. Dabei sollen auch neuere strafrechtliche Legitimationsansätze berücksichtigt werden.

Hinzu tritt die Aktualität der Inzestproblematik, bedingt durch den eingangs geschilderten Fall: Vor Aufnahme der Arbeiten zu der vorliegenden Untersuchung hat P. mit einer Verfassungsbeschwerde[8] die Verfassungswidrigkeit des § 173 Abs. 2 S. 2 StGB beim Bundesverfassungsgericht geltend gemacht. Über diese wurde zwischenzeitlich – nach Abgabe der Dissertation, jedoch vor Fertigstellung der Gutachten – entschieden. Das Bundesverfassungsgericht[9] hat

---

5 Damit schließt sich das OLG Dresden der Rechtsprechung des Bundesverfassungsgerichts an. Vgl. BVerfGE 80, 244 (255); 90, 145 (173).

6 Verwiesen wird auf die neueren Entscheidungen des BGH bezüglich § 173 StGB: BGH 2 StR 640/99; BGH 5 StR 429/99; BGH NStZ 1999, 470 (470); BGH 2 StR 664/98.

7 OLG Dresden, Az.: 3 Ss 91/06, S. 8.

8 Vgl. hierzu BVerfG, Az.: 2 BvR 392/07.

9 Vollständig abgedruckt unter BVerfG, 2 BvR 392/07 vom 26.02.2008, Absatz-Nr. (1-128), http://www.bverfg.de/entscheidungen/rs20080226_2bvr039207.html; ab Absatz

in einer Mehrheitsentscheidung[10] das Verbot des Geschwisterinzests gem. § 173 Abs. 2 S. 2 StGB als verfassungsrechtlich nicht zu beanstanden und somit als mit dem Grundgesetz vereinbar erklärt. Dass diese Auffassung des Gerichts unzutreffend ist[11], soll – nicht zuletzt aufgrund der Aktualität und der Brisanz der Entscheidung – (nachträglich) noch in dieser Arbeit dargestellt werden. An den geeigneten Stellen wird die Argumentation des Gerichts sowie die des abweichenden Sondervotums des Richters *Hassemer*[12] aufgegriffen und diskutiert.

Nicht zuletzt aber macht der Fall des Leipziger Geschwisterpaares besonders deutlich, dass im Hinblick auf das Thema Inzest nach wie vor ein großer Informations- und Aufklärungsbedarf besteht. Daran hat m.E. auch das Urteil des Bundesverfassungsgerichts nichts geändert.

B. Gang der Untersuchung

Im Anschluss an die Einleitung soll zunächst der Begriff des Inzests näher betrachtet werden[13]. Der Inzestbegriff wird von vielen wissenschaftlichen Disziplinen verwendet, weshalb die Definitionen zum Teil auch unterschiedlich ausfallen können. Eine klare Begriffsbestimmung wird, wie zu zeigen ist, bereits für die Zielsetzung der Entkriminalisierung des Inzests von besonderer Bedeutung sein.

In Kapitel II soll ein rechtshistorischer Überblick über die Entstehung des heutigen § 173 StGB gegeben werden. Dabei wird auch das parallel zum Inzestverbot entstandene Eheverbot sowohl in zivil- als auch in kirchenrechtlicher Hinsicht in seiner Entstehungsgeschichte dargestellt. Ferner werden die Motive des Gesetzgebers für die Aufnahme des Inzestverbots in das StGB sowie die gesetzliche Regelung des Eheverbots erläutert. Der rechtshistorische Überblick wird insbesondere bei der Klärung der Frage hilfreich sein, ob das Inzestverbot tatsächlich ein menschheitsallgemeines und seit jeher bestehendes Tabu darstellt.

Dem historischen Überblick folgt eine rechtsvergleichende Betrachtung. Es gilt zu untersuchen, ob und gegebenenfalls warum (nicht) der Inzest in anderen Ländern unter Strafe steht. Von besonderem Interesse ist hier der Blick auf Australien, da sich der australische Gesetzgeber vor rund acht Jahren ganz konkret mit der Problematik der Entkriminalisierung des Inzests beschäftigt hat.

Nr. 29 veröffentlicht unter BVerfG NJW 2008, 1137 (1137 ff.).

10 Abweichend Richter *Hassemer*, Sondervotum in BVerfG NJW 2008, 1137 (1142 ff.).

11 Siehe hierzu auch *Hörnle*, NJW 2008, 2085 (2088).

12 *Hassemer*, Sondervotum in BVerfG NJW 2008, 1137 (1142 ff.).

13 Kapitel I, C.

Kapitel III widmet sich der Frage der Herkunft sowie dem Sinn und Zweck des Inzestverbots. Hierbei sollen insbesondere soziologische und biologische Erklärungsmodelle des Inzestverbots dargestellt und deren Antworten auf die Frage der Herkunft überprüft werden.

In Kapitel IV wird zunächst der Tatbestand des § 173 StGB näher analysiert. Ein Schwerpunkt liegt dabei auf der Frage, wer überhaupt als tauglicher Täter im Sinne des § 173 StGB in Betracht kommt, mit anderen Worten also die Frage nach dem Anwendungsbereich der Norm. Im Anschluss werden die §§ 174 ff. StGB ausführlich dargestellt und deren Verhältnis zu § 173 StGB geklärt. Die detaillierte Begutachtung dient hauptsächlich dazu, den eigenständigen Schutz- bzw. Anwendungsbereich des § 173 StGB aufzuzeigen. Dieser Schritt ist zum einen für die Unterscheidung zwischen (Kindes-) Missbrauch und Inzest im Sinne des § 173 StGB von erheblicher Bedeutung. Zum anderen wirkt sich die Existenz bzw. Nichtexistenz eines eigenständigen Anwendungsbereichs auch auf die Legitimität einer Strafrechtsnorm aus.

In Kapitel V folgt eine kritische Analyse der von Gesetzgeber, Literatur und Rechtsprechung angenommenen Rechtsgüter, zu deren Schutz § 173 StGB (angeblich) bestimmt sein soll. Einleitend wird die Funktion der Rechtsgutslehre als Ausgangsbasis für die Legitimation von Strafrechtnormen kurz erläutert. Bei der Darstellung der einzelnen Rechtsgüter erlangt insbesondere das 4. StRG Bedeutung, da der Rechtsgüterschutz des § 173 StGB im Rahmen der Reformüberlegungen erstmals konkret problematisiert und vom Gesetzgeber ernsthaft hinterfragt wurde. Es sollen deshalb zunächst die in der Begründung zum 4. StRG genannten Rechtsgüter dargestellt werden und diesen folgend diejenigen Rechtsgüter, die die Rechtsprechung von § 173 StGB als geschützt ansieht. Nachfolgend werden, beginnend mit den Individualrechtsgütern über die Kollektivrechtsgüter bis hin zum Rechtsgüterschutz im Vorfeld, die einzelnen in Frage kommenden Rechtsgüter beleuchtet. Im Zusammenhang mit der Untersuchung der von § 173 StGB geschützten Rechtsgüter wird ferner auf das bereits im historischen Überblick erwähnte zivilrechtliche Eheverbot (§ 1307 BGB) eingegangen. Möglicherweise lassen sich hier Übereinstimmungen zwischen den beiden Normen finden, die bei der späteren Verfassungsmäßigkeitsprüfung[14] eine Rolle spielen könnten. Des weiteren widmet sich die Arbeit den sog. irrationalen Rechtsgütern, d.h. der Frage, ob die Sittlichkeit oder das Tabu selbst taugliches Motiv bzw. Rechtsgut des § 173 StGB sein können. Im Rahmen der Rechtsgüterprüfung werden auch die vom Bundesverfassungsgericht[15] im Rahmen der Entscheidung zum „Leipziger Fall" genannten Argu-

---

14 Kapitel VII.

15 BVerfG NJW 2008, 1137 (1137 ff.).

mente berücksichtigt. Zwar prüft das Gericht das Vorliegen verfassungsrechtlich legitimer Zwecke und nicht das Vorliegen von Rechtsgütern im Sinne der Rechtsgutslehre. Trotz deutlicher Worte des Gerichts im Hinblick auf die Abgrenzung zur strafrechtlichen Rechtsgutslehre[16], weicht die Prüfung eines verfassungsrechtlich legitimen Zweckes, zumindest im Ergebnis, nicht wesentlich von der Prüfung eines Rechtsguts ab.

Am Ende des V. Kapitels wird auf die Frage eingegangen, ob es für die Legitimation der Norm ausreichen kann, dass ein durch den Inzest betroffenes Rechtsgut gefunden wird. Es geht mithin um die Strafbegrenzungsfunktion der Rechtsgutslehre, die im Moment starker Kritik ausgesetzt ist[17].

Kapitel VI widmet sich der Frage nach einer Legitimation strafrechtlicher Normen für den Fall, dass kein taugliches Rechtsgut im Sinne der Rechtsgutslehre gefunden werden kann. Für § 173 StGB erlangt dies ganz besondere Bedeutung, da ein großer Teil der Literatur die Vorschrift für ein sogenanntes „rechtsgutsloses Delikt" hält. In diesem Zusammenhang werden neuere Legitimationsmodelle dargestellt, die teilweise auf der Rechtsgutslehre aufbauen, teilweise völlig losgelöst von dieser sind.

Im vorletzten Kapitel wird § 173 StGB in verfassungsrechtlicher Hinsicht überprüft. Die Frage der Verfassungsmäßigkeit der Norm ist nicht zuletzt vor dem Hintergrund der aktuell vom Bundesverfassungsgericht[18] entschiedenen Verfassungsbeschwerde von besonderem Interesse. Es gilt hierbei zu untersuchen, in welche Grundrechte durch die Verhaltensnorm möglicherweise eingegriffen wird und ob ein solcher Eingriff in verfassungskonformer Weise zu rechtfertigen ist.

Im Schlusskapitel werden dann die wichtigsten Ergebnisse der Arbeit zusammengefasst.

C. Begriffsdefinitionen

Der Begriff des Inzests wird in unserer Gesellschaft vielfach verwendet. Wie im Folgenden darzustellen sein wird, liegt dem Begriff dabei jedoch häufig keine einheitliche Definition zugrunde, was zwangsläufig zu einem unterschiedlichem Verständnis führt. Für § 173 StGB ist die Darstellung der Begriffsdefinitionen von besonderer Bedeutung: Die Norm selbst beinhaltet den Begriff Inzest zwar nicht, sie wird aber seit jeher durch die Bezeichnung als „Inzestverbot" umschrieben. Gerade aus diesem Grund ist es erforderlich, die tatsächliche Bedeutung des Inzestbegriffs für § 173 StGB heraus zu arbeiten und mit den anderen

---

16 Siehe BVerfG NJW 2008, 1137 (1138).

17 Vgl. Kapitel VI, A.

18 BVerfG NJW 2008, 1137 (1137 ff.).

verwendeten Definitionen zu vergleichen. Insbesondere vor dem Hintergrund der häufigen Gleichsetzung des Begriffs Inzest mit dem Begriff des Kindesmissbrauchs wird diese Darstellung bedeutsam, denn der Kindesmissbrauch wird von § 173 StGB gerade nicht erfasst. Letzteres bleibt in der öffentlichen Diskussion zuweilen aber unberücksichtigt.

I. Historische Begriffsdefinitionen

Etymologisch stammt das Wort „Inzest“ von lateinisch „castus“ (rein, keusch) und „in“ (nicht) ab[19]. „Incestus“ bedeutet also „unkeusch, unrein, befleckt“. Der dazugehörende Infinitiv „incestare“ kann mit „beflecken, verunreinigen oder schänden“ [20] übersetzt werden. Damit „erfasst die lateinische Wortbedeutung eine Verletzung der Sittlichkeit im Sinne des Unkeuschen und Unzüchtigen“.[21]

Im alten Rom hatten die Begriffe „incestus“ oder „incestum“ mehrere Bedeutungen. Man verstand darunter sowohl die Unkeuschheit der Vestalinnen, die Entweihung heiliger Stätten sowie verbotene geschlechtliche Vermischung unter Blutsverwandten bis zum 6. Grade[22].

Auch in den mittelalterlichen-deutschen Glossarien[23] findet sich der Begriff „icestus“. Dieser bedeutet „unkeuschheit mit den magen [Blutsverwandten] vel [oder] junckfrawen – sippenhur – eebruch – erberaubung vel ernemung der junckfrawschafft“[24]. Inzest bedeutete daher sowohl sexueller Verkehr mit Blutsverwandten, als auch Ehebruch oder Entjungferung.

In den meisten europäischen Sprachen wird der Begriff aus der lateinischen Wurzel „incestus“ abgeleitet[25]. Im Deutschen also „Inzest“, im Französischen „inceste“, im Spanischen „incesto“, auf italienisch „incesto“ und auf englisch „incest“.

---

19 Vgl. *Sabean*, Inzestdiskurse, S. 7, 7; *Wirtz*, Seelenmord, S. 17; *Többen*, Über den Inzest, Einleitung.

20 Vgl. *Többen*, Über den Inzest, Einleitung.

21 So *Wirtz*, Seelenmord, S. 16.

22 Vgl. *Lübker*, zitiert bei *Többen*, Über den Inzest, Einleitung.

23 Vgl. hierzu *Diefenbach*, zitiert bei *Többen*, Über den Inzest, Einleitung; zum Begriff Glossarien, vgl. *Duden*, Fremdwörterbuch: „Erläuternde Randbemerkung zu einer Gesetzesvorlage (im Mittelalter bes. die den Inhalt aufhellenden Anmerkungen im u.a. Corpus juris civilis).“

24 Vgl. *Többen*, Über den Inzest, Einleitung.

25 Vgl. *Sabean*, Inzestdiskurse, S. 7, 7.

Seit dem 16. Jahrhundert[26] findet sich in deutschen Gesetzestexten jedoch auch der Begriff der „Blutschande". *Többen*[27] zu Folge scheint der Ausdruck der „Blutschande" eine Übersetzung von „sanguinis contumelia"[28] in „lex 38, § 1 Dig. ad legem Juliam de adulteriis"[29] zu sein. In Deutschland hatte der Begriff der „Blutschande" zunächst eine andere Bedeutung. Die „Blutschande" war vielmehr „jede hintansetzung der ehrerbietung"[30]. Diese „ehrerbietung", d.h. Achtung gegenüber und Sicherstellung der Versorgung der Eltern, wurde als Pflicht gegenüber den Eltern angesehen. Die „Umbenennung" von „incestus" in „Blutschande" bedeutet allerdings nicht nur eine Verengung des Begriffs „incestus", dahin gehend, dass darunter nur sexuelle oder eheliche Verbindungen zwischen „blutsverwandten" Personen fallen. Sie bedeutet auch eine Wertung und zwar eine negative Wertung. Sexueller Verkehr zwischen Blutsverwandten ist demnach „schändlich", d.h. verachtenswert. Im Indogermanischen verweist das Wort „Schande" auf Scham[31]. Und wenn man sich für etwas „schämt", neigt man dazu etwas zu verheimlichen, zu verstecken – letztlich also Gründe die für die Entstehung eines Tabus verantwortlich sind.

II. Wissenschaftliche Begriffsbestimmungen

1. Rechtswissenschaften

Die Jurisprudenz versteht unter dem Begriff „Inzest" den „Beischlaf zwischen Verwandten", also den Beischlaf mit einem leiblichen Abkömmling, mit leiblichen Verwandten aufsteigender Linie und/oder zwischen leiblichen Geschwistern[32]. Inzest ist danach also der Geschlechtsverkehr, und auch nur dieser, mit nahen Blutsverwandten[33].

---

26 So *His*, Geschichte des deutschen Strafrechts, S. 147; a. A. hingegen *Többen*, Über den Inzest, Einleitung: „[...] in den deutschen Gesetzen des 16. Jahrhunderts findet sich er [der Begriff] noch nicht."

27 *Többen*, Über den Inzest, Einleitung.

28 „Sanguis" ist die lateinische Bezeichnung für Blut, „contumelia" bezeichnet eine Misshandlung, Beleidigung oder Schändung.

29 Es handelt sich hier um die „lex 38" der römischen Digesten, die auf Julian (Publius Salvius Iulianus) zurückzuführen ist. Vgl. ferner *Többen*, Über den Inzest, Einleitung.

30 *Grimm*, Deutsches Wörterbuch, 2. Bd.

31 So *Wirtz*, Seelenmord, S. 16.

32 Vgl. § 173 StGB, sowie Kapitel IV, A.

33 Vgl. hierzu auch Kapitel IV, A II.

2. Ethnologie[34]

In der Ethnologie wird der Begriff „Inzest" oft als „Bruch des Inzestverbots"[35] verstanden. Dies setzt aber voraus, dass es überhaupt ein Inzestverbot gibt. Ferner wird der „Inzest" oft mit den sog. „Exogamieregeln"[36] in engen Zusammenhang gesetzt[37]. Inzest ist demnach „die negative Seite der positiven Exogamieregelung"[38], was bedeutet, dass man sich seinen Partner also nicht innerhalb der eigenen Gruppe, des eigenen Clans suchen darf; Inzest bedeutet also „endogames" Heiratsverhalten.

3. Psychoanalyse

In der maßgeblich von *Freud* [39]begründeten Psychoanalyse ist der Inzest kein reales Vorkommnis. „Inzest" bezeichnet nach dieser Ansicht vielmehr unbewusste inzestuöse Wünsche des Kindes gegenüber dem andersgeschlechtlichen Elternteil – den sog. „Ödipuskomplex"[40]. Schilderungen über sexuelle Vorkommnisse seien danach lediglich Phantasieprodukte und entsprächen nicht den tatsächlichen Begebenheiten.

4. Biologie und Genetik

Die Soziobiologie definiert den Inzest als heterosexuellen Verkehr zwischen Blutsverwandten, die durch unmittelbare gemeinsame Abstammung mindestens 25 % (oder mehr) übereinstimmende Gene aufweisen[41]. Humangenetiker sprechen dann von Inzest, wenn die Sexualpartner einen durch unmittelbare Abstammung gemeinsamen Genbestand von 50 % besitzen[42].

III. Gesellschaftliche Begriffsbestimmungen

Das Wort „Inzest" wurde und wird in der Gesellschaft nicht ausschließlich für sexuellen Verkehr zwischen Blutsverwandten verwendet. So steht der Inzest auch für eine gesellschaftliche Grenze, die durch ein gewisses „abnormales"

---

34 Siehe hierzu auch Kapitel III, B.
35 Vgl. *Klein*, Inzest, S. 11.
36 Exogamie bezeichnet danach den Brauch bzw. Heiratsregel, den Ehepartner außerhalb einer bestimmten Gruppe zu wählen.
37 Vgl. hierzu auch die Ausführungen in Kapitel III, B.
38 Vgl. *Schelsky*, Soziologie, S. 90.
39 Vgl. hierzu Kapitel III, B.
40 Vgl. hierzu die Ausführungen in Kapitel III, B.
41 Vgl. *Szibor*, Rechtsmedizin (14), 387 (387). Erfasst werden also anders wie in § 173 StGB auch die Kombinationen Onkel/Nichte bzw. Tante/Neffe.
42 Vgl. *Szibor*, Rechtsmedizin (14), 387 (387).

Verhalten überschritten wird. Der Skandal einer inzestuösen Handlung liege in der Verletzung von sozial und kulturell als verbindlich aufgefasster Grenzen[43]. Was „abnormal“ ist, ist selbstverständlich von der jeweiligen Gesellschaft, insbesondere von deren Struktur abhängig.

So galten in den USA Mischehen unter Angehörigen verschiedener Rassen als „inzestuös“ [44]. Heute werden vor allem in den USA anstößig empfundene Beziehungen zwischen einem älteren Mann und einer jüngeren Frau oft mit dem Wort „inzestuös“ belegt[45]. Diese Tendenz ist auch in der aktuelleren Literatur zum Thema „Inzest“ spürbar. So sieht die amerikanische Autorin *Blume*[46] den Inzest-Täter nicht mehr lediglich in einem Eltern- oder Stiefelternteil. Ihrer Ansicht zu Folge ist der Kreis potentieller Täter auf z.B. Ärzte, Lehrer, Rektoren, Priester, Pfarrer, Rabbi, Nachbarn, Familienfreunde usw. auszudehnen[47]. Für den Inzest sind ihrer Meinung nach, noch nicht einmal körperliche Kontakte erforderlich. Inzest sei ein Delikt, welches auf Herrschaft beruhe[48]. Dabei sei eine Person aktiv, die andere passiv. Während die eine dominiere, unterwerfe sich die andere[49]. Inzest wird hier also nicht mehr (lediglich) als „Beischlaf unter Blutsverwandten“ verstanden. Wenn wie hier von einer „Asymmetrie der Macht“[50] ausgegangen wird, so wird Inzest letztlich mit „Missbrauch“ gleichgesetzt.

Doch nicht nur in der amerikanischen Literatur ist diese Art der Auslegung des Begriffs Inzest vorzufinden. In eine ähnliche Richtung zielt auch die europäische Literatur, für die stellvertretend die Autorin *Ursula Wirtz*[51] genannt werden soll, die den Inzest als „Seelenmord“[52] bezeichnet. Auch sie setzt damit mittelbar den Inzest dem Missbrauch gleich: Es ginge beim Inzest um Herrschaftsverhältnisse und Unterdrückungsmechanismen zwischen Starken und

---

43 So *Sabean*, Inzestdiskurse, S. 7, 7.

44 Vgl. *Sabean*, Inzestdiskurse, S.7, 8.

45 Vgl. auch *Sabean*, Inzestdiskurse, S. 7, 8 m. w. N.

46 Vgl. *Blume*, Secret Survivors, S. 1 ff.

47 Siehe *Blume*, Secret Survivors, S. 3: „Depending on the relationship, a perpetrator may be a father, mother, stepparent (or parent' s lover), grandmother, grandfather, uncle, aunt, cousin, babysitter, doctor, dentist, teacher, principal, priest, minister, rabi, foster parent neighbor, family friend, coach, therapist, worker in a residential facility, nurse or anyone else in long-term contact with the child. In the life of a child, six month is a long time."

48 So *Blume*, Secret Survivors, S. 165: "Incest is a crime of dominance."

49 So *Blume*, Secret Survivors, S. 111: "Actually, in incest one person is active and one passive, one dominates and one acquiesces."

50 Diesen Begriff verwendet *Sabean*, Inzestdiskurse, S. 7, 8.

51 Vgl. *Wirtz*, Seelenmord, S. 15 ff.

52 *Wirtz*, Seelenmord, S. 22.

Schwachen[53]. Inzest sei der Missbrauch einer Machtbeziehung, nicht einer Blutsbeziehung und in diesem Sinne eine Form von subtiler Gewalt und Kindesmisshandlung[54]. Inwiefern hierfür die Bezeichnung „sexueller Missbrauch" geeignet ist, oder ob „sexuelle Ausbeutung" die Situation treffender beschreibt, soll vorerst dahin gestellt bleiben[55].

Die Ansichten der beiden genannten Autorinnen sollen hier lediglich als Beispiel für das „neue" Verständnis vom „Inzest" angeführt werden: Denn Beobachtungen zu Folge, herrsche in der Bevölkerung verbreitet die Ansicht, der Unterschied zwischen sexueller Kindesmisshandlung und Inzest sei lediglich Nichtverwandtschaft im einen bzw. Blutsverwandtschaft im anderen Fall[56]. Ferner wird Inzest nicht nur in der Literatur, sondern auch in der heutigen Gesellschaft verstärkt mit Macht, Gewalt und Missbrauch gleichgesetzt. Hiervor warnt *Hummel*[57] und mahnt die grundlegende Verschiedenheit der Delikte „Inzest" und „sexueller Missbrauch" an: Während sexuelle Kindesmisshandlung, wie auch Vergewaltigung, regelmäßig mit körperlicher Gewalt verbunden seien, spiele wirkliche Gewalt beim Inzest nur ausnahmsweise eine Rolle. Selbst in den konfliktreicheren Vater-Tochter-Beziehungen sei Gewalt eher die Ausnahme. Gewalt sei für den Inzest gerade untypisch.

In den Mittelpunkt der Diskussionen über dass „neue" Verständnis des Inzests rückt dabei insbesondere der Vater-Tochter-Inzest. Dies hat vielseitige Gründe: Zum einen erscheint diese Form des Inzests in der Forschung am besten dokumentiert[58]; zum anderen ist sie (hier in Form des Missbrauchs) wohl auch häufiger[59] und qualitativ von besonderer Bedeutung[60]. Ein wohl zusätzlich beachtlicher Grund ist, dass die feministische Literatur diesen Bereich für sich entdeckt hat[61]. Autorinnen wie *Judith Herman*, *Susan Brownmiller* und *E. Ward* sehen im Vater-Tochter-Inzest einen engen Zusammenhang mit dem Patriarchat,

---

[53] *Wirtz*, Seelenmord, S. 18.

[54] So *Wirtz*, Seelenmord, S. 17.

[55] Vgl. hierzu Kapitel IV, B II 1 a.

[56] So *Hummel*, ZfJ 83, 417 (421).

[57] Siehe *Hummel*, ZfJ 83, 417 (421). Hummel geht in seiner Arbeit aber ebenfalls von einer Art „Missbrauch", d.h. einem gewaltlosen Missbrauch aus. „Inzest" wird bei ihm als einseitiges, der Tochter aufgedrängtes sexuellen Verhältnis definiert.

[58] So *Wirtz*, Seelenmord, S. 24.

[59] Ausführlich hierzu *Elliger/Schötensack*, Sexueller Missbrauch von Kindern, S. 143, 143 ff.

[60] Vgl. hierzu *Wirtz*, Seelenmord, S. 24. Die besondere Qualität des Vater-Tochter-Inzest sieht die Autorin in der Tatsache, dass sexuell missbrauchte Frauen später wieder Männer auswählten, von denen sie wieder missbraucht werden. Missbrauchte Frauen blieben in ihrer Opferrolle, so dass sich daraus ein Kreislauf ergebe.

[61] Vgl. hierzu auch *Hummel*, ZfJ 83, 417 (418).

d.h. mit der innerhalb der Familie herrschenden Machtstruktur des Mannes bzw. Vaters[62]. Die Inzest- bzw. Missbrauchsproblematik ist damit mit dem „Infragestellen traditioneller Muster von Familienstrukturen" verbunden. Doch gerade dieses „Infragestellen" familiärer Strukturen birgt eine enorme politische Sprengkraft[63], was wiederum die besondere Bedeutung des Vater-Tochter-Inzest für die feministische Literatur erklärt. Vor diesem Hintergrund und der Entwicklung der Begriffsbestimmung des Wortes Inzest neigt *Jarzebowski*[64] dazu, den „Inzest als einen offenen Begriff" [65] zu verstehen. Dieser sei in historisch spezifischer Weise mit Vorstellungen von Familie und Verwandtschaft, Sexualität und Gewalt, aber auch Legitimität und Illegitimität verbunden.

Was in der ganzen Diskussion um Inzest und sexuellem Missbrauch insbesondere von Kindern nicht vergessen werden darf, ist, dass beide Taten oft miteinander einher gehen. Phänomenologisch gilt der Inzest nur als sehr schwer vom sexuellen Missbrauch von Schutzbefohlenen trennbar[66]. Inzest ist gerade auch sexueller Kindesmissbrauch in der Familie. Wenn ein Vater seine minderjährige Tochter sexuell missbraucht, so ist dies sicherlich eine Form von Inzest. Es handelt sich dabei aber, wie noch näher zu zeigen sein wird[67], nicht um den von § 173 StGB unter Strafe gestellten Inzest. § 173 StGB sanktioniert nicht den sexuellen Missbrauch[68]. Es liegt beim Tatbestand des § 173 StGB gerade keine Asymmetrie der Macht vor. § 173 StGB bestraft die beidseitig gewollte, sexuelle Beziehung zweier erwachsener Menschen und damit letztlich eine bestimmte sexuelle Orientierung, wie z.B. die Homosexualität. Das einzige, was inzestuöse Paare letztlich von sonstigen heterosexuellen Paaren unterscheidet, ist die Tatsache ihrer Blutsverwandtschaft.

---

62 Vgl. hierzu auch *Sabean*, Inzestdiskurse, S. 7, 9.

63 So auch *Jarzebowski*, Inzest, S. 37.

64 Vgl. *Jarzebowski*, Inzest, S. 41.

65 Offen auch in der Hinsicht, dass die Grenzen zu weiteren Formen von sozialer und struktureller Gewalt oftmals fließend sind; vgl. *Jarzebowski*, Inzest, S. 41.

66 Vgl. *Rust*, Sexueller Missbrauch, S. 7, 8.

67 Vgl. Kapitel IV, A II und III.

68 Dieser wird in den §§ 174 ff. StGB sanktioniert. Vgl. hierzu ausführlich Kapitel IV, B.

Kapitel II: Rechtshistorischer Überblick und Strafbarkeit des Inzests in anderen Ländern

A. Rechtshistorischer Überblick[69]

Dass es sich bei der Nichttolerierung des Inzests um ein menschheitsallgemeines Phänomen handelt, verdeutlicht gerade die rechtsgeschichtliche Entstehungsgeschichte des heutigen § 173 StGB. Kaum ein anderes Verbot scheint so tief in der Gesellschaftsentwicklung verwurzelt zu sein, wie das Inzestverbot selbst. Dabei ist die konkrete Art und Weise der Nichttolerierung des Inzests durchaus unterschiedlich, wie im Folgenden zu zeigen ist. Teilweise wurde der Inzest lediglich gesellschaftlich tabuisiert, teilweise durch Eheverbote geregelt, überwiegend jedoch auch strafrechtlich verfolgt. So unterschiedlich die konkreten Ausprägungen der Nichttolerierung auch waren, so unterschiedlich waren auch die jeweiligen Begründungen dafür. Die Nichttolerierung des Inzests stellt sich also nicht lediglich als Produkt einer neuzeitlichen Gesetzgebung dar, sondern vielmehr als Folge eines historisch gewachsenen Moralempfindens. Die rechtsgeschichtliche Entwicklung zeigt daher vor allem eines: Das Inzestverbot in § 173 StGB stellt nicht lediglich eine vom neuzeitlichen Gesetzgeber eingeführte strafrechtliche Sanktion eines Verhaltens dar, welches plötzlich als strafwürdig empfunden wurde; es ist vielmehr auch oder gerade ein historisch gewachsenes, kulturell determiniertes Merkmal unserer Gesellschaft[70].

I. Christliche und islamische Religionsgeschichte

Das dritte Buch Mose (Levitikus) enthält recht ausführliche Regelungen im Zusammenhang mit Fragen der Ehe und des Geschlechtsverkehrs[71]. *Goody*[72] zu Folge, bezieht sich das Verbot des Verkehrs und folglich auch der Heirat mit weiblichen Verwandten auf direkte Nachkommen in der ersten und zweiten Generation (einschließlich der Schwiegertochter) und auf die direkten Vorfahren der ersten Generation, d.h. der Mutter, ebenso auf die Frau des Vaters, die Schwester des Vaters und die Schwester der Mutter. Was die eigene Generation

69 Vgl. auch den rechtshistorischen Überblick in BVerfG, 2 BvR 392/07 vom 26.2.2008, Absatz-Nr. 3 bis 10, http://www.bverfg.de/entscheidungen/rs20080226_2bvr039207.html.

70 So auch aktuell BVerfG, 2 BvR 392/07 vom 26.2.2008, Absatz-Nr. 2, http://www.bverfg.de/entscheidungen/rs20080226_2bvr039207.html. Hiernach beruht § 173 Abs. 2 S. 2 StGB auf einer kulturgeschichtlich überlieferten und international weit verbreiteten Verbotsnorm.

71 Siehe 3 Mose Kapitel 18, Verse 6 ff., 3 Mose Kapitel 20, Verse 11, 12, 14, 17, 19 bis 21.

72 *Goody*, Die Entwicklung von Ehe und Familie, S. 63.

betrifft, so wird einem Mann nur die Ehe mit seiner leiblichen Schwester bzw. seiner Halbschwester verboten[73]. Ebenfalls ausgeschlossen sind die direkten Nachkommen der eigenen Frau[74]. Interessant ist vor allem, dass die Bibel die Ehen unter Geschwisterkindern, also Cousinen und Cousins nicht verbietet. Die Verbote im dritten Buch Mose weisen vielmehr eine „agnatische" Tendenz auf[75], d.h. es werden nur die Blutsverwandten derselben männlichen Linie (Vater, Bruder des Vaters, Bruder, Sohn) erfasst. Nicht unter diese Linie und somit nicht unter dieses Verbot fallen daher die Frauen anderer Verwandter, sowie die Töchter der kollateralen Verwandtschaft, was die Heirat mit der Nichte bzw. der Cousine ermöglichte[76]. Die Bibel bietet daher für die Ausdehnung der Eheverbote durch die Kirche, die im Folgenden noch dargestellt werden[77], gerade keine Rechtfertigung, obwohl sie diesbezüglich immer wieder herhalten musste. Die Bibel kennt aber noch eine weitere inzestuöse Beziehung; nämlich die Geschichte Lots und seiner Töchter[78]. Aus dieser Verbindung gingen zwei neue Sippen hervor, die Moabiter und die Ammoniter, die zu den erbittertsten Feinden der Israeliten zählten und insofern ein eher abschreckendes Bildnis des Inzests kennzeichnen sollten. Der Islam übernahm die biblischen Verbote weitgehend, erweiterte diese aber auf die von der gleichen Amme genährten Milchgeschwister[79].

II. Stammeskulturen/Antike

1. Allgemeines

In allen Gesellschaften und Kulturen gibt es Regeln des Zusammenlebens, darunter Regeln bzgl. potentieller Ehe- bzw. Geschlechtspartner[80]. Zeitgenössische Ethnologen vertreten die Auffassung, dass dabei dem Inzestverbot eine große Bedeutung zukommt[81], das Inzesttabu wird dabei auch als universelle Institution[82] bezeichnet. In den meisten Kulturen waren sexuelle Beziehungen zwischen Eltern und ihren Kindern und Vollgeschwistern verboten bzw. tabui-

73 Siehe 3 Mose, Kapitel 18, Vers 9.

74 Siehe 3 Mose, Kapitel 18, Verse 10 und 17.

75 *Goody*, Die Entwicklung von Ehe und Familie, S. 63.

76 *Goody*, Die Entwicklung von Ehe und Familie, S. 64.

77 Siehe Kapitel II, A III.

78 Siehe 1 Mose, Kapitel 19, Vers 30 ff.

79 Siehe Koran Sure 4 Vers 22.; LK, *Dippel*, § 173 Rn. 1.

80 Zur Untersuchung des Inzestverbots in frühen bzw. primitiven Gesellschaften, vgl. *Siebert*, Das Inzestverbot, S. 67 ff.

81 Eine Aufzählung zeitgenössischer Ethnologen findet sich bei *Sidler*, Zur Universalität des Inzesttabu, S. 1.

82 Vgl. *Maisch*, Inzest, S. 23; *Sidler*, Zur Universalität des Inzesttabu, S. 1 ff.

siert. Doch auch hier gilt: keine Regel ohne Ausnahme. Einige Kulturen tolerierten den Inzest, andere wiederum sahen ihn (durchaus auch religiös motiviert) als völlig legitim an[83].

2. Ägypten

So waren Geschwisterehen im ägyptischen Volk zur Römerzeit eine allgemein verbreitete Praxis[84]. *Sidler*[85] zu Folge gilt dies aber nur für die Römerzeit. Seiner Ansicht nach herrschte während der Ptolemäerzeit sogar eine starke Tabuisierung von Geschwisterehen im und für das Volk. Lediglich dem Königshaus stand es zu, Geschwisterehen einzugehen um damit deren Außerordentlichkeit bzw. Göttlichkeit zu betonen[86]. Ob es neben dieser Tabuisierung auch noch ein Inzestverbot im Sinne eines strafrechtlichen Verbotes gab, ist ungewiss.

3. Inkas

Auch bei den Peruanern wurde der Inzest durchaus positiv bewertet. Die Heirat von Blutsverwandten war dort selbstverständlich[87]. So galt bei den Inkas, der höchsten Adelskaste der Peruaner, der Inzest über einen längeren Zeitraum hinweg als Hausgesetz[88].

4. Perser

In der heiligen Schrift der alten Perser, dem „Avesta" wird die Geschwisterehe sogar als „frommes Werk" empfohlen[89].

5. Griechen

Bei den Griechen gestaltet sich die geschichtliche Darstellung des gesellschaftlichen Umgangs mit dem Inzest schwieriger. Die Haltung gegenüber dem Inzest scheint sich im Laufe der Zeit von einer toleranten Haltung hin zu einem Inzestverbot[90] bewegt zu haben[91]. Betrachtet man als erste Periode die Zeit von der

---

83 Eine ausführliche Auflistung der Inzest toleranten Kulturen findet sich bei *Karkatsoulis*, Inzest und Strafrecht, S. 28 ff.; *Maisch*, Inzest, S. 13 ff.; vgl. auch *Sidler*, Zur Universalität des Inzesttabu, S. 1 ff.

84 Vgl. hierzu *Maisch*, Inzest, S. 13 m. w. N.; *Sidler*, Zur Universalität des Inzesttabu, S. 64 f.

85 *Sidler*, Zur Universalität des Inzesttabu, S. 84.

86 So *Sidler*, Zur Universalität des Inzesttabu, S. 85.

87 Vgl. *Maisch*, Inzest, S. 14 m. w. N.

88 Vgl. *Maisch*, Inzest, S. 14 m. w. N.

89 So *Maisch*, Inzest, S. 14.

90 In der Form eines Eheverbots inzestuöser Ehen.

Urgeschichte/Mythologie bis zur Gesetzgebung *Solons*[92] so lässt sich die Gestattung/Akzeptanz von inzestuösen Beziehungen nicht ausschließen[93]. Vor allem die griechische Mythologie dieser Zeit nennt zahlreiche inzestuöse Verbindungen: Zeus und seine Schwester Hera, die sechs Söhne des Aeolus, die sexuellen Verkehr mit dessen sechs Töchter, also ihren Schwestern hatten[94]. Während der zweiten Periode, die als geschichtlich/klassische Zeit[95] bezeichnet wird, verbot die Themis, ein religiöses und zugleich privates Recht der griechischen Göttin Themis[96], den Inzest zwischen Eltern und Kindern sowie vollbürtigen Geschwistern[97]. Allerdings variierte der Umfang des Verbots. Nach attischem Recht war die Heirat unter Halbgeschwistern zulässig, während nach spartanischem Recht nur Ehen unter Halbgeschwistern mütterlicherseits zugelassen wurden[98]. Innerhalb der dritten Periode, der Periode des Untergangs[99], bildeten die sophistischen Lehren den kulturellen Hintergrund Griechenlands. Während dieser Zeit kam es wieder zu einem Wechsel in Bezug auf die Haltung zum Inzestverbot. Laut *Többen*[100] verlangten die Sophisten als Kriterium der natürlichen Gerechtigkeit die allgemeine Zustimmung zu inzestuösen Verbindungen. Es folgt also wieder eine „inzesttolerante" Periode. Ob der Staat die inzestuösen, verbotenen Ehen tatsächlich bestrafte, es also ein strafrechtliches Inzestverbot gab oder lediglich ein Eheverbot existierte, ist ungeklärt. Als Strafgesetz fungierte generell, als übergeordnetes Recht, die Themis[101].

6. Römer

a) Inzestverbot

Im römischen Recht stand der Inzest unter Strafandrohung. Dabei wurde das Inzestdelikt aber in zwei Ebenen unterteilt. Die eine Ebene betraf den „Incestus" in religiöser Hinsicht[102]. Diese Form des Inzests war definiert als die auf der Unkeuschheit der vestalischen Jungfrauen beruhende Entweihung der Gottesver-

---

91 Vgl. *Maisch*, Inzest, S. 14, ausführlich auch *Karkatsoulis*, Inzest und Strafrecht, S. 35.
92 So *Karkatsoulis*, Inzest und Strafrecht, S. 35.
93 Vgl. *Wilamowitz-Moellendorf*, zitiert bei *Karkatsoulis*, Inzest und Strafrecht, S. 36.
94 Vgl. auch *Többen*, Über den Inzest, S. 5.
95 So *Többen*, Über den Inzest, S. 6.
96 Themis ist die Göttin für Sitte und Ordnung.
97 Vgl. *Maisch*, Inzest, S. 15.
98 Vgl. *Maisch*, Inzest, S. 15; *Többen*, Über den Inzest, S. 7.
99 So *Karkatsoulis*, Inzest und Strafrecht, S. 35.
100 Siehe *Többen*, Über den Inzest, S. 8.
101 Vgl. *Licht*, Sittengeschichte Griechenlands, S. 231; *Többen*, Über den Inzest, S. 8.
102 Siehe hierzu ausführlich *Rein*, Das Criminalrecht der Römer, S. 876 ff.

ehrung[103]. Die zweite Ebene betraf die Geschlechtsgemeinschaft zwischen solchen Personen, die aufgrund ihres Näheverhältnisses, d.h. ihrer Verwandtschaft von der Ehegemeinschaft ausgeschlossen wurden[104]. Sowohl die konkrete Definition als auch die Sanktionierung[105] dieses (weltlichen) Inzestdelikts variierte bei den Römern[106]. Grundsätzlich unterschied das römische Recht zwischen dem „incestus iuris gentium" und dem „incestus iuris civilis". Unter dem erst genannten Begriff versteht die h. L. die Verbindung zwischen Verwandten auf- und absteigender Linie, sowie zwischen Geschwistern[107]. Unter „incestus iuris civilis" fallen die übrigen Verbindungen, die sich nach den übrigen Eheverboten richten. Dieser konnte mit Rechtsunkenntnis entschuldigt werden und blieb damit straflos, während der „incestus iuris gentium" in jedem Fall sanktioniert wurde[108]. Als Grund hierfür wurde das „natürliche Gefühl" genannt, welches immer vom „incestus iuris gentium" abhalten musste[109]. Neben die irdische Bestrafung wurde eine religiöse Sühnung gestellt, da der Inzest wohl auch als religiöser Frevel angesehen wurde[110]. Die Strafen waren insgesamt sehr schwer und wurden unter den christlichen Kaisern nochmals verschärft[111].

b) Eheverbot

Das römische Recht sah neben dem strafrechtlichen Inzestverbot auch ein Eheverbot vor. Das Corpus Iuris Civilis[112] regelte sehr ausführlich, welche Personen eine rechtmäßige Ehe eingehen konnten und welche nicht. Danach waren Ehen zwischen Personen, die in gerader Linie verwandt waren, untersagt, also Ehen zwischen: Vater und Tochter; Großvater und Enkelin; Mutter und Sohn, Großmutter und Enkel. Dies galt selbst für den Fall, dass das Elternverhältnis nur durch eine Annahme an Kindes statt begründet wurde. Eheverbote bestanden

---

103 Vgl. bereits Kapitel I, C I.

104 Zum Eheverbot im Corpus Iuris Civilis siehe Kapitel II, A II 6 b.

105 Vgl. *Maisch*, Inzest, S. 15.

106 Zur geschichtlichen Entwicklung des strafrechtlichen Inzestverbots siehe ausführlich *Mommsen*, Römisches Strafrecht, S. 682 ff. *Mommsen* geht davon aus, dass zunächst wahrscheinlich ein zivilrechtliches Eheverbot bestand, aus welchem sich dann die Strafbarkeitsnorm entwickelte. So habe das augustinische Ehegesetz bereits die Strafbarkeit der Nächstenverbindung vorgesehen, wobei es wohl kaum zu öffentlichen Strafverfahren gekommen sei, vgl. *Mommsen*, Römisches Strafrecht, S. 684.

107 Vgl. hierzu und zum herrschenden Meinungsstreit *Palmen*, Der Inzest, S. 43.

108 Vgl. *Mommsen*, Römisches Strafrecht, S. 687; *Palmen*, Der Inzest, S. 44.

109 Vgl. *Palmen*, Der Inzest, S. 44.

110 Siehe *Mommsen*, Römisches Strafrecht, S. 684 m. w. N.; *Palmen*, Der Inzest, S. 44

111 Vgl. die detaillierte Auflistung bei *Maisch*, Inzest, S. 16; *Mommsen*, Römisches Strafrecht, S. 688.

112 Siehe Corpus Iuris Civilis, Instit. L. I Tit. 10, De nuptiis.

weiter für die Seitenlinie, d.h. Bruder und Schwester, unabhängig ob voll- oder halbbürtig. Auch war es nicht möglich, die Tochter des Bruders oder der Schwester oder die Enkelin der Geschwister zu ehelichen. Die Ehe zwischen Geschwisterkindern war von Kaiser Theodosius I. verboten worden, allerdings war dieses Verbot im späteren Corpus Iuris Civilis nicht mehr enthalten[113]. Die Ehelichung der Tante wiederum war untersagt, ebenso die Heirat der Schwester der Großmutter bzw. des Großvaters. Die Eheverbote erstreckten sich ferner auf die Schwiegerschaftsverhältnisse[114]; die Ehelichung der Schwiegertochter sowie der Schwiegermutter war also nicht gestattet. Wurden zivilrechtlich verbotene Ehen dennoch geschlossen, so wurde die Ehe als rechtlich nichtig angesehen[115].

7. Germanen

Laut *Dippel*[116] kannten die älteren germanischen Rechte übereinstimmend ein Verbot der Eheschließung zwischen Eltern und Kindern. Darüber hinaus ist aber nur wenig bekannt[117]. *Többen*[118] zu Folge war die Scheu vor ehelichen Verbindungen unter Blutsverwandten aber nur wenig ausgeprägt. Dies bedeutet, dass Ehen zwischen Eltern und Kindern sowie zwischen Kindern zwar verboten waren, jedoch waren Ehen unter Verschwägerten zulässig, ebenso wie die Heirat der Stiefmutter erlaubt war und in Herrschergeschlechtern durchaus Sitte gewesen zu sein scheint[119]. Die Sanktion inzestuöser Beziehungen bestand wohl aus „unsühnbarer Friedlosigkeit“[120].

III. Mittelalter[121]

Kaum ein anderes Zeitalter ist so sehr von solch umfassenden Inzestverboten gekennzeichnet, wie das Mittelalter[122]. Insbesondere das frühe Mittelalter ist von einer sich stetig ausdehnenden Inzestgesetzgebung geprägt[123]. Ausschlaggebend

---

113 Siehe Corpus Iuris Civilis, Instit. L. I Tit. 10, 4; ferner *Mommsen*, Römisches Strafrecht, S. 685 f.

114 Siehe Corpus Iuris Civilis, Instit. L. I Tit. 10, 6.

115 Siehe Corpus Iuris Civilis, Instit. L. I Tit. 10, 12.

116 Vgl. LK, *Dippel*, Vor § 169 Rn. 1.

117 Vgl. *Palmen*, Der Inzest, S. 46.

118 Siehe *Többen*, Über den Inzest, S. 10 f.

119 Vgl. hiezu auch *Többen*, Über den Inzest, S. 11.

120 Vgl. LK, *Dippel*, Vor § 169 Rn. 1.

121 Eine terminologische Unterscheidung zwischen Inzest- und Eheverbot gestaltet sich hier schwierig, da sich hinter dem Eheverbot zumeist ein Inzestverbot verbirgt. Vgl. diesbezüglich auch *Siebert*, Das Inzestverbot, S. 8.

122 Vgl. *Siebert*, Das Inzestverbot, S. 8 f.

123 So auch *Jarzebowski*, Inzest, S. 41.

hierfür war die römische Kirche, welche durch die Ausbreitung des Christentums immer mehr an Einfluss gewann. Interessant ist allerdings, dass sich die ablehnende Haltung der Kirche gegenüber der Verwandtenheirat weder auf die biblischen Schriften zurückführen lässt, noch im römischen Recht verankert war[124]. Die Frage, was die Kirche damit erreichen wollte, wird unterschiedlich beantwortet. *Goody*[125] sieht hierin eine Verschwörung[126] der Kirche, die mit der Ausweitung der Inzestverbote versucht haben soll, die Anzahl der Erben zu vermindern, um dann selbst in den Genuss möglichst vieler Erbschaften zu gelangen. *Goody* wurde für diese Theorie häufig kritisiert. Insbesondere von David *Herlihy*[127], der mehrfach betonte, dass zeitgenössische Texte eine solche Strategie nicht bestätigten und die Zentralisierung der Kirche noch nicht in dem Maße fortgeschritten war, dass eine solch einheitliche Politik denkbar gewesen wäre[128]. Für *Herlihy* standen vielmehr soziale Erwägungen hinter der kirchlichen Inzestgesetzgebung. Hiernach sollten die Verbote zu einer Harmonisierung der familiären und sozialen Beziehungen innerhalb der Gesellschaft führen[129]. *Otis-Cour* sieht die Gesetzgebung der Kirche gegen den Inzest dagegen als gemeinsamen Kampf zusammen mit weltlichen Herrschern, um den Widerstand gegen die Autorität dieser Herrscher zu schwächen, indem versucht wurde, die Konzentration des Reichtums in den Händen einiger weniger aristokratischer Familien zu begrenzen[130].

Ab dem 6. Jahrhundert n.Chr. nahmen die kirchlichen Inzestverbote zu und auch ihr Inhalt gewann deutlich an Schärfe. Während zunächst nur ein Heiratsverbot für Geschwisterkinder bestanden hatten, wurde dies nun auf den dritten Grad kanonischen Rechts ausgedehnt[131]. Dies umfasste die Abkömmlinge eines gemeinsamen Urgroßelternteils. Als Strafen drohten zum einen die Exkommunikation, später dann auch die Konfiszierung der Güter[132]. Allerdings wurden die Verbote nicht überall mit der gleichen Intensität verfolgt bzw. sanktioniert. So ging die Kirche in Frankreich anfangs des zehnten Jahrhunderts n.Chr. eher

124 Vgl. hierzu bereit Kapitel II, A I; sowie *Goody*, Die Entwicklung von Ehe und Familie, S. 62; *Otis-Cour*, Lust und Liebe, S. 59.

125 *Goody*, Die Entwicklung von Ehe und Familie, S. 139.

126 So *Otis-Cour*, Lust und Liebe, S. 60.

127 *Herlihy*, Making Sense of Incest, S. 96, 103, 104; siehe auch *Otis-Cour*, Lust und Liebe, S. 60.

128 *Herlihy*, Making Sense of Incest, S. 96, 103, 104; siehe auch *Otis-Cour*, Lust und Liebe, S. 60.

129 Siehe hierzu auch *Jarzebowski*, Inzest, S. 44.

130 *Otis-Cour*, Lust und Liebe, S. 61.

131 Dies entspricht dem sechsten Grad nach römischer Zählweise. Nähere Hinweise siehe bei *Goody*, Die Entwicklung von Ehe und Familie, S. 70.

132 Vgl. *Otis-Cour*, Lust und Liebe, S. 59.

großzügig mit der Erteilung eines Dispenses um, mit der Folge, dass von der Auflösung der Ehe oder einer sonstigen Bestrafung abgesehen wurde. Es drohte allerdings gleichwohl ein Ausschluss von der Erbfolge[133]. Die Ausdehnung der Inzestverbote ging jedoch unaufhaltsam weiter. Das Konzil von Rom im Jahre 721 n. Chr. erweiterte den Kreis der Betroffenen über die bloßen Blutverwandten hinaus auch auf alle sog. geistlichen Verwandten. Damit waren die Tauf-/Firmpaten gemeint[134]. Im Übrigen erfolgte auch eine Ausdehnung auf die „affinitas", worunter die Schwagerverwandtschaft[135], d.h. die familiäre Verbindung durch Verschwägerung[136], zu zählen ist.

Ihren Höhepunkt fand die kirchliche Inzestgesetzgebung im elften Jahrhundert n.Chr., als die Verbote bis zum siebten Grad ausgedehnt wurden. Grund hierfür war insbesondere die Umstellung von der römischen auf die germanische bzw. kanonische Zählweise der Verwandtschaftsgrade. Bis zum elften Jahrhundert hatte man die Verwandtschaftsgrade sowohl nach der römischen als auch nach der germanischen Methode berechnet. Nach der römischen Methode wurde die Zahl der Generationsschritte zwischen ego[137] und alter[138] berechnet[139]. Der Verwandtschaftsgrad wird vom ego aufwärts zu den gemeinsamen Vorfahren und wieder abwärts zum alter berechnet[140]. Eltern und Kinder bilden den ersten Grad. Geschwister sind zueinander im zweiten Grad verwandt. Die germanische Zählweise basiert auf der Berechnung der Generationen vom gemeinsamen Vorfahren aus, d.h. der Einheit von Geschwistergruppen. Geschwister sind somit Verwandte ersten Grades. Zur Vereinfachung der Berechnung wurde die germanische Methode zur Zeit des Sachsenspiegels im dreizehnten Jahrhundert anhand des menschlichen Körpers dargestellt[141]. Der Kopf steht dabei für den gemeinsamen Vorfahren, die Schultern stellen Brüder und Schwestern dar, der Ellenbogen Vetter und Basen ersten Grades usw. bis zu den Zehen hinunter, die

---

133 Siehe hierzu *Goody*, Die Entwicklung von Ehe und Familie, S. 149 f.

134 Vgl. *Lutterbach*, Sexualität im Mittelalter, S. 187 und S. 225.

135 Vgl. *Lutterbach*, Sexualität im Mittelalter, S. 179.

136 Also Schwager und Schwägerin im heutigen Sinne.

137 Lateinisch: Das Ich, hier also der betroffenen Person.

138 Lateinisch: Der zweite, der andere; hier also die anderen Geschwister.

139 So *Goody*, Die Entwicklung von Ehe und Familie, S. 151 ff.

140 Vgl. *Jarzebowski*, Inzest, S. 44; zum besseren Verständnis für die Berechnung zwischen ego und alter, sei hier das Beispiel von *Goody*, Die Entwicklung von Ehe und Familie, S. 151 angeführt: „So bin beispielsweise ich mit meiner Schwester im zweiten Grad verwandt; der erste Grad ergibt sich aus der Beziehung zwischen mir und meinen Eltern (d.h. vom ego aufwärts zu den gemeinsamen Vorfahren), der zweite Grad aus der Beziehung zwischen ihnen zu ihr (d.h. von den Vorfahren wieder abwärts zum alter)."

141 Vgl. *Goody*, Die Entwicklung von Ehe und Familie, S. 151.

für den siebten Grad standen. Im Ergebnis führte die Umstellung der Zählweise letztendlich zu einer „Verdoppelung in der Ausdehnung der (dem Inzestverbot unterfallenden) Verwandtschaftsgrade“[142], da der siebente Grad der germanischen Methode doppelt so viele Menschen erfasste wie der siebente Grad nach römischer Berechnung. Die intensive Ausdehnung der Verwandtschaftsgrade sorgte für immer mehr Schwierigkeiten. Insbesondere waren Eheschließungen in ländlichen Gegenden, etwa in kleinen Dörfern kaum noch möglich. Dies alles führte letztendlich dazu, dass das Vierte Laterankonzil die Verbote im Jahre 1215 auf den vierten statt dem siebten Verwandtschaftsgrad begrenzte[143]. Was das Verbot der ehelichen Gemeinschaft für die nicht widerrufenen Verwandtschaftsgrade anging, so bestand das Konzil auf eine umso strengere Beachtung bei Vermählungen[144].

Interessant sind die Begründungen, die für die Ausdehnung der Inzestverbote angeführt werden. Stellvertretend für die Epoche seien hier die Rechtfertigungsgründe, die *Thomas von Aquin* in seiner Summa Theologica anführt[145], genannt: Erstens sei „Blutschande“ wegen der „natürlichen Ehrfurcht und Achtung“ gegenüber unseren Eltern und nahen Verwandten abzulehnen. Zweitens könne wegen der überaus großen Gelegenheit der Verkehr mit solchen Personen zu Wollust und Verweichlichung führen. Drittens könnten solche Verbindungen die Menschen davon abhalten, den Kreis ihrer Freunde zu vervielfältigen. Und viertens würde ein zu großer Antrieb der Begierde entstehen, wenn zu der natürlichen Zuneigung zwischen Verwandten noch die geschlechtliche Liebe hinzu trete.

Ab dem dreizehnten Jahrhundert entdeckte die Inquisition das Thema Inzest für sich. Vorwürfe inzestuöser Handlungen zählten immer mehr zu den Hauptanklagepunkten[146]. Die Inquisition war ursprünglich zur Bekämpfung von Katharern und Waldesern gegründet worden, die man später auch als „Ketzer“ bezeichnete[147]. Man schrieb den „Ketzern“ neben anderer schwerer Verbrechen gerne auch homosexuelle und inzestuöse Handlungen zu – Vorwürfe, die ein-

142 So *Goody*, Die Entwicklung von Ehe und Familie, S. 152.

143 Siehe hierzu das Dekret Nr. 50 „De restricta prohibitione matrimonii“ in: *Wohlmuth*, Viertes Laterankonzil, S. 257: Begründet wurde diese Beschränkung damit, dass ein Verbot über den vierten Grad der Verwandtschaft und Schwägerschaft hinaus schwere Schäden des Seelenlebens verursache und deshalb nicht mehr haltbar sei. Vgl. ferner *Otis-Cour*, Lust und Liebe, S. 62.

144 Siehe hierzu das Dekret Nr. 51 „De poena contrahentium clandestina matrimonia“ in: *Wohlmuth*, Viertes Laterankonzil, S. 258.

145 Siehe *Thomas von Aquin*, Summa Theologica, Neunter Artikel.

146 Vgl. *Maisch*, Inzest, S. 18.

147 Vgl. *Bleibtreu-Ehrenberg*, Homosexualität, S. 254 f.

fach zu erheben waren. Nach Ausrottung der „Ketzer“ brauchte man ein neues Feindbild und fand dieses in Gestalt der „Hexen“, denen man ebenfalls Inzest und sexuelle Handlungen mit dem Teufel vorwarf. Es folgte ein dunkles Zeitalter der Geschichte, welches seinen Höhepunkt mit dem im Jahre 1487 erstmals abgedruckten „Malleus Maleficarum“ fand, dem sog. „Hexenhammer“ [148].

Im vierzehnten und fünfzehnten Jahrhundert wurden die Inzestverbote konkreter und durch eine noch stärkere Institutionalisierung der Kirche kam es schließlich auch zu einer konsequenteren Beachtung der Inzestgesetzgebung durch die Bevölkerung[149]. Allerdings wurden immer wieder Stimmen, vor allem auch in der einfachen Bevölkerung laut, die eine Abschaffung des Heiratsverbots über den zweiten Verwandtschaftsgrad hinaus forderten. So etwa auch auf dem Reichstag in Mainz im Jahre 1439[150]. Jedoch war in der Folge die Gesetzgebung von Kirche und Staat weiterhin durch die Inzestverbote geprägt. So stellt die Bambergische Halsgerichtsordnung von 1505 (Bambergensis) den „unkeusch[151] mit nahent gesipten freunden“ in Art. 142 unter Strafe. Der Inzest wird dabei dem Ehebruch gleichgestellt und mit dem Tod geahndet[152]. Erfasst werden dabei explizit die Stieftochter, die Stiefmutter und die Schwiegertochter. Allerdings bilden diese Aufzählungen nur den äußeren Kreis von dem aus die „noch nehern sippschaften“ abgeleitet werden können[153].

Im Jahre 1532 tritt die Peinliche Halsgerichtsordnung Kaiser Karls V. (im Folgenden Carolina) in Kraft. Art. 117 der Carolina erfasst ebenfalls die „unkeusch mit nahenden gesipten freunden“. Allerdings enthält die Vorschrift weder konkrete Bestimmungen bzgl. der Sanktionen noch eine Definition dessen, was unter dem Begriff „unkeusch“ zu verstehen ist. Dies lässt sich damit erklären, dass die Carolina keine allgemeine Verbindlichkeit beanspruchte[154]. So wird ihre normative Bedeutung auch eher gering eingeschätzt[155]. Ihre primäre Funktion bestand in der Zusammenfassung des damaligen Rechtszustandes; sie verwies sowohl auf das kaiserliche und römische Recht, als auch auf lokales sowie das Gewohnheitsrecht. Es ist daher auch strittig, wie die Carolina recht-

---

[148] Vgl. *Bleibtreu-Ehrenberg*, Homosexualität, S. 268.
[149] Vgl. *Otis-Cour*, Lust und Liebe, S. 62.
[150] Vgl. *Goody*, Die Entwicklung von Ehe und Familie, S. 161.
[151] Entspricht dem heutigen Wort „Unkeuschheit“.
[152] Vgl. hierzu *Jarzebowski*, Inzest, S. 67 m. w. N.
[153] So *Jarzebowski*, Inzest, S. 68.
[154] Vgl. hierzu ausführlich *Schroeder*, in: Carolina, S. 305 (319 f.): Diese Haltung zeige sich insbesondere in der Salvatorischen Klausel in der Vorrede der Carolina.
[155] Vgl. *Schmidt*, in: Carolina, S. 185 (200, 202): So gebe die Carolina zwar wohlüberlegte Vorschläge, sie aber eine nicht durchgreifende Ordnung; vgl. ferner *Schroeder*, in: Carolina: S. 305 (319).

lich überhaupt zu qualifizieren ist. Teilweise wird vertreten, es handele sich bei ihr nicht um ein Gesetz, sondern lediglich um eine „Ordnung“ oder „Satzung“[156]. Die Carolina wird also lediglich als ergänzende Rechtsordnung herangezogen. Interessant ist aber vor allem, dass die Carolina im Gegensatz zur Bambergensis keine Rechtsfolgenverweisung auf den Ehebruch enthält. Wie die „unkeusch“ letztendlich bestraft wurde, ist strittig[157].

IV. Barock, Aufklärung und Romantik

Inzest wird seit dem sechzehnten und siebzehnten Jahrhundert auch als „Blutschande“ bezeichnet[158]. Laut *Sabean*[159] beherrschte die Blutsymbolik die Kultur auf allen Ebenen, was wiederum Rückschlüsse auf diesen Begriff zulässt. Das Kernstück der Inzestdiskurse im Barock war die Beziehung zwischen Bruder und Schwägerin bzw. der Schwester der Ehefrau[160] bzw. Stiefverwandten. Es ging also um Personen, die nicht durch genetische Vererbung sondern durch Heirat verwandt waren. Man war der Ansicht, dass die Schwägerin durch die Heirat der Schwester zu „einem Fleisch“[161] mit dem Ehemann geworden und somit selbst als Schwester des Ehemanns anzusehen war. *Sabean*[162] sieht die Ursachen für die Heiratsverbote dieser Epoche in der Organisation der Familien begründet. Seiner Ansicht nach wurde der Zugang zu wichtigen Ämtern, Handelsmonopolen und Besitztümern streng über die Erbfolge geregelt, um dadurch „stabile“ Eigentumsverhältnisse zu erreichen. Gleichzeitig ermöglichte aber die exogame[163] Heiratspolitik eine Allianz der Familien untereinander, ohne aber die Eigentumsverhältnisse zu schwächen, da Angeheiratete nicht erbberechtigt waren.

In diese Zeit fällt auch die „Erneuerten Ehe- und Ehegerichtsordnung des Herzogthums Würtembergs“ aus dem Jahre 1687. Capitel IV der Erneuerten Ehe- und Ehegerichtsordnung trug die Überschrift „Von der Bluts-, Freundschaft oder Schwägerschaft“[164]. Danach sah § 1 ein Eheverbot zwischen Blutsverwandten und zwischen Verschwägerten vor, denen nach göttlichem und natürlichem Gesetz die Ehe ebenfalls verboten war. § 2 sah ferner ein Verlo-

---

156 So *von Weber*, in: Carolina, S. 162 (163).
157 Vgl. hierzu die weiteren Nachweise bei *Jarzebowski*, Inzest, S. 68.
158 Vgl. *His*, Geschichte des Deutschen Strafrechts, S. 147.
159 *Sabean*, Inzestdiskurse, S. 7, 13.
160 Vgl. *Sabean*, Inzestdiskurse, S. 7, 15.
161 Vgl. zu diesem Begriff *Sabean*, Inzestdiskurse, S. 7, 16 m. w. N.
162 Vgl. *Sabean*, Inzestdiskurse, S. 7, 19 f.
163 Von Exogamie: Heiratsordnung/Brauch, außerhalb der eigenen Blutsverwandtschaft zu heiraten.
164 Siehe Capitel IV der Erneuerten Ehe- und Ehe-Gerichtsordnung.

bungsverbot für die solche Personen vor, die bis zum dritten Grad, sowohl in gerader als auch in der Seitenlinie blutsverwandt bzw. verschwägert waren. Die Möglichkeit einer Dispenserteilung war nicht vorgesehen.

Mitte des achtzehnten Jahrhunderts kam es in ganz Europa zu einer Veränderung der Heiratspraktiken[165]. Es vollzog sich so gesehen ein Wechsel von der ehemals exogamen Heiratspraxis hin zu einer eher endogam[166] ausgerichteten Praxis. Das bedeutet, man heiratete wieder verstärkt innerhalb der eigenen Blutsverwandtschaft, d.h. Cousins und Cousinen untereinander, anstatt sich die Ehepartner außerhalb der Familie zu suchen. *Sabean*[167] sieht hierfür den generellen Wandel in Staat, Gesellschaft und Wirtschaft verantwortlich. Reichtum und Macht befanden sich in den Händen einzelner einflussreicher Familien. Um daran teilhaben zu können, bildete man Allianzen, was nur durch eine endogame Heiratspraxis ermöglicht werden konnte. Denn nur durch Hochzeiten innerhalb der horizontalen Struktur war es möglich, Verwandtschaftsbeziehungen in alle Bereiche der Gesellschaft auszudehnen, da eine viel größere Anzahl Personen einbezogen werden konnte, als bei einer exogamen Praxis. Nur durch dieses lose Netzwerk von Verwandten war die Teilhabe an Reichtum und Macht möglich.

Durch diese Entwicklung innerhalb der Bevölkerung und die Durchsetzung der Aufklärung in Europa wurden die Bestrebungen stärker, den Inzest, bzw. die „Blutschande“ zu entkriminalisieren bzw. die Tat unter eine wesentlich geringere Strafe zu stellen[168]. So findet sich beispielsweise im französischen „Code pénal“ von 1791 keine Norm mehr, die den Inzest unter Strafe stellt[169]. Unter „crime contre les personnes“ fallen nur noch die Bigamie, die Entführung und die Notzucht[170]. Gleiches gilt für den „Code pénal“ von 1810.

Auch in Deutschland sind die Einflüsse der Aufklärung spürbar und auch das Allgemeine Landrecht für die Preußischen Staaten[171] aus dem Jahre 1794 wird davon beeinflusst. Stellvertretend für das neue Verständnis von Strafbarkeit unabhängig von kirchlichen Einflüssen sei hier Carl Ferdinand von *Hommel* (1722-1781) zitiert[172]:

---

165 Vgl. *Sabean*, Inzestdiskurse, S. 7, 21.

166 Von Endogamie: Heiratsordnung/Brauch, innerhalb der eigenen Blutsverwandtschaft zu heiraten.

167 Vgl. *Sabean*, Inzestdiskurse, S. 7, 21.

168 Vgl. LK, *Dippel*, § 173 Rn. 1.

169 Vgl. LK, *Dippel*, § 173 Rn. 1; vgl. allerdings auch das zivilrechtliche Eheverbot im Code Civil im Kapitel II, A V 2 b.

170 Vgl. *Palmen*, Der Inzest, S. 64.

171 Im Folgenden als ALR bezeichnet.

172 Siehe *Hommel*, Hommelische Vorrede, S. V.

„Man muß Sünde, Verbrechen und verächtliche Handlungen nicht untereinander werfen. Ein Loch im Strumpf zu haben, ist weder Sünde noch Verbrechen, sondern Schande; seine Schwester zu heyrathen, ist bey den Christen Sünde, aber kein bürgerliches Unrecht. Denn Verbrechen oder Unrecht heißt nur dasjenige, wodurch ich jemanden beleidige. Bloß dieses ist der Gegenstand bürgerlicher Strafgesetze. Es kann etwas schändlich, es kann etwas sündlich und doch bürgerlich kein Verbrechen sein. Mensch, Bürger und Christ sind drey unterschiedene Begriffe."

Es finden sich im ALR sowohl eine Lockerung der Heiratsverbote von Verwandten als auch eine reduzierte Strafandrohung. In zivilrechtlicher Hinsicht findet sich in § 3 ALR[173] ein „Eheverbot wegen zu naher Verwandtschaft", welches Ehen zwischen Verwandten in auf- und absteigender Linie gänzlich verbietet. Darüber hinaus sieht § 4 ALR[174] ein Eheverbot zwischen „voll- und halbbürtigen in oder außer der Ehe erzeugten Geschwistern" vor. In § 5 ALR[175] findet sich abschließend folgender Passus:

„Stief- oder Schwieger-Aeltern [...] sich mit ihren Stief- oder Schwieger-Kindern, ohne Unterschied des Grades, nicht verheirathen dürfen."

Für alle übrigen Grade der Verwandtschaft und Schwägerschaft ist die Ehe somit zulässig[176] und bedarf gerade keiner Erteilung eines Dispenses mehr.

Der Begriff der „Blutschande"[177] wird in den §§ 1039 ff. ALR[178] näher definiert. Das Besondere ist, dass der Begriff „Blutschande" hier erstmalig ausschließlich auf Eltern und Kinder, Großeltern und Enkelkinder, Voll- und Halbgeschwister unabhängig von ehelicher oder unehelicher Herkunft angewendet wird[179]. Somit wird erstmals in der Geschichte die Reichweite des Verbots begrenzt, indem insbesondere der sexuelle Kontakt zwischen Stiefverwandten aus dem Tatbestand des Delikts herausgenommen wurde[180]. Auch was die Rechtsfolgen betrifft, sieht das ALR deutlich mildere Strafen vor; statt Todesstrafe wird die Sanktion auf „Festungsstrafe"[181] bzw. „Zuchthausstrafe"[182] abgemildert.

173 Siehe hierzu § 3 ALR, im Zweiten Teil, Ersten Titel, Ersten Abschnitt.
174 Siehe hierzu § 4 ALR, im Zweiten Teil, Ersten Titel, Ersten Abschnitt.
175 Siehe hierzu § 5 ALR, im Zweiten Teil, Ersten Titel, Ersten Abschnitt.
176 Siehe hierzu § 7 ALR, im Zweiten Teil, Ersten Titel, Ersten Abschnitt.
177 Die §§ 1039 ff. ALR haben die strafrechtliche Sanktion des Inzests zum Inhalt.
178 Siehe hierzu §§ 1039 ff. ALR, im Zweiten Teil, Zwanzigsten Titel, Zwölften Abschnitt.
179 So *Jarzebowski*, Inzest, S. 84.
180 Vgl. *Jarzebowski*, Inzest, S. 84.
181 Siehe § 1039 ALR, im Zweiten Teil, Zwanzigsten Titel, Zwölften Abschnitt.
182 Siehe § 1040 ALR, im Zweiten Teil, Zwanzigsten Titel, Zwölften Abschnitt.

V. Das 19. Jahrhundert

1. Das Inzestverbot

Die Entwicklung der Inzestproblematik dieser Epoche lässt sich am Besten anhand der Gesetzgebung des 19. Jahrhunderts darstellen. Deshalb soll die Entwicklung anhand der bayrischen, württembergischen, badischen, sächsischen und preußischen sowie der Gesetzgebung für den Norddeutschen Bund aufgezeigt werden. Im Anschluss wird dann das RStGB von 1871 behandelt werden. Hervorzuheben sind dabei insbesondere die preußische Strafgesetzgebung von 1851 sowie die Strafgesetzgebung des Norddeutschen Bundes, da diese für die nachfolgenden und das heute existierende Strafgesetzbuch von maßgeblicher Bedeutung waren[183].

a) Das bayrische StGB von 1813 und 1861

Das bayrische StGB wurde maßgeblich von *Paul Johann Anselm von Feuerbach* (1777-1833) beeinflusst. Der Inzest wird darin als Polizeivergehen und nicht als Verbrechen gewertet[184]. Erfasst wurde der Beischlaf zwischen Eltern sowie anderer Blutsverwandter in aufsteigender Linie mit ihren Kindern oder anderen Abkömmlingen. Gleiches galt für leibliche Geschwister und Stiefeltern[185]. Grundsätzlich ging man dabei von einer Verführung der Kinder durch die Eltern/Stiefeltern bzw. anderer Verwandter in aufsteigender Linie aus. Man sah den Beischlaf letztlich also als Produkt des Missbrauchs der Übermacht der Eltern gegenüber ihren Kindern an. Dies war auch der Grund, warum der Beischlaf für den Deszendenten straflos blieb. Der Beischlaf zwischen Verschwägerten wurde ebenfalls nicht sanktioniert.

Art. 208 bis 211 des bayrischen StGB von 1861[186] erweiterten den bisherigen Tatbestand des Inzest auf den Beischlaf zwischen Schwiegereltern und Schwiegerkindern. Sanktioniert wurde nun aber auch der Beischlaf der Deszendenten, sofern diese das 16. Lebensjahr vollendet hatten. Der Autoritätsmissbrauch führte daher nicht mehr, wie im StGB von 1813, zu einer Strafbefreiung für den Deszendenten. Er spielte lediglich für das höhere Strafmaß, welches den Eltern/ Verwandten zuteil wurde, eine Rolle. Damit war der ursprüngliche Gedanke der Verletzung eines Pflichtverhältnisses durch Verführung aufgehoben worden[187].

---

183 Vgl. *Palmen*, Der Inzest, S. 66.

184 Man sah zwar im Inzest keine Verletzung subjektiver Rechte, erachtete ihn aber dennoch als strafwürdig; vgl. hierzu auch *Klöpper*, Das Verhältnis von § 173 StGB zu Art. 6 I GG, S. 10.

185 Vgl. Strafgesetzbuch für das Königreich Baiern, 1813, Art. 207.

186 Siehe Das Strafrecht für das Königreich Bayern, I. Bändchen, 1862.

187 Siehe *Palmen*, Der Inzest, S. 67.

Als Motive für das Inzestverbot werden im Entwurf von 1854[188] Sittenreinheit und Frieden der Familie, sowie die Verhütung der körperlichen und geistigen Degeneration künftiger Geschlechter genannt.

b) Das württembergisches StGB von 1839

Das württembergisches StGB bestrafte in Art. 301 den „Beischlaf zwischen Verwandten in auf- und absteigender Linie“. Dabei wurden Aszendenten mit Zuchthaus bis zu sechs Jahren, Deszendenten, sofern sie das vierzehnte Lebensjahr vollendet hatten, mit Kreisgefängnis nicht unter einem Jahr bestraft[189].

Was den Geschwisterinzest betrifft, so war dieser gesondert in Art. 302 geregelt. Danach waren „voll- und halbbürtige Geschwister, welche miteinander Unzucht verübten“, mit Arbeitsstrafe nicht unter zwei Jahren zu belegen[190].

Art. 303 erfasste des weiteren „Unzuchtvergehen“ zwischen Verschwägerten in auf- und absteigender Linie, im einzelnen also zwischen Stiefeltern und Stiefkindern, Stiefgroßeltern und Stiefenkeln, sowie Schwiegereltern und Schwiegerkindern. Für die „Eltern“[191] war eine Arbeitshausstrafe nicht unter drei Jahren vorgesehen, während auch hier für die Deszendenten ein niedrigerer Strafrahmen, nämlich Kreisgefängnis bis zu einem Jahr drohte. Kinder unter vierzehn Jahren blieben straflos. Der Verschwägerteninzest wurde ebenfalls von Art. 45 des württembergischen Polizeigesetzes erfasst. Darin wurde der „uneheliche Beischlaf“ zwischen Verwandten „im dritten Grade der Seitenlinie nach römischer Berechnung“[192] sanktioniert. Der Strafrahmen war wesentlich milder, als der in den Art. 301 ff. Vorgesehen war entweder Arrest oder Geldbuße.

Was den generellen Strafgrund des Inzests betrifft, so finden sich in den Gesetzesmaterialien nur wenige Angaben. Einzig die „Erhaltung der Reinheit des Familienlebens“ wird genannt[193].

---

188 Siehe Entwurf des Gesetzbuches über Verbrechen und Vergehen 1854, S. 387 ff.

189 War das beteiligte Kind noch keine vierzehn Jahre alt, so trat mit der Blutschande Art. 297, die „Verführung/Verleitung zur Unzucht“ zusammen, vgl. *Hufnagel*, Strafgesetzbuch, S. 287.

190 Der Antrag der damaligen Strafrechtskommission aus dem Jahre 1837 die Strafandrohung auf ein Jahr Arbeitshausstrafe zu reduzieren, wurde nicht umgesetzt, vgl. Antrag der Kommission: Bericht der Württembergischen Kammer der Abgeordneten, S. 348.

191 Vgl. den Wortlaut des Art. 303.

192 Erfasst wurde also z. B. der Beischlaf zwischen Onkel und Nichte, aber auch der des Ehemannes der Tante mit der Nichte der Ehefrau, vgl. *Hufnagel*, Strafgesetzbuch, S. 287.

193 Siehe Bericht der Württembergischen Kammer der Abgeordneten, S. 348.

c) Das badische StGB von 1836, 1839 und 1845

Bereits der Entwurf von 1836 sanktionierte in Art. 301 die „Blutschande zwischen Eltern und Abkömmlingen“[194]. Darunter fiel der „Beischlaf zwischen Eltern oder Großeltern mit ihren Kindern oder Enkeln“. Für Eltern und Großeltern sah die Norm einen Strafrahmen von Arbeitshaus nicht unter zwei Jahren oder Zuchthaus bis zu sechs Jahren vor, sofern die „Handlung nicht in ein schweres Verbrechen nach Art. 270 Nr. 2“[195] überging. Art. 302 sah ferner vor, dass Eltern die sich der Blutschande strafbar gemacht hatten, ihrer elterlichen Rechte verlustig machen konnten. Abkömmlinge wurden erst nach Vollendung des sechzehnten Lebensjahres mit Gefängnis oder Arbeitshaus bis zu drei Jahren bestraft.

In Art. 303 wurde der „Beischlaf zwischen Stiefeltern oder Stiefgroßeltern mit ihren Stiefkindern oder Stiefenkeln“, für die Aszendenten mit Kreisgefängnis nicht unter sechs Monaten oder mit Arbeitshaus bis zu zwei Jahren, für die Deszendenten mit Kreisgefängnis bestraft. Für den „Stiefsohn oder Enkel“ war allerdings der gleiche Strafrahmen wie für die Aszendenten vorgesehen.

Art. 304 beinhaltete den Beischlaf zwischen „leiblichen, voll- und halbbürtigen Geschwistern“, sowie zwischen „Schwiegereltern und Schwiegerkindern“. Der vorgesehene Strafrahmen belief sich auf Kreisgefängnis nicht unter drei Monaten oder Arbeitshaus bis zu zwei Jahren.

Der Entwurf von 1839 war inhaltlich identisch mit dem von 1836, änderte lediglich die Nummerierung der Delikte[196].

Das Strafgesetzbuch von 1845[197] behielt die Strafbarkeit der Blutschande im wesentlichen bei. Allerdings konnten Eltern, die sich der Blutschande an ihren Abkömmlingen strafbar gemacht hatten, nicht mehr ihrer elterlichen Rechte verlustig werden. Somit änderten sich ansonsten lediglich die Nummerierung der Paragraphen. Die „Blutschande zwischen Eltern und ihren Abkömmlingen“[198] wurde in § 365; die zwischen „Stiefeltern und Stiefkindern oder Enkeln“ in § 366; die „Blutschande zwischen Geschwistern und Verschwägerten in gerader Linie“ in § 367 geregelt.

---

194 So die Amtliche Überschrift, siehe Entwurf eines Strafgesetzbuchs für das Großherzogtum Baden 1836.

195 Art. 270 Nr. 2 des Entwurfs eines Strafgesetzbuchs für das Großherzogtum Baden 1836 erfasste die Fälle, in denen der Beischlaf mit einem unter vierzehn jährigen Mädchen, welches noch nicht „mannbar“ (also empfängnisreif) war, vollzogen wurde.

196 Siehe Entwurf eines Strafgesetzbuchs für das Großherzogthum Baden 1839.

197 Siehe Strafgesetzbuch für das Großherzogthum Baden 1845.

198 Vgl. hierzu jeweils die amtliche Überschrift: Strafgesetzbuch für das Großherzogthum Baden 1845.

d) Das sächsische StGB von 1855

Das sächsische StGB von 1855 bestrafte in Art. 349 und 351 den Beischlaf zwischen Eltern und ihren leiblichen Abkömmlingen mit Arbeits- oder Zuchthaus von einem bis zu vier Jahren für die Eltern und Gefängnis mit bis zu acht Monaten für die Abkömmlinge[199]. Für das sächsische StGB von 1855 war damit lediglich maßgeblich, dass die im Gesetz genannten Personen bis zu einem bestimmten Grad verwandt waren. Ebenfalls wurde der Beischlaf zwischen Schwiegereltern und -kindern, Stiefeltern und -kindern sowie zwischen Geschwistern (unabhängig ob Voll- oder Halbgeschwister) mit Gefängnis bestraft. Damit verfolgte das sächsische StGB eine vollkommen andere Richtung als der Entwurf des sächsischen Hofrats *Tittmann* aus dem Jahre 1810. Dieser sah die Strafwürdigkeit der Inzesttäter nicht in der Enge der Verwandtschaftsbeziehungen. Strafwürdig waren seines Erachtens nach nur solche Verwandten, die zu einer Familie im strengsten Sinne gehörten[200]. Dadurch stand für *Tittmann* der Familienschutz im Vordergrund[201]. Sein Ziel war es also, einerseits schädliche Folgen von der Familie abzuhalten, andererseits sah er in den schädlichen Folgen gerade den Strafgrund für die Sanktionierung des Inzests.

e) Das preußische StGB von 1851

Im preußischen StGB wird der Inzest in § 141 unter Strafe gestellt. Erfasst wurde die „Unzucht“ zwischen leiblichen Eltern und Kindern, zwischen Stiefeltern und Stiefkindern, Voll- und Halbgeschwistern. Im Gegensatz zum ALR war bereits im Entwurf von 1828 der Tatbestand wieder auf Schwiegerverhältnisse ausgedehnt worden[202]. Als Strafe sah § 141 StGB Zuchthaus oder Gefängnis vor, sowie die zeitige Untersagung bürgerlicher Ehrenrechte. Was allerdings unter den Begriff „Unzucht“ fiel, war umstritten[203].

---

199 Siehe hierzu das Strafgesetzbuch für das Königreich Sachsen vom 13. Aug. 1855.

200 Das waren für *Tittmann*, Handbuch, S. 657 f, insbesondere Eltern, Kinder und Großeltern, unabhängig von deren Blutsverwandtschaft. Jedoch gerade nicht Schwager, Schwägerinnen, Onkel, Tanten und Cousins und Cousinen.

201 Vgl. auch *Klöpper*, Das Verhältnis von § 173 StGB zu Art. 6 I GG, S. 9.

202 So *Palmen*, Der Inzest, S. 71.

203 Vgl. hierzu *Goltdammer*, Materialien, S. 287; *Beseler*, Kommentar, S. 311.

Kritische Stimmen waren bereits zum Entwurf aus dem Jahre 1843 laut geworden. Als Kritiker sind insbesondere *Strampff*[204] und *Abegg*[205] zu nennen. *Strampff*[206] sah den Inzest nur dann als strafwürdig an, wenn zugleich Rechte anderer verletzt werden, was wiederum nur dann gegeben sei, wenn durch den Inzest ein öffentliches Ärgernis erregt wird[207]. Er führt diesbezüglich an:

> „Man kann also die völlige Verworfenheit einer Handlung anerkennen, sie in religiöser und sittlicher Beziehung für verdammlich und fluchwürdig erklären, und sie doch mit keinem Strafgesetz bedrohen."

Weiter heißt es bei *Strampff*[208]:

> „Diese Gründe [Gründe des Allgemeinen Wohls][209] sind aber nicht rechtlicher Natur [...]. Er [der Staat][210] hat aber kein juristisches Recht, dass seine Bürger sich der Zucht und Sitte und Gottesfurcht ergeben. Deshalb verletzen sie, wenn sie blutschänderischen Umgang pflegen, sein Recht nicht mehr, als wenn sie in der unglücklichen Verblendung einen Götzen anbeten. Darum würde ich die Blutschande nur bestrafen, wenn durch dieselbe zugleich Rechte anderer verletzt werden."

Doch blieb die Kritik ungehört als im Jahre 1871 das Reichsstrafgesetzbuch[211] in Kraft trat, welches teilweise dem preußischen StGB von 1851 entsprach.

f) Strafgesetzbuch für den Norddeutschen Bund

Das Strafgesetzbuch des Norddeutschen Bundes ist gerade im Hinblick auf das RStGB von 1871 von besonderer Bedeutung. Durch das Gesetz über die Reichsverfassung vom 16. April 1871 wurde das Strafgesetzbuch des Norddeutschen Bundes zunächst zum Reichsgesetz und schließlich, mit gewissen Änderungen, zum Strafgesetzbuch für das Deutsche Reich[212] erklärt. Wie auch das preußischen StGB[213] sah das Strafgesetzbuch des Norddeutschen Bundes eine Strafbarkeit des Inzests vor[214]. § 173 Abs. 1 stellte den Beischlaf zwischen Verwandten auf- und absteigender Linie für erstere mit Zuchthaus bis zu fünf Jahren, für letztere mit Gefängnis bis zu zwei Jahren unter Strafe. In Abs. 2 wurde der Beischlaf zwischen Verschwägerten auf- und absteigender Linie und

---

204 Siehe *Strampff*, Kritische Briefe, S. 1 ff.
205 Siehe *Abegg*, Kritische Betrachtungen, S. 1 ff.
206 Vgl. *Strampff*, Kritische Briefe, S. 299 f.
207 Vgl. auch *Palmen*, Der Inzest, S. 72.
208 Siehe *Strampff*, Kritische Briefe, S. 302 f.
209 Anmerkung des Verfassers.
210 Anmerkung des Verfassers.
211 Im Folgenden als RStGB bezeichnet.
212 Vgl. RGBl. 1871 I, S. 127.
213 Das preußische StGB diente als Vorbild für das Strafgesetzbuch des Norddeutschen Bundes, vgl. Entwurf und Motive eines StGB für den Norddeutschen Bund, S. 9.
214 Siehe § 173 des Strafgesetzbuches für den Norddeutschen Bund 1870.

zwischen Geschwistern mit Strafe bedroht. Hierfür sah die Norm Gefängnisstrafe bis zu zwei Jahren vor. Neben der Zuchthaus- bzw. Gefängnisstrafe konnte zusätzlich auf Verlust der bürgerlichen Ehrenrechte erkannt werden. Verwandte und Verschwägerte absteigender Linie blieben straflos, wenn sie zur Tatzeit das achtzehnte Lebensjahr noch nicht vollendet hatten. Auffallend ist, dass die Norm den Begriff der „Unzucht" durch den Begriff des „Beischlafs" ersetzt[215]. Ziel dieser Begriffsänderung war es, den mehrdeutigen und kritisierten Ausdruck „Unzucht" zu präzisieren. Der Begriff des „Beischlafs" wurde als konkreter und als wesentlich bestimmter empfunden[216]. Eine Streichung des Inzesttatbestandes war auch für das Strafgesetzbuch des Norddeutschen Bundes nicht in Frage gekommen[217]. Als Begründung für die Strafbarkeit wurde eine „Untergrabung des Familienlebens" angeführt, welche durch den Inzest bewirkt werde und welche Dimensionen erreichen könnte, die ein Einschreiten der Strafgewalt rechtfertigten[218]. Ebenfalls war man der Forderung zur Herabsetzung der Strafandrohung nicht nachgekommen[219].

g) RStGB von 1871

„So entstand 1871 ein Gesetzbuch, dessen Konzeption sexualfeindlich ist."[220]

Dieses vorweggenommene Zitat schildert wohl am besten, die damalige Situation und Tendenz des RStGB von 1871.Laut *von Schumann*[221] entstand diese Tendenz, bzw. wurde diese durch den zur damaligen Zeit herrschenden, konstitutionellen Monarchismus verstärkt. In diesem wiederum überwog das patri-

---

215 Zum Vergleich: § 141 des preußischen StGB verwandte den Begriff der Unzucht; siehe Kapitel II, A V 1 e.

216 Vgl. *Meyer*, Strafgesetzbuch für den Norddeutschen Bund, S. 137.

217 So aber die Forderung von *Fuchs*, Kritische Bemerkungen, S. 54, der sich auf *Strampff*, einen Kritiker des preußischen StGB berief. Für *Fuchs* kam eine Strafbarkeit nur dann in Frage, wenn ein öffentliches Ärgernis verursacht bzw. Rechte Dritter durch die Tat verletzt wurden. Siehe hierzu auch *Strampff*, Kritische Briefe, S. 299 f., sowie Kapitel II, A V 1 e.

218 Siehe *John*, Beurteilung des Entwurfs eines Strafgesetzbuches für den Norddeutschen Bund, S. 86.

219 *John*, Beurteilung des Entwurfs eines Strafgesetzbuches für den Norddeutschen Bund, S. 86, hatte in seinem revidierten Entwurf eine Herabsetzung von fünf auf drei Jahre für den Beischlaf zwischen Eltern sowie anderen Verwandten aufsteigender Linie mit ihren leiblichen Abkömmlingen gefordert. Nach § 127 dieses revidierten Entwurfs waren ferner die Deszendenten nicht strafbar, unabhängig von einer Altersgrenze, siehe *John*, Beurteilung des Entwurfs eines Strafgesetzbuches für den Norddeutschen Bund, S. 86.

220 So *von Schumann*, NJW 1964, 1158 (1158).

221 So *von Schumann*, NJW 1964, 1158 (1158).

archalische Prinzip. Das Sexuelle wurde als das „Niedrige im Menschen“[222] angesehen, diskriminiert und tabuisiert. Vor diesem Hintergrund wurde gemäß § 173 des RStGB der Inzest, d.h. der Beischlaf zwischen Verwandten auf- und absteigender Linie, zwischen Verschwägerten auf- und absteigender Linie, sowie zwischen Geschwistern mit Zuchthaus bzw. Gefängnis bestraft. Zusätzlich drohte auch noch der Verlust der bürgerlichen Ehrenrechte, wie auch schon im preußischen StGB von 1851.

In einem Kommentar zum RStGB von 1871[223] findet sich für die Strafbarkeit des Inzest folgende Begründung: Das strafbare Moment liege im Angriff auf die sittliche Einheit in der Familie. Zugleich enthalte der Inzest eine Gefahr für die sittliche Entwicklung der Familie und für die physische Entwicklung der künftigen Generation[224]. In den Vordergrund rückte also immer mehr die „Sittlichkeit“ als Motiv und damit rein moralische Gesichtspunkte.

2. Das Eheverbot

a) Der Codex Maximilianeus Bavaricus civilis

Auch der Codex Maximilianeus Bavaricus civilis von 1756 sah ein Eheverbot vor[225]. Danach war eine Eheschließung zwischen Blutsverwandten auf- und absteigender Linie verboten[226]. Ferner bestand ein Eheverbot zwischen Tauf-/Firmpaten und dem Getauften/Gefirmten sowie dessen Eltern. Des weiteren bestand ein Eheverbot zwischen Verschwägerten[227].

Der revidierte Entwurf aus dem Jahre 1811 sah im Hinblick auf das Eheverbot einige Änderungen vor. Insbesondere wurden beim Eheverbot der Verwandtschaft und Schwägerschaft Lockerungen vorgenommen[228]. Verboten blieb allerdings auch weiterhin die Ehe zwischen Verwandten auf- und absteigender Linie, d.h. zwischen Eltern und ihren Kindern, zwischen Großeltern und ihren

---

222 Diesen Begriff verwendet *von Schumann*, NJW 1964, 1158 (1158).

223 Siehe *Holzendorff*, Handbuch, Bd. 3, zu § 173, S. 301.

224 Vgl. hierzu auch *Berner*, Lehrbuch, § 188: Danach fordere die Ehe einen „frischen Gegensatz, sowohl in physischer als auch in leiblicher Beziehung“. Beim Inzest sei dieser Gegensatz durch die Blutseinheit abgestumpft und die Anziehungskraft nicht gegeben. Wegen dieser Abstumpfung seien auch die Kinder aus diesen Verhältnissen eher schlaff und schwächlich. Die überwiegende zeitgenössische Kommentarliteratur ging auf die Strafgründe nicht ein, vgl. hierzu *Oppenhoff*, Das Strafgesetzbuch, S. 371 f. zu § 173 RStGB; *Schwarze*, Commentar zum Strafgesetzbuch, S. 416 f. zu § 173 RStGB.

225 Siehe Erster Theil, Sechstes Kapitel, § 9 des Cod. Max. 1756.

226 In der Seitenlinie war das Eheverbot auf den vierten Grad, gerechnet nach geistlichen Rechten, begrenzt.

227 Auch hierfür war das Eheverbot auf den vierten Grad der Schwägerschaft begrenzt.

228 Siehe Erster Theil, Sechstes Kapitel, § 4 des Rev. Cod. Max. 1811.

Kindern sowie zwischen voll- und halbbürtigen Geschwistern. Ehen zwischen Geschwisterkindern sowie Ehen mit Geschwistern der Eltern väter- oder mütterlicherseits waren zwar weiterhin generell verboten, allerdings konnte für sie ein Dispens erteilt werden[229]. Gelockert wurde ferner das Eheverbot im Hinblick auf die Schwägerschaft: möglich war nun eine Dispenserteilung insbesondere für die Ehe mit Geschwistern eines verstorbenen Eheteils, ferner im Hinblick auf das grundsätzliche Eheverbote infolge Schwägerschaft zu Geschwisterkindern sowie Schwägerschaft zu Geschwistern der Eltern des andern Eheteils[230]. Der revidierte Entwurf des Codex Maximilianeus civilis von 1811 erlangte jedoch nie Gesetzeskraft[231], so dass die Regelungen des ursprünglichen Codex aus dem Jahre 1756 weiter Gültigkeit besaßen.

b) Der Code Civil/Code Napoléon von 1804

Der Code Civil[232] aus dem Jahre 1804 gilt als eines der bedeutendsten europäischen Kodifikationswerke. Der Code Civil, der *Napoléon Bonapartes* zugeschrieben wird, ersetzte durch die einheitliche Gesetzgebung die zu dieser Zeit in Frankreich herrschende Uneinheitlichkeit des römischen und fränkischen Rechts[233]. Der Code wurde schließlich in allen Territorien des napoleonischen Kaiserreichs eingeführt. Bereits ab 1804 galt der Code in den rheinischen Departements, in Belgien und Luxemburg sowie in Piemont und Genua[234]. Zwischen 1805 und 1812 trat der Code in zahlreichen napoleonischen Satellitenstaaten in Kraft.

Das Erste Buch des Code Civil sieht im ersten Kapitel des Fünften Titels „Von der Ehe“ umfassende Regelungen bezüglich der Ehe vor. Gem. Art. CLV[235] ist die Ehe zwischen Verwandten gerader Linie verboten. Das gleiche gilt für Verschwägerte in derselben Linie. Die Ehe zwischen Verwandten gerader Linie galt als mit der Sittlichkeit unvereinbar; sie würde dazu führen, dass die wesentlichen Verhältnisse zwischen Eltern und ihren Kindern umge-

---

229 Siehe Erster Theil, Sechstes Kapitel, § 4 des Rev. Cod. Max. 1811.

230 Vgl. hierzu auch die Ausführungen in den „Motifs zum Ersten Theile“, d.h. den Motiven des rev. Cod. Max. 1811, S. 96 (110).

231 Vgl. hierzu *Demel*, Die bayerische Gesetzgebungspolitik, S. XLIII, LVI zu den hierfür möglichen Gründen.

232 Der Code Civil wurde zunächst als Code Civil des Français erlassen und mit Dekret vom 3. September 1807 als Code Napoléon bezeichnet; vgl. zu den weiteren unterschiedlichen Bezeichnungen *Gross*, Der Code Napoléon, S. 24 , 38.

233 Siehe hierzu ausführlich *Gross*, Der Code Napoléon, S. 24, 24.

234 Siehe *Ranieri*, Code Civil, S. 85, 88.

235 Siehe Art. CLV des Code Civil von 1804.

wälzt würden und somit in Widerspruch zueinander gerieten[236]. Eine solche Ehe würde alle bestehenden Rechte und Pflichten innerhalb der Familie durcheinanderbringen[237]. Eine ausdrückliche Begründung des Verbots der Ehe zwischen Verschwägerten findet sich nicht. Gem. Art. CLVI[238] war ferner die Ehe zwischen Geschwistern sowie die Ehe zwischen Verschwägerten in der Seitenlinie verboten. Die öffentliche Sittlichkeit verbiete gerade auch die Ehe zwischen Geschwistern. Das „Innere der Familie" galt als „Heiligthum der Sitten"[239] und sexuelle Beziehungen zwischen Geschwistern schienen besonders geeignet, diese Sittlichkeit zu zerstören. Mit anderen Worten: Die Familie sollte von sexuellen Beziehungen ihrer engsten Mitglieder frei gehalten werden. Der Code Civil sah darüber hinaus ein Verbot für die Ehe zwischen Onkel und Nichte sowie zwischen Tante und Neffen vor[240]. Onkel und Tante übernähmen oft elterliche Pflichten. Diese Übernahme lasse sich jedoch nicht mit den ehelichen Pflichten vereinbaren. Des weiteren könnten sich solche Ehen negativ für die jüngeren Geschwister auswirken, was wiederum nachteilige Folgen für die Sittlichkeit an sich mit sich bringe[241]. Für dieses Eheverbot bestand jedoch die Besonderheit, dass bei Vorliegen „wichtiger Ursachen"[242] eine Ausnahme und somit die Ehe zugelassen werden konnte. Was genau unter diesem Begriff zu verstehen war, darüber schweigt der Code Civil allerdings. Diesbezüglich seien Fälle denkbar, in denen die Sittlichkeit nicht so maßgeblich sei und hinter den wichtigen Gründen zurücktreten könne[243]. Der Code Civil sah davon ab, die Ehe unter Geschwisterkindern zu untersagen. Geschwisterkinder wüchsen nicht mehr unter einem Dach auf, so dass familiäre Konflikte nicht entstünden. Vielmehr scheine es dem Interesse der Gesellschaft zu entsprechen, die getrennten Familien zusammenzuführen[244].

c) Das Badische Landrecht von 1810

Das badische Territorium war unter *Napoléon* zunächst im Jahre 1803 zum Churfürstentum und durch die Rheinbundakte vom 12. Juli 1806 sowie die Proklamation vom 13. August 1806 zum Großherzogtum Baden ernannt worden[245].

---

236 Vgl. *Lassaulx*, Anmerkungen, S. 112.
237 Vgl. *Lassaulx*, Anmerkungen, S. 112.
238 Siehe Art. CLVI des Code Civii von 1804.
239 Vgl. *Lassaulx*, Anmerkungen, S. 112.
240 Siehe Art. CLVII des Code Civil von 1804.
241 Vgl. *Lassaulx*, Anmerkungen, S. 113.
242 Vgl. Art. CLVIII des Code Civil von 1804.
243 Vgl. *Lassaulx*, Anmerkungen, S. 113.
244 Vgl. *Lassaulx*, Anmerkungen, S. 114.
245 Siehe ausführlich *Gross*, Der Code Napoléon, S. 24, 27.

Da das Großherzogtum noch keine eigene Kodifikation besaß, war es für die Einführung des Code Civil geradezu prädestiniert. Allerdings wurde in Baden der Code Civil nicht lediglich als reine Übersetzung eingeführt; vielmehr wurde es durch den Staatsrat *Johann Nikolaus Friedrich Brauer* auf Weisung des *Großherzogs Carl Friedrich* den badischen Besonderheiten angepasst. Somit trat am 1. Oktober 1810 der „Code Napoléon mit Zusätzen und Handelsgesetzen als Landrecht für das Großherzogthum Baden“[246] in Kraft, besser bekannt als Badisches Landrecht.

Auch das Badische Landrecht sah detaillierte Regelungen bezüglich der Ehe vor. Gem. Art. 161[247] war die Ehe zwischen allen Voreltern und ihren Abkömmlingen verboten, unabhängig von der Frage, ob es sich um eheliche oder uneheliche bzw. leibliche oder angeheiratete Verwandte handelte. Art. 162[248] verbot die Ehe zwischen Geschwistern, gleichgültig ob es sich um Geschwister aus ehelicher oder unehelicher Abstammung handelte. Ferner war im Badischen Landrecht auch die Ehe zwischen Verschwägerten desselben Grades verboten. Schließlich sah Art. 163[249] wie auch bereits Art. CLVII des Code Civil ein Eheverbot für Onkel und Nichte sowie Tante und Neffen vor. Allerdings ließ auch das Badische Landrecht hiervon eine Ausnahme bei Vorliegen wichtiger Ursachen zu[250]. Art. 164 a[251] sah ferner eine Ausnahme vom Eheverbot zwischen Verschwägerten vor, wenn die vorherige Ehe durch Tod und nicht durch eine Ehescheidung beendet worden war. Solch ein Fall setzte allerdings eine Nachsichtsbitte[252] voraus, welcher aber nur dann stattzugeben war, wenn vor der Bitte noch kein sexuelles Verhältnis zwischen den Bittenden bestand.

---

246 Siehe Code Napoléon/Badisches Landrecht.
247 Siehe Art. 161 des Code Napoléon/Badisches Landrecht.
248 Siehe Art. 162 des Code Napoléon/Badisches Landrecht.
249 Siehe Art. 163 des Code Napoléon/Badisches Landrecht.
250 Siehe Art. 164 des Code Napoléon/Badisches Landrecht.
251 Siehe Art. 164 a des Code Napoléon/Badisches Landrecht.
252 Siehe Art. 164 a des Code Napoléon/Badisches Landrecht.

VI. Das 20. und 21. Jahrhundert

1. Das Inzestverbot

In Bezug auf die Strafrechtsreformen des 20. Jahrhunderts bzw. deren Versuche soll hier nur kurz eingegangen werden[253]. Ab dem Jahre 1902 fanden erste Reformbemühungen statt[254]. Der erste Vorentwurf aus dem Jahre 1909 war von einer Kommission, bestehend aus fünf Praktikern[255], entwickelt worden. § 249 des Entwurfs[256] entspricht fast vollständig § 173 RStGB. Als Motiv für die Strafbarkeit des Inzests wird wieder einmal „der schwere Angriff auf das sittliche Wesen der Familie"[257] genannt. Die Gefahr für die Nachkommenschaft sowie für die sittliche Gesundheit des Familienlebens rechtfertige die Bestrafung und somit die vollständige Übernahme des bisherigen § 173 RStGB[258].

Vorschläge zur Entkriminalisierung im Hinblick auf den Beischlaf zwischen Verschwägerten und Stiefverwandten, wie derjenige von *Mittermaier*[259] blieben unbeachtet. Dieser sah im Inzest „nur eine reine Unmoral", welcher keine besondere Gefahr darstelle. Strafbar war für ihn lediglich die Verletzung eines Obhutsverhältnisses, d.h. der Missbrauch eines solchen und der Inzest zwischen nahen Verwandten. Allerdings bezweifelte er den Sinn und Zweck von Strafen hierfür[260].

Auch liberale(re) ausländische Gesetze blieben bei der Reform unberücksichtigt und wurden als nicht maßgebend beachtet[261].

Die anschließend folgenden Gesetzesentwürfe behielten die Strafbarkeit des Inzest bei, lediglich das Strafmaß variierte von fünf Jahren Zuchthaus für Aszendenten (Entwürfe von 1911[262] und 1913[263]) bis zehn Jahre Zuchthaus (Entwürfe

---

253 Eine ausführliche Darstellung findet sich bei *Palmen*, Der Inzest, S. 79 ff.; sowie bei *Klöpper*, Das Verhältnis von § 173 StGB zu Art. 6 I GG, S. 10.

254 Vgl. zur Geschichte der Strafrechtsreform auch *Müller-Emmert*, DRiZ 1965, 45 (45 ff.).

255 Vgl. hierzu die Einleitung der Begründung der Kommission im Vorentwurf zu einem Deutschen Strafgesetzbuch 1909.

256 Siehe § 249 des Vorentwurfs zu einem Deutschen Strafgesetzbuch 1909.

257 Siehe hierzu die Begründung der Kommission im Vorentwurf zu einem Deutschen Strafgesetzbuch 1909, § 249.

258 So die Begründung der Kommission im Vorentwurf zu einem Deutschen Strafgesetzbuch 1909, § 249.

259 *Mittermaier*, Verbrechen und Vergehen, S. 144.

260 Vgl. *Mittermaier*, Verbrechen und Vergehen, S. 145.

261 Vgl. *Palmen*, Der Inzest, S. 80. Zweifel an der Strafbarkeit des Inzests waren insbesondere durch die Vorarbeiten zur Deutschen Strafrechtsreform in Form des mehrbändigen Werkes „Vergleichende Darstellungen des Deutschen und Ausländischen Strafrechts", aufgekommen.

262 Siehe § 244 des Gegenentwurfs 1911.

263 Siehe § 317 des Entwurfs zu einem Deutschen Strafgesetzbuchs 1913.

von 1919[264], 1922[265] und 1925). Eine ausdrückliche Begründung für diese Verdoppelung fehlt allerdings[266]; angeführt wird lediglich die besondere Verwerflichkeit der Handlung[267]. Der Entwurf von 1927[268] schloss erstmals die Verschwägerten aus dem Tatbestand aus[269]. Die hohe Strafandrohung der vorherigen Entwürfe wurden allerdings beibehalten. Der vom „Kartell für Reform des Sexualstrafrechts von 1927“ vorgelegte Gegenentwurf[270] sah dem gegenüber einen, auf zwei Jahre bzw. fünf Jahre (wenn der Deszendent das 16. Lebensjahr noch nicht vollendet hatte[271]), verringerten Strafrahmen vor. Damit griff der Gegenentwurf den Gedanken des „Autoritätsmissbrauchs“[272] wieder auf. Die Entwürfe von 1930[273] und 1936 behielten den Strafrahmen sowie den Ausschluss der Verschwägerten aus dem Tatbestand bei.

Während der national-sozialistischen Gewaltherrschaft wurden die eugenischen Gesichtspunkte zur Begründung der Strafbarkeit stark in den Vordergrund gestellt[274], während die Reformbewegungen überwiegend ruhten. Allerdings wurde vorgeschlagen, den Verschwägerten-Inzest von dem Tatbestand auszunehmen[275].

§ 4 der am 23.04.1938 in kraft getretenen „Verordnung zur Durchführung des Gesetzes über die Änderung und Ergänzung familienrechtlicher Vorschriften und über die Rechtsstellung der Staatenlosen“[276] sah vor, dass der Verschwägerten-Inzest straflos blieb, wenn die Ehe auf der diese Schwägerschaft beruhte,

---

264 Siehe § 319 des Entwurfs zu einem Deutschen Strafgesetzbuch 1919. Die Veröffentlichung des Entwurfs von 1919 erfolgte erst 1920.

265 Siehe § 256 des Entwurfs von *Gustav Radbruch* 1922.

266 Siehe wegen der möglichen Einflüssen hierfür insbesondere *Palmen*, Der Inzest, S. 81.

267 Siehe Amtlicher Entwurf eines Allgemeinen Deutschen Strafgesetzbuchs 1925, S. 134, zu § 263.

268 Siehe § 290 und § 291 des Entwurfs eines Allgemeinen Deutschen Strafgesetzbuchs 1927.

269 *Palmen*, Der Inzest, S. 83 stellt die Vermutung auf, der Ausschluss der Verschwägerten aus dem Tatbestand sei darauf zurückzuführen, dass ausländische Gesetzgebungen den Tatbestand komplett gestrichen hatten.

270 Siehe Gegen-Entwurf 1927, S. 1 ff.

271 Vgl. hierzu Gegen-Entwurf 1927, S. 36; *Palmen*, Der Inzest, S. 84.

272 Siehe hierzu bereits Kapitel II, A V 1 a.

273 Siehe § 290 und § 291 des Entwurfs eines Allgemeinen Deutschen Strafgesetzbuchs 1930.

274 *Palmen*, Der Inzest, S. 84: Als Begründung wurde konkret die Abwehr von Erbgefahren aus Inzucht genannt.

275 *Von Gleispach*, Das kommende deutsche Strafrecht, Besonderer Teil, 1935 S. 124. Dieser Vorschlag war insofern konsequent, als das Verbot des Verschwägerten-Inzests angesichts der Fokussierung auf eugenische Gesichtspunkte nicht mehr begründbar war.

276 RGBl. 1938 I, S. 417.

zur Zeit der Tat nicht mehr bestand. Gleichzeitig konnte das Gericht von Strafe absehen, wenn die häusliche Gemeinschaft der Ehegatten zur Zeit der Tat bereits aufgehoben war. Diese Regelung wurde erst durch das dritte Strafrechtsänderungsgesetz vom 04.08.1953[277] in § 173 StGB eingearbeitet.

Nach dem 2. Weltkrieg setzten dann schließlich ab dem Jahre 1953 wieder Reformbemühungen ein. Hier ist insbesondere der Entwurf von 1960 zu nennen[278]. Erfasst wurde in § 192 des Entwurfs der Beischlaf zwischen Verwandten in ab- und aufsteigender Linie. Damit entsprach die Bestimmung der des § 173 RStGB. Verschwägerte wurden zwar nicht erfasst, jedoch wurde eine Straflosigkeit auch für jugendliche Geschwister nicht aufgenommen[279]. Als Begründung hierfür wurde angeführt, dass bei Geschwistern ja gerade kein Abhängigkeitsverhältnis vorläge, welches die Straffreiheit rechtfertige[280]. Als Motive für die Strafbarkeit der „Blutschande" wurden Familienschutz und Schutz der Abkömmlinge genannt. *Blei*[281] bezeichnet nicht nur deshalb die Regelung des § 192 als „Umgestaltung vom Sittlichkeits- zum Familiendelikt" [282]. Er ist ferner der Ansicht, dass der Wegfall der Strafbarkeit des Verschwägerten-Beischlafs eine Verlagerung der Schutzakzente mit sich bringe, denn dadurch rücke die Verhinderung erblich besonders belasteten Nachwuchses in den Vordergrund[283].

Der Amtliche Entwurf von 1962[284] stimmte im Wesentlichen mit dem von 1960 überein. Allerdings wurden Verwandte absteigender Linie nur noch bis zum 16. Lebensjahr straffrei gestellt[285]. Am 22. September 1970 legte die damalige Bundesregierung den Entwurf des vierten Strafrechtsreformgesetzes[286] vor[287]. Diesem Entwurf waren entsprechende Forderungen auf der Tagung der deutschen Strafrechtslehrer im Jahre 1965[288], dem 47. Deutschen Juristentag von

---

277 BGBl. 1953 I, S. 735.

278 Text und Begründung in BR-Drucks. 270/60.

279 Verwandte absteigender Linie, die zur Zeit der Tat noch nicht achtzehn Jahre alt waren blieben nach § 192 Abs. 3 des Entwurfs jedoch straffrei. D.h. der Inzest zwischen Abkömmlingen und ihren Eltern/Großeltern blieb für die Abkömmlinge straflos, wenn sie zum Zeitpunkt der Tat noch nicht volljährig waren.

280 BR-Drucks. 270/60, zu § 192 siehe S. 322.

281 *Blei*, FamRZ 1961, 137 (137 ff.).

282 *Blei*, FamRZ 1961, 137 (139).

283 *Blei*, FamRZ 1961, 137 (139).

284 BR-Drucks. 200/62; siehe auch Entwurf eines Strafgesetzbuches 1962.

285 Vgl. § 192 Abs. 3 des Entwurfs von 1960 in BR-Drucks. 270/60. Dort war eine Altersgrenze von achtzehn Jahren vorgesehen.

286 Im Folgenden als 4. StrG bezeichnet.

287 BR-Drucks. 489/70, später BT Drucks. VI/1, S. 552.

288 Siehe hierzu auch *Weber*, JZ 1965, 503 (503 f.).

1968[289], sowie ein Alternativ-Entwurf der Strafrechtslehrer aus dem Jahre 1968[290] vorausgegangen. Gerade der Alternativ-Entwurf aus dem Jahre 1968 hatte es sich zum Ziel gesetzt, die Diskussion um die problematischen Delikte des Sexualstrafrechts zu fördern, da man die Ansicht vertrat, die Regelungen des Entwurfs von 1962 seien mit dem Anliegen einer modernen Strafrechtsreform nicht zu vereinbaren[291]. Was die Strafbarkeit des Inzests betraf, so sah der Alternativ-Entwurf eine ersatzlose Streichung des Tatbestandes vor unter Hinweis darauf, dass sich eine Strafbarkeit rechtsstaatlich nicht begründen lasse[292]. Eine solch grundlegende Reform der Materie enthielt das 4. StRG allerdings nicht[293]. Zwar heißt es in der Amtlichen Begründung[294]:

> „Es ist darauf zu achten, dass das Strafrecht nur eine äußere Ordnung sozialen Verhaltens zu wahren hat. In der heutigen Gesellschaft sind die Wertvorstellungen über Ehe, Familie und Sexualität sehr vielfältig."

Und weiter heißt es dort:

> „Der Gesetzgeber hat zu berücksichtigen, dass die Freiheit des einzelnen und die ungestörte Entwicklung junger Menschen in der Sexualsphäre besonderen Gefährdungen ausgesetzt sind."

Leider wird diese Konzeption nicht durchgehalten[295]. Der Rechtsgüterschutz kollidierte damals mit der „Aversion gegenüber der Kommerzialisierung des Sexualbereichs"[296] und so heißt es dann an anderer Stelle in der Amtlichen Begründung[297]:

> „Der Gesetzgeber kann nicht alle Taten straffrei lassen, deren Schädlichkeit bisher weder eindeutig bewiesen noch ausgeschlossen werden konnte. [...] Solange die Unschädlichkeit der Tat nicht feststeht, stellt ihre Duldung ein Risiko dar."

Ob also tatsächlich eine sozialschädliche Wirkung gegeben war, war für die Pönalisierung zunächst einmal zweitrangig. *Baumann*[298] bezeichnet dies als „in dubio pro Pönalisierung"[299].

---

289 Vgl. Mitteilungen in NJW 1968, 2045 (2045); *Weber*, JZ 1968, 755 (755 f.).

290 Alternativ-Entwurf 1968, S. 59 zu § 173 StGB.

291 Siehe Alternativ-Entwurf 1968, S. 3.

292 Siehe Alternativ-Entwurf 1968, S. 59.

293 Ausführlich hierzu *Baumann*, ZRP 1971, 129 (129 ff.).

294 Amtliche Begründung des 4. StRG in BR-Drucks. 489/70, S. 9.

295 So *Baumann*, ZRP 1971, 129 (130).

296 Diesen Begriff verwendet *Baumann*, ZRP 1971, 129 (130).

297 Amtliche Begründung des 4. StRG in BR-Drucks. 489/70, S. 10.

298 *Baumann*, ZRP 1971, 129 (130).

299 Anders hingegen *Schroeder*, ZRP 1971, 14 (14): Dieser vertritt die Ansicht, dass der Grundsatz „in dubio pro reo" nicht auf die Gesetzgebung übertragbar sei und dem Gesetzgeber einen Beurteilungsspielraum im Falle eines nicht exakten Nachweises der Schändlichkeit zubilligt.

Was den Tatbestand der „Blutschande" anbelangt, so wurde dieser aus den „Straftaten gegen die Sittlichkeit" herausgenommen und in den 12. Abschnitt, der die Überschrift „Straftaten gegen den Personenstand, die Ehe und die Familie" trägt, eingeordnet. Die Strafrahmen wurden heruntergesetzt und der Beischlaf zwischen Verschwägerten blieb weiterhin straflos[300]. Die Nichtbestrafung des Verschwägerten-Beischlafs wurde wie folgt begründet:

> „Die Vorschrift über die Bestrafung des Beischlafs zwischen Verschwägerten ist durch so einschneidende, kriminal-politisch berechtigte Ausnahmen von der Strafbarkeit durchbrochen, dass sie einen echten Gehalt kaum noch besitzt."[301]

Die Beibehaltung der Strafbarkeit des Verwandten- und Geschwisterinzests wird demgegenüber wie folgt begründet:

> „[...] mit der Notwendigkeit, die engste Familie von sexuellen Beziehungen freizuhalten, weil diese sich in hohem Maße ehe- und familienzerstörend auswirken, nicht selten zu schwerwiegenden Störungen der psychischen Entwicklung namentlich der minderjährigen Opfer oder Partner, durch die diskriminierende Reaktion der Öffentlichkeit aber auch der Kinder aus solchen Beziehungen, führen, und sie die Nachkommen dazu noch der Gefahr eugenischer und genetischer Schäden aussetzen."[302]

Dass diese Gründe bereits zum damaligen Zeitpunkt höchst umstritten und teilweise sogar wissenschaftlich widerlegt waren, fand im Gesetzgebungsprozess keine Beachtung. Seinen endgültigen und heute noch gleichlautenden Wortlaut erhielt § 173 StGB schließlich durch Art. 6 Nr. 3 des „Gesetzes über die Annahme als Kind und zur Änderung anderer Vorschriften"[303] vom 02.07.1976[304]. Weitere Reformbemühungen im Hinblick auf § 173 StGB gab es seither nicht. Zwar war das Sexualstrafrecht immer wieder Gegenstand zahlreicher Gesetzesreformen[305]. Diese ließen den Tatbestand des § 173 StGB jedoch stets außen vor. Auch die jüngsten Reformbestrebungen der Bundesregierung im „Entwurf eines Gesetzes zur Umsetzung des Rahmenbeschlusses des

---

300 Kritisch im Hinblick auf den Entwurf bzgl. der „Blutschande" *Schroeder*, ZRP 1971, 14 (21).

301 Amtliche Begründung des 4. StRG in BR-Drucks. 489/70, S. 14.

302 Vgl. Amtliche Begründung des 4. StRG in BR-Drucks. 489/70, S. 14

303 Kurz AdoptionsG.

304 BGBl. 1976 I, S. 1749.

305 Hier sind das 26. StrÄndG vom 14.7.1992 (BGBl. 1992 I, S. 1255); das 27. StrÄndG vom 23.7.1993 (BGBl. 1993 I, S. 1346); das 29. StrÄndG vom 31.5.1994 (BGBl. 1994 I, S. 1168); das 33. StrÄndG vom 01.7.1997 (BGBl. 1997 I, S. 1607); das 6. StRG vom 26.1.1998 (BGBl. 1998 I, S. 164); das Prostitutionsgesetz vom 20.12.2001 (BGBl. 2001 I, S. 3983); das Gesetz zur Änderung der Vorschriften über die Straftaten gegen die sexuelle Selbstbestimmung und zur Änderung anderer Vorschriften vom 27.12.2003 (BGBl. 2003 I, S. 3007); das 37. StrÄndG vom 11.2.2005 (BGBl. 2005 I, S. 239) zu nennen.

Rates der Europäischen Union zur Bekämpfung der sexuellen Ausbeutung von Kindern und der Kinderpornographie"[306] berühren die Strafbarkeit des Inzests nicht[307].

2. Das Eheverbot

a) Privatrechtliches Eheverbot

Auch das Bürgerliche Gesetzbuch vom 18.08.1896[308], welches am 1. Januar 1900 in Kraft getreten ist, sah ein Eheverbot wegen Verwandtschaft oder Schwägerschaft vor[309]. Danach durfte eine Ehe zwischen Verwandten in gerader Linie, voll- und halbbürtigen Geschwistern sowie zwischen Verschwägerten in gerader Linie nicht geschlossen werden. Ein Eheverbot bestand sogar für den Fall, dass eine Person mit den Eltern, Voreltern oder Abkömmlingen der anderen Person bereits eine sexuelle Beziehung führte bzw. geführt hatte (sog. Eheverbot wegen Geschlechtsgemeinschaft)[310]. Als Begründung des Eheverbotes zwischen Verwandten und Verschwägerten in gerader Linie führte man die Vermeidung von Widersprüchen zum RStGB an[311]. Der Zivilgesetzgeber dürfe Ehen, die dem § 173 RStGB zuwider laufen, nicht ermöglichen.

Im Rahmen der zweiten Lesung des Entwurfs eines bürgerlichen Gesetzbuches im Jahre 1892 war unter anderem auch der Antrag gestellt worden, das Eheverbot in Gestalt des damaligen § 1216[312] auf Geschwisterkinder, Onkel und Nichte sowie auf Tante und Neffe auszudehnen[313]. Man war der Auffassung, dass solche Ehen aus medizinischer Sicht nicht toleriert werden könnten, da sie oft kinderlos blieben[314]. Der Antrag wurde allerdings abgelehnt[315].

---

306 BR-Drucks. 16/3439.

307 Zu den aktuellen Gesetzeserweiterungen der §§ 176, 180, 182 StGB, die der Entwurf vorsieht, vgl. Kapitel IV, B II und III.

308 Siehe RGBl. 1896 I, S. 195.

309 Vgl. § 1310 des Bürgerlichen Gesetzbuchs von 1896.

310 Dieser Tatbestand wird auch als „affinitas illegitima" bezeichnet. Vgl. hierzu insbesondere die Protokolle der Kommission für die zweite Lesung in: *Mugdan*, Materialien zum BGB, S. 694. Dieses Eheverbot war in § 1236 des Entwurfs eines bürgerlichen Gesetzbuches für das Deutsche Reich, Erste Lesung 1888, noch nicht vorgesehen.

311 Vgl. die Protokolle der Kommission für die zweite Lesung in: *Mugdan*, Materialien zum BGB, S. 694.

312 Vgl. § 1216 des Entwurfs eines bürgerlichen Gesetzbuches, zweite Lesung 1892. Diese Norm sah ebenso ein Eheverbot für Verwandte und Verschwägerte vor.

313 Vgl. die Protokolle der Kommission für die zweite Lesung in: *Mugdan*, Materialien zum BGB, S. 695.

314 Siehe die Protokolle der Kommission für die zweite Lesung in: *Mugdan*, Materialien zum BGB, S. 696.

315 Siehe die Protokolle der Kommission für die zweite Lesung in: *Mugdan*, Materialien zum

Eine wesentliche Änderung erfuhr das Familien- und Erbrecht in der NS-Zeit. Das Eherecht und damit das Eheverbot wurde bereits 1938 aus dem BGB herausgelöst und fortan im Ehegesetz[316] geregelt. §§ 6, 7 EheG sahen ein Eheverbot wegen Verwandtschaft und Schwägerschaft in gerader Linie vor. Das Ehegesetz beseitigte das Eheverbot der Geschlechtsgemeinschaft allerdings völlig, während es das Eheverbot der Schwägerschaft beibehielt, wenn auch mit Befreiungsmöglichkeit[317].

Nach Ende der NS-Herrschaft trat 1946 das „Neue Ehegesetz"[318] in Kraft. Dieses beinhaltete in seinem § 4 ein Eheverbot wegen Verwandtschaft und Schwägerschaft. Auch diese Vorschrift entsprach wie bereits §§ 6, 7 EheG weitgehend dem früheren § 1310 BGB[319]. Insbesondere nahm das NEG den Tatbestand der Geschlechtsgemeinschaft, der zuvor im EheG fallen gelassen worden war, in Einklang mit § 1310 Abs. 2 BGB a.F.[320] wieder auf. § 4 Abs. 3 NEG sah die Möglichkeit einer Befreiung vom Verbot der Ehe zwischen Verschwägerten vor[321]. Diese Regelung wurde durch das Familienänderungsgesetz vom 11.08.1961[322] mit Wirkung zum 01.01.1962 dahingehend neu gefasst, dass auch vom Eheverbot wegen Geschlechtsgemeinschaft eine Befreiung erteilt werden konnte.

Das Eherecht wurde erst 1998 durch das Eheschließungsrechtsgesetz[323] vom 04.05.1998[324] wieder in das BGB integriert. Durch das EheschlRG wurde gleichzeitig das EheG von 1946 aufgehoben. Seit dieser Zeit ist das Eheverbot zwischen Verwandten in gerader Linie sowie zwischen voll- und halbbürtigen Geschwistern in § 1307 BGB geregelt. Das Eheverbot der Schwägerschaft in gerade Linie ist entfallen[325]. Das Eheverbot wegen Geschlechtsgemeinschaft war

---

BGB, S. 696.

316 Gesetz zur Vereinheitlichung des Rechts der Eheschließung und der Ehescheidung im Lande Österreich und im übrigen Reichsgebiet vom 6.7.1938 (RGBl. 1938 I, S. 807), kurz EheG.

317 Die amtliche Begründung in DJ 1938, S. 1103 führt dazu aus: Die Bestimmung des § 1310 Abs. 2 BGB sei nicht übernommen worden, weil der Tatbestand des dort geregelten Ehehindernisses der Geschlechtsgemeinschaft, sofern er nicht gleichzeitig ein Eheverbot wegen Schwägerschaft begründe, nur in seltenen Fällen überhaupt festgestellt werden könne, so dass sich schon aus Gründen der Gerechtigkeit die Beseitigung dieser Bestimmung empfahl.

318 Kontrollrat-Gesetz Nr. 16 vom 20.02.1946; kurz NEG.

319 Vgl. hierzu *Michaelis*, NEG, S. 17; vgl. ferner die Ausführungen zu § 1310 BGB.

320 Siehe oben.

321 Zu den Einzelheiten vgl. *Michaelis*, NEG, S. 17.

322 BGBl. 1961 I, S. 1221.

323 Kurz EheschlRG.

324 BGBl. 1998 I, S. 833.

325 Vgl. die Begründung hierfür in BT-Drucks. 13/4898, S. 13: Das Eheverbot der Schwäger-

schon früher aus dem EheG gestrichen worden[326], nachdem das Bundesverfassungsgericht es für verfassungswidrig erklärt hatte[327]. Die Aufrechterhaltung des Eheverbots zwischen Verwandten in gerader Linie und Geschwistern soll der Verhinderung einer Geschlechtskonkurrenz innerhalb der Kernfamilie dienen und gleichzeitig den Zwang zur Exogamie stärken[328]. Mit anderen Worten soll durch das Verbot die Eingehung außerfamiliärer Beziehungen erzwungen werden[329]. Anstelle eugenischer Gesichtspunkte werden heute vielmehr soziale Belange in den Vordergrund gestellt[330].

b) Kirchenrechtliche Ehehindernisse

Der heutige Codex Iuris Canonici[331] der römisch-katholischen Kirche trat am ersten Adventssonntag 1983 in Kraft. Der CIC löste damit seinen Vorgänger aus dem Jahre 1917 ab, mit welchem die katholische Kirche erstmals ein einheitliches Gesetzeswerk erlassen hatte.

Bereits der CIC aus dem Jahre 1917 sah in den Can. 1076[332] und 1077[333] ein Ehehindernis wegen Verwandtschaft und Schwägerschaft vor. Dabei galt sogar die Schwägerschaft in der Seitenlinie bis zum zweiten Grad als Ehehindernis. Solche Ehen waren nach dem CIC also ungültig, konnten aber nach einer Dispenserteilung eingegangen werden[334].

Auch der CIC aus dem Jahre 1983 sieht in den Can. 1091[335] und 1092[336] ausführliche Regelungen zur ehelichen Gemeinschaft unter Verwandten und Verschwägerten vor. Can. 1091 erklärt in seinem § 1 die Ehe zwischen Verwandten

---

schaft komme in der Praxis kaum Bedeutung zu, da in aller Regel eine Befreiung erteilt würde. Ferner sei ein solches Verbot weder aus medizinischen noch aus erbbiologischen Gründen gerechtfertigt.

326 Siehe BGBl. 1976 I, S. 1421, (1434).

327 Vgl. hierzu BVerfGE 36, 146 (161).

328 So Palandt/*Brudermüller*, § 1307 Rn. 1.

329 Vgl. hierzu auch MK zum BGB, *Müller-Gindullis*, § 1307 Rn. 1.

330 So auch Staudinger/*Strätz*, § 1307 Rn. 5.

331 Kurz: CIC.

332 Siehe Codex Iuris Canonici, 1917, Can. 1076. § 1. In linea recta consanguinitatis matrimonium irritum est inter omnes ascendentes et descendentes tum legitimos tum naturales. § 2. In linea collaterali irritum est usque ad tertium gradum inclusive, ita tamen ut matrimonii impedimentum toties tantum multiplicetur quoties communis stipes multiplicatur. § 3. Nunquam matrimonium permittatur, si quod subsit dubium num partes sint consanguineae in aliquo gradu lineae rectae aut in primo gradu lineae collateralis.

333 Siehe Codex Iuris Canonici, 1917, Can. 1077. § 1. Affinitas in linea recta dirimit matrimonium in quolibet gradu; in linea collaterali usque ad secundum gradum inclusive.

334 Vgl. Münsterischer Kommentar-*Lüdicke*, Can. 1092 Rn. 1.

335 Siehe Codex Iuris Canonici, Can. 1091.

336 Siehe Codex Iuris Canonici, Can. 1092.

in gerader Linie – sowohl auf- und absteigend – für ungültig. § 2 regelt das Ehehindernis bzw. die Ungültigkeit der Ehe unter Verwandten in der Seitenlinie bis zum vierten Grad[337]. Der heutige CIC geht damit weiter als § 1307 BGB, welcher lediglich eine Eheverbot zwischen Verwandten in gerader Linie sowie zwischen Geschwistern vorsieht[338]. Das Hindernis der Blutsverwandtschaft wird teils als kirchliches, teils als natürliches Recht qualifiziert[339]. Die herrschender Lehre steht auf dem Standpunkt, dass die Verwandtschaft in gerader Linie und die Verwandtschaft im zweiten Grad der Seitenlinie als natürliches Recht zu qualifizieren seien, was eine Dispenserteilung ausschließe[340]. Als Begründung für das bestehende Ehehindernis werden zum einen soziale Zwecke angeführt. So solle das Zusammenleben des weiteren Familienkreises nicht durch sexuelle Beziehungen gestört, ferner die Exogamie gefördert werden[341]. Zum anderen werden genetische Gründe angeführt. Der heutige CIC sieht des weiteren in Can. 1092 ein Ehehindernis wegen Schwägerschaft in gerader Linie vor[342]. Damit ist die Ehe zwischen einer Person und einem Vorfahren oder Abkömmling ihres früheren Ehepartners ungültig, wenn kein Dispens erteilt wurde[343]. Auch hier geht der heutige CIC weiter als das BGB, welches seit der Wiedereingliederung des EheG von 1998 gerade kein Eheverbot aufgrund der Schwägerschaft mehr vorsieht[344]. Das Ehehindernis wegen Schwägerschaft soll, so die Begründung[345], das durch die Eheschließung entstehende Nahverhältnis zwischen einem Ehegatten und den Verwandten des anderen schützen. Da das Ehehindernis im Falle der Schwägerschaft als kirchliches Recht gilt, ist es dispensierbar[346].

---

337 Siehe Münsterischer Kommentar-*Lüdicke*, Can. 1091 Rn. 4: In der Seitenlinie verwandt sind Personen, die eine oder mehrere gemeinsame Vorfahren haben. Somit sind z.B. Vetter und Cousine im vierten Grad, Neffe und Tante im dritten Grad verwandt.

338 Vgl. hierzu bereits Kapitel II, A VI 2 b.

339 Münsterischer Kommentar-*Lüdicke*, Can. 1091 Rn. 7.

340 Siehe hierzu Münsterischer Kommentar-*Lüdicke*, Can. 1091 Rn. 7.

341 Vgl. Münsterischer Kommentar-*Lüdicke*, Can. 1091 Rn. 6.

342 Siehe oben: Der CIC von 1917 sah auch die Schwägerschaft in der Seitenlinie als Ehehindernis an.

343 Siehe Münsterischer Kommentar-*Lüdicke*, Can. 1092 Rn. 5.

344 Vgl. hierzu bereits Kapitel II, A VI 2 a.

345 Münsterischer Kommentar-*Lüdicke*, Can. 1092 Rn. 6.

346 So Münsterischer Kommentar-*Lüdicke*, Can. 1092 Rn. 7.

B. Überblick: Strafbarkeit des Inzests in anderen Ländern

I. Allgemeines

Die Strafbarkeit des Inzests ist kein rein deutsches Phänomen; auch in anderen Länder wird der Inzest unter Strafe gestellt[347]. Was allerdings unter Inzest verstanden, warum er unter Strafe gestellt und wie die Tat konkret bestraft wird, ist länderspezifisch uneinheitlich[348]. Interessant ist, dass die meisten Nationen, die den Inzest unter Strafe stellen, ihn auch als eigenständigen Tatbestand erfassen[349]. Die Tatbestandsvoraussetzungen variieren dabei allerdings: Art. 272 des spanischen StGB[350] verlangt als Tathandlung lediglich „sexuelle Beziehungen"[351]. Weitere Voraussetzungen erfordert der Tatbestand nicht[352]. Das italienische StGB[353] stellt in Art. 564 den Inzest zwischen Blutsverwandten unter Strafe. Voraussetzung für die Strafbarkeit ist jedoch, dass ein „scandalo pubblico", d.h. ein öffentliches Ärgernis erregt wird. Österreich und die Schweiz haben ähnlich formulierte Tatbestände[354] wie § 173 StGB, wobei das schwei-

---

347 Vgl. auch den Überblick in BVerfG, 2 BvR 392/07 vom 26.2.2008, Absatz-Nr. 15 bis 17, http://www.bverfg.de/entscheidungen/rs20080226_2bvr039207.html.

348 Vgl. hierzu *Maisch*, Inzest, S. 47 f.; *Klöpper*, Das Verhältnis von § 173 StGB zu Art. 6 I GG, S. 13 f.; LK, *Dippel*, § 173 Rn. 15.

349 Vgl. *Maisch*, Inzest, S. 47; *Klöpper*, Das Verhältnis von § 173 StGB zu Art. 6 I GG, S. 13; vgl. ferner Art. 564 des italienischen StGB (codice penale); § 213 des schweizerischen StGB, § 211 österreichisches StGB sowie Art. 272 des spanischen StGB (codigo penal).

350 Eine Zeit lang war der Inzest in Spanien sogar straflos, vgl. LK, *Dippel*, § 173 Rn. 15.

351 „Relaciones sexuales", vgl. Art. 272 codigo penal: Se impondra la pena de uno a seis anos de prision a los ascendientes que tengan relaciones sexuales con sus descendientes. La pena aplicable a estos ultimos sera de seis meses a tres anos de prision. Se aplicara esta misma sancion en caso de incesto entre hermanos.

352 Zur Strafbarkeit: Diese ist ähnlich wie in Deutschland, mit der Ausnahme, dass Deszendenten nicht strafbar sind. Der Geschwisterinzest ist ebenso strafbar. Laut *Laufhütte*, Prot. VI, S. 1246 und *Maisch*, Inzest, S. 48 stellen die spanischen Justizbehörden beim Geschwisterinzest lediglich den Bruder unter Strafe.

353 Art. 564 codice penale: Chiunque, in modo che ne derivi pubblico scandalo, commette incesto con un discendente o un ascendente, o con un affine in linea retta, ovvero con una sorella o un fratello, e' punito con la reclusione da uno a cinque anni. La pena e' della reclusione da due a otto anni nel caso di relazione incestuosa. Nei casi preveduti dalle disposizioni precedenti, se l'incesto e' commesso da persona maggiore di eta', con persona minore degli anni diciotto, la pena e' aumentata per la persona maggiorenne. La condanna pronunciata contro il genitore importa la perdita della potesta' dei genitori o della tutela legale.

354 Vgl. § 211 österreichisches StGB: Wer mit einer Person, die mit ihm in gerader Linie verwandt ist, den Beischlaf vollzieht, ist mit Freiheitsstrafe bis zu einem Jahr zu bestrafen. Wer eine Person, mit der er in absteigender Linie verwandt ist, zum Beischlaf verführt, ist mit Freiheitsstrafe bis zu drei Jahren zu bestrafen. Wer mit seinem Bruder oder mit seiner

zerische StGB[355] sogar einen höheren Strafrahmen vorsieht, als es im deutschen StGB der Fall ist. Interessant ist insbesondere die strafrechtliche Beurteilung von Inzest in Polen. Dort ist der Inzest ebenfalls in einem eigenständigen Tatbestand[356] geregelt. Auch die skandinavischen Länder[357] sowie Großbritannien und Irland stellen den Inzest unter Strafe. Bis 1908 war der Inzest in Großbritannien allerdings nicht strafbar bzw. wurde nur durch die Kirche verfolgt[358]. Hohe Strafen für den Inzest sehen insbesondere einzelne Bundesstaaten der USA vor[359]. Nicht mehr strafbar ist der Inzest hingegen in Frankreich. Dort ist der „einfache Inzest", also der Inzest zwischen volljährigen Personen, die einvernehmlich handeln, bereits seit 1791 bzw. 1810[360] nicht mehr strafbar[361]. Das französische StGB[362] straft heute also (nur) noch den Kindesmissbrauch im Sinne der §§ 174 ff. StGB. Inzest ist ferner in den Ländern nicht strafbar, die dem französischen „Code pénal" gefolgt sind[363]. Dies sind Belgien, Niederlande, Luxemburg, Portugal, Argentinien, Brasilien, andere lateinamerikanische Staaten[364], Japan, die Türkei, sowie Russland und die Ukraine.

Schwester den Beischlaf vollzieht, ist mit Freiheitsstrafe bis zu sechs Monaten zu bestrafen. Wer zur Zeit der Tat das neunzehnte Lebensjahr noch nicht vollendet hat, ist wegen Blutschande nicht zu bestrafen, wenn er zur Tat verführt worden ist.

§ 213 schweizerisches StGB: Wer mit einem Blutsverwandten in gerader Linie oder einem voll- oder halbbürtigen Geschwister den Beischlaf vollzieht, wird mit Freiheitsstrafe bis zu drei Jahren oder Geldstrafe bestraft. Unmündige bleiben straflos, wenn sie verführt worden sind.

355 Freiheitsstrafe bis zu drei Jahren.

356 Siehe *Wasek*, ZStW 1987, S. 297: Eugenische und moralische Zwecke.

357 Vgl. hierzu z.B. Kapitel 6, Abschnitt 6 des schwedischen StGB; *Maisch*, Inzest, S. 48.

358 Vgl. LK, *Dippel*, § 173 Rn. 15; *Klöpper*, Das Verhältnis von § 173 StGB zu Art. 6 I GG, S. 14. Anders die Strafbarkeit in Schottland. Dort existiert die Strafbarkeit bereits seit 1567 durchgängig, vgl. *Klöpper*, Das Verhältnis von § 173 StGB zu Art. 6 I GG, S. 14.

359 Vgl. hierzu ausführlich *Maisch*, Inzest, S. 47 f.; *Klöpper*, Das Verhältnis von § 173 StGB zu Art. 6 I GG, S. 15.

360 Siehe hierzu bereits Kapitel II, A IV. Vgl. ferner den Code pénal von 1791 und 1810.

361 In den Jahren 1832 und 1863 wurden die Art. 331, 332 des Code pénal dahingehend geändert, dass diese Kinder vor unsittlichen Angriffen auch vor den Aszendenten schützen, vgl. hierzu *Mittermaier*, Vergehen und Verbrechen, S. 23 f.

362 Code pénal.

363 Siehe hierzu LK, *Dippel*, § 173 Rn. 15; *Maisch*, Inzest, S. 47; *Klöpper*, Das Verhältnis von § 173 StGB zu Art. 6 I GG, S. 14.

364 Vgl. Puerto Rico, anders hingegen Uruguay, Venezuela, Panama. Allerdings ist in diesen Ländern ebenfalls die Erregung eines öffentlichen Ärgernisses erforderliches Tatbestandsmerkmal.

In einigen Staaten war die Strafbarkeit des Inzests ebenfalls bereits Gegenstand obergerichtlicher oder verfassungsrechtlicher Entscheidungen[365]. Die Strafbarkeit wurde dabei überwiegend als verfassungskonform angesehen[366].

II. Australien

Sehr interessant ist der Rechtsvergleich mit Australien. In Australien gibt es kein einheitliches, d.h. für alle Bundesstaaten gültiges Strafgesetzbuch. Teilweise haben sich die Bundesstaaten eigene „Criminal Codes", also kodifiziertes Gesetzesrecht gegeben, in anderen Staaten gilt wiederum „Case Law". Eine Gesetzesinitiative sah deshalb vor einigen Jahren die Schaffung eines „Model Criminal Code", d.h. eines einheitlichen und allgemein für alle Bundesstaaten geltendes Strafgesetzbuches vor[367]. Im Rahmen dieser Gesetzgebungsinitiative stellte sich auch die Frage, wie und vor allen Dingen, ob der Inzest zwischen erwachsenen Blutsverwandten unter Strafe gestellt werden sollte[368]. Vorgebracht wurden im Wesentlichen die gleichen Argumente, die auch in Deutschland für und gegen eine Strafbarkeit vorgebracht werden[369].

Dennoch ist die Begründung für die Beibehaltung der Strafbarkeit des Erwachseneninzests sehr interessant: In einem ersten Entwurf sah der „Model Criminal Code" nämlich eine Straflosigkeit bezüglich des Inzests unter volljährigen Blutsverwandten vor. Dieser Entwurf sorgte allerdings für einen großen Aufschrei in der Bevölkerung. Man missdeutete die Straflosigkeit als Legalisierung sexueller Beziehungen mit den eigenen minderjährigen Kindern, mit anderen Worten: als Legalisierung des Kindesmissbrauchs[370]. Alle Versuche, dieses Missverständnis aufzuklären, scheiterten[371] und somit beließ man es letztlich bei

---

365 Siehe BVerfG, 2 BvR 392/07 vom 26.2.2008, Absatz-Nr. 17, http://www.bverfg.de/entscheidungen/rs20080226_2bvr039207.html.

366 So in Italien, Ungarn, USA (Wisconsin), Kanada und Polen. Vgl. hierzu BVerfG, 2 BvR 392/07 vom 26.2.2008, Absatz-Nr. 17, http://www.bverfg.de/entscheidungen/rs20080226_2bvr039207.html.

367 Der Model Criminal Code liegt, da ihn einige Bundesstaaten (noch) nicht unterzeichnet haben, seit 1999 in der Warteschleife.

368 Siehe hierzu den Bericht zum Model Criminal Code, 1999, Chapter 5, Sexual offences against the person, Division 6, S. 187 ff.

369 Vgl. hierzu insbesondere Kapitel V.

370 Vgl. den Bericht zum Model Criminal Code, 1999, Chapter 5, Sexual offences against the person, Division 6, S. 193. Dies war jedoch nie die Absicht, sondern basierte vielmehr auf einem ähnlichen Verständnis des Begriffs Inzest wie in Deutschland, d.h. der Gleichsetzung von Inzest und Kindesmissbrauch.

371 Die Gründe hierfür sieht der Bericht zum Model Criminal Code, 1999, Chapter 5, Sexual offences against the person, S. 195 in der religiösen Überzeugung bzw. dem Verständnis von Sexualität innerhalb der Bevölkerung.

der Strafbarkeit des Inzest. Als rationaler Bestrafungsgrund wurde sodann geltend gemacht, dass der Inzest unter Blutsverwandten oft bereits im Kindesalter beginne und dann über die Volljährigkeit hinaus fortgesetzt werde. Solche Fälle könnten mit Erreichen der Volljährigkeit nur noch über den Tatbestand des Inzest erfasst werden[372]. Ferner könne nur die Beibehaltung der Strafbarkeit eine tatsächliche Ausdehnung des sexuellen Kontakts zwischen Eltern und Kindern ins Erwachsenenalter hinein unterbinden.

---

[372] Siehe Bericht zum Model Criminal Code, 1999, Chapter 5, Sexual offences against the person, Division 6, S. 195 f. Der Entwurf endgültige Entwurf sieht eine Höchststrafe von sieben Jahren vor.

Kapitel III: Herkunft, Sinn und Zweck des Inzestverbots

A. Einleitung

Das Inzestverbot beruht auf dem Inzesttabu[373]. Beide gehören untrennbar zusammen, denn aus dem Tabu konnte sich das Verbot schließlich erst entwickeln. Um die Existenz des Tabus bzw. des Verbots überhaupt verstehen zu können, sind Herkunft sowie Sinn und Zweck des Inzestverbots näher zu betrachten. „Wieso ist Inzest tabu?"[374], d.h. wie ist dieses Tabu überhaupt entstanden, welcher Sinn steht dahinter, welche Motivation wird damit verfolgt? Und wie funktioniert es schließlich? Diesem Thema haben sich seit Mitte des 19. Jahrhunderts Vertreter (fast) sämtlicher wissenschaftlicher Disziplinen zugewendet. So finden sich zahlreiche biologisch-anthropologische, soziologische, ethnologische und psychoanalytische Erklärungsmodelle für das Inzestverbot, welches angesichts der tiefen kulturellen Verwurzlung eine der wenigen „menschheitsallgemeinen Normen"[375] darstellt[376]. Das große wissenschaftliche Interesse am Inzest(verbot) ist zweifellos durch die umfassende und vielseitige Bedeutung der Sexualität im Leben der Menschen[377] motiviert. Denn beschäftigt man sich mit dem Ursprung des Inzestverbots, so erhält man einen tiefen Einblick in die „moralischen Verbote"[378], denen wir selbst, die Öffentlichkeit und auch der Gesetzgeber unterliegt[379].

Die Theorien lassen sich in zwei Kategorien einteilen: die sog. „Kausalitäts-Theorien" und die sog. „funktionalen" Theorien[380]. Die erstgenannten sind solche, die den Ursprung des Inzestverbots suchen, d.h. dessen Sinn, Motivation und Nützlichkeit[381]. Die letztgenannten Theorien hingegen beschäftigen sich mit der Funktion des Tabus, seinen Mechanismen und Wirkungen auf die Gesellschaftsformen. Andere[382] unterscheiden die Theorien wieder danach, worin

---

[373] Vgl. LK, *Dippel*, § 173 Rn. 4.

[374] So auch *Löffler*, Inzest, S. 11, 11 ff.

[375] Diesen Begriff verwendet LK, *Dippel*, § 173 Rn. 4; zur Universalität des Inzesttabus vgl. insgesamt *Sidler*, Universalität des Inzesttabu, S. 1 ff.

[376] Vgl. auch *Lévi-Strauss*, Verwandtschaft, S. 55 zur heutigen Bedeutung des Inzests: „Nur wenige soziale Vorschriften haben im gleichen Maße unserer Gesellschaft den Nimbus des ehrfürchtigen Schreckens bewahrt, der den heiligen Dingen anhaftet."

[377] So auch *Leferenz*, FS Würtenberger, 317 (318).

[378] Die strafrechtliche Relevanz soll an dieser Stelle dahingestellt bleiben.

[379] Vgl. auch *Maisch*, Inzest, S. 27.

[380] Vgl. die Begriffe bei *Maisch*, Inzest, S. 28; Bischof, Grundlagen, S. 115, 120 ff.

[381] Vgl. *Bischof*, Grundlagen, S. 115, 120.

[382] Vgl. hierzu *Lévi-Strauss*, Verwandtschaft, S. 58 und S. 66: Dieser unterteilt die Theorien in drei Typen. Der erste Erklärungstypus behalte danach die Dualität des Verbotes bei,

diese den Ursprung des Verbots sehen, d.h. also entweder „biologisch", „soziologisch" oder „gemischt". Im Wesentlichen beschränken sich alle Untersuchungen und Erklärungsmodelle auf zwei Erklärungsebenen, nämlich Dies die soziokulturelle[383] und die biologisch-motivierte. Bei der Darstellung dieser Ebenen bzw. der dazugehörenden Theorien soll gleichzeitig auch der Zusammenhang mit dem Exogamiegebot[384] aufgezeigt werden. Da das Exogamiegebot und das Inzesttabu in einem engen Zusammenhang stehen, ist an dieser Stelle auch hierauf einzugehen[385].

B. Soziokulturelle Erklärungsversuche

Die älteren soziokulturellen Erklärungsversuche für die Entstehung des Inzestverbots stammen von *Lubbock*[386], *Spencer*[387] und *McLennan*[388]. Alle drei Ansichten haben eines gemeinsam: Sie sehen im Inzest eine Regel, die allein gesellschaftlichen Ursprungs ist; ihr Ausdruck in biologischen Begriffen sei rein zufälliger Natur[389].

Lubbock[390] geht in seiner aufgestellten Theorie weniger auf das Inzestverbot als vielmehr auf die Entstehung der Exogamie ein. Mit Hilfe des Raubs von Frauen aus anderen Stämmen in Kriegszeiten hätte sich die Entwicklung weg von der Gruppenheirat endogamer Art[391] hin zu einer exogamen Heirat, d.h. einer individualistischen Ehe im heutigen Sinne, vollzogen. Die im Kampf erbeuteten Frauen galten nicht als „Gemeingut" des Stammes, vielmehr pflegten die Männer ihren selbsterrungenen Gewinn ausschließlich für sich zurückzuhalten[392]. Hiernach sei die Gemeinschaftsehe allmählich durch die auf Weiberraub

---

d.h. der Ursprung des Verbots sei sowohl natürlich als auch gesellschaftlich bedingt; dieser Typus behalte die Termini bei, versuche aber sie zu trennen. Der zweite Typus wolle das Inzestverbot auf ein psychologisches oder physiologisches Phänomen instinktiver Natur zurückzuführen. Der dritte Typus hingegen sehe im Inzestverbot eine Regel rein gesellschaftlichen Ursprungs.

383 Zu der ich auch den psychoanalytischen Ansatz von *Freud* zählen möchte.

384 Das Exogamiegebot ist eine gesellschaftliche Vorschrift, den Ehepartner außerhalb der eigenen Gruppe bzw. Clan zu wählen; vgl. hierzu bereits Kapitel II, A III sowie *Maisch*, Inzest, S. 27.

385 Siehe zum engen Zusammenhang bereits Kapitel II.

386 *Lubbock*, Civilisation, S. 82 ff.

387 *Spencer*, Soziologie, S. 207 ff.

388 *McLennan*, Primitive Marriage, S. 22 ff.

389 Vgl. hierzu auch *Lévi-Strauss*, Verwandtschaft, S. 66.

390 *Lubbock*, Civilisation, S. 82 ff.

391 *Lubbock* ging davon aus, dass alle Männer eines Stammes gleichzeitig mit allen Frauen eines Stammes verheiratet waren; d.h. er ging von einer Gemeinschaftsehe aus.

392 So *Lubbock*, Civilisation, S. 109.

gegründete Einzelehe verdrängt worden, was die Exogamie nach sich gezogen habe[393].

In eine ähnliche Richtung wie die Ansicht *Lubbocks* weist die Theorie von *Spencer*[394]. Auch bei ihm stand der Raub von Frauen anderer Stämme im Mittelpunkt. Der Raub soll als normales Mittel gedient haben, um zu Gattinnen zu gelangen[395]. Dies würde zwar in gewissem Sinne die Entstehung der Exogamieregelung erklären, nicht aber die des Inzestverbots. Ebenso bleibt die Frage unbeantwortet, warum nicht gleichzeitig Frauen des eigenen Stammes als Gattinnen geheiratet wurden. Die „Institution der Einehe"[396] ist jedenfalls weder von der ethnologischen noch von der anthropologischen Forschung bestätigt worden[397].

Nach *McLennan* liegt der Ursprung der Exogamieregeln im weiblichen Kindermord. Da dieser allgemein üblich gewesen sei, geht er[398] davon aus, dass „die in den frühesten Zeiten herrschende Gewohnheit des Mädchenmordes [indem sie] einen Mangel an Frauen hervorrief", „zur Polyandrie innerhalb des Stammes und zum Raube der Frauen von außerhalb" geführt habe. Dies habe in der Folge ein Vorurteil gegen die Ehelichung von Frauen des eigenen Stammes begründet[399]. *McLennans* Theorie sah sich großer Kritik[400] ausgesetzt.

Eine weitere soziokulturelle Erklärung stammt vom französischen Soziologen *Durkheim*[401]. Für ihn stellt das Inzestverbot ein Überrest der Exogamie dar. *Durkheim* untersuchte australische Stämme, bei denen er davon ausging, dass deren primitiven Organisationstypus einst in allen menschlichen Gesellschaften geherrscht hätte. Er kam zu dem Schluss, dass die Eingeborenen religiös bedingt

---

393 So *Lubbock*, Civilisation, S. 83.

394 *Spencer*, Soziologie, S. 207 ff.

395 *Spencer*, Soziologie, S. 227: „[...] der Besitz eines geraubten Weibes zu einem Merkmal jener Tapferkeit wird, ohne welche ein Mann gar nicht werth ist, ein Weib zu haben, dann wird es zunächst unvortheilhaft sein, innerhalb des Stammes zu heirathen; dies wird allmählich geradezu unehrenhaft, und schließlich führt es zu der unweigerlichen Forderung, dass jeder sich ein Weib aus einem anderen Stamme hole [...]".

396 Vgl. *Palmen*, Der Inzest, S. 19.

397 *Malinowski*, Geschlecht und Verdrängung, S. 16 ff.

398 *McLennan*, Primitive Marriage, S. 75: „We believe this restriction on marriage to be connected with the practice in early times of female infanticide which, rendering women scarce, led at once to polyandry within the tribe, and the capturing of women from without."

399 Ferner ist *McLennan* der Ansicht, dass sich aus dem Frauenraub heraus auch die ersten bestimmten Vorstellungen von Verwandtschaft, derjenigen zwischen Mutter und Kinder, entwickelten; vgl. *McLennan*, Primitive Marriage, S. 85 ff; 226 ff.

400 *Spencer*, Soziologie, S. 210 ff.; *Westermarck*, Geschichte der menschlichen Ehe, S. 311 m. w. N.

401 Vgl. *Durkheim*, Die elementaren Formen, S. 128 ff.

an eine Wesensidentität zwischen dem Individuum als Mitglied des Clans und seinem Totem ausgehen[402]. Daraus resultiere der Glaube, dass das Blut ein geheiligtes Symbol darstelle und den Ursprung des Clans und aller Mitglieder bilde. Eine besondere Furcht bestand vor dem Menstruationsblut. Deshalb betrafen die Verbote im Hinblick auf das Blut in erster Linie auch die Frauen. Des weiteren bedeute eine Heirat innerhalb des eigenen Clans eine Berührung mit dem Blut seines eigenen Clans und deshalb mit dem eigenen Totem. Dies führe letztendlich dazu, dass außerhalb des eigenen Clans geheiratet werden musste (Exogamiegebot) und eine Heirat innerhalb des Clans verboten war. Eine ausführliche Kritik an dieser Theorie liefert *Lévi-Strauss*[403], der ihre besondere Schwäche in der Tatsache sieht, „dass die hergestellten Verknüpfungen brüchig und willkürlich sind."

Während die vorgenannten Theorien von einem rein gesellschaftlichen Ursprung der Inzestregelung ausgehen, vertritt *Lévi-Strauss*[404] eine vermittelnde Ansicht. Er siedelt das Inzestverbot zwischen Natur und Kultur an, da es als Universalie zum Bereich der Natur gehöre, als Verbot aber an der Kultur verhaftet sei[405]. Das Inzestverbot habe weder einen rein kulturellen noch einen rein natürlichen Ursprung; es sei auch keine bunte Mischung von Elementen, die teils der Natur, teils der Kultur entlehnt seien[406]. Es sei vielmehr der grundlegende Schritt, „dank dem, durch den und vor allem in dem sich der Übergang von der Natur zur Kultur" vollziehe. Er[407] sieht nicht im Raub sonder im Tausch den Ursprung der Heiratsregeln. Der Tausch umfasse Nahrungsmittel, hergestellte Gegenstände sowie die Kategorie der kostbaren Güter, nämlich die Frauen[408]. Beim Frauentausch spiele dabei die Heirat eine bedeutende Rolle, da diese überall als eine Gelegenheit betrachtet werde, die für die Eröffnung oder den Verlauf eines Tauschzyklus' besonders günstig sei[409]. Heiratsregeln und insbesondere das Inzestverbot seien also dazu da, den Tausch zu ermöglichen[410]. Des weiteren sei das Inzestverbot weniger eine Regel, die es untersage, die Mutter, Schwester oder Tochter zu heiraten, als vielmehr eine Regel, die dazu

402 So auch *Lévi-Strauss*, Verwandtschaft, S. 68.
403 *Lévi-Strauss*, Verwandtschaft, S. 68 f.; vgl. ferner die Kritik bei *Maisch*, Inzest, S. 30.
404 Vgl. *Lévi-Strauss*, Verwandtschaft, S. 1 ff.
405 So LK, *Dippel*, § 173 Rn. 5 über die Theorie *Lévi-Strauss*.
406 *Lévi-Strauss*, Verwandtschaft, S. 73.
407 *Lévi-Strauss*, Verwandtschaft, S. 98 und 106.
408 *Lévi-Strauss*, Verwandtschaft, S. 120.
409 *Lévi-Strauss*, Verwandtschaft, S. 121.
410 *Lévi-Strauss*, Verwandtschaft, S. 106: „Der Inhalt des Verbots erschöpft sich nicht in der Tatsache des Verbots; es wird nur deshalb eingeführt, um direkt oder indirekt, mittelbar oder unmittelbar einen Austausch zu garantieren und zu begründen."

zwinge, die Mutter, Schwester oder Tochter anderen zu geben[411]. Denn damit sei andererseits die Aussicht verbunden, dass jemand anders entsprechend handele[412]. Im Hinblick auf die Beziehung zwischen Inzestverbot und Exogamieregelung geht *Lévi-Strauss* davon aus, dass jede dieser Regeln für eine andere Art und Weise stehe, die Zirkulation der Frauen innerhalb der sozialen Gruppe zu sichern, d.h. ein System von Blutsbeziehungen, ein System biologischen Ursprungs durch ein soziologisches System der Bündnisse zu ersetzen[413]. Dieser Ansatz wird teilweise, gerade weil der Austausch und damit die Schaffung neuer, nach außen gerichteter familiärer Beziehungen im Mittelpunkt steht, als Allianzthese[414] bezeichnet. Ziel des Inzestverbots sei also nicht der Schutz der Kernfamilie, sondern die Schaffung von Bindungen zwischen Familien[415].

Eine ähnliche Allianzthese wie *Lévi-Strauss* vertritt auch der Soziologe *Helmut Schelsky*[416]. Auch für ihn sind die Inzestverbote abhängig von den Exogamieregelungen[417]:

> „Das Inzestverbot ist nur die negative Seite eines Sozialgebots, der Exogamie, das in allen Gesellschaften erforderlich wurde, um die über die familiäre Einheit hinausreichende soziale Struktur und kooperative Verbindung zu erreichen und zu sichern."

Ziel einer exogamen Heiratsregelung sei es danach, eine Integration mit außerfamiliären Verbündeten zu ermöglichen. *Schelsky*[418] ist der Ansicht, dass eine Heiratsregelung, die eine Ehe zwischen Mitgliedern der biologischen Familiengruppe erlaube, dazu führe, dass die Familie letztlich isoliert und deren Bestand gefährden würde[419].

Die wohl umstrittenste Theorie über die Entstehung des Inzesttabus stammt vom Begründer der Psychoanalyse, *Sigmund Freud*[420]. Er verbindet in seiner

---

411 *Lévi-Strauss*, Verwandtschaft, S. 643.

412 D.h. Verzicht auf eine eigene Heirat dieser Frauen.

413 *Lévi-Strauss*, Verwandtschaft, S. 73.

414 So *Klein*, Inzest, S. 25.

415 Vgl. auch *Klein*, Inzest, S. 25; Zur Kritik an der Theorie von *Lévi-Strauss*, vgl. auch *Löffler*, Inzest, S. 11, 14; LK, *Dippel*, § 173 Rn. 5.

416 *Schelsky*, Soziologie, S. 88 ff.

417 *Schelsky*, Soziologie, S. 90.

418 *Schelsky*, Soziologie, S. 90.

419 *Schelsky*, Soziologie, S. 90: „Die Blutsverwandtschaft der biologischen Familie, die im Inzestverbot die Grundlage des Ehe- und Geschlechtlichkeitshindernisses bildet, ist also wesentlich als die Intimität einer sozialen Solidarität begriffen, die es aus Gründen einer höheren Soziabilität ständig zu überschreiten und zu verlassen gilt." Zur Kritik an dieser Theorie vgl. *Seligmann*, The Sociological Review 27, 75 (90); ferner *Leferenz*, FS Würtenberger, 317 (325 f.): *Leferenz* Kritik richtet sich allerdings weniger gegen die Allianzthese *Schelskys*, als vielmehr auf dessen allgemeiner soziologischer Betrachtung der Sexualität; vgl. zur Kritik an *Leferenz* wiederum *Jung*, FS Leferenz, 311 (318).

420 Vgl. ferner *Maisch*, Inzest, S. 34. *Maisch* beschreibt *Freuds* Theorie als „bemerkenswert"

Theorie verschiedenste Ansätze miteinander und bildet daraus eine „Synopsis“[421]. So beinhaltet *Freuds* Arbeit Gedanken von *Robertson Smith*[422], *Darwin*[423] und schließlich seiner eigenen Studien und Erfahrungen mit neurotischen Patienten.

Bevor aber auf *Freuds* Theorie, dem berühmten „Ödipuskomplex“, näher eingegangen werden soll, soll zunächst *Freuds* erster Erklärungsversuch im Hinblick auf den Inzest dargestellt werden: die sog. „Verführungstheorie“[424]. Diese basiert auf seinen Untersuchungen mit neurotischen Patientinnen, deren Hysterie er auf reale sexuelle Verführung des Kindes durch Erwachsene zurückführt. *Freud* ging also davon aus, dass die Neurose unter anderem Folge einer äußeren traumatischen Einwirkung durch Erwachsene war[425]. Diese Ansicht gab *Freud* schließlich zugunsten des „Ödipuskomplexes“ auf[426], um damit „den Ursprung des Übels in das Kind zu verlegen dadurch, dass dessen Ödipuskomplex die inzestuösen Phantasien erzeugt und die Konflikte damit die Neurose“[427].

Nach Abkehr von der Verführungstheorie entwickelte *Freud* eine neue Theorie über die Herkunft des Inzesttabus, bei der es sich um eine Synopsis seiner eigenen, sowie der Grundgedanken von *Darwin* und *Smith* handelt.

Ein zentraler Bestandteil seiner Theorie war die *Darwinsche* „Urhorden-Konzeption“[428]. *Darwin* hatte die Lebensgewohnheiten der höheren Affen untersucht und schloss daraus, „dass der Mensch ursprünglich in kleinen Gesellschaften lebte, jeder Mann mit einer Frau oder, hatte er die Macht, mit mehreren, welche er eifersüchtig gegen alle anderen Männchen verteidigte“[429]. Er ging also von einer „Urhorde“ aus, die von einem starken, alleinherrschenden Männchen

---

und als „Versuch, die Gesichtspunkte und Ergebnisse der Psychoanalyse auf ungeklärte Probleme der Völkerpsychologie bzw. Kulturanthropologie anzuwenden“. Sie sei im gewissen Sinne eine „anthropologische Kulturtheorie“.

421 Vo *Maisch*, Inzest, S. 34.

422 *Smith*, Religion of the semites, S. 1 ff.; *Smith* untersucht darin die Religion und sakrale Zeremonie der Semiten.

423 *Darwins* Gedanken über die ursprüngliche Gesellschaftsform der Menschen, in *Darwin*, The descent of man, Band 2, Kapitel 20, S. 603 ff.

424 Vgl. insbesondere *Freud*, Band 1, S. 1 ff, insbesondere S. 444 ff. Ausführlich hierzu *Hirsch*, Psychoanalyse, S. 105, 106 ff.; Die Verführungstheorie war ein Ansatz von dem *Freud* später wieder abkehren sollte – nach *Hirsch*, Psychoanalyse, S. 105, 111 m. w. N.– war diese Abkehr „allerdings keine plötzliche und [...] nie eine vollständige.“

425 Vgl. hierzu auch *Hirsch*, Psychoanalyse, S. 105, 107; *Freud*, Band 1, S. 445. Der Grund zur Neurose würde demnach im Kindesalter immer von Seiten Erwachsener gelegt.

426 Warum er dies tat, ist umstritten, vgl. *Maisch*, Inzest, S. 35; *Hirsch*, Psychoanalyse, S. 105, 109; *Krüll*, Freud und sein Vater, S. 92 ff.

427 So *Hirsch*, Psychoanalyse, S. 105, 109.

428 *Darwin*, The descent of man, Band 2, Kapitel 20, S. 603 ff.

429 *Darwin*, zitiert bei *Freud*, Totem und Tabu, S. 152 f.

geleitet wurde. Dieses Männchen behielt alle Weibchen der Horde für sich und verwehrte den männlichen Mitgliedern bzw. Nachkommen den sexuellen Kontakt mit ihnen. *Darwin* schlussfolgerte daraus, dass die Männchen ihre Weibchen außerhalb der Gruppe suchten und wiederum selbst zu alleinherrschenden Männchen wurden, die innerhalb ihrer Horde die gleichen Regeln aufstellten[430]. *Smith*[431] hatte die Religion der Semiten untersucht und dabei angenommen, dass die sog. „Totemmahlzeit" von Beginn an einen integralen Bestandteil des totemistischen Systems gebildet habe[432]. Aus diesen beiden Ansätzen und der psychoanalytischen Übersetzung des Totem als Ersatz des Vaters[433] bildet *Freud* den ersten Teil seiner Hypothese:

> „Allein, wenn man die von der Psychoanalyse gegebene Übersetzung des Totem mit der Tatsache der Totemmahlzeit und der Darwinschen Hypothese über den Urzustand der menschlichen Gesellschaft zusammenhält, ergibt sich die Möglichkeit eines tieferen Verständnisses, der Ausblick auf eine Hypothese, die phantastisch erscheinen mag, aber den Vorteil bietet, eine unvermutete Einheit zwischen bisher gesonderten Reihen von Phänomenen herzustellen."[434]

Anknüpfend an *Darwins* Urhorde beschreibt *Freud* nun folgenden Verlauf:

> „Eines Tages taten sich die ausgetriebenen Brüder zusammen, erschlugen und verzehrten den Vater und machten so der Vaterhorde ein Ende [...]. Der gewalttätige Urvater war gewiss das beneidete und gefürchtete Vorbild eines jeden aus der Brüderschar gewesen. [...] Die Totemmahlzeit, vielleicht das erste Fest der Menschheit, wäre die Wiederholung und die Gedenkfeier dieser denkwürdigen, verbrecherischen Tat, mit welcher so vieles seinen Anfang nahm, die sozialen Organisationen, die sittlichen Einschränkungen und die Religion."[435]

Der Brüderclan aber war laut *Freud* von starker Reue und Schuldgefühlen gegenüber dem Vater und der Tat beherrscht. Aus dem Schuldbewusstsein heraus habe sich der Clan jetzt selbst verboten, was vorher durch die Existenz des Vaters untersagt war[436]. So schuf sich der Clan also ein Inzestverbot; zum einen aus einer Gefühlsmotivation heraus, zum anderen zur Rettung ihrer

---

430 Vgl. hierzu auch *Palmen*, Der Inzest, S. 12.

431 *Smith*, Religion of the semites, S. 1 ff.

432 Siehe *Freud*, Totem und Tabu, S. 161; vgl. ferner *ders.*, S. 167: „Das Opfer war ein Sakrament, das Opfertier, der primitive Gott selbst, durch dessen Tötung und Verzehrung die Clangenossen ihre Göttlichkeit auffrischten und versicherten."

433 So *Freud*, Totem und Tabu, S. 170.

434 *Freud*, Totem und Tabu, S. 171.

435 *Freud*, Totem und Tabu, S. 171 f.

436 *Freud*, Totem und Tabu, S. 173, bezeichnet dies als aus der Psychoanalyse bekanntes „nachträgliches Gehorsam"; ferner heißt es auf S. 173: „Sie widerrufen ihre Tat, indem sie die Tötung des Vaterersatzes, des Totem, für unerlaubt erklären, und verzichten auf deren Früchte, indem sie sich die freigewordenen Frauen versagten."

Organisation[437]. *Freud* geht also von einem gleichzeitigen Ursprung von Totemismus und Exogamie bzw. Inzestverbot aus.

Der zweite wichtige Teil der *Freudschen* Theorie betrifft den bereits erwähnten „Ödipuskomplex". *Freud*[438] schließt aufgrund seiner therapeutischen Erfahrung, dass Kinder ab einem bestimmten Alter ein starkes sexuelles Begehren gegenüber dem andersgeschlechtlichen Elternteil entwickeln. Insbesondere dem Jungen erscheine dabei der Vater als größter Rivale im Hinblick auf die Beziehung zur Mutter. Er entwickle Hassgefühle, wolle den Vater beseitigt haben. Er geht ferner davon aus, dass dieses Ereignis bei allen Kindern, und zwar in der sog. „phallischen Phase" eintrete, d.h. innerhalb des fünften Lebensjahres. Dieses Ereignis benennt *Freud* nach der griechischen Ödipus-Sage, in welcher Ödipus seinen eigenen Vater tötet und anschließend seine Mutter heiratet und mit dieser Kinder zeugt. *Freud* bezeichnet diesen „Ödipuskomplex" als das „zentrale Phänomen der frühkindlichen Sexualperiode"[439]. Allerdings sei dieser infantile Inzestwunsch zum Untergang bestimmt. Zum einen, weil der Wunsch mit der Realität und der noch unausgereiften kindlichen Entwicklung unvereinbar sei[440]. Zum anderen ist *Freud* der Ansicht, dass der „Ödipuskomplex", was die Jungen betreffe, „an der Kastrationsdrohung"[441] zugrunde gehe. Diese Drohung ginge meist von Frauen aus, die ihre Autorität dadurch zu verstärken suchten, dass sie sich auf den Vater oder Doktor beriefen, der diese Drohung dann wahrmache[442]. Diese Drohung werde für den Jungen aber erst dann als eine konkrete empfunden, wenn er feststelle, dass Mädchen keinen Penis besitzen; er also davon ausgeht, dass diese kastriert wurden. Nach *Freud* sei „damit ist auch der eigene Penisverlust vorstellbar geworden, die Kastrationsdrohung gelangt nachträglich zur Wirkung"[443]. Diese Erkenntnis führe

---

437 Denn „das sexuelle Bedürfnis einigt die Männer nicht, sonder entzweit sie. Hatten sich die Brüder verbündet, um den Vater zu überwältigen, so war jeder des anderen Nebenbuhler bei den Frauen. Jeder hätte sie wie der Vater alle für sich haben wollen, und in dem Kampfe aller gegen alle wäre die neue Organisation zugrunde gegangen. Es war kein Überstarker mehr da, der die Rolle des Vaters mit Erfolg hätte aufnehmen können. Somit blieb den Brüdern, wenn sie miteinander leben wollten, nichts übrig, als – vielleicht nach Überwindung schwerer Zwischenfälle – das Inzestverbot aufzurichten [...].", so *Freud*, Totem und Tabu, S. 174.

438 Vgl. hierzu *Freud*, Band 2/3, S. 264 ff; *ders.*, Band 5, S. 73 ff., S. 216 ff.

439 *Freud*, Band 13, S. 395.

440 *Freud*, Band 13, S. 19: „Die Frühblüte des infantilen Sexuallebens war infolge der Unverträglichkeit ihrer Wünsche mit der Realität und der Unzulänglichkeit der kindlichen Entwicklungsstufe zum Untergang bestimmt."

441 *Freud*, Band 13, S. 397, 399.

442 Vgl. *Freud*, Band 13, S. 396.

443 So *Freud*, Band 13, S. 398.

schließlich dazu, dass der Junge seine Inzestwünsche aufgebe, d.h. zum Untergang des „Ödipuskomplexes“ [444]. Es folge die sog. „Latenzzeit“, welche die Sexualentwicklung des Kindes vorerst unterbreche. Was den „Ödipuskomplex“ beim Mädchen betrifft, so muss sich *Freud*[445] eingestehen, dass die Studienergebnisse nicht so ergiebig sind, wie beim Jungen. Er ist der Ansicht, dass man zwar auch dem Mädchen eine „phallische Organisation“ und einen Kastrationskomplex zusprechen könne, jedoch sehe dies anders als beim Jungen aus. Das Mädchen entdecke irgendwann, dass es „zu kurz gekommen“ sei und empfinde diese Tatsache als Benachteiligung und Grund zur Minderwertigkeit[446]. Dies begründe den sog. „Penisneid“. Das Mädchen ginge ferner davon aus, ihr „Glied“ durch Kastration verloren zu haben. Darin liege der große Unterschied zu den Knaben. Das Mädchen akzeptiere die Kastration als vollzogene Tatsache, während sich der Knabe vor der Möglichkeit ihrer Vollziehung fürchte[447]. Schließlich führe die Bewältigung des „Ödipuskomplexes“ zu einer individuellen Gewissensbildung, dem sog. „Ich-Ideal“ oder „Über-Ich“[448]. *Freud* gelangt also zu der These, dass der „Ödipuskomplex“ eine der wesentlichen biologischen Vorbedingungen der Gewissens- oder Über-Ich- Bildung sei und letztere als ein einmal erworbenes und seither vererbtes, also gleichfalls phylogenetisches Moment anzusehen sei[449]. Vereinfacht bedeutet dies, dass sowohl „Ödipuskomplex“ als auch das Über-Ich bzw. dessen Entwicklungsverlauf vererblich sind. Das Über-Ich fungiere also als „Träger der Tradition, all der zeitbeständigen Wertungen, die sich auf diesem Wege über Generationen fortgepflanzt haben“[450].

Nun verbindet *Freud* beide „Teile“, d.h. den „Ödipuskomplex“ und seine Ausführungen über die Urhorde und den Totemismus, zu einer homogenen Theorie. Die Tabuvorschriften des Totemismus deckten sich mit den Wünschen

---

444 So *Freud*, Band 13, S. 398: „Wenn die Liebesbefriedigung auf dem Boden des Ödipuskomplexes den Penis kosten soll, so muss es zum Konflikt zwischen dem narzisstischen Interesse an diesem Körperteile und der libidinösen Besetzung der elterlichen Objekte kommen. In diesem Konflikt siegt normalerweise die erstere Macht; das Ich des Kindes wendet sich vom Ödipuskomplex ab.“ Weiter heißt es: „Die Objektbesetzungen werden aufgehoben und durch Identifizierung ersetzt. Die ins Ich introjizierte Vater- oder Elternautorität bildet dort den Kern des Über-Ichs, welches vom Vater die Strenge entlehnt, sein Inzestverbot perpetuiert und so das Ich gegen die Wiederkehr der libidinösen Objektbesetzung versichert.“

445 Vgl. *Freud*, Band 13, S. 400.

446 *Freud*, Band 13, S. 400.

447 *Freud*, Band 13, S. 400.

448 *Freud*, Band 13, S. 262.

449 So *Maisch*, Inzest, S. 37.

450 *Freud*, Totem und Tabu, S. 73.

des Kindes in der „ödipalen Phase“[451]. Der Totemismus verbiete, das Totem zu essen und mit den Frauen des gleichen Totem sexuell zu verkehren. Der „Ödipuskomplex“ verkörpere die Umgehung dieser Regeln, beinhalte er doch gerade den Tod des Vaters und die Ehelichung der Mutter. Der „Urhordenkonflikt“ decke sich also mit dem „Ödipuskomplex“, was wiederum heiße, dass sich ersterer ebenfalls weitervererbt hätte[452]. Nach der Hypothese würde dies bedeuten, dass „psychische Faktoren, die von den Vorfahren erworben worden waren, vererbbar sind“[453], was „die Annahme von der Existenz einer Massenpsyche, d.h. einer Kontinuität im Gefühlsleben des Menschen“ begründe[454].

Insbesondere die Annahme der Vererbung erworbener Eigenschaften, hier also der „Eingang des Urhordenkonflikts in das Artgedächtnis“[455], wird kritisiert[456]. Sie sei eine falsche biologische Prämisse und widerspreche den ethnologischen und naturwissenschaftlichen Erkenntnissen[457]. Zu *Freuds* größten Kritikern gehört *Malinowski*[458]. Seiner Kritik liegt eine recht ausführliche Analyse der *Freudschen* Theorie zugrunde, die es sich zur Aufgabe macht, den seines Erachtens vorhandenen Zirkelschluss in *Freuds* Theorie darzustellen[459]. *Freud* wolle die Ursprünge der Kultur durch einen Prozess erklären, der das Vorhandensein einer Kultur voraussetze. *Freuds* Theorie sieht ja, wie bereits dargestellt wurde, im „Ödipuskomplex“ den Ursprung der Kultur[460]. Wäre dies aber nicht der Fall und der Totemismus und der „Ödipuskomplex“ wären nicht der Anfang aller Kultur, so wäre die *Freudsche* Theorie überholt[461].

Malinowski[462] vertritt, wie auch seine Schülerin *Seligman*[463], die sog. „Eifersuchtsthese“[464]. Kernaussage dieser These ist, dass Inzest zu Rivalität und Eifersucht innerhalb der Familie führe und diese letztlich zerstören würde[465]. Positiv

---

451 Vgl. *Maisch*, Inzest, S. 38.

452 „Die Schuldgefühle der Brüder Urhorde und die daraus resultierenden Verbote werden also in der Menschheit genetisch weitergegeben“, so *Girtler*, Inzesttabu, S. 674, 677 über die Theorie *Freuds*.

453 So *Girtler*, Inzesttabu, S. 674, 677.

454 *Maisch*, Inzest, S. 39.

455 So *Girtler*, Inzesttabu, S. 674, 677.

456 Vgl. *Girtler*, Inzesttabu, S. 674, 677 ff.

457 So *Girtler*, Inzesttabu, S. 674, 677.

458 *Malinowski*, Geschlecht und Verdrängung, S. 1 ff.

459 *Malinowski*, Geschlecht und Verdrängung, S. 148.

460 Vgl. *Freud*, Totem und Tabu, S. 188.

461 Vgl. hierzu auch *Palmen*, Der Inzest, S. 16.

462 Vgl. *Malinowski*, Geschlecht und Verdrängung, S. 233 ff.

463 Vgl. *Seligman*, American Anthropologist 52, 305 (305 ff.); *dies.*, The Sociological Review 27, 75, (75 ff.).

464 Vgl. zu diesem Begriff: *Klein*, Inzest, S. 16 ff.

465 Vgl. *Malinowski*, Geschlecht und Verdrängung, S. 234 f.

formuliert hieße dies, dass das Inzestverbot die dauerhafte Existenz der Familie überhaupt erst ermögliche[466]. Ohne Inzestverbot gebe es keine Familie, ohne Familie keine Kultur, denn die Familie wird als die Basis der Gesellschaft betrachtet[467]. Kritik erfährt diese Theorie insbesondere durch *Klein*[468].

Eine Theorie, die in dieser Darstellung nicht fehlen darf, ist die des amerikanischen Soziologen *Talcott Parsons*[469]. *Parsons* ist einer der Autoren, der die strukturell-funktionale Bedeutung[470] des Inzesttabus untersuchte und darauf seine Theorie aufbaute[471]. Diese verbindet sowohl soziologische als auch psychologische Überlegungen miteinander. Den Ausgangspunkt *Parsons'* These bildet die Kernfamilie, die er als „Untersystem der Gesellschaft" charakterisiert[472]. Diese Kernfamilie sei auch der feste, allgemeine Kern für die Geltung des (Inzest-)Tabus[473]. Wie auch das Inzesttabu, so sei auch die Kernfamilie „eine universale Erscheinung in allen menschlichen Gesellschaften" [474]. Für *Parsons* kennzeichnet eine Kernfamilie vor allem drei Merkmale: Die Gruppe müsse von relativ langem Bestand sein; allerdings gehöre zu ihren wichtigsten Merkmalen gerade auch, dass sie sich selbst auflöse[475]. Gemeint ist damit, dass das Kind ab einem gewissen Alter bzw. Auszug und Heirat nicht mehr unmittelbares Mitglied der Herkunftsfamilie sei, die Familie sich also dahingehend von ihren einzelnen Mitgliedern löse. Das zweite wichtige Merkmal sei, dass die Gruppe ihren Mitgliedern „ein hohes Maß an diffuser Affektivität gestatte und abfordere"[476]. Dies bedeutet nach *Parsons'* Ansicht, dass nur innerhalb der Kernfamilie Gefühle wirklich ausgelebt und erfahren werden können. Der dritte grundlegende Wesenszug der Kernfamilie sei die „erotische Organisation der

---

466 Vgl. *Klein*, Inzest, S. 17.

467 Vgl. *Malinowski*, Geschlecht und Verdrängung, S. 235: „Ein Kulturtyp, der den Inzest ausschließt, ist der einzige, der mit dem Bestehen einer sozialen Organisation und der Kultur überhaupt vereinbar ist".

468 *Klein*, Inzest, S. 160 ff.

469 *Parsons*, soziologische Theorie, S. 109 ff.

470 Diesen Begriff verwendet *Maisch*, Inzest, S. 47.

471 Andere Autoren bezeichnen *Parsons* Ansatz auch als sog. „Reifungsthese", vgl. hierzu insbesondere *Klein*, Inzest, S. 21. *Maisch*, Inzest, S. 46, beschreibt den Ansatz von *Parsons* wie folgt: „*Parsons* hat mit seiner Theorie die Frage nach der Herkunft des Inzesttabus verlassen und das Problem auf die Analyse der funktionalen Bedeutung des Tabus im Rahmen der Interdependenz von Persönlichkeitsprozessen und sozialen Systemen reduziert."

472 Vgl. *Parsons*, soziologische Theorie, S. 110 f.

473 Vgl. *Parsons*, soziologische Theorie, S. 134.

474 Vgl. *Parsons*, soziologische Theorie, S. 110.

475 Vgl. *Parsons*, soziologische Theorie, S. 114.

476 Vgl. *Parsons*, soziologische Theorie, S. 114.

Familie"[477], d.h. Erotik sei wichtiger Bestandteil der familiären Struktur, wobei Erotik aber nicht lediglich erlaubt, sondern auch sorgfältig geregelt sei[478]. Einer solchen Kernfamilie kommt laut *Parsons* die Aufgabe zu, die Sozialisierung der menschlichen Persönlichkeit zu garantieren bzw. zu steuern[479], wobei der sog. „erotischen Befriedigung" eine besondere Bedeutung für die Sozialisierung des Kindes zukomme. Es sei ein „unentbehrliches Instrument" dafür, aus dem Kind eine Persönlichkeit und ein Mitglied der Gesellschaft zu machen[480]. Unter „erotischer Befriedigung" versteht *Parsons* kurz gesagt den Lernprozess des Kindes, eine Bindung zu einem Objekt aufzubauen und Lust zu empfinden[481]. Sozialisierungsträger seien in diesem Zusammenhang in erster Linie Mutter und Vater, wobei *Parsons* der Mutter eine größere Bedeutung zuschreibt[482]. Die „erotische Befriedigung" stelle sich somit als positives Instrument der Sozialisierung dar. Allerdings könne die uneingeschränkte erotische Befriedigung gerade das Gegenteil bewirken und somit der Reifung der Persönlichkeit und dem Funktionieren der Gesellschaft entgegenstehen[483]. Das Inzesttabu sei dabei ein regelndes Element, welches das Gleichgewicht bewahre[484]. Es sei jedoch nicht bloß ein regelnder Mechanismus, sondern bewirke darüber hinaus, dass das Individuum aus der Kernfamilie „hinausgetrieben" werde. Dies geschehe dergestalt, dass das Kind durch seine Heirat in eine dadurch neubegründete Kernfamilie „hineingetrieben" werde, wo letztlich die erotische Komponente, d.h. das „Produkt" seiner erotischen Befriedigung, seiner Persönlichkeit ihre positive Anwendung finde. Das Kind werde ferner in „nichtfamilienbestimmte Rollen" hineingetrieben,

---

477 *Parsons*, soziologische Theorie, S. 115.

478 *Parsons*, soziologische Theorie, S. 115: „Das Inzesttabu ist nur ein sehr wichtiger, negativer Aspekt dieser allgemeineren Regeln."

479 So *Parsons*, soziologische Theorie, S. 122.

480 *Parsons*, soziologische Theorie, S. 133.

481 So *Parsons*, soziologische Theorie, S. 125: „In der Begriffssprache der Psychologie ausgedrückt, stellt somit die erotische Befriedigung eine besonders empfindliche Quelle der Konditionierung im klassischen Pawlowschen Sinne dar. Aus dem Wunsch nach einem spezifischen Reiz entwickelt sich bei dem Kind der Wunsch nach diffusem, nicht spezifischen Kontakt mit dem Gegenstand, der ihm die ursprüngliche Befriedigung vermittelte. Die Erotik ist daher ein wichtiger, auf den frühen Stufen sogar wahrscheinlich der wichtigste Mechanismus für die „Verallgemeinerung der Besetzung", vermittels derer sich allmählich eine diffuse Bindung an ein Objekt aufbaut."

482 Vgl. *Parsons*, soziologische Theorie, S. 130.

483 Vgl. *Parsons*, soziologische Theorie, S. 133.

484 So *Parsons*, soziologische Theorie, S. 133 f.: „Das Tabu in seinem negativen Aspekt stellt dann einen Mechanismus dar, der verhindert, dass diese positive Nutzung aus der Hand gleitet, und der dafür sorgt, dass sich die je einzelne Familie selbst auflöst und Persönlichkeiten hervorbringt, die Funktionen in über-familiären Rollen zu erfüllen in der Lage sind."

womit die Übernahme und Erfüllung außer-familiärer Rollen und Funktionen sichergestellt werde[485]. Durch Inzest würde gerade diese gesellschaftlich bedeutsame Folge vereitelt[486].

C. Biologische Erklärungsmodelle

Als eine der ersten biologisch motivierten Erklärungstheorien des Inzest gilt die Ansicht *Westermarcks*[487]. Er vertritt die These, dass es einen angeborenen „Widerwillen“[488] gegen den geschlechtlichen Verkehr zwischen Personen gebe, die zusammen aufgewachsen, bzw. von frühester Jugend an zusammen gelebt haben. Da dies in aller Regel blutsverwandte Personen seien, bekunde sich die Abscheu eben gegen den Geschlechtsverkehr mit nahen Verwandten. Mit der Gewöhnung aufgrund des engen Zusammenlebens[489] gehe außerdem eine „Libidoabstumpfung“ [490] einher. *Westermarck* ist damit einer der Autoren, welche die sog. Theorie der „Stimme des Blutes“ ablehnen. Diese Theorie ging im Wesentlichen von einem „horror naturalis“ bzw. einer „vox naturae“ aus, also einem angeborenen bzw. ererbten Instinkt gegen den Inzest mit nahen Blutsverwandten[491]. Die Theorie *Westermarcks* ist starker Kritik ausgesetzt. Ein Makel sei darin zu sehen, dass wenn der Widerwille auf der Gewohnheit des Zusammenlebens beruhe, er gerade nicht angeboren sein könne[492]; der Widerwille entwickle sich vielmehr ontogenetisch über die Sexualgleichgültigkeit[493].

Ein weiterer Name, der unter den biologisch motivierten Autoren unbedingt zu nennen ist, ist der des Psychologen und Ethologen *Norbert Bischof*. *Bischof* war einer der ersten Autoren, die dem Irrglauben, es gebe im Tierreich keine Inzestschranken, ein Ende bereiten konnte. Er stellt in seinem Aufsatz „Die bio-

---

485 Vgl. hierzu *Maisch*, Inzest, S. 45.

486 So *Parsons*, soziologische Theorie, S. 118: „Inzest würde bedeuten, dass man sich der Verpflichtung entzieht, zur Bildung und Aufrechterhaltung überfamiliärer Bindungen beizutragen, von denen wichtige wirtschaftliche, politische und religiöse Funktionen der Gesellschaft abhängen.“

487 *Westermarck*, Geschichte der menschlichen Ehe, S. 289 ff.; zu dieser Einteilung vgl. auch *Bischof*, Grundlagen, S. 115, 121 f..

488 *Westermarck*, Geschichte der menschlichen Ehe, S. 320.

489 *Westermarck*, Geschichte der menschlichen Ehe, S. 320.

490 Vgl. hierzu auch *Maisch*, Inzest, S. 31.

491 Vgl. auch *Maisch*, Inzest, S. 30.

492 *Palmen*, Der Inzest, S. 10.

493 *Palmen*, Der Inzest, S. 10. Vgl. auch *Lévi-Strauss*, Verwandtschaft, S. 63: „Dass aber die angebliche Inzestscheu nicht aus einem Instinkt hergeleitet werden kann, ist ausreichend durch die Tatsache erwiesen, dass sie sich nur im Falle einer vorausgehenden oder späteren Kenntnis von den Verwandtschaftsbeziehungen zwischen den Schuldigen äußert.“

logischen Grundlagen des Inzesttabus“[494] die verschiedenen in der Natur existierenden Inzestbarrieren bzw. inzestverhindernden Mechanismen dar. Hierbei beruft er sich unter anderem auf Feldstudien anderer Ethologen. Bevor auf seine Theorie im Hinblick auf den Inzest beim Menschen eingegangen werden soll, sollen zunächst die verschiedenen in der Natur vorkommenden inzestverhindernden Mechanismen in aller Kürze genannt werden[495]. *Bischof* unterscheidet zwischen Mechanismen der Familienauflösung[496] und Mechanismen zur Unterdrückung innerfamiliärer Sexualität[497]. Zu den erstgenannten Mechanismen zählen laut *Bischof*:

- Isolierung[498]: Erwachsene Tiere werden solitär und unverträglich gegen Artgenossen;
- Objektwechsel[499]: Nach *Bischof* bedeutet dies, dass bei den betreffenden Tieren zwar ein Bedürfnis nach sozialem Anschluss existiere, dass jedoch vor oder während der Adoleszenz das Objekt dieses Bedürfnisses wechsele. Kurz gesagt, während in der ersten Lebensphase vertraute Artgenossen, die gleichzeitig aufgewachsen sind, interessant seien, so verlagere sich dieses Interesse auf fremde Artgenossen;
- Entführung[500]: Bei diesem Mechanismus spiele nicht die Loslösung des Adoleszenten die entscheidende Rolle, sondern dessen neuer Partner. Durch die Entführung werde der Adoleszent ebenfalls von seiner Familie getrennt;
- Vertreibung[501] :Die Vertreibung von Jungtieren erfolge in der Regel durch aggressive Handlungen erwachsener Gruppenmitglieder bzw. des gleichgeschlechtlichen Elternteils;

Zur zweitgenannten Gruppe zählen nach *Bischof*[502] solche Mechanismen, die – anders als bei den vorgenannten – nicht zu einer räumlichen Trennung der Adoleszenten führen. Bei bestimmten Tierarten blieben die Adoleszenten vielmehr bei ihrer Familie; der Inzestschutz erfolge in diesen Fällen über die

494 *Bischof*, Grundlagen, S. 115. 115 ff.

495 Vgl. hierzu auch *Hummel*, ZfJ 83, 417 (424 f.): *Hummel* vertritt im Wesentlichen die selben inzestverhindernden Mechanismen wie *Bischof*. Er vertritt darüber hinaus aber die These, dass einem Inzesttäter (und teilweise auch dem Opfer) gerade diese Mechanismen fehlen würden. *Hummel* geht also von einem erblichen „Tabu-Defekt“ aus.

496 *Bischof*, Grundlagen, S. 115, 125 f.

497 *Bischof*, Grundlagen, S. 115, 129 f.

498 *Bischof*, Grundlagen, S. 115, 125.

499 *Bischof*, Grundlagen, S. 115, 126.

500 *Bischof*, Grundlagen, S. 115, 127.

501 *Bischof*, Grundlagen, S. 115, 128.

502 Vgl. *Bischof*, Grundlagen, S. 115, 129.

„Hemmung sexueller Aktivität gegenüber Familienmitgliedern". Hierzu zählen nach *Bischof*:

- Bedrohung[503]: *Bischof* zu Folge gehört sexuelle Aktivität oft zu den Bekundungen eines Anspruchs auf Ranghöhe. Die Rangoberen fassten diese dann als Herausforderung auf und dies löse aggressive Interventionen aus;
- Hemmung[504]: Dieser Mechanismus bewirke, vereinfacht dargestellt, dass Jungtiere, die bei ihrer Familie bleiben, einer Kopulationshemmung unterliegen. Die Sexualität werde schlichtweg unterdrückt[505];
- Verweigerung[506]: Der Mechanismus der Verweigerung führe dazu, dass Annäherungsversuche vertrauter Männchen, z.B. von Brüdern, abgewehrt werden;

All diese Mechanismen würden letztlich eine Inzesthemmung und eine exogame Verpaarung bewirken, die in der Natur vorherrschend seien. Doch worin liegt der Sinn der Inzestbarrieren? *Bischof*[507] sieht diesen in der dadurch verstärkten Begünstigung der sog. biparentalen Fortpflanzung, d.h. der Fremdbefruchtung. Diese führe laut *Bischof* zu einem Selektionsvorteil; ihr Sinn liege letztlich also „in der Erhöhung der Variabilität durch Rekombination des Erbmaterials"[508]. Dies bedeutet, dass durch die jeweilige Neukombination zweier verschiedener Erbanlagen eine Vielzahl von Genotypen entsteht. Letztlich wird somit das Evolutionstempo erhöht: Fremdbefruchtung also als eine Art „Variations-Verstärker". Dies erklärt für *Bischof* auch mittelbar den Selektionsvorteil der Exogamie. Laut seiner Theorie behält eine inzesttolerante Art alle Nachteile einer biparentalen Fortpflanzung bei, ohne aber ihren großen Vorteil, die Variabilität zu nutzen. Das Evolutionstempo werde herabgesetzt, dem Konkurrenzdruck sei nur schwer standzuhalten. Es fehle einer solchen Art also an der „adaptiven Elastizität". Kurz gesagt: nur durch eine biparentale, exogame Fortpflanzung behalte „das Genom seine evolutionäre Adaptivität"[509].

Auf der Grundlage der Erkenntnisse aus dem Tierreich untersucht *Bischof* sodann, ob diese Inzestbarrieren auch beim Menschen existieren und, falls dem so sei, „wie auf dem Hintergrund solcher Mechanismen die Entstehung ent-

---

503 *Bischof*, Grundlagen, S. 115, 129.
504 *Bischof*, Grundlagen, S. 115, 130.
505 *Bischof*, Ödipus, S. 316 f. *Bischof* spricht hier etwas dramatischer von einer „psychischen Kastration".
506 *Bischof*, Grundlagen, S. 115, 130 f.
507 *Bischof*, Grundlagen, S. 115, 132; *ders.*, Ödipus, S. 412 f.
508 *Bischof*, Grundlagen, S. 115, 132.
509 Vgl. *Bischof*, Ödipus, S. 403.

sprechender kultureller Normen zu verstehen sei"[510]. *Bischofs* umfassendes „kybernetisches Modell"[511] kann dabei nur in groben Umrissen dargestellt werden. Wie auch im Tierreich unterscheidet er wieder zwischen Mechanismen zur Familienauflösung und solchen, die die innerfamiliäre Sexualität unterdrücken. Als Tendenz zur Familienauflösung zählt für *Bischof* in erster Linie die menschliche Pubertät. In den psychischen Veränderungen sieht er deutliche Parallelen zu den bereits vorher beschriebenen Erscheinungen des Objektwechsels und dem sog. Autonomieanspruchs, d.h. der Loslösung von der familiären Gruppe. Zur Darstellung der Mechanismen, die der Unterdrückung innerfamiliärer Sexualität dienen (also Hemmung und Verweigerung) bedient sich *Bischof*[512] der Studien von *Wolf*[513], *Spiro*[514], *Talmon*[515] und *Shepher*[516]. Die Autoren *Spiro, Talmon* und *Shepher* hatten die sexuellen Beziehungen Jugendlicher erforscht, die von klein auf gemeinsam in israelischen Kibbutzim, einer Art kommunaler Kinderhort, aufgewachsen sind[517]. Die Studien ergaben, dass es zwischen den untersuchten Personen weder zu vorehelichen sexuellen Beziehungen noch zu späteren Eheschließungen kam, wenn diese eine kontinuierliche gemeinsame Kindheit verbracht hatten; obgleich solche weder verboten noch verpönt waren. Für *Bischof* stand damit fest, dass „im menschlichen An-

---

510 *Bischof*, Grundlagen, S. 115, 134.

511 Vgl. *Bischof*, Ödipus, S. 414 ff.

512 *Bischof*, Grundlagen, S. 115, 135 f.; *ders.*, Ödipus, S. 374 ff.

513 *Wolf*, American Anthropologist 70, 864 (864 ff.); *ders.*, American Anthropologist 68, 883 (883 ff.); *ders.* American Anthropologist 72, 503 (503 ff.). *Wolf* hatte das Heiratsverhalten chinesischer Bauern in Nordtaiwan untersucht. In dieser Region waren zwei Formen von Eheschließungen üblich, nämlich die „kleine Hochzeit" und die sog. „große Hochzeit". Die „kleine Hochzeit" war im Prinzip eine Kinderhochzeit. Die Braut war zur Zeit der Verlobung noch ein Baby und wurde von der Familie des Bräutigams adoptiert. Die zukünftigen Ehegatten wuchsen also zusammen auf. Die Hochzeit erfolgte in der Regel nach der Pubertät der Braut. Die „große Hochzeit" unterschied sich dahingehend, dass die Wahl der Ehepartner zwar ebenfalls von den Eltern getroffen wurde, die Zusammenführung des Brautpaares erfolgte jedoch erst im Erwachsenenalter. *Wolf* wollte wissen, ob es zwischen diesen beiden Formen sexuelle Unterschiede gab. Waren die Beziehungen einer „großen Hochzeit" also sexuell aktiver, d.h. überwog bei den gemeinsam aufgewachsenen Ehepartnern der „kleinen Hochzeit" eine Inzestbarriere? Er fand bei seinen Studien heraus, dass die Geburtenrate bei „kleinen Hochzeits-" Ehen zwischen 25 und 30 % niedriger (*Wolf*, American Anthropologist 72, 503 (512 ff.)), die Scheidungsrate höher (*Wolf*, American Anthropologist 72, 503 (511)) und auch die Häufigkeit außerehelicher Affären höher lag, als bei „großen Hochzeits-" Ehen (*Wolf*, American Anthropologist 72, 503 (512), ausführlich hierzu auch *Klein*, Inzest, S. 58 ff.).

514 *Spiro*, Children, S. 3 ff.

515 *Talmon*, American Sociological Review 29, 491 (491 ff.).

516 *Shepher*, Incest, S. 52 ff.

517 Ausführlich und kritisch zu den Befunden, *Klein*, Inzest, S. 53 ff.

triebsgefüge Kräfte wirksam sind, die ernsthaft als Homologa instinktiver Inzestbarrieren in Betracht gezogen werden müssen“[518]. Zur Frage, warum es überhaupt einer kulturellen Tabuisierung, d.h. regulierender Gesetze und Regelungen bedarf, wenn doch eine natürliche Hemmung vor einer Verpaarung mit nahen Vertrauten existiere, erklärt er, dass die „natürlichen Hemmungen unser Verhalten lediglich motivieren und nicht determinieren“[519]; der Mensch sei frei genug, auch seiner Natur zuwider zu handeln, was letztlich bedeute, dass nur selbstgeschaffene Normen ein Gleichgewicht zwischen Natur und Freiraum herstellen könnten[520]. Anhand seines „kybernetischen Modells“[521], versucht Bischof die Hemmung bzw. deren Entstehung plastisch darzustellen. Dies geschehe vereinfacht gesagt durch die Veränderung der beiden Führungsgrößen Sicherheit und Erregung bzw. Unternehmungslust. Für beide Größen gibt es nach *Bischof* ein Optimum. Sicherheit wird durch die Familie, also Eltern, Geschwister, sonstige Vertraute vermittelt, während Erregung/Unternehmungslust durch Fremde gesteigert wird. Im Laufe des Lebens verändere sich das Verhältnis beider Größen zueinander[522]. Dieses System werde durch zwei Antriebsbereiche beeinflusst – nämlich Autonomie und Sexualität[523]. Diese beiden Antriebe hängen seiner Meinung nach im Sinne einer wechselseitigen Förderung zusammen[524], d.h. sie verstärken sich gegenseitig. Beide Antriebe führen letztlich die Veränderung der beiden Größen Sicherheit und Erregung herbei. Je stärker also der Autonomieanspruch und die sexuellen Bedürfnisse, desto größer das Erregungsbedürfnis, desto geringer das Sicherheitsbedürfnis. Seines Erachtens[525] erreiche die Erregung ihr Maximum bereits in der frühen Adoleszenz und nehme dann wieder ab. Danach steige in einer weiteren Phase das Sicherheitsbedürfnis wieder an. Diese sekundäre Vertrautheit fände man dann im neugewonnenen Partner. *Bischofs* Modell klingt in sich stimmig und einleuchtend. Doch sieht

---

518 *Bischof*, Grundlagen, S. 115, 136.

519 *Bischof*, Grundlagen, S. 115, 138.

520 *Bischof*, Grundlagen, S. 115, 138: „Kulturelle Normschöpfung wird somit immer auch zu einer kognitiven Leistung, zu einem Akt der Selbstinterpretation, und sie wird nur dann befriedigen und stabil bleiben können, wenn der Mensch sein natürliches Antlitz in dieser Interpretation wiedererkennt“.

521 *Bischof*, Ödipus, S. 414 ff.

522 *Bischof*, Ödipus, S. 431: „Die Startposition der ontogenetischen Entwicklung ist durch ein Maximum an Abhängigkeit (Sicherheit) und ein Minimum an Unternehmungslust (Erregung) gekennzeichnet“. Auf S. 434 heißt es weiter: „Mit dem Fortschreiten vom infantilen zum juvenilen Alter wird das Sicherheitsbedürfnis abgebaut, und komplementär dazu steigt der Wunsch nach Erregung an.“

523 *Bischof*, Ödipus, S. 454 ff.

524 *Bischof*, Ödipus, S. 464.

525 *Bischof*, Ödipus, S. 435.

sich auch er der Kritik ausgesetzt[526]. Zustimmung fand *Bischof* dagegen von namhaften Biologen wie *Irenäus Eibl-Eibesfeldt*[527]. Die verhaltensbiologische Forschung geht heute ganz überwiegend von einer biologischen Grundlage der Inzesthemmung aus[528].

Die letzte Theorie, die ich im Rahmen dieser Arbeit skizzieren möchte, ist die des Soziologen *Jörg Klein*[529]. *Klein* sieht zwei Thesen als für die Existenz des Inzestverbots maßgeblich. Seine erste These[530] basiert auf der soeben dargestellten Theorie *Norbert Bischofs*, d.h. der Annahme biologischer Inzestbarrieren beim Menschen. Die biologische Inzestscheu des Menschen bewirke eine Gleichartigkeit des Verhaltens. Da man selbst keinen Inzest betreibe, erwarte man auch von anderen, dass diese dies nicht tun. Trotz der natürlichen Inzestscheu kämen jedoch Einzelfälle von Inzest vor. Die Reaktion hierauf könne in der „Schaffung und Anwendung" eines Inzestverbots liegen. Die These lässt sich daher in kurzen Worten wie folgt charakterisieren:

> „Das Verbot geht hiernach aus der natürlichen Inzestscheu und einem an ihr orientierten menschlichen Ordnungs- und Konformitätsbedürfnis hervor, hinter dem sich Sorge um Zukunftsbewältigung und Angst vor Sinnverlust verbergen."[531]

Kleins zweite These[532] geht davon aus, dass der Mensch ein Verhalten, welches er für sich selbst ablehnt, auch bei anderen nicht nachvollziehen und deshalb nicht tolerieren könne:

> „Bei dem Versuch, das Handeln der Inzesttäter nachzuvollziehen, erlebt man einen Teil des Abscheus und Widerwillens, den man empfände, wollte man selbst Inzest begehen."[533]

Für *Klein* führen also das Zusammentreffen von natürlicher Inzestscheu und die „menschliche Neigung sich in andere hineinzuversetzen"[534] zur Verbotshaltung. Die empfundene Abscheu sei jedoch selbst nicht normativen Ursprungs und würde sich auch nicht, wie von der Psychoanalyse behauptet, gegen eigene versteckte Wünsche richten. Eine Antwort auf die Frage, woher sie dann kommt, aber bleibt *Klein* schuldig. Die Abscheu könne zu gewissen Reaktionen führen, nämlich zur „Ausbildung einer Misstrauens-, Diskriminierungs- und Verbotshaltung"[535]. Das Inzestverbot und letztlich die Pönalisierung desselben seien

---

526 *Klein*, Inzest, S. 52.
527 *Eibl-Eibesfeldt*, Ethologie, S. 593 f; *ders.*, Biologie, S. 332 ff.
528 Vgl. auch LK, *Dippel*, § 173 Rn. 5.
529 *Klein*, Inzest, S. 185 ff.
530 Vgl. dazu *Klein*, Inzest, S. 185 f.
531 *Klein*, Inzest, S. 186.
532 Vgl. *Klein*, Inzest, S. 188 ff.
533 *Klein*, Inzest, S. 189.
534 *Klein*, Inzest, S. 190.
535 So *Klein*, Inzest, S. 191.

also Produkt der menschlichen Abscheu. Anders formuliert bedeutet dies, dass dort wo, die Abscheu verringert wird[536], auch gleichzeitig die Verbotshaltung verringert werde. *Kleins* These erscheint letztlich als Plädoyer für den freiwillig und beidseitig gewollten Inzest, der keine wirkliche Gefährdung darstelle, weshalb bei diesem von einer Verringerung von „Abscheu und Verbotshaltung" auszugehen sei.

D. Zusammenfassung

Warum also existiert in unserer Gesellschaft ein Inzestverbot? Welches Resümee lässt sich als Antwort auf diese Frage aus den genannten Theorien ziehen? Um die Antwort mit den Worten *Lévy-Bruhls*[537] vorwegzunehmen:

> „Die berühmte Frage des Inzestverbots, dieses viel diskutierte Problem, dessen Lösung Ethnologen und Soziologen so sehr gesucht haben, hat keine Lösung."

Etwas nüchterner formuliert, lautet der Befund: Alle diskutierten Theorien führen zu keiner befriedigenden Antwort auf die Frage, woher das Inzestverbot stammt, und erst recht nicht, warum wir den Inzest unter Strafe stellen.

Die soziologischen Theorien[538] sind zum Teil abzulehnen, da sie sich auf ein Phänomen stützen, welches lediglich Einzelfallcharakter aufweist. Die Thesen sind deshalb nicht verallgemeinerungsfähig. Die sog. „Eifersuchtsthese"[539] ist allein schon aufgrund ihrer nur bedingten Überprüfbarkeit fraglich. *Freuds* Theorie[540] vom „Ödipuskomplex" und „Urhordenkonflikt" ist nach *Malinowski*[541] und *Girtler*[542] kulturanthropologisch nicht haltbar. Die „Allianzthese" *Lévi-Strauss'*[543] und *Schelskys*[544] hat, wenn man ihre Aussage im Hinblick auf die Exogamieregeln betrachtet, durchaus ihre Geltungsberechtigung. Doch kommt dem Inzestverbot nur insofern Bedeutung bei, als es die „negative Seite" der positiven Exogamieregelung darstellt. Es geht also nicht um die Verhinderung von Inzest, sondern um die Ermöglichung der Heirat über die eigene Familie hinaus. Doch reicht diese Erklärung, um von der „negativen Seite einer positiven Regelung" aus die Strafbarkeit des Inzest zu rechtfertigen? Bedarf es in unserer modernen Gesellschaft überhaupt noch einer Exogamie-

---

536 Nach *Klein* insbesondere durch „Aufklärung über Situation und Konstitution des Abweichlers und über unsere eigene Natur", Inzest, S. 191.

537 So *Lévy-Bruhl*, zitiert nach *Maisch*, Inzest, S. 27.

538 Vgl. Kapitel III, B.

539 Vgl. Kapitel III, B.

540 Vgl. Kapitel III, B.

541 Vgl. *Malinowski*, Geschlecht und Verdrängung, S. 233 ff.; sowie Kapitel III, B.

542 Vgl. *Girtler*, Inzesttabu, S. 674, 677; sowie Kapitel III, B.

543 Vgl. Kapitel III B.

544 Vgl. Kapitel III B.

regelung, so z.B. in Form eines zivilrechtlichen Eheverbots? Beides lässt sich mit *Schelsky*[545] wie folgt verneinen:

„So sehr also in einer familiengebundenen Gesellschaftsverfassung die Exogamiegebote und die daraus folgenden Inzesthemmungen und Inzestsanktionen erforderlich sind, um eine höhere soziale Organisation und die damit verbundenen politischen und kulturellen Haltungen zu erreichen und zu stabilisieren, so verlieren sie doch ihre soziale Bedeutung weitgehend, sobald diese höheren Schichten der Kultur und Gesellschaftsorganisation genügend eigenständige Antriebsstrukturen und Motivationen für ihren Bestand erzeugt haben."

Anders ausgedrückt: Wenn unserer Gesellschaft andere Mechanismen zur Verfügung stehen, wie sie ihre Sozialstruktur sichern kann, so bedarf es keiner Exogamieregelung mehr und schon aus diesem Grund bedarf es erst recht keiner Bestrafung des Inzests. Selbst wenn man nicht auf eine Exogamieregelung an sich verzichten möchte, so dürfte für diesen Zweck das zivilrechtliche Eheverbot durchaus genügen.

Parsons'[546] funktionaler Interpretation des Inzestverbots kann, was seine Ansicht über die Kernfamilie und deren Aufgaben betrifft, zugestimmt werden. Doch vermag die Theorie das bestehende Inzestverbot des § 173 StGB nur bedingt zu rechtfertigen. § 173 StGB stellt rein auf die Blutsverwandtschaft ab. Wenn aber gerade die Kernfamilie und deren Funktion geschützt werden soll, so kann es auf die Blutsverwandtschaft nicht ankommen. Entscheidend ist vielmehr die Position/Rolle, die eine Person innerhalb der Kernfamilie einnimmt[547]. Letztlich kann der Tatbestand unseres geltenden Inzestverbots damit also nicht gerechtfertigt werden.

Bleiben also die biologischen Erklärungsansätze. Lassen wir dabei *Westermarck*, dessen Theorie heute als weitgehendst überholt gilt[548], außen vor und reduzieren die Theorie *Bischofs*[549] darauf, dass es auch beim Menschen natürliche Inzestbarrieren gibt. Dies würde zwar erklären, warum es eine natürliche Inzestscheu gäbe. Doch rechtfertigt dies das Verbot bzw. die Sanktionierung des Inzest? *Bischof* selbst sieht im Inzestverbot bzw. in der gesellschaftlichen Norm einen „kulturellen Überbau"[550], mit dem der Mensch seinen eigens geschaffenen Freiraum wieder eingrenze. Man kann vertreten, dass es hierfür des Verbotes bedarf, doch braucht es deshalb auch der Sanktionierung des Verstoßes? Würde nicht auch ein lediglich gesellschaftliches Verbot im Sinne

545 *Schelsky*, Soziologie, S. 92.
546 Vgl. Kapitel III B.
547 So ähnlich auch *Stratenwerth*, FS Hinderling, 301 (311).
548 Vgl. hierzu auch *Maisch*, Inzest, S. 30 f.
549 Siehe Kapitel III, C.
550 Siehe *Bischof*, Grundlagen, S. 115, 138.

einer Nichttolerierung ausreichen? Dies fasst *Löffler*[551] treffend mit folgenden Worten zusammen:

> „Die Inzestmeidung mag zwar universell[552] sein, doch es hängt von der Kultur ab, wie sie interpretiert und ob sie pervertiert wird."

Ist das Inzestverbot am Ende also doch, wie *Lévi-Strauss* sagt, „der grundlegende Schritt, dank dem, durch den und vor allem in dem sich der Übergang von der Natur zur Kultur vollzieht"[553], oder ist die Grundlage für das Inzestverbot doch nur „die natürliche Inzestscheu und ein an ihr orientiertes menschliches Ordnungs- und Konformitätsbedürfnis", wie *Klein*[554] es vertritt? Man kann es drehen und wenden wie man will: Die Herkunft des Inzestverbots ist und bleibt ungeklärt. Zwar werden eine Menge von Gründen genannt, die zur Entstehung des Verbots geführt haben (könnten) sowie Funktionen, die dem Verbot zugeschrieben werden; letztlich kann keiner der Gründe und auch keine der Funktionen die Sanktionierung eines beidseitig gewollten Inzests und damit die Legitimität des § 173 StGB erklären, erst recht nicht rechtfertigen.

---

551 *Löffler*, Inzest, S. 11, 27.
552 Gerade weil sie nach dieser Theorie ja biologischen Ursprungs ist.
553 *Lévi-Strauss*, Verwandtschaft, S. 73.
554 *Klein*, Inzest, S. 186.

Kapitel IV: § 173 im Normgefüge des Strafgesetzbuchs

A. Die Norm

Im Folgenden sollen zunächst die wichtigsten tatbestandlichen Voraussetzungen geschildert werden, bevor auf dieser Grundlage eine kritische Analyse bezüglich des eigenständigen Anwendungsbereichs des § 173 StGB erfolgen wird.

Der objektive Tatbestand des § 173 StGB erfasst den Beischlaf zwischen blutsmäßig miteinander in auf- und absteigender Linie verwandten Personen sowie zwischen leiblichen Geschwister.

I. Deliktsnatur

Sowohl in Rechtsprechung als auch im Schrifttum finden sich kaum Äußerungen zur Deliktsnatur des § 173 StGB. Teilweise wird § 173 StGB als Verhaltensdelikt qualifiziert[555]. Nach vorzugswürdiger Ansicht handelt es sich bei § 173 StGB jedoch um ein abstraktes Gefährdungsdelikt[556].

II. Tathandlung

Der Tatbestand setzt die Vollziehung des Beischlafs voraus. Allgemein bezeichnet der Begriff die „Begattung beim Menschen“[557] und damit den Geschlechtsverkehr im engeren Sinne. Der Begriff setzt somit zwingend die Beteiligung zweier Personen verschiedenen Geschlechts voraus[558]. Sexuelle Kontakte zwischen Gleichgeschlechtlichen führen äußerstenfalls zu beischlafsähnlichen Handlungen[559].

Erforderlich ist der „Vollzug“ des Beischlafs. Dies bedeutet, dass das männliche Glied, wenn auch nur zum Teil[560], in die Scheide eindringt. Nicht unter die Tathandlung fallen daher bloße Berührungen des weiblichen Geschlechtsteils

---

555 Vgl. hierzu *Hefendehl*, GA 2002, 21 (23); *Seelmann*, FS Jung, S. 893, 894; ferner Kapitel V, C II 1 a dd 3.

556 In eine ähnliche Richtung tendiert auch *Blei*, FamRZ 1961, 137 (139); siehe ferner *Hassemer*, Sondervotum in BVerfG NJW 2008, 1137 (1146).

557 So LK, *Dippel*, § 173 Rn. 21.

558 Vgl. MK, *Ritscher*, § 173 Rn. 8, LK, *Dippel*, § 173 Rn. 21.

559 So LK, *Dippel*, § 173 Rn. 21; zum Geschlechtsverkehr mit einem Transsexuellen, vgl. LG Mannheim NStZ 1997, 85 (86).

560 Nach BGHSt 16, 175 (177) soll es ausreichen, dass das männliche Glied zwischen den Schamlippen hindurch, bis in den Scheidenvorhof vordringt; dies war vor dieser Entscheidung äußerst strittig, vgl. BGH NJW 1959, 1091 (1091): Ein Eindringen liegt erst dann vor, wenn das männliche Glied den Raum hinter der den Scheidengang abschließenden Jungfernhaut erreicht hat; vgl. ferner LK, *Dippel*, § 173 Rn. 22.

mit dem männlichen Glied. Andererseits kommt es aber weder auf einen Samenerguss noch auf eine Empfängnis an[561]. Ferner kommt es noch nicht einmal auf eine Empfängnismöglichkeit an. D.h., dass weibliche Beteiligte weder geschlechtsreif[562] noch beide Beteiligte fortpflanzungsfähig sein müssen[563]. Gleiches gilt, wenn eine Empfängnis aufgrund der Verwendung von Verhütungsmitteln[564] ausgeschlossen ist. Nach dem engen Wortlaut der Vorschrift ist lediglich der Beischlaf taugliche Tathandlung. Sonstige sexuelle Handlungen[565], selbst wenn diese „beischlafsähnlich“[566] sind, sind daher nicht tatbestandsmäßig.

Nach überwiegender Ansicht[567] vollzieht nur derjenige den Beischlaf, der mit diesem auch einverstanden ist. Relevant wird dies insbesondere in den Fällen einer sexuellen Nötigung im Sinne des § 177 Abs. 2 S. 2 Nr. 1 StGB. Nach h. L. handelt in solchen Fällen das Opfer nämlich schon nicht tatbestandsmäßig, während die gegenteilige Auffassung eine Rechtfertigung nach § 34 StGB[568] bzw. einen entschuldigenden Notstand nach § 35 StGB[569] bejaht.

III. Tauglicher Täterkreis

Nur der Beischlaf mit einem leiblichen Abkömmling (Abs. 1), der Beischlaf mit einem leiblichen Verwandten aufsteigender Linie (Abs. 2 S. 1) und der Beischlaf zwischen leiblichen Geschwistern (Abs. 2 S. 2) ist strafbar.

Alle genannten Alternativen des § 173 StGB setzen eine blutsmäßige Abstammung[570] voraus. Somit ist nur der Beischlaf zwischen leiblichen Verwandten tatbestandsmäßig. Nicht vom Tatbestand erfasst, ist daher der Beischlaf mit solchen Verwandten, die aufgrund einer Adoption zu Familienmitgliedern bzw. zu Verwandten geworden sind[571].

---

561 Vgl. MK, *Ritscher*, § 173 Rn. 8; LK, *Dippel*, § 173 Rn. 25; S/S-*Lenckner*, § 173 Rn. 3.

562 RGSt 71, 129 (130).

563 LK, *Dippel*, § 173 Rn. 25.

564 S/S-*Lenckner*, § 173 StGB: „Pille“. Gleiches gilt für Spirale, Kondome usw.

565 Zur Definition der „sexuellen Handlung“ siehe Kapitel IV, B II 1 c; erfasst werden aber z.B. das Berühren der Genitalien sowie exhibitionistische Handlungen vor dem Opfer.

566 Damit sind z.B. der Analverkehr sowie homosexuelle Handlungen gemeint.

567 LK, *Dippel*, § 173 Rn. 23; SK, *Horn/Wolters*, § 173 Rn. 4, a.A. S/S-*Lenckner*, § 173 Rn. 3; MK, *Ritscher*, § 173 Rn. 9.

568 So MK, *Ritscher*, § 173 Rn. 9.

569 So S/S-*Lenckner*, § 173 Rn. 7.

570 Vgl. hierzu bereits BGHSt 7, 245 (246); BGH GA 1957, 218 (219); LG Frankfurt GA 1957, 387 (388).

571 So auch MK, *Ritscher*, § 173 Rn. 11; S/S-*Lenckner*, § 173 Rn. 4; zur erforderlich gewordenen Gesetzesänderung durch das „Gesetz über die Annahme als Kind und zur Änderung anderer Vorschriften (Adoptionsgesetz)“, BGBl. 1976 I, S. 1749, vgl. BT-Drucks. VII/3061, S. 10 und S. 61; BT-Drucks. VII/5087, S. 25 f.

Komplizierter ist der Fall, wenn leiblich verwandte Personen in einer formell gültigen, aber gem. §§ 1307, 1314 Abs. 1 BGB aufhebbaren Ehe[572] leben und den ehelichen Beischlaf vollziehen. Nach überwiegender Ansicht[573] ist dieser Fall nicht gem. § 173 StGB strafbar[574].

Was minderjährige Abkömmlinge und Geschwister betrifft, so enthält § 173 Abs. 3 StGB eine Privilegierung dieser Tätergruppe[575]. Die Rechtsnatur der Vorschrift ist allerdings ungeklärt. Nach überwiegender Ansicht[576] handelt es sich jedoch um einen persönlichen Strafausschließungsgrund. Zwar lege der Wortlaut einen Tatbestandsausschluss nahe[577], die Entstehungsgeschichte deute aber vielmehr auf einen persönlichen Strafausschließungsgrund hin[578].

Neben täterschaftlichem Verhalten, erfasst § 173 Abs. 3 StGB nach allgemeiner Ansicht[579] auch Teilnahmehandlungen Minderjähriger nach den Abs. 1 und 2.

Im Folgenden sollen nun die einzelnen Inzest-Konstellationen untersucht werden:

1. Eltern-Kind-Inzest

Der Eltern-Kind-Inzest ist für die Eltern (Aszendenten) gem. § 173 Abs. 1 StGB unabhängig davon, ob die Kinder minder- oder volljährig sind, für die volljährigen[580] Kinder (Deszendenten) nach § 173 Abs. 2 S. 1 StGB strafbar.

Gem. § 173 Abs. 1, 2 StGB sind lediglich die Konstellationen Vater-Tochter-, sowie Mutter-Sohn-Inzest strafbar. Der Mutter-Tochter-Inzest wird ebenso

---

572 Nach früherem Recht war die Ehe sogar nichtig, vgl. § 21 EheG a.F.

573 LK, *Dippel*, § 173 Rn. 19; MK, *Ritscher*, § 173 Rn. 15; S/S-*Lenckner*, § 173 Rn. 5; *Fischer*, § 173 Rn. 3.

574 Vgl. zum früheren Recht, RGSt 5, 159 (160); ausführlich zur Problematik, LK, *Dippel*, § 173 Rn. 19; MK, *Ritscher*, § 173 Rn. 15.

575 Zur Begründung der Norm vgl. BT-Drucks. VI/3521, S. 18: Bestrafung minderjähriger Inzestbeteiligter sei kaum angebracht; ferner bestünde ein Bedürfnis jede zusätzliche Belastung vom jugendlichen Inzestbeteiligten fernzuhalten.

576 Vgl. LK, *Dippel*, § 173 Rn. 33; MK, *Ritscher*, § 173 Rn. 26; S/S-*Lenckner*, § 173 Rn. 9, *Fischer*, § 173 Rn. 7; a. A. *Maurach/Schroeder/Maiwald*, Strafrecht BT, § 63 Rn. 89: Es handle sich vielmehr um einen spezifisch auf § 173 StGB bezogenen formalisierten Schuldausschließungsgrund; *Bloy*, Die dogmatische Bedeutung, S. 140 ff.: Der Schuldgehalt des Handelns sei in dieser Altersstufe bezüglich des spezifischen Unrechts des § 173 StGB typischerweise so herabgesetzt, dass der Staat deshalb für diese Altersstufe generell auf Strafe verzichte.

577 So LK, *Dippel*, § 173 Rn. 33; für einen Tatbestandsausschluss auch RGSt 19, 391 (393).

578 So MK, *Ritscher*, § 173 Rn. 26; Zur Entstehungsgeschichte vgl. BT-Drucks. VI/1552, S. 2, 14; *Sturm*, Prot. VI, S. 1299; *Horstkotte*, Prot. VI, S. 2113.

579 Vgl. LK, *Dippel*, § 173 Rn. 33; MK, *Ritscher*, § 173 Rn. 26.

580 Minderjährige Kinder sind aufgrund von § 173 Abs. 3 StGB ja gerade nicht strafbar.

wenig erfasst, wie der Vater-Sohn-Inzest. Grund hierfür ist, dass in diesen Konstellationen das Merkmal des „Beischlafs“ nicht erfüllt werden kann, weil dieses ja gerade nicht homosexuelle Handlungen erfasst[581].

Von allen strafbaren Konstellationen nimmt der Vater-Tochter-Inzest wohl den größten Anteil ein[582]. Diese Form des Inzests wird auch überwiegend als die für das Opfer schädlichste und traumatisierenste Form betrachtet[583]. Zum Mutter-Sohn-Inzest[584] liegen keine aussagekräftigen Zahlen vor. Die meisten Autoren, die sich mit dem Thema Inzest/Missbrauch befassen, gehen aber davon aus, dass dieser äußerst selten vorkommt[585].

Wie bereits aufgeführt wurde[586], muss es sich beim Tatobjekt um „leibliche Abkömmlinge“ (Abs. 1) bzw. „leibliche Verwandte aufsteigender Linie“ (Abs. 2 S. 1) handeln. Leibliche Abkömmlinge sind danach die leiblichen Kinder. Leibliche Verwandte aufsteigender Linie sind in diesem Fall die natürlichen, d.h. genetischen Eltern. Dies gilt gem. Abs. 2 S. 1, 2. HS auch, wenn das Verwandtschaftsverhältnis aufgrund einer Adoption[587] erloschen ist, denn die

---

581 Siehe bereits Kapitel IV, A II.

582 Vgl. BT-Drucks. VI/3521, S. 17: „Häufigster Fall des Inzest ist derjenige zwischen dem dreißig- bis vierzigjährigen Vater und der dreizehn- bis siebzehnjährigen Tochter“; *Chmurzinski*, Inzest, S. 8: „75 %“, *Köhler*, Kindesmissbrauch, S. 275, aber auch S. 276 m. w. N.; ferner BKS von 2005, dort aber keine Unterscheidung zwischen § 173 und §§ 174 ff. StGB, soweit Minderjährige betroffen sind.

583 Vgl. die ausführlichen Studien von *Chmurzinski*, Inzest, S. 28 ff.; *Staudacher*, Anthropologische Untersuchungen, S. 25 ff., 140; *Hummel*, ZfJ 83, 417 (417 ff.) zum Vater-Tochter-Inzest. Vgl. ferner zu den Auswirkungen des Inzests in dieser Form: *Mitnick*, Inzestuös missbrauchte Kinder, S. 83, 83 ff.; *Wirtz*, Seelenmord, S. 15 ff.

584 Diese Konstellation wird in der Gesellschaft wohl am stärksten tabuisiert, vgl. nur die Ödipus-Sage. Andererseits wird der Mutter mehr Freiraum im Hinblick auf einen intensiveren Körperkontakt gewährt, als es bei Vätern der Fall ist: „Intensiver Körperkontakt, das gemeinsam in einem Bett schlafen oder gründliche Maßnahmen der Köperpflege werden im Rahmen der mütterlichen Fürsorge eher als erweiterter Ausdruck der Mutterliebe akzeptiert“, so *Chmurzinski*, Inzest, S. 8. Der Mutter-Sohn-Inzest wird deshalb als wenig wahrscheinlich betrachtet. Dies bedeute aber nicht, dass es solche Fälle nicht doch gibt, vgl. hierzu *Chasnoff*, zitiert bei *Chmurzinski*, Inzest, S. 9. Teilweise geht man sogar davon aus, dass der Mutter-Sohn-Inzest häufig in eine Schizophrenie führe, vgl. *Hirsch*, Realer Inzest, S. 159 m. w. N. Ob die Sexualität mit der Mutter weitaus eher als lustvoll und befriedigend erlebt wird und der Mutter-Sohn-Inzest seltener mit Schuldgefühlen einher geht, ist nicht geklärt, vgl. *Hirsch*, Realer Inzest, S. 165, der diese Form des Inzest als ebenso folgenreich bewertet, wie andere Inzestformen; a. A. aber *ders.* in der Vorauflage, vgl. *Hirsch* Realer Inzest 1987, S. 144.

585 Vgl. *Hirsch*, Realer Inzest, S. 158 f.; *Köhler*, Kindesmissbrauch, S. 277; *Chmurzinski*, Inzest, S. 8.

586 Siehe Kapitel IV, A III.

587 Siehe § 1755 BGB.

Blutsverwandtschaft besteht unabhängig davon fort. Als leibliche Abkömmlinge gelten ferner auch nicht-eheliche Kinder[588]. Nicht erfasst werden angenommene Kinder, so dass sich weder Adoptiveltern noch Adoptivkinder strafbar machen können. Ferner fällt auch der Fall der „Patchwork-Familie"[589] nicht unter § 173 StGB. Damit sind die Fälle gemeint, in denen es zwischen einem Ehepartner und einem Abkömmling des anderen Partners zum Beischlaf kommt. Die Straflosigkeit ist auch dann gegeben, wenn der Abkömmling unter dem gleichen Dach wohnt oder die Vaterschaftsvoraussetzungen gem. § 1592 BGB vorliegen[590].

Völlig unbeachtlich ist, in welchem sozialen Umfeld der Inzest stattfindet. So erfüllen auch der verwitwete, geschiedene oder allein lebende Vater und seine volljährige Tochter den Tatbestand[591].

2. Geschwister (§ 173 Abs. 2 S. 2 StGB)

Gem. § 173 Abs. 2 S. 2 StGB werden leibliche Geschwister bestraft, die miteinander den Beischlaf vollziehen.

Über den Geschwisterinzest gibt es nur sehr wenige Untersuchungen[592]. Allerdings ist man sich einig, dass dies wenig über die Häufigkeit dieser Inzestform aussage[593]. Die geringe Anzahl an Untersuchungen sei eher darauf zurückzuführen, dass der Geschwisterinzest nur selten bekannt werde[594] und man im übrigen davon ausgeht, dass beim Geschwister-Inzest Angst- und Schuldgefühle keine Rollen spielen. Deshalb sei der Inzest in diesen Fällen auch weniger folgenreich[595].

---

588 Vgl. LK, *Dippel*, § 173 Rn. 17.

589 So MK, *Ritscher*, § 173 Rn. 11.

590 Vgl. BGH NJW 1981, 1326 (1326); LK, *Dippel*, § 173 Rn. 17; vgl. zur im Gesetzgebungsverfahren diskutierten Frage, ob der Tatbestand des § 173 StGB nicht auch auf angenommene Kinder zu erweitern ist, Prot. VII, S. 2631 ff.

591 Dieses Beispiel verwendet MK, *Ritscher*, § 173 Rn. 13.

592 Eine der wenigen Ausnahmen: *Staudacher*, Anthropologische Untersuchungen, S. 65 ff.

593 Vgl. *Chmurzinski*, Inzest, S. 10; *Köhler*, Kindesmissbrauch, S. 276.

594 So *Staudacher*, Anthropologische Untersuchungen, S. 16.

595 So *Hirsch*, Realer Inzest 1987, S. 73: Der Geschwisterinzest trete weniger in Erscheinung, sei eher passager und wohl in der Regel weniger folgenreich, weil er meist unter gleichaltrigen, gleichberechtigten Partnern stattfinde, die nicht so voneinander abhängig seien. Zum Auslöser für einen Geschwisterinzest vgl. *Chmurzinski*, Inzest, S. 10: „Die Beteiligten versuchen eine kalte Familienatmosphäre zu kompensieren, die Initiative zu den meist harmlosen sexuellen Erkundungen geht von beiden aus, auch die Lust kann beiderseits erfahren werden."

Der Geschwisterinzest wird des weiteren oft als „Pubertätserscheinung" bezeichnet, denn nach erlangter Reife würde das Verhältnis selten fortgesetzt[596]; andere bezeichnen ihn als „harmlose Durchgangsphase"[597]. Mit anderen Worten, so lange es sich beim Geschwisterinzest um eine Pubertätserscheinung handelt, was bei minderjährigen Geschwistern angenommen wird[598], handeln die Geschwister zwar tatbestandsmäßig, sind jedoch nicht strafbar. Nach Ende der Pubertät bzw. mit Erreichen der Volljährigkeit, geht das Strafrecht jedoch nicht mehr von einer „harmlosen Durchgangsphase" aus. Der Geschwisterinzest sei unter den noch zu nennenden Strafgründen[599] ebenso strafwürdig, wie andere Inzestformen[600].

§ 173 Abs. 2 S. 2 StGB sanktioniert ausschließlich den Beischlaf zwischen leiblichen Geschwistern. Leibliche Geschwister sind alle Personen, die mindestens einen Elternteil gemeinsam haben. D.h. sowohl vollbürtige, als auch halbbürtige Geschwister können sich daher strafbar machen[601]. Kinder, die von je einem anderen Elternteil in die Ehe eingebracht werden, gelten nicht als Geschwister im Sinne des § 173 Abs. 2 S. 2 StGB. Ebenfalls werden auch Adoptivkinder nicht zu Geschwistern im Sinne der Norm[602]. Ob Geschwister hingegen ehelich geboren wurden, ist für § 173 StGB unbeachtlich[603].

3. Großeltern-Enkel-Inzest

Gem. § 173 Abs. 1 StGB machen sich auch die Großeltern (Aszendenten) strafbar, die mit ihren Enkeln den Beischlaf vollziehen. Die Strafbarkeit der (volljährigen) Enkel ergibt sich aus § 173 Abs. 2 S. 1 StGB (Deszendenten).

---

596 So *Sonden*, zitiert bei *Staudacher*, Anthropologische Untersuchungen, S. 17: „[Pubertätserscheinung] die am schwierigsten zu bekämpfen ist, weil sie in höherem Grade als andere Inzestverbrechen eine biologische Erscheinung ist und meist mit der unsicheren und tastenden Neugierde der erwachenden Sexualität psychisch unentwickelter Individuen zusammenhängt, für die sowohl die Gesetze der Natur als die der bürgerlichen Gesellschaft ziemlich unbekannt sind."

597 So *Lempp*, Prot. VI, S. 933: „Unter allgemeinen Gesichtspunkten würde ich, wenn die Geschwister altersmäßig nicht sehr differieren, also kein echtes Abhängigkeitsverhältnis besteht, solche sexuellen Kontakte nicht anders bewerten als sexuelle Spielereien zwischen Jugendlichen überhaupt, nämlich als in der Regel harmlose Durchgangsphasen, die keine nachhaltige Bedeutung haben."

598 § 173 Abs. 2 StGB.

599 Siehe hierzu Kapitel V, C.

600 Vgl. BT-Drucks. VI/3521, S. 17.

601 Vgl. OLG Düsseldorf NJW 1958, 394 (394) zur Definition von Halbgeschwistern; MK, *Ritscher*, § 173 Rn. 19.

602 Rein zivilrechtlich hingegen schon, vgl. LK, *Dippel*, § 173 Rn. 18.

603 So MK, *Ritscher*, § 173 Rn. 19; *Fischer*, § 173 Rn. 3.

Nach Abs. 1 wird derjenige bestraft, der mit einem Abkömmling den Beischlaf vollzieht. Leibliche Abkömmlinge sind die „Nachkommen in gerader Linie“, also Deszendenten[604]. Erfasst werden daher neben Kinder auch Enkel[605], hingegen nicht Neffen und Nichten. Die (volljährigen) Enkel machen sich nach § 173 Abs. 2 S. 1 StGB strafbar. Denn leibliche Verwandte aufsteigender Linie (Aszendenten) sind neben den Eltern gerade auch die Großeltern[606].

Was den Großmutter-Enkel-Inzest betrifft, so liegen hierzu keine Informationen vor. Der Großvater-Enkelin-Inzest ist ebenfalls selten[607].Was die Schwere der Folgen angeht, so wird diese Inzestform der des Vater-Tochter-Inzests gleichgestellt[608].

4. Fazit

Der Täterkreis des § 173 StGB beschränkt sich auf fünf mögliche Konstellationen: Eltern-Kind-Inzest bzw. Kind-Eltern-Inzest, wobei es sich hierbei um leibliche Abkömmlinge bzw. leibliche Eltern handeln muss; der Geschwisterinzest, wobei auch hier nur leibliche Geschwister erfasst werden; sowie der Großeltern-Enkel bzw. Enkel-Großeltern-Inzest. Minderjährige Abkömmlinge, d.h. Kinder und Enkel sowie Geschwister erfüllen zwar den Tatbestand, machen sich aber wegen § 173 Abs. 3 StGB nicht strafbar. Nicht unter § 173 StGB fallen also Stiefväter/-mütter, Onkel/Tanten, Vormünder, der/die Lebensgefährte(in) des Elternteils, Stiefgeschwister, Adoptivgeschwister und sonstige mit in der Familie lebende Kinder/Jugendliche.

---

604 So auch MK, *Ritscher*, § 173 Rn. 17.

605 Dass unter Abkömmlinge nicht nur leibliche Kinder fallen, ergibt sich aus der Entstehungsgeschichte der Norm. Bis zur Änderung durch das Adoptionsgesetz, BGBl. 1976 I, S. 1749, hatte Abs. 1 folgenden Wortlaut: „Wer mit einem Verwandten absteigender Linie den Beischlaf vollzieht [...]“. Daher waren auch Großeltern von Abs. 1 erfasst. Durch das Adoptionsgesetz sollte der Tatbestand inhaltlich nicht geändert werden. Die Änderung des Wortlautes war jedoch nötig geworden, um auch weiterhin alle bis dahin strafbaren Fälle erfassen zu können, vgl. BT-Drucks. VII/3061, S. 61; *Voelskow*, Prot. VII, S. 2631.

606 Vgl. MK, *Ritscher*, § 173 Rn. 18.

607 Vgl. die Auflistung verschiedener Studien bei *Hirsch*, Realer Inzest, S. 153: zwischen 5-11% im Verhältnis aller Inzestformen.

608 Vgl. *Chmurzinski*, Inzest, S. 8; *Köhler*, Kindesmissbrauch, S. 278, *Hirsch*, Realer Inzest, S. 153 f.; vgl. zum Großeltern-Enkel-Inzest aber auch *Klöpper*, Das Verhältnis von § 173 StGB zu Art. 6 I GG, S. 39, der darauf hinweist, dass die Fälle des Großeltern-Enkel-Inzests sich meist auf „Schändungsversuche durch Betasten von Genitalien oder durch Exhibitionieren“ beschränkten.

IV. Beteiligung

§ 173 StGB ist sowohl ein Sonderdelikt[609], da es die qualifizierte Verwandtenstellung verlangt, als auch ein eigenhändiges Delikt[610], da als Täter nur der den Beischlaf vollziehende leibliche Verwandte in Betracht kommt. Eine mittelbare Täterschaft scheidet infolgedessen aus.

Bei einer Teilnahme muss zwischen Verwandten, die gleichzeitig als Täter unter § 173 StGB fallen, und Dritten differenziert werden[611]. Die Beteiligung eines leiblichen Verwandten, also die des Deszendenten (an der Tat nach § 173 Abs. 1 StGB) oder die des Aszendenten (an der Tat nach § 173 Abs. 2 S. 1 StGB), ist als notwendige Teilnahme zu bewerten[612]. Diese Form der Teilnahme ist daher nicht gesondert erfasst; der Deszendent ist somit nur nach Abs. 2 strafbar. Auch wenn die Beteiligung über das notwendige Maß hinausgeht, also eine zusätzliche Teilnahme, etwa in Form einer Anstiftung hinzutritt, kommt eine Strafbarkeit hieraus wegen § 28 Abs. 2 StGB nicht in Betracht. Sie tritt hinter der eigenen Täterschaft (§ 173 Abs. 2 StGB) zurück[613].

Die Teilnahme Dritter wird gem. § 173 Abs. 1 StGB sanktioniert. Dies gilt selbst dann, wenn sich der Dritte an der Tat des Deszendenten nach Abs. 2 beteiligt. Grund hierfür ist, dass zugleich eine mittelbare Beteiligung an der Tat des Aszendenten nach Abs. 1 vorliegt[614]. Lediglich bei einer Teilnahme an einer Tat nach § 173 Abs. 2 S. 2 StGB, d.h. dem Geschwisterinzest, ist eine Strafbarkeit gem. § 173 Abs. 2 S. 2 StGB möglich. Strittig ist, ob für die Teilnahme eines Dritten § 28 Abs. 1 StGB gilt. Die überwiegende Ansicht[615] geht davon aus, dass es sich bei den persönlichen Eigenschaften des § 173 StGB um rein tatbezogene Umstände handelt, die Ehe und Familie ohne Rücksicht auf persönliche Pflichten schützen soll. § 28 Abs. 1 StGB greife daher nicht. Die Gegenauffassung[616] nimmt an, die persönlichen Eigenschaften begründen eine spezifisch-personale Pflicht, die engste Familie von sexuellen Beziehungen frei zu halten[617]. Die erstgenannte Auffassung verdient den Vorzug, denn Strafgrund des § 173 StGB ist

---

609 So LK, *Dippel*, § 173 Rn. 30.

610 Vgl. LK, *Dippel*, § 173 Rn. 30; MK, *Ritscher*, § 173 Rn. 22; S/S-*Lenckner*, § 173 Rn. 8.

611 So auch LK, *Dippel*, § 173 Rn. 31.

612 S/S-*Lenckner*, § 173 Rn. 8; LK, *Dippel*, § 173 Rn. 31; MK, *Ritscher*, § 173 Rn. 23.

613 Vgl. S/S-*Lenckner*, § 173 Rn. 8.

614 S/S-*Lenckner*, § 173 Rn. 8; LK, *Dippel*, § 173 Rn. 32; MK, *Ritscher*, § 173 Rn. 24; *Fischer*, § 173 Rn. 6.

615 LK, *Dippel*, § 173 Rn. 32; S/S-*Lenckner*, § 173 Rn. 8; MK, *Ritscher*, § 173 Rn. 25; BGHSt 39, 326 (329), siehe auch Anmerkung *Dippel*, NStZ 1994, 182, (183).

616 Im Ergebnis *Miebach*, NStZ 1992, 174, (174), der den in § 28 Abs. 1 StGB enthaltenen „Rechtsgedanken" auf diese Fälle anwenden möchte. Kritik hierzu bei *Maurach/ Schroeder/Maiwald*, Strafrecht BT, § 63 Rn. 90.

617 Siehe auch BGH NStZ 1994, 181 (182).

nicht die Verletzung einer besonderen, den Täter treffenden Pflicht[618]. Vielmehr geht es, so die h. M., um den Schutz von im Einzelnen noch näher zu untersuchenden Rechtsgütern, insbesondere Ehe und Familie[619].

V. Der subjektive Tatbestand

Strafbar ist nur vorsätzliches Verhalten, wobei allerdings Eventualvorsatz genügt[620]. Der Täter muss es also zumindest für möglich halten, dass zwischen ihm und dem Beischlafs-Partner ein Verwandtschaftsverhältnis im Sinne des § 173 StGB besteht[621]. Nimmt der Täter irrtümlich an, es bestünde kein Verwandtschaftsverhältnis, so liegt ein Tatbestandsirrtum gem. § 16 Abs. 1 StGB vor[622]. Glaubt der Ehemann jedoch irrtümlich, das Kind seiner Ehefrau sei sein leibliches Kind, dann liegt ein untauglicher Versuch vor[623], welcher nicht strafbar ist. Ein strafloses Wahndelikt kommt nur dann in Betracht, wenn der Täter irrig davon ausgeht, sein Verhalten erfülle einen Straftatbestand. Wenn der Täter also annimmt, der Vollzug des Beischlafs mit einem ihm Verschwägerten, mit Geschwistern der Eltern oder deren Abkömmlinge, oder mit Adoptivverwandten sei strafbar[624]. Einem Verbotsirrtum gem. § 17 StGB unterfällt derjenige, der zwar die Tatsachen kennt, diese aber rechtlich falsch bewertet. So z.B., wenn der Täter glaubt, die Adoption des leiblichen Kindes durch einen Dritten beende das Verwandtschaftsverhältnis[625].

VI. Rechtswidrigkeit und Schuld

Im Rahmen der Rechtswidrigkeit werfen insbesondere die Fälle einer (drohenden) Vergewaltigung Fragen auf. Wie bereits dargestellt[626], entfällt in den meisten Fällen mangels Einverständnis bereits der Tatbestand. Ist dies nicht der

---

618 So auch BGH NStZ 1994, 181 (182).

619 Nach BGH NStZ 1994, 181 (182) kennzeichnet der objektive Eingriff in diese Rechtsgüter die Tat.

620 *Fischer*, § 173 Rn.5; LK, *Dippel*, § 173 Rn. 27; MK, *Ritscher*, § 173 Rn. 20, S/S-*Lenckner*, § 173 Rn. 6.

621 Vgl. auch MK, *Ritscher*, § 173 Rn. 20.

622 Vgl. LK, *Dippel*, § 173 Rn. 28: „Wenn der Ehemann seine in Wirklichkeit leibliche Tochter für seine Stieftochter hält"; MK, *Ritscher*, § 173 Rn. 20: „[...] das Kind für ein Produkt eines Seitensprungs seiner Frau hält"; kein Tatbestandsirrtum hingegen, wenn der Ehemann damit rechnet, dass das voreheliche Kind seiner Frau, sein leibliches Kind sein könnte, vgl. BGH GA 1957, 218 (219).

623 S/S-*Lenckner*, § 173 Rn. 6; gleiches gilt dann, wenn die Tochter irrig davon ausgeht, ihr Stiefvater sei ihr leiblicher Vater, vgl. LK, *Dippel*, § 173 Rn. 28.

624 Vgl. MK, *Ritscher*, § 173 Rn. 21.

625 Dieses Beispiel verwendet MK, *Ritscher*, § 173 Rn. 20.

626 Vgl. hierzu bereits Kapitel IV, A II.

Fall[627], so ist strittig, ob der sog. Nötigungsnotstand § 34 StGB[628] oder § 35 StGB[629] unterfällt.

VII. Strafandrohung

Während der Beischlaf des Aszendenten mit einem Deszendenten (Abs. 1) mit Freiheitsstrafe bis zu drei Jahren oder mit Geldstrafe bestraft wird, sieht § 173 Abs. 2 StGB für Deszendenten und für Geschwister einen geringeren Strafrahmen, nämlich Freiheitsstrafe bis zu zwei Jahren oder Geldstrafe vor.

B. Die §§ 174 ff. StGB im Verhältnis zu § 173 StGB

Nachdem nun § 173 StGB strafrechtsdogmatisch näher betrachtet wurde, stellt sich die weitere Frage, in welchem Verhältnis die sog. „Blutschande" zu den §§ 174 ff. StGB, also den „Straftaten gegen die sexuelle Selbstbestimmung" steht.

Fraglich ist, welche Rechtsgüter von den §§ 174 ff. StGB geschützt werden und in wieweit sie sich mit denen des § 173 StGB decken. Weiter gilt es zu klären, welche Tatkonstellationen die §§ 174 ff. StGB erfassen und ob danach überhaupt noch ein eigener Anwendungsbereich für § 173 StGB verbleibt. Denn nur wenn für § 173 StGB ein eigenständiger Anwendungsbereich verbleibt, wenn also Rechtsgüter geschützt werden, die nicht bereits von anderen Normen erfasst sind, ist die Existenz von § 173 StGB gerechtfertigt.

I. Geschützte Rechtsgüter der §§ 174 ff. StGB

1. Sexuelle Selbstbestimmung

Der absolute Kern des Schutzbereichs aller Delikte des 13. Abschnitts des StGB ist die „sexuelle Selbstbestimmung"[630]. Unter „sexueller Selbstbestimmung" wird die Freiheit der Person verstanden, sowohl über die Art und Weise, also Form und Partner sexueller Betätigung als auch über den Ort und Zeit frei zu entscheiden[631]. Dieses Rechtsgut wird insbesondere durch die §§ 177, 178, 179 StGB geschützt[632]. Nach einer Ansicht[633] steht das Recht des Einzelnen auf sexuelle Selbstbestimmung auch bei den Tatbeständen im Vordergrund, die den

[627] Anders, wenn man mit der Mindermeinung davon ausgeht, auch das Opfer einer Vergewaltigung vollziehe den Beischlaf, vgl. Kapitel IV, A II.
[628] So MK, *Ritscher*, § 173 Rn. 9.
[629] So S/S-*Lenckner*, § 173 Rn. 7.
[630] So auch *Fischer*, Vor § 174 Rn. 5; LK, *Laufhütte*, Vor § 174 Rn. 4 ff.
[631] Vgl. auch *Fischer*, Vor § 174 Rn. 5.
[632] So auch LK, *Laufhütte*, Vor § 174 Rn. 4.
[633] LK, *Laufhütte*, Vor § 174 Rn. 5.

sexuellen Missbrauch von Schutzbefohlenen zum Gegenstand haben, d.h. §§ 174, 174 a, b, c StGB[634].

Nun liegt der Schutzzweck der genannten Vorschriften aber nicht darin, Autoritätsverhältnisse von Sexualität gänzlich freizuhalten. Aufgabe, insbesondere des § 174 StGB sei es vielmehr, den Schutzbefohlenen davor zu bewahren, unter dem Druck einer Abhängigkeit in seinem sexuellen Verhalten bestimmt zu werden[635]. Insofern schützt § 174 StGB gerade die „ungestörte sexuelle Entwicklung von Kindern und Jugendlichen innerhalb bestimmter Abhängigkeitsverhältnisse“[636]. Eine andere Auffassung vertritt insbesondere *Renzikowski*[637]. Bislang lägen keine verwertbaren Erkenntnisse vor, wie eine ungestörte sexuelle Entwicklung verlaufe und wann man überhaupt von einer Fehlentwicklung sprechen könne. Es sei deshalb nicht möglich, die Erheblichkeit der sexuellen Handlung im Hinblick auf eine mögliche Entwicklungsstörung zu bestimmen. Er hält daher das Rechtsgut „Schutz der ungestörten sexuellen Entwicklung“ für ungeeignet[638].

Ein „typisches“ Abhängigkeitsverhältnis sieht der Gesetzgeber übrigens in § 174 Abs. 1 Nr. 3 StGB. Der Gesetzgeber geht davon aus, dass das Verhältnis zwischen Eltern und ihren minderjährigen Kindern bzw. angenommenen Kindern regelmäßig ein solches Abhängigkeitsverhältnis im Sinne des § 174 Abs. 1 Nr. 3 StGB darstelle[639].

2. Minderjährigen-/Jugendschutz

Die sexuelle Selbstbestimmung ist zwar der Kern des Sexualstrafrechts, jedoch nicht dessen alleiniges geschütztes Rechtsgut. So finden sich viele Tatbestände mit anderen Schutzwecken, die oft zusätzlich oder in Verbindung mit dem Rechtsgut der sexuellen Selbstbestimmung genannt werden. Eines dieser zusätzlich aufgeführten Rechtsgüter ist der Minderjährigen- bzw. Jugendschutz.

Teilweise wird der Minderjährigenschutz jedoch nicht als eigenständiges Rechtsgut, sondern lediglich als Unterfall des Rechtsguts der sexuellen Selbstbestimmung betrachtet[640]. Diese Ansicht wird damit begründet, Jugendliche seien

---

634 Kritisch im Hinblick auf die §§ 174 I Nr. 1 und Nr. 3, sowie § 174 a I StGB, *Schroeder*, FS Welzel, 859 (868 f.).

635 So *Laufhütte*, Prot. VI, S. 1308.

636 Siehe *Fischer*, § 174 Rn. 2; S/S-*Lenckner/Perron/Eisele*, Vorbem. §§ 174 ff. Rn. 1; *Laubenthal*, Sexualstraftaten, Rn. 53; BGH NStZ 1983, 553 (553).

637 MK, *Renzikowski*, Vor §§ 174 ff. Rn. 26.

638 Vgl. MK, *Renzikowski*, Vor §§ 174 ff. Rn. 26 m. w. N.

639 Vgl. *Laufhütte*, Prot. VI, S. 1309.

640 Vgl. Prot. VII, S. 53; *Klöpper*, Das Verhältnis von § 173 StGB zu Art. 6 I GG, S. 31, m. w. N.

nicht in der Lage, einen eigenen sexuellen Willen zu bilden, d.h. ihnen fehle die Fähigkeit zur sexuellen Selbstbestimmung. Für die vorzugswürdige Gegenauffassung kommt es auf die Fähigkeit zur sexuellen Selbstbestimmung insofern nicht an, als die Tatbestände jungen Menschen gerade eine Schutzzone bis zur Reifung ihrer eigenen Persönlichkeit garantierten[641]. Insofern stelle der Minderjährigenschutz ein eigenes Rechtsgut dar, so dass es eines Rückgriffs auf das Rechtsgut der sexuellen Selbstbestimmung nicht bedürfe.

Für den Untersuchungsgegenstand dieser Arbeit sind insbesondere die §§ 174, 176 ff. sowie §§ 180, 182 StGB[642] von besonderem Interesse, dienen sie doch gerade dem Schutze Minderjähriger. Sie gewährleisten und schützen die „Möglichkeit zur Entwicklung sexueller Selbstbestimmungsfähigkeit von Kindern"[643] und Jugendlichen. Ziel dieser Normen sei es, „sexuell in der Entwicklung befindliche junge Menschen vor einer Beeinträchtigung ihrer Gesamtentwicklung durch sexuelle Handlungen zu schützen"[644]. So bestimme insbesondere die Vorschrift des § 176 StGB eine „absolute Grenze" für den sexualbezogenen Umgang strafmündiger Personen mit Kindern[645]. Als Rechtfertigung dieses insoweit absoluten Verbots werden entwicklungspsychologische Untersuchungen genannt, wonach die „sexuelle Identität" einer Person ein von der Gesamtpersönlichkeit untrennbarer Teil sei und entwickle sich mit diesem weiter. Äußere, fremdbestimmte Eingriffe in die kindliche Sexualität seien in besonderer Weise geeignet, diese Entwicklung zu stören[646].

---

641 So LK, *Laufhütte*, Vor § 174 Rn. 7; *Schroeder*, FS Welzel, 859 (870): „Indessen lässt sich der Schutz der Jugend wie überhaupt die gesamte Erziehung auch durchaus individualistisch dahingehend auffassen, dass hier nicht eine gesellschaftsnützliche oder auch nur gesellschaftskonforme Entwicklung gesichert wird, sondern dass dem Jugendlichen in seinem eigenen Interesse eine Schutzzone bis zur Reifung seiner eigenen Persönlichkeit garantiert wird."

642 Die Qualifikationen, §§ 174 a-c, 176 a-b, 178, 179, werden bei der Untersuchung weitgehend außer Acht gelassen.

643 So *Fischer*, § 176 Rn. 2; vgl. auch BGH NJW 2000, 3726 (3726); sowie *Hörnle*, NStZ 2000, 310, (310), zum Zusammenhang zwischen Selbstbestimmung und Einverständnis.

644 Siehe BT-Drucks. VI/3521, S. 34; anders insofern *Fischer*, § 182 Rn. 2: Dieser sieht in § 182 StGB lediglich die sexuelle Selbstbestimmung Jugendlicher geschützt. Einen darüber hinausgehenden allgemeinen Jugendschutzgesichtspunkt enthalte das Gesetz nicht.

645 So *Fischer*, § 176 Rn. 2; *Laubenthal*, Sexualstraftaten, Rn. 341.

646 So *Fischer*, § 176 Rn. 2; *Laubenthal*, Sexualstraftaten, Rn. 345.

II. Tathandlungen (im Vergleich zu § 173 StGB)

Im Vergleich zur Tathandlung des § 173 StGB, nämlich der „Vollziehung des Beischlafs", gilt es nun die Tathandlung(en) der Sexualstraftaten näher zu untersuchen. Die Tathandlung als solche ist nämlich ein bedeutendes Kriterium im Hinblick auf den Umfang des Schutzbereichs sowie des Anwendungsbereichs der §§ 174 ff. StGB. Fraglich ist also auch hier, inwieweit ein eigenständiger Schutzbereich des § 173 StGB verbleibt. Dabei sollen nicht en detail alle einzelnen Tathandlungen der §§ 174 ff. StGB untersucht und dargestellt werden, sondern vielmehr lediglich ein zusammenfassender Überblick gegeben werden. Dies gilt gerade insofern, als das Gesetz die Terminologie und Tathandlung in den einzelnen Strafvorschriften wiederholt.

1. Grundbegriffe

Die Vorschriften des Sexualstrafrechts im 13. Abschnitt des StGB unterscheiden, was die Terminologie betrifft, dem Grundsatz nach zwischen „Missbrauchshandlungen"[647] und sog. „Zwangshandlungen"[648]. Einige Tatbeständen lassen sich jedoch nicht ohne weiteres einer dieser Kategorien zuordnen[649]. Dies sind insbesondere solche Tatbestände, die das „Ausnutzen" besonderer Zwangslagen bzw. besonderer Abhängigkeitsverhältnisse[650] erfordern. Das Gesetz selbst verwendet allerdings für die meisten Vorschriften des Sexualstrafrechts die Überschrift „sexueller Missbrauch"[651].

Mit dem Begriff der „sexuellen Handlung"[652] verwendet das Gesetz einen weiteren wichtigen „Grundbegriff"[653]. Denn die „Vornahme sexueller Handlungen" bildet die das Gesetz durchziehende, fast alle Tatbestände kennzeichnende Tathandlung.

a) Missbrauch

Zunächst soll der Begriff des „Missbrauchs" bzw. der für diese Arbeit relevantere Begriff des „sexuellen Missbrauchs von Kindern" näher untersucht werden. Dieser lässt sich einer Meinung nach als „Ausbeutung eines Kindes durch einen Erwachsenen, indem der Erwachsene das Kind benutzt als Objekt

---

647 Vgl. hierzu die §§ 174 Abs. 1 Nr. 3; 176; 176 a Abs. 1, 2; 180 Abs. 1, 2 StGB.
648 Vgl. insbesondere den hier relevanten § 177 StGB.
649 *Fischer*, Vor § 174 Rn. 7, spricht von einem „Grenzbereich".
650 Vgl. §§ 174 Abs. 1 Nr. 2, 174 a-c, 179, 182 StGB.
651 Vgl. §§ 174, 174 a, 174 b, 174 c, 176, 176 a, 176 b, 179, 180 Abs. 3 sowie § 182 StGB. Zu den besonderen Abhängigkeitsverhältnissen siehe Kapitel IV, B III.
652 Vgl. § 184 f StGB.
653 Vgl. zu dieser Bezeichnung auch LK, *Laufhütte*, Vor § 174 Rn. 14.

zur Befriedigung seiner eigenen sexuellen Bedürfnisse"[654] definieren. Eine andere Ansicht sieht den Missbrauch „als ein Verhalten, bei dem der Stärkere sich in besonders verwerflicher Weise über den Schwächeren, dessen Rechte und Würde hinwegsetzt"[655].

Beide Definitionen sind allerdings erheblicher Kritik ausgesetzt[656]. Vor allem, wenn man den Begriff im Sinne der erstgenannten Definition versteht. Es wird geltend gemacht, dass das Opfer der Tat lediglich als „Objekt" bezeichnet würde, was implizieren würde, dass es andererseits einen „legitimen Gebrauch"[657] des Opfers gebe. Des weiteren wird geltend gemacht, der Begriff erschwere die Bestimmung der im 13. Abschnitt geschützten Rechtsgüter und verdunkle die Auslegung einzelner Tatbestände[658]. Ein Ansatzpunkt zur Umgehung dieses Streits findet sich bei *Fischer*[659], der den Begriff des Missbrauchs als „Ausnutzung tatsächlicher oder rechtlicher Zugangsmöglichkeiten" definiert[660].

Bei der Bezeichnung „Sexueller Missbrauch" handelt es sich allerdings nicht um die Tathandlung als solche. Der Begriff dient dem Gesetz lediglich als Terminologie. Um den Tatbestand des „sexuellen Missbrauchs" zu verwirklichen, müssen vielmehr die in der jeweiligen Vorschrift genannten Handlungen erfüllt sein.

b) Zwang

Wie bereits erwähnt[661], gibt es Vorschriften im 13. Abschnitt, die eine durch den Täter geschaffene Zwangshandlung voraussetzen. Für den Untersuchungsgegenstand dieser Arbeit ist vor allem § 177 StGB relevant. Dieser setzt eine Nötigung durch Gewalt (Abs. 1 Nr. 1), durch Drohung (Abs. 1 Nr. 2) oder die Nötigung unter Ausnutzen einer schutzlosen Lage (Abs. 1 Nr. 3) voraus. Das Opfer wird also gegen seinen Willen durch den Einsatz eines der genannten Nötigungsmittel zu einem Verhalten gezwungen[662]. Entscheidend ist die „finale Verknüpfung"[663],

---

654 So *Rust*, Sexueller Missbrauch, S. 7, 7.

655 So der Bundesminister für Jungend, Familie und Gesundheit in BT-Drucks. 10/3845, S. 1; vgl. auch MK, *Renzikowski*, Vor §§ 174 ff. Rn 18: Asymmetrische Beziehung.

656 Vgl. nur *Fischer*, Vor § 174 Rn. 8.

657 Vgl. *Wirtz*, Seelenmord, S. 18; *Fischer*, Vor § 174 Rn. 8.

658 So *Fischer*, Vor § 174 Rn. 8.

659 *Fischer*, Vor § 174 Rn. 8.

660 Anders formuliert: Möglichkeiten tatsächlicher oder rechtlicher Art, die sexuelle Selbstbestimmung zu beeinträchtigen.

661 Siehe dazu Kapitel IV, B II 1.

662 Vgl. S/S-*Lenckner/Perron/Eisele*, § 177 Rn. 11; LK, *Laufhütte*, § 177 Rn. 13; *Fischer*, § 177 Rn. 4; *Laubenthal*, Sexualstraftaten, Rn. 124 ff., BGH NStZ 2005, 267 (268).

d.h. gerade das eingesetzte Nötigungsmittel muss Mittel zur Erzwingung der sexuellen Handlung sein.

Beim abgenötigten Verhalten handelt es sich um die Duldung sexueller Handlungen des Täters oder eines Dritten an sich oder um die Vornahme sexueller Handlungen am Täter oder einem Dritten.

c) Sexuelle Handlung

Eine „Begriffsbestimmung"[664] findet sich in § 184 f StGB. Allerdings enthält dieser keine Definition der sexuellen Handlung, sondern setzt dessen Bedeutung vielmehr voraus[665]. Unter einer sexuellen Handlung wird in aller Regel ein aktives Tun verstanden, welches „das Geschlechtliche im Menschen zum unmittelbaren Gegenstand hat"[666]. Erforderlich ist der Einsatz des eigenen oder eines fremden Körpers. Ferner muss das äußere Erscheinungsbild die Sexualbezogenheit grundsätzlich erkennen lassen[667]. Der Begriff der sexuellen Handlung erfasst neben heterosexuellen auch homosexuelle Handlungen[668].

Nach § 184 f Nr. 1 StGB muss die sexuelle Handlung im Hinblick auf das Rechtsgut von einiger Erheblichkeit sein. Ob die Erheblichkeitsschwelle überschritten ist, bestimmt sich nach dem Grad der Gefährlichkeit der Handlung für das jeweils betroffene Rechtsgut; lediglich unerhebliche Handlungen scheiden aus. Von Bedeutung sind dabei vor allem Art, Intensität und Dauer des sexualbezogenen Vorgehens. Eine weitere Rolle spielt zusätzlich der Handlungsrahmen, in dem der unmittelbar sexualbezogene Akt begangen wird, sowie die Beziehung der Beteiligten untereinander[669].

Innerhalb der Tatbestände, die das Tatbestandsmerkmal bzw. die Tathandlung der „sexuellen Handlung" verwenden[670], unterscheidet das Gesetzt zwischen: Sexuellen Handlungen mit und ohne körperlichem Kontakt.

---

663 Vgl. BGHSt 42, 107 (111); BGH NStZ-RR 1997, 199 (199); des weiteren BGH NStZ-RR 2000, 353 (355).

664 So die gesetzliche Überschrift.

665 *Fischer*, § 184 f Rn. 2; S/S-*Lenckner/Perron/Eisele*, § 184 f Rn. 1; LK, *Hörnle*; § 184 f Rn. 2; *Laubenthal*, Sexualstraftaten, Rn. 63, 67.

666 So *Fischer*, § 184 f Rn. 2.

667 Vgl. BGH NStZ 1985, 24 (24); NJW 1992, 324 (325); *Laubenthal*, Sexualstraftaten, Rn. 63.

668 Es werden sowohl homosexuelle Handlungen unter Männern als auch unter Frauen erfasst, vgl. S/S-*Lenckner/Perron/Eisele*, § 184 f Rn. 12; *Gössel*, Sexualstrafrecht, § 1 Rn. 20.

669 BGH NStZ 1992, 432, (432) m. w. N.

670 Vgl. §§ 174, 174 a, 174 b, 174 c, 176 mit Ausnahme des Abs. 4 Nr. 4 und 5, 176 a, 176 b, 177 ff., 180, 182 StGB.

aa) Sexuelle Handlungen mit Körperkontakt

(1) Körperkontakt zwischen Täter und Opfer

Das Gesetz trifft innerhalb dieser Gruppe eine weitere Untergliederung: Erfasst werden innerhalb der Gruppe nämlich zum einen sexuelle Handlungen, die der Täter am Opfer vornimmt, zum anderen aber auch solche Handlungen, die der Täter an sich vom Opfer vornehmen lässt[671]. Stets erforderlich ist also der Körperkontakt zwischen Täter und Opfer[672]. Nicht unter diese Gruppe fallen daher sexuelle Handlungen des Täters oder des Opfers jeweils an sich selbst oder mit einem Dritten[673].

(2) Körperkontakt zwischen dem Opfer und einem Dritten

Darüber hinaus erfassen einige Tatbestände[674] auch die Täter, die das Opfer dazu bestimmen, dass es sexuelle Handlungen an einem Dritten vornimmt oder von einem Dritten an sich vornehmen lässt. Es muss dabei zu sexuellen Handlungen mit Körperkontakt zwischen dem Dritten und dem Kind/Jugendlichen gekommen sein, wobei strittig ist, ob der Dritte die sexuelle Handlung als solche auch wahrnehmen muss[675].

Die Vorschriften verlangen des weiteren ein „Bestimmen" des Opfers zur Vornahme der sexuellen Handlung bzw. zum „Erdulden" solcher. Für das Tatbestandsmerkmal des „Bestimmens" gelten die gleichen Voraussetzungen wie für § 26 StGB[676]. Der Täter muss also im Opfer den Entschluss zur Vornahme der sexuellen Handlung jedenfalls mitverursacht haben[677]. Bei Kleinkindern soll allerdings bereits das bloße Verursachen des fraglichen Verhaltens genügen[678].

---

671 Vgl. §§ 174 Abs. 1, 176 Abs. 1, 3, 177 Abs. 1, 2, 182 Abs. 1 Nr. 1, 2 Nr.1 StGB.

672 Vgl. LK, *Laufhütte*, § 174 Rn. 2; § 184 c Rn. 16; MK, *Hörnle*, § 184 f Rn. 9; *Fischer*, § 184 f Rn. 8; *Laubenthal*, Sexualstraftaten, Rn. 76.

673 LK, *Laufhütte*, § 174 Rn. 2.

674 Vgl. §§ 176 Abs. 2, 3, 179 Abs. 2, 182 Abs. 1 Nr. 2; 2 Nr. 2.

675 Für die Erforderlichkeit der Wahrnehmung: LK, *Laufhütte*, § 176 Rn. 4; a.A. S/S-*Lenckner/Perron/Eisele*, § 176 Rn. 7; *Fischer*, § 184 f Rn. 9; BGHSt 15, 197 (198); BGHSt 38, 68 (69).

676 Vgl. LK, *Laufhütte*, § 174 Rn. 5; *Fischer*, § 174 Rn. 13; sowie BGH NJW 1985, 924 (924); vgl. auch *Laubenthal*, Sexualstraftaten, Rn. 77: Bestimmen nicht nur im Sinne einer Anstiftung gem. § 26 StGB.

677 Vgl. LK, *Laufhütte*, § 176 Rn. 4.

678 Vgl. BGHSt 41, 245 (246); *Laubenthal*, Sexualstraftaten, Rn. 77, 356.

bb) Handlung ohne Körperkontakt zwischen dem Täter und dem Opfer

Hierunter sind die Fälle zu verstehen, in denen der Täter die sexuelle Handlung vor dem Opfer vornimmt, ohne dass es zu einem Körperkontakt zwischen beiden kommt. Unter diese Vorschriften[679] werden also zum einen alle exhibitionistischen Handlungen des sowohl männlichen als auch weiblichen Täters vor dem Kind/Jugendlichen subsumiert, zum anderen aber auch sexuelle Handlungen mit einem Dritten oder Masturbationshandlungen des Täters[680]. Erforderlich ist gemäß der Begriffsbestimmung des § 184 f Nr. 2 StGB jedoch einschränkend, dass die Person, vor der die Handlung vorgenommen wird, diese auch wahrnimmt[681]. Eine akustische Wahrnehmung reicht dabei aus[682].

Eine andere Konstellation erfasst § 174 Abs. 2 Nr. 2 StGB, wonach derjenige bestraft wird, der den Schutzbefohlenen dazu bestimmt, sexuelle Handlungen vor dem Täter vorzunehmen. Hierunter fallen exhibitionistische oder sonstige sexuelle Handlungen, die der Schutzbefohlene an sich oder an einem Dritten bzw. von einem Dritten an sich vornehmen lässt[683].

In diese Kategorie fällt auch § 176 Abs. 4 Nr. 2 StGB. Erforderlich ist danach, dass der Täter das Kind dazu bestimmt, sexuelle Handlungen an sich selbst vorzunehmen. Erfasst sind[684] (nun) auch die Fälle des sog. „Verbalerotikers“[685], der Kinder durch Telefonanrufe zu sexuellen Handlungen an sich selbst oder an Dritten veranlasst[686]. Erfasst werden ferner durch den Täter veranlasste akustische oder optische Aufzeichnungen der sexuellen Handlung[687]. Eine räumliche Nähe ist nicht mehr erforderlich[688].

---

679 Vgl. §§ 174 Abs. 2 Nr. 1, 176 Abs. 4 Nr. 1 StGB.

680 Vgl. LK, *Laufhütte*, § 176 Rn. 8; MK, *Hörnle*, § 184 f Rn. 13.

681 Ob die Wahrnehmung auch den sexuellen Charakter der Tat umfassen muss, ist nicht eindeutig geklärt; vgl. sehr ausführlich dazu S/S-*Lenckner/Perron/Eisele*, § 184 f Rn. 21; ferner *Laubenthal*, Sexualstraftaten, Rn. 81 f.

682 Siehe BT-Drucks. VI/3521, S. 25; BGHSt 41, 285 (287) verlangt jedoch eine räumliche Nähe zum Opfer, so dass telefonische Kontakte nicht darunter fallen.

683 Siehe LK, *Laufhütte*, § 174 Rn. 4.

684 Nach Änderung durch das 6. Strafrechtsreformgesetz, BGBl. 1998 I, S. 164.

685 Siehe hierzu *Renzikowski*, NStZ 1999, 440 (440) .

686 Vgl. BT-Drucks. 13/9064, S. 10 f.

687 Siehe S/S-*Lenckner/Perron/Eisele*, § 176 Rn. 13.

688 So MK, *Renzikowski*, § 176 Rn. 34; *Fischer*, § 176 Rn. 11. Zur Kritik am zu weitgehenden Wortlaut, der eine sinnliche Wahrnehmung entbehrlich mache und auf jeglichen Kontakt zwischen dem Täter oder Dritten mit dem Kind verzichte, sowie zur möglichen einschränkenden Auslegung, vgl. S/S-*Lenckner/Perron/Eisele*, § 176 Rn. 13; *Fischer*, § 176 StGB Rn. 12; MK, *Renzikowski*, § 176 Rn. 34; anders noch *Renzikowski*, NStZ 1999, 440, (440).

2. Besonderheiten[689]

Besonderheiten im Verhältnis zu den vorstehend unter B I 1. behandelten Normen weisen die §§ 176 Abs. 4 Nr. 3 und Nr. 4, Abs. 5 und § 180 StGB auf.

§ 176 Abs. 4 Nr. 3 StGB erfasst das Einwirken auf ein Kind durch Schriften, um es zu einem Sexualkontakt mit dem Täter oder mit anderen Personen zu bringen[690]. Ebenfalls erfasst werden sexuelle Handlungen des Kindes vor dem Täter oder Dritten. Bestraft wird in diesem Falle ein Verhalten, welches sich im Vorfeld eines sexuellen Missbrauchs abspielt, d.h. reine „Vorbereitungshandlungen“[691]. Unter den Begriff des „Einwirkens“ fallen alle Formen der aktiven unmittelbaren und intensiven psychischen Beeinflussung[692]. Erforderlich ist jedoch, dass das Kind die Schrift auch zur Kenntnis genommen hat. Es werden sämtlich Schriften erfasst[693]. Den Schriften sind gem. § 11 Abs. 3 StGB Ton- und Bildträger, sowie Datenspeicher und andere Darstellungen, z.B. DVD gleichgestellt[694].

§ 176 Abs. 4 Nr. 4 StGB sanktioniert das Einwirken durch Vorzeigen pornographischer Abbildungen oder Darstellungen, Aufnahmen oder Reden. Tathandlung ist also das Vorzeigen, d.h. das optische Sichtbarmachen[695] oder das Abspielen von Tonträgern[696]. Erforderlich ist die Nutzung von Mitteln, welche die seelische und soziale Entwicklung ungünstig beeinflussen können[697].

§ 176 Abs. 5 StGB sanktioniert das Anbieten oder Verabreden zum sexuellen Missbrauch. Auch hierbei handelt es sich um eine Ausweitung der Strafbarkeit auf bestimmte Vorbereitungshandlungen, die nach § 30 StGB nicht strafbar wären. Konkret handelt es sich dabei um die Alternativen des „Anbietens eines Kindes“, d.h. das in Aussicht stellen eines konkreten Tatobjekts[698] bzw. das in Aussicht stellen einer Verschaffung der faktischen Herrschaft über ein Kind zur

---

689 § 176 Abs. 4 Nr. 3, 4, 5 und § 180 StGB.

690 Vgl. MK, *Renzikowski*, § 176 Rn. 36.

691 Siehe MK, *Renzikowski*, § 176 Rn. 36; *Duttge/Hörnle/Renzikowski*, NJW 2004, 1065 (1067). Zur Begründung der Ausdehnung der Strafbarkeit vgl., S/S-*Lenckner/Perron/Eisele*, § 176 Rn. 14 m. w. N.; sowie BT-Drucks. 15/350, S. 17.

692 So MK, *Renzikowski*, § 176 Rn. 37; *Gössel*, Sexualstrafrecht, § 6 Rn. 21.

693 Vgl. S/S-*Lenckner/Perron/Eisele*, § 176 Rn. 14; *Gössel*, Sexualstrafrecht, § 6 Rn. 20; BT-Drucks. 15/350, S. 18.

694 Vgl. S/S-*Lenckner/Perron/Eisele*, § 176 Rn. 14. Erfasst werden auch Täter, die unter Ausnutzung des Arbeitsspeichers ihres Computers in einem Chatroom kommunizieren oder Emails verschicken, vgl. BGHSt 47, 55 (58); MK, *Renzikowski*, § 176 Rn. 38.

695 Vgl. MK, *Renzikowski*, § 176 Rn. 42; *Gössel*, Sexualstrafrecht, § 6 Rn. 22.

696 Vgl. MK, *Renzikowski*, § 176 Rn. 43.

697 Vgl. BGHSt 29, 29 (31).

698 So MK, *Renzikowski*, § 176 Rn. 49.

Vornahme der im Tatbestand genannten Handlungen[699]. Ferner um das „Versprechen des Nachweises eines Kindes“[700], wobei teilweise[701] angenommen wird, es handle sich hierbei um eine „überzogene“ Vorverlagerung der Strafbarkeit[702]. Eine weitere Alternative ist das „Verabreden“, d.h. die Willenserklärung von mindestens zwei Personen zur gemeinsamen, mittäterschaftlichen Ausführung der Tat nach § 176 Abs. 1 bis 4 StGB[703].

Auch § 180 StGB weist im Vergleich zu den unter B I 1. genannten Normen Besonderheiten auf: § 180 StGB stellt die „Förderung fremder Sexualität“[704] unter Strafe. Eine solche Förderungshandlung ist insbesondere das „Vorschubleisten“, wobei dieses im Falle des Abs. 1 nur strafbar ist, wenn es in Form der „Vermittlung“ (Nr. 1) oder durch „Gewähren oder Verschaffen von Gelegenheiten“ (Nr. 2) geschieht. Erforderlich ist aber stets die Förderung sexueller Handlungen zwischen „mindestens einer geschützten Person“[705], also einem Jugendlichen unter sechzehn bzw. achtzehn Jahren, mit „mindestens einem Dritten“[706]. Fördert der Täter also sexuelle Handlungen des Jugendlichen, die dieser an sich selbst vornimmt, oder solche mit ihm zusammen, kommt § 180 StGB nicht in Betracht[707]. Für die Förderung genügt es, wenn der Täter die günstigen Bedingungen für eine nach Art, Zeit und Beteiligten konkretisierten Sexualkontakt bewirkt[708]. Ferner muss die Förderung zu einer unmittelbaren Gefährdung des Jugendlichen geführt haben[709].

Gem. § 180 Abs. 2 StGB wird bestraft, wer eine Person unter achtzehn Jahren bestimmt, sexuelle Handlungen gegen Entgelt vorzunehmen oder an sich vor-

---

699 *Gössel*, Sexualstrafrecht, § 6 Rn. 30.

700 „Damit sollen Fälle erfasst werden, in denen der Täter bekundet, willens und in der Lage zu sein, selbst oder über einen Dritten den Kontakt mit einem Kind für Taten des sexuellen Missbrauchs nach Abs. 1 bis 4 herzustellen“, so S/S-*Lenckner/Perron/Eisele*, § 176 Rn. 21.

701 So insbesondere MK, *Renzikowski*, § 176 Rn. 50.

702 Argumentiert wird damit, dass diese Alternative sowohl einseitige Erklärungen gegenüber unbestimmten Adressaten bzw. „Scheinerklärungen“ erfassen würde; vgl. hierzu S/S-*Lenckner/Perron/Eisele*, § 176 Rn. 21; *Duttge/Hörnle/Renzikowski*, NJW 2004, 1065 (1068).

703 Siehe MK, *Renzikowski*, § 176 Rn. 51; *Gössel*, Sexualstrafrecht, § 6 Rn. 30; BT-Drucks. 15/350, S. 18.

704 Siehe S/S-*Lenckner/Perron/Eisele*, § 180 Rn. 2; *Laubenthal*, Sexualstraftaten, Rn. 445.

705 S/S-*Lenckner/Perron/Eisele*, § 180 Rn. 3.

706 S/S-*Lenckner/Perron/Eisele*, § 180 Rn. 3.

707 Zur Strafbarkeit wenn der Täter mit dem Vorschubleisten zugleich eigene sexuelle Zwecke verfolgt, vgl. S/S-*Lenckner/Perron/Eisele*, § 180 Rn. 3; BGH NJW 2005, 2933 (2933).

708 So *Laubenthal*, Sexualstraftaten, Rn. 453; *Kühl*, StGB, § 180 Rn. 4.

709 *Laubenthal*, Sexualstraftaten, Rn. 453.

nehmen zu lassen, sowie derjenige, der solchen Handlungen durch seine Vermittlung Vorschub leistet.

§ 180 Abs. 3 StGB stellt demgegenüber das Bestimmen zu sexuellen Handlungen unter Missbrauch eines Abhängigkeitsverhältnisses unter Strafe[710].

3. Vergleich mit der Tathandlung des § 173 StGB

Wie soeben gezeigt wurde, ist die überwiegende Tathandlung der §§ 174 ff. StGB die „Vornahme sexueller Handlungen". Der Begriff der „sexuellen Handlung" ist wesentlich weiter als der des „Beischlafs". Dies bedeutet, dass die §§ 174 ff. StGB im Verhältnis zu § 173 StGB eine weitaus größere Anzahl sexueller Aktivitäten und damit gerade auch sexuelle Übergriffe erfassen. Zwar setzt das Merkmal der sexuellen Handlung eine gewisse „Erheblichkeit" voraus. Nach überwiegender Ansicht[711] sind aber bei den Vorschriften zum Schutz der ungestörten sexuellen Entwicklung von Kindern und Jugendlichen geringere Anforderungen an die „Erheblichkeit" zu stellen. Unter den Begriff der „sexuellen Handlung" fallen deshalb auch Schändungsversuche durch Berühren der Genitalien[712], exhibitionistische Handlungen, homosexuelle Handlungen, Verleiten der Kinder zu kinderpornographischen Aufnahmen, sowie bereits die Vornahme unsittlicher Handlungen vor einem Kind[713]. Erfasst werden also sämtliche sexuell motivierten Handlungen an, mit und vor Kindern bzw. Jugendlichen, sofern diese von einer gewissen Erheblichkeit sind. Die Tathandlung bietet insofern einen lückenloseren Minderjährigenschutz, da alle sexuell motivierten Einwirkungen auf Kinder bzw. Jugendliche erfasst werden und es nicht erst auf den Vollzug des Beischlafs ankommt.

---

710 Siehe zum Abhängigkeitsverhältnis auch Kapitel IV, B III 2.

711 Vgl. BGH NJW 1992, 324 (325); BGH NStZ 1992, 432 (432), BGH StV 2000, 197 (197); MK, *Hörnle*, § 184 f Rn. 26; S/S-*Lenckner/Perron/Eisele*, § 184 f Rn. 16; LK, *Laufhütte*, § 184 c Rn. 12, *Fischer*, § 184 f Rn. 5.

712 Siehe BGH NStZ 2001, 370 (370); BGH NStZ 2004, 440 (441).

713 Siehe § 176 Abs. 6 Nr. 1 StGB; Vgl. zur engen Auslegung der Tatbestandsvoraussetzung BGH JR 2005, 256 (257), danach ist es erforderlich, dass der Täter das Kind in der Weise in das sexuelle Geschehen einbezieht, dass für ihn gerade die Wahrnehmung der sexuellen Handlung durch das Tatopfer von Bedeutung ist; Zärtlichkeiten der Eltern vor ihren Kindern dürften daher nicht ohne weiteres unter den Tatbestand fallen, a.A. *Renzikowski*, NStZ 1999, 440 (440).

Für den eigenständigen Anwendungsbereich des § 173 StGB bedeutet dies, dass in den Fällen sexueller Übergriffe überwiegend die §§ 174 ff. StGB einschlägig sein werden, da diese insofern ein „Weniger“ erfordern, als dies § 173 StGB tut. Letztlich führt dies dazu, dass, selbst wenn der Beischlaf vollzogen wurde, die §§ 174 ff. StGB in aller Regel mitverwirklicht sein werden, so dass § 173 StGB regelmäßig nur tateinheitlich[714] auftreten wird.

III. Tauglicher Täterkreis im Vergleich zu § 173 StGB

Wie bereits dargestellt wurde[715], beinhaltet § 173 StGB einen beschränkten Täterkreis, denn nur mit „dem leiblichen Abkömmling“, den „leiblichen Verwandten aufsteigender Linie“ sowie mit dem „leiblichen“ Bruder oder der „leiblichen“ Schwester kann der Tatbestand des § 173 StGB verwirklicht werden. Fraglich ist, ob sich der Täterkreis der §§ 174 ff. StGB mit dem des § 173 StGB deckt. Hierzu soll der mögliche Täterkreis im Folgenden in Fallgruppen unterteilt werden.

1. Eltern[716]

Als mögliche Tätergruppe sollen zunächst die Eltern betrachtet werden. Versteht man den „Inzest“ – wie überwiegend in der gesellschaftlichen Begriffsbestimmung angenommen – als „Missbrauch“ bzw. „Kindesmissbrauch“, so kommt dieser Gruppe eine besondere Bedeutung zu. Zum einen kommt der sexuelle Missbrauch innerhalb der Kernfamilie, d.h. zwischen Eltern und ihren Kindern, häufiger vor, als der Missbrauch außerhalb der Familie durch Dritte[717]. Zum anderen stellt sich, sofern alle Fälle von den §§ 174 ff. StGB erfasst werden, die Frage, ob es dann eines Rückgriffs auf § 173 StGB überhaupt noch bedarf, „da dieser den Unrechtsgehalt des Beischlafs mit minderjährigen Verwandten nicht voll ausschöpft“[718].

Den umfassendsten Schutz Minderjähriger vor ihren eigenen Eltern bietet § 176 StGB. Dieser sieht im Abs. 1 eine Freiheitsstrafe von sechs Monaten bis

714 Sehr ausführlich zu den Konkurrenzen, LK, *Dippel*, § 173 Rn. 35.
715 Siehe Kapitel IV, A III.
716 Bei dieser Fallgruppe wird Volljährigkeit unterstellt.
717 Vgl. hierzu *Rust*, Sexueller Missbrauch, S. 7, 9: „Die Angaben zu innerfamiliärem sexuellen Missbrauch liegen zwischen 30 und über 50 Prozent“; *Köhler*, Kindesmissbrauch, S. 275, mit Hinweis auf die Dunkelziffer: „Es ist jedoch anzunehmen, dass die Dunkelziffer um so größer ist, je mehr der Täter zur engeren Familie gehört.“; BT-Drucks. 10/3845, S. 2.
718 So BGHSt 3, 242 (243) im Hinblick auf die Konkurrenz mit § 174 Abs. 1 Nr. 3 StGB; BGH NJW 1985, 924 (924) des weiteren zur Tateinheit mit § 176 StGB; LK, *Dippel*, § 173 Rn. 35.

zu zehn Jahren vor[719]. In besonders schweren Fällen, § 176 Abs. 3 StGB, sogar Freiheitsstrafe nicht unter einem Jahr.

Die einzige Einschränkung dieses ansonsten „lückenlosen"[720] Schutzes ist die bereits im Gesetzgebungsverfahren umstrittene Altersgrenze von vierzehn Jahren. Allerdings hat sich der Gesetzgeber schließlich doch gegen eine Senkung des Schutzalters von zwölf bzw. dreizehn Jahren entschieden[721]. Der Schutz des § 176 StGB wird deshalb als „lückenlos" bezeichnet, da es sich bei § 176 StGB um ein abstraktes Gefährdungsdelikt handelt. Die Möglichkeit einer konkreten Gefahr für das Kindeswohl ist nicht erforderlich.

Der sexuelle Missbrauch der noch nicht achtzehn Jahre alten leiblichen oder angenommenen Kinder ist ebenso nach § 174 Abs. 1 Nr. 3 StGB strafbar. Das Gesetz sieht hier Freiheitsstrafe von drei Monaten bis zu fünf Jahren vor. § 174 Abs. 2 StGB erweitert diesen Schutz auf sexuelle Handlungen ohne Körperkontakt, sieht aber einen geringeren Strafrahmen, nämlich Freiheitsstrafe bis zu drei Jahren oder Geldstrafe vor. Das für den § 174 Abs. 1 Nr. 3 StGB erforderliche Obhuts- bzw. Abhängigkeitsverhältnis wird unwiderleglich vermutet. Dies bedeutet, dass es auf das tatsächliche Bestehen eines Abhängigkeitsverhältnisses zwischen den Eltern und dem Kind nicht ankommt[722].

Eltern können sich ferner auch gem. § 180 StGB strafbar machen. Interessant ist in diesem Zusammenhang das sog. „Erzieherprivileg"[723] des Abs. 1 S. 2. Danach handelt die für das Opfer sorgeberechtigte Person nicht tatbestandsmäßig, d.h. sie kann nicht nach § 180 Abs. 1 StGB bestraft werden. Etwas anderes gilt dann, wenn der Sorgeberechtigte durch das Vorschubleisten seine Erziehungspflichten gröblich verletzt (§ 180 Abs. 1 S. 2, 2. Halbsatz StGB). Dieses „Erzieherprivileg" erfasst zum einen die Fälle des sog. „pädagogischen Notstands", d.h. Fälle, in denen es dem Sorgeberechtigten nicht zumutbar ist,

---

719 Vgl. § 176 Abs. 1 StGB, zuletzt geändert durch das Gesetz zur Änderung der Vorschriften über die Straftaten gegen die sexuelle Selbstbestimmung vom 27.12.2003; BGBl. 2003 I, S. 3007.

720 Vgl. LK, *Laufhütte*, Vor § 174 Rn. 8. Kritisch zu diesem lückenlosen Schutz: *Lautmann*, ZRP 1980, 44 (44, 46 f.): „Das geltende Strafrecht schützt, unter Missbrauch des Freiheitsbegriffs, die Sexualmoral." Ihm geht der Schutz des § 176 StGB zu weit. Seines Erachtens müssten einverständliche sexuelle Handlungen, die ohne psychische Schäden zu hinterlassen erlebt werden, aus dem Tatbestand ausgeschlossen werden.

721 Vgl. BT-Drucks. VI/3521, S. 35.

722 Vgl. S/S-*Lenckner/Perron/Eisele* § 174 Rn. 11; *Fischer*, § 174 Rn. 10; *Laufhütte*, Prot. VI, S. 1309. Vgl. auch BGH NJW 1994, 1078 (1078), wonach die konkrete Ausgestaltung des Abhängigkeitsverhältnisses tauglicher Strafzumessungsgrund ist.

723 Vgl. hierzu *Horstkotte*, Prot. VI, S. 1663 f., S/S-*Lenckner/Perron/Eisele*, § 180 Rn. 12; *Laubenthal*, Sexualstraftaten, Rn. 465 ff.; *Gössel*, Sexualstrafrecht, § 6 Rn. 76 ff.

Jugendliche von sexuellen Kontakten abzuhalten[724]. Zum anderen soll das Privileg „dem Sorgeberechtigten einen gewissen Spielraum bei der (Sexual-) Erziehung einräumen“[725]. Dieser Spielraum dürfte eher weit auszulegen sein. Eine gröbliche Verletzung der Erziehungspflicht dürfte daher nur dann vorliegen, wenn das Verhalten des Erziehers „schlechterdings unvertretbar“[726] erscheint.

Im Hinblick auf die Tätergruppe „Eltern“ ist auch § 180 Abs. 3 StGB von Bedeutung. Dieser schützt Personen unter achtzehn Jahren vor Personen (z.B. Eltern), die unter Missbrauch eines Abhängigkeitsverhältnisses das Opfer zu sexuellen Handlungen „bestimmen“.

Weiterhin bietet auch § 182 Abs. 1 StGB dem unter sechzehn Jahre alten Kind Schutz vor sexuellem Missbrauch durch die Eltern. Für die Tatbestandsverwirklichung ist jedoch die Ausnutzung einer Zwangslage[727] erforderlich[728] bzw. die Vornahme sexueller Handlungen gegen Entgelt[729]. Unter § 182 Abs. 2 StGB[730] fallen die Fälle, in denen der über einundzwanzigjährige Täter die „fehlende Fähigkeit des Opfers zur sexuellen Selbstbestimmung ausnutzt“. Die genaue Bedeutung dieses Tatbestandsmerkmals ist seit jeher umstritten[731]. Nach überwiegender Ansicht[732] kommt es auf den inneren Zustand des Opfers an. Das Opfer muss aufgrund „altersbedingter Unreife“[733] nicht in der Lage sein, die sexuelle Handlung „intellektuell, moralisch und emotional in ein Selbstbild und Lebenskonzept in einer Weise zu integrieren, welche der Bedeutung sexueller Selbstbestimmung gerecht wird“[734]. Eine solche „fehlende

---

724 Siehe *Hanack*, NJW 1974, 1 (8); *Laubenthal*, Sexualstraftaten, Rn. 466.

725 So *Hanack*, NJW 1974, 1 (8).

726 So *Gössel*, Sexualstrafrecht, § 6 Rn. 80; SK-*Horn/Wolters*, § 180 Rn. 15.

727 Unter einer Zwangslage in diesem Zusammenhang versteht man nicht nur wirtschaftliche Not oder Bedrängnis. Vielmehr unterfallen diesem Begriff auch persönliche Bedrängnisse und psychische Beeinträchtigungen; vgl. *Fischer*, § 182 Rn. 5. Insbesondere auch jugendspezifische Zwangslagen, vgl. S/S-*Lenckner/Perron/Eisele*, § 182 Rn. 5.

728 Vgl. § 182 Abs. 1 Nr. 1, 1. Var. sowie § 182 Abs. 1 Nr. 2.

729 Vgl. § 182 Abs. 1 Nr. 1, 2. Var.; zum Konkurrenzverhältnis gegenüber §§ 176, 176 a StGB vgl. BGH, NJW 2000, 3726 (3726 f.)

730 Zur Gesetzeskonkurrenz bei gleichzeitiger Verwirklichung von § 176 StGB vgl. BayObLG NStZ 1995, 500 (501): Konsumtion.

731 Vgl. BT-Drucks. 12/7035, S. 9; BT-Drucks. 12/7044; *Kusch/Mössle*, NJW 1994, 1504 (1507). Ursprünglich war der ebenfalls stark kritisierte Begriff der „Unreife“ vorgesehen, vgl. BT-Drucks. 12/4584, S. 3 (Regierungsentwurf).

732 Vgl. *Fischer*, § 182 Rn. 12; S/S-*Lenckner/Perron/Eisele*, § 182 Rn. 11; SK-*Horn/Wolters*, § 182 Rn. 13; *Gössel*, Sexualstrafrecht, § 6 Rn. 124; BT-Drucks. 12/4584, S. 8; ähnlich auch BayObLG NStZ 1995, 500 (501).

733 BT-Drucks. 12/4584, S. 8

734 So *Fischer*, § 182 Rn. 12; vgl. auch BT-Drucks. 12/4584, S. 8.

Selbstbestimmungsfähigkeit“ wird jedoch nicht generell angenommen. Vielmehr muss diese im konkreten Fall festgestellt werden[735].

Was die Strafrahmen betrifft, so beläuft sich dieser bei § 182 Abs. 1 StGB auf Freiheitsstrafe bis zu fünf Jahren oder Geldstrafe. § 182 Abs. 2 StGB sieht eine Freiheitsstrafe von bis zu drei Jahren oder Geldstrafe vor.

Unter besonderen Umständen können sexuelle bzw. sexualbezogene Handlungen auch unter § 185 StGB subsumiert werden. Allerdings erfüllt ein Angriff auf die sexuelle Selbstbestimmung nur dann den Tatbestand der Beleidigung, wenn nach den gesamten Umständen im Verhalten des Täters zugleich eine von ihm gewollte herabsetzende Bewertung des Opfers zu sehen ist[736].

In diesem Zusammenhang ist auch an eine Strafbarkeit nach § 171 StGB zu denken[737], da der sexuelle Missbrauch des leiblichen Kindes eine gröbliche Verletzung der Fürsorge- und Erziehungspflicht darstellen kann. Eine solche wird mit Freiheitsstrafe bis zu drei Jahren oder mit Geldstrafe geahndet[738].

Was insbesondere den Schutz volljähriger Kinder vor gewalttätigen bzw. unter Ausnutzung einer Bedrohungs-/Zwangslage erfolgten sexuellen Übergriffe ihrer Eltern betrifft, so ist diese Tatkonstellation durch § 177 StGB hinreichend erfasst.

Zusammenfassend lässt sich also sagen, dass der Schutz der Kinder vor sexuellen Übergriffen durch ihre Eltern vollständig in den §§ 171, 174 ff. StGB gewährleistest wird. Der Schutz der §§ 174 ff. StGB geht sogar über denjenigen des § 173 StGB hinaus, da von diesem nur „leibliche“ Abkömmlinge erfasst werden, während es bei den §§ 174 ff. StGB nicht auf die leibliche Abstammung ankommt, somit also auch Stief- und Adoptivkinder vom Schutz erfasst werden. Dies würde bedeuten, dass bei Streichung des § 173 StGB die Fälle des Inzests zwischen Eltern und ihren (leiblichen) Kindern auch weiterhin strafbar blieben, ohne dass der strafrechtliche Schutz Einschnitte hinnehmen müsste[739]. Einziger

---

735 Vgl. S/S-*Lenckner/Perron/Eisele*, § 182 Rn. 11; *Kühl*, StGB, § 182 Rn. 6; BGH NStZ 1996, 229 (230); BGH NStZ-RR 1997, 98 (99).

736 Vgl. BGHSt 36, 145 (150); BGH NJW 1989, 3029 (3029); BGH NStZ 1993, 182 (182); BGH NStZ 1995, 129 (129); ausführlich hierzu auch *Laubenthal*, Sexualstraftaten, Rn. 85 ff.

737 So auch *Klöpper*, Das Verhältnis von § 173 StGB zu Art. 6 I GG, S. 34.

738 Vgl. BGHR StGB § 170 d Verletzung 1.

739 Dass § 173 StGB auch seither neben den §§ 174 ff. StGB keine große Rolle spielt, zeigt sich allein schon an den Konkurrenzen. § 173 StGB steht bei Beteiligung Minderjähriger in der Regel in Tateinheit zu den §§ 174 ff. StGB. Vgl. zu den Konkurrenzen, LK, *Dippel*, § 173 Rn. 35.

von § 173 StGB erfasster Fall wäre die wohl eher seltene Konstellation des einvernehmlichen Beischlafs zwischen Eltern und ihren volljährigen, leiblichen Kindern.

2. Geschwister

Als weitere Tätergruppe sind nun die Geschwister zu betrachten. Auch hier kommt primär eine Strafbarkeit nach § 176 StGB in Betracht, da diese Vorschrift, wie soeben dargestellt wurde, ein sog. „Jedermann-" Delikt darstellt[740], ohne dass also eine irgendwie geartete Beziehung zum Opfer vorliegen muss. Insofern können sich auch „nicht-leibliche" Geschwister, d.h. sowohl Stief- als auch Adoptivgeschwister, nach § 176 StGB strafbar machen. Entscheidender ist aber vor allem, dass auch minderjährige[741] Brüder oder Schwestern des Opfers den Grundtatbestand des § 176 Abs. 1 StGB verwirklichen können[742].

Anders ist dies hingegen bei § 182 Abs. 1 StGB, denn dieser erfordert die Volljährigkeit des Täters. Somit können sich also nur volljährige Geschwister nach § 182 Abs. 1 StGB strafbar machen. Ähnliches gilt für § 182 Abs. 2 StGB, denn hier muss der Täter sogar eine Person über einundzwanzig Jahren sein. In diesem Zusammenhang ist darauf hinzuweisen, dass es sich bei § 182 Abs. 2 StGB um ein Antragsdelikt handelt und nach Abs. 4 sogar von Strafe abgesehen werden kann, wenn das Unrecht der Tat gering ist. Gerade der Geschwisterinzest ist oft eine Handlung, welche aus Neugier und sexueller Unreife heraus begangen wird[743], insofern lässt sich gerade in diesen Fällen ein mögliches Absehen von Strafe besonders rechtfertigen.

Geschwister können sich aber auch gem. § 174 Abs. 1 Nr. 1 oder Nr. 2 StGB strafbar machen. Nämlich dann, wenn ihnen das unter sechzehn (Nr.1) bzw. unter achtzehn (Nr.2) Jahre alte Geschwisterteil zur Erziehung, zur Ausbildung oder zur Betreuung in der Lebensführung anvertraut ist. In der Regel werden solche Obhutsverhältnisse wohl nur von volljährigen Geschwistern übernommen werden. Anders als im Falle des § 174 Abs. 1 Nr. 3 StGB, wo ein Abhängigkeitsverhältnis zwischen Eltern und Kind unabhängig von einem konkreten Vorliegen unwiderlegbar vermutet wird, bedarf es bei § 174 Abs. 1 Nr. 1 oder Nr. 2 StGB eines tatsächlich bestehenden Obhutsverhältnisses. Ein solches

---

740 Vgl. LK, *Laufhütte*, § 176 Rn. 17; *Gössel*, Sexualstrafrecht, § 6 Rn. 4.

741 Erforderlich ist selbstverständlich die Strafmündigkeit.

742 Anders hingegen bei der Qualifikation des § 176 a StGB. Diese setzt die Volljährigkeit des Täters voraus; vgl. BGH NStZ 2000, 49 (50).

743 Vgl. hierzu bereits Kapitel IV, A III; sowie *Lempp*, Prot. VI, S. 933; *Staudacher*, Anthropologische Untersuchungen, S. 16 f.

Obhutsverhältnis liegt dann vor, wenn dem Täter das Recht und die Pflicht obliegt, die Lebensführung des Schutzbefohlenen und damit dessen geistige und sittliche Entwicklung zu überwachen und zu leiten[744]. Erforderlich ist also ein Obhuts- bzw. Abhängigkeitsverhältnis im Sinne eines „Unter- und Überordnungsverhältnisses“[745]. Im Falle der Nr. 2 muss dieses Abhängigkeitsverhältnis sogar missbraucht werden.

In Betracht kommt selbstverständlich auch bei Geschwistern eine Strafbarkeit nach § 180 StGB, sowie evtl. nach § 185 StGB. Des weiteren nach § 177 StGB, wenn Gewalt, Drohung oder die Ausnutzung einer schutzlosen Lage im Spiel sind.

Zusammenfassend lässt sich also folgender strafrechtlicher Schutz vor sexuellen Übergriffen durch Geschwister feststellen: Unter vierzehn Jahren alten Kindern bietet § 176 StGB sogar vor minderjährigen Geschwistern Schutz, während solche Täter ansonsten nur noch von § 180 und § 177 StGB erfasst werden. Personen unter sechzehn Jahren werden durch die § 182 und § 174 Abs. 1 Nr. 1 StGB (unter Vorliegen der weiteren Tatbestandsvoraussetzungen)[746] vor volljährigen Geschwistern (unabhängig ob leiblich oder nicht) geschützt. § 180 Abs. 1 StGB schützt darüber hinaus auch vor minderjährigen Geschwistern. Für Personen unter achtzehn Jahren gilt der Schutz der §§ 174 Abs. 1 Nr. 2, 180 Abs. 2 und 3 StGB; ferner für minderjährige und volljährige Opfer der des § 177 StGB.

Nicht erfasst werden also zum einen sexuelle Handlungen zwischen unter vierzehn Jahre alten Geschwistern[747] sowie zwischen Geschwistern, die beide über sechzehn, aber noch unter achtzehn bzw. einundzwanzig Jahren alt sind, sofern es sich um einvernehmliche sexuelle Handlungen handelt. Ebenfalls nicht erfasst werden die Fälle des beidseitig gewollten, einverständlichen Inzests zwischen Geschwistern über achtzehn Jahren. Letztere werden also, sofern es sich um leibliche Geschwister handelt, ausschließlich von § 173 StGB erfasst und wären somit ohne diesen Tatbestand nicht strafbar. Was die oben genannten, nicht von § 173 StGB erfassten Fallkonstellationen angeht, liegt insofern eine „Gesetzeslücke“ vor, denn diese werden aufgrund § 173 Abs. 3 StGB weder von dieser Vorschrift noch von den §§ 174 ff. StGB erfasst. *Klöpper*[748] geht hier aber von einer „bewussten“ Gesetzeslücke innerhalb der §§ 174 ff. StGB aus. Der Gesetzgeber habe sich in Achtung der wachsenden sexuellen

---

744 Vgl. BGH FamRZ 1967, 303 (303); BGH NStZ 1989, 21 (21); *Miebach*, NStZ 1993, 223 (223).

745 So S/S-*Lenckner/Perron/Eisele*, § 174 Rn. 5; MK, *Renzikowski*, § 174 Rn. 22; *Fischer*, § 174 Rn. 4; BGHSt 41, 137 (139); *Miebach*, NStZ 1993, 223 (223) m. w. N.

746 Vgl. hierzu bereits die Tätergruppe der Eltern, Kapitel IV, B III 1.

747 Zu beachten ist auch § 19 StGB.

748 *Klöpper*, Das Verhältnis von § 173 StGB zu Art. 6 I GG, S. 38.

Selbstbestimmung Jugendlicher beim 4. Strafrechtsänderungsgesetz von 1974 nicht dazu entschlossen, den einvernehmlichen Beischlaf mindestens vierzehn Jahre alter männlicher und mindestens sechzehn Jahre alter weiblicher Minderjähriger jeweils mit Dritten für strafwürdig anzusehen, sofern nicht Fälle des § 174 Abs. 1 Nr. 1 und Nr. 2 StGB bzw. § 182 StGB vorlägen. Die Lücke beruhe auf einem vom Gesetzgeber mit guten Gründen, vor allem zu Gunsten der sexuellen Selbstbestimmung Jugendlicher, nicht absolut gehaltenen Minderjährigenschutzes im sexuellen Bereich[749]. Ferner macht *Klöpper*[750] deutlich, dass seines Erachtens der Minderjährigenschutz innerhalb der §§ 174 ff. StGB auch ohne Erweiterung auf die soeben genannten Fälle[751] völlig ausreichend sei. Sollte man hier anderer Meinung sein und den Minderjährigenschutz für nicht ausreichend erachten, so müssten die Fälle des Inzests zwischen minderjährigen Geschwistern konsequenterweise in den §§ 174 ff. StGB erfasst werden[752]. Denn wie man sehen konnte, ist der Minderjährigenschutz und das Recht auf sexuelle Selbstbestimmung explizit durch diese geschützt.

Fraglich ist aber, ob die genannten Fälle des Geschwisterinzests unter Minderjährigen überhaupt dem Rechtsgut Minderjährigenschutz zugeordnet werden können oder aber diese Fälle dem § 173 StGB und dessen noch zu untersuchenden Rechtsgüter näher stehen. Mit anderen Worten: Sind die genannten Konstellationen – deren Strafwürdigkeit einmal unterstellt – eher dem Minderjährigenschutz oder trotz der Beteiligung Minderjähriger ihrem Schwerpunkt nach nicht vielmehr dem § 173 StGB zuzuordnen. Soweit ersichtlich, hat sich bisher einzig *Klöpper*[753] mit dieser Thematik befasst. Für ihn überwiegt bei den vorliegenden Konstellationen der „Familienbezug" und gerade nicht der Minderjährigenschutz. Obwohl also diese Fälle, in denen sich der Inzest zwischen minderjährigen Geschwistern abspielt, zwar von § 173 StGB erfasst, jedoch aufgrund § 173 Abs. 3 StGB nicht sanktioniert werden, sieht *Klöpper* diese dem § 173 StGB näher stehen. Er begründet dies einerseits damit, dass der Minderjährigenschutz kein von § 173 StGB geschütztes Rechtsgut darstelle[754], andererseits, wie bereits erwähnt, mit einem seines Erachtens ausreichenden Minderjährigenschutz in den §§ 174 ff. StGB.

---

749 So *Klöpper*, Das Verhältnis von § 173 StGB zu Art. 6 I GG, S. 38.

750 *Klöpper*, Das Verhältnis von § 173 StGB zu Art. 6 I GG, S. 38.

751 Sexuelle Handlungen zwischen minderjährigen Geschwistern.

752 So auch *Klöpper*, Das Verhältnis von § 173 StGB zu Art. 6 I GG, S. 38, der in einem solchen Fall eine Änderung des § 176 StGB vorschlägt.

753 *Klöpper*, Das Verhältnis von § 173 StGB zu Art. 6 I GG, S. 37 f.

754 Vgl. *Klöpper*, Das Verhältnis von § 173 StGB zu Art. 6 I GG, S. 37 f.

Meines Erachtens ist *Klöpper* im Ergebnis zuzustimmen, insbesondere wenn man den Minderjährigenschutz in den §§ 174 ff. StGB als ausreichend erachtet und daher kein Bedürfnis besteht, diesen zusätzlich in § 173 StGB zu verankern. Ob die Fälle letztlich aber rein systematisch dem 12. oder 13. Abschnitt des StGB zugeordnet werden müssen, ist eher von untergeordnetem Interesse, da sie aufgrund von § 173 Abs. 3 StGB straflos bleiben.

3. Großeltern

Wie bereits bei den beiden zuvor untersuchten Tätergruppen, bietet hier § 176 StGB für unter vierzehn Jährige einen „lückenlosen" Schutz vor sexuellen Übergriffen ihrer Großeltern. Sind die Minderjährigen ihren Großeltern zur Erziehung, zur Ausbildung oder zur Betreuung in der Lebensführung anvertraut, so greift auch § 174 Abs. 1 Nr. 1 StGB[755] bzw. bei Missbrauch des Abhängigkeitsverhältnisses § 174 Abs. 1 Nr. 2 StGB sowie möglicherweise § 180 Abs. 3 StGB. Ebenfalls möglich, ist eine Strafbarkeit nach §§ 180, 182, 177 und § 185 StGB.

Wie bei der Tätergruppe der Geschwister werden jedoch nicht alle möglichen Fallkonstellationen von den §§ 174 ff. StGB erfasst. Dies sind namentlich diejenigen Fälle, in denen Jugendliche über vierzehn Jahren beteiligt sind, ohne dass die übrigen Voraussetzungen von § 174 StGB oder §§ 180, 182 StGB bzw. § 177 StGB vorliegen[756]. Sowie für den wohl eher selten vorkommenden Fall des einvernehmlichen sexuellen Verhältnisses zwischen Großeltern und ihren volljährigen Enkeln. Von § 173 StGB werden diese Fälle zwar erfasst. Allerdings greift auch in diesen Fällen § 173 Abs. 3 StGB zugunsten minderjähriger Deszendenten ein, so dass sich in diesen Fällen letztlich nur der Aszendent nach Abs. 1 strafbar macht. Von § 173 StGB wird daher nur der Fall des beidseitig gewollten Inzests zwischen einem Großelternteil und einem volljährigen Enkel erfasst.

Was den fehlenden Schutz der §§ 174 ff. StGB in diesen Fällen betrifft, so steht man hier wieder vor der Frage, ob diese Fälle der Beteiligung Minderjähriger dem Minderjährigenschutz unterfallen, oder ob sie dem „Familienbezug" des § 173 StGB näher stehen. *Klöpper*[757] sieht wieder einen „engen Familienbezug" gegeben, so dass diese Fälle seines Erachtens dem § 173 StGB näher stehen. Er weist aber daraufhin, dass die Fälle des Großeltern-Enkel-

---

755 Vgl. hierzu BGHR § 174 I Nr. 1 Obhutsverh. 10.

756 Was bedeuten würde, dass die sexuellen Handlungen einvernehmlich mit den über vierzehn jährigen Enkeln ausgeübt werden bzw. im Falle des § 182 Abs. 2 StGB kein Strafantrag gestellt wurde, bzw. das öffentliche Interesse nicht bejaht wurde.

757 Vgl. hierzu wieder *Klöpper*, Das Verhältnis von § 173 StGB zu Art. 6 I GG, S. 39.

Inzests meist auf „Schändungsversuche durch Betasten von Genitalien oder durch Exhibitionieren“ beschränkt seien, genau diese Handlungen jedoch von § 173 StGB nicht erfasst seien. Dies könnte meines Erachtens wiederum als Argument für eine Zuordnung zu den §§ 174 ff. StGB dienen. Zumal in diesem speziellen Fall nicht von einem ausreichenden Minderjährigenschutz gesprochen werden kann[758]. Anders als im Falle des Geschwisterinzests, der als „Ausprobieren“ oder als „sexuelle Spielerei“[759] bewertet werden kann, kann insbesondere der Großvater-Enkelinnen-Inzest in „Ablauf und Bedeutung dem Vater-Tochter-Inzest gleichgestellt werden“[760]. Ein vollständiger Schutz der Minderjährigen könnte meines Erachtens deshalb nur durch eine Erweiterung des Schutzalters in den §§ 174 ff. StGB erreicht werden[761] und gerade nicht durch eine Erweiterung des § 173 StGB. Bei einer solchen Erweiterung des Schutzalters stellt sich dann allerdings die Frage nach der tatsächlichen Schutz- und Strafwürdigkeit der neu erfassten Fälle.

Eine solche Erweiterung des Schutzalters sieht derzeit der Entwurf eines Gesetzes zur Umsetzung des Rahmenbeschlusses[762] des Rates der Europäischen Union zur Bekämpfung der sexuellen Ausbeutung von Kindern und der Kinderpornographie[763] vor. Geplant ist danach, das Schutzalter in § 182 Abs. 1 StGB[764] von sechzehn auf achtzehn Jahre zu erhöhen[765]. Gleichzeitig soll das Mindestalter des Täters von achtzehn Jahren entfallen. Ob diese Erweiterung sinnvoll ist und ob die damit erfassten Fälle tatsächlich strafwürdig sind, wird derzeit kontrovers diskutiert[766]. Teilweise wird geltend gemacht, die Kombination von noch verminderter Selbstbestimmungsfähigkeit und Zwangslage habe zur Folge,

---

758 § 176 StGB bietet keinen Schutz für vierzehn bis achtzehn Jährige, so dass hier eine Lücke besteht; § 182 Abs. 1 und 2 StGB schützen zwar die unter sechzehn Jährigen, greifen aber nur bei Ausnutzung einer Zwangslage bzw. bei fehlender Fähigkeit zur sexuellen Selbstbestimmung.

759 Vgl. *Lempp*, Prot. VI, S. 933.

760 So *Köhler*, Kindesmissbrauch, S. 278.

761 Im Ergebnis so auch *Klöpper*, Das Verhältnis von § 173 StGB zu Art. 6 I GG, S. 39; vgl. auch *Schroeder*, ZRP 1971, 14 (21).

762 Siehe Rahmenbeschluss 2004/68/JI, ABl. EU Nr. L 13, S. 44.

763 BT-Drucks. 16/3439.

764 § 182 Abs. 2 StGB bleibt unverändert.

765 Zu den Gründen siehe BT-Drucks. 16/3439, S. 8: Angeführt wird, dass der Begriff des Kindes nach dem Übereinkommen der Vereinten Nationen über die Rechte des Kindes (BGBl. 1992 II, S. 121) eine Änderung begründe. Gem. § 1 dieses Übereinkommens sei ein Kind als Mensch definiert, welcher das achtzehnte Lebensjahr noch nicht vollendet habe. Diese Definition decke sich nicht mit der Regelung des § 182 Abs. 1 StGB. Ferner liege ein Wertungswiderspruch zu § 180 Abs. 2 StGB vor.

766 Vgl. hierzu die von der Bundesregierung eingeholten Stellungnahmen: *Kühl*, Stellungnahme, S. 1 ff., *Renzikowski*, Stellungnahme, S. 1 ff.

dass auch die Entscheidung eines sechzehn- oder siebzehn Jährigen für eine sexuelle Handlung keine frei verantwortliche Entscheidung sei. Aus diesem Grund sei die Erweiterung zu begrüßen[767]. Eine andere Ansicht[768] hält eine pauschale Erweiterung des Schutzalters für ungeeignet. Es fehle an einem schützenswerten Rechtsgut, wenn der Täter sexuelle Kontakte mit Jugendlichen hätte, bei denen die Fähigkeit zur sexuellen Selbstbestimmung bereits vorhanden wäre. Solche Personen könnten sich selbst schützen, so dass es eines Eingriffs des subsidiären Strafrechts nicht bedürfe. Sinnvoller sei es, im Einzelfall den konkreten Nachweis einer entwicklungsbedingt fehlenden Widerstandsfähigkeit zu verlangen.

4. Dritte

Die §§ 174 ff. StGB gelten selbstverständlich auch gegenüber Dritten. Insbesondere § 176 StGB als „Jedermann-" Delikt schützt die unter vierzehn Jährigen vor sexuellen Übergriffen Dritter. Unter den bereits genannten, zusätzlichen Voraussetzungen können die §§ 180 und 182 StGB eingreifen. Was Dritte angeht, so kann gerade § 174 Abs. 1 Nr. 1 oder Nr. 2 StGB von Bedeutung sein, denn Dritte können häufig das erforderliche Obhutsverhältnis innehaben. Hier ist z.B. an den Vormund, den Betreuungshelfer, den Erziehungsbeistand, Lehrer[769], aber im Einzelfall auch an Stiefeltern[770] oder an nichteheliche Lebenspartner des Elternteils[771] zu denken. Kann Gewalt, Drohung oder die Ausnutzung einer schutzlosen Lage bejaht werden, greift natürlich auch § 177 StGB ein. Des weiteren kann auch § 185 StGB zu bejahen sein.

Wie bereits dargestellt wurde[772], setzt § 173 StGB ein eng begrenztes Verwandtschaftsverhältnis voraus, so dass Dritte keine taugliche Täter im Sinne der Vorschrift sein können. Da Dritte sich im Rahmen des § 173 StGB nur als Teilnehmer strafbar machen können[773], stellt sich natürlich die Frage, ob es hier einen eigenständigen Bereich des § 173 StGB, d.h. Tatkonstellationen gibt, die nur diesem und nicht auch den §§ 174 ff. StGB[774] unterfallen. Dies sind die Konstellationen, in denen sich der Täter lediglich nach § 173 StGB strafbar macht, ohne gleichzeitig die Tatbestände der §§ 174 ff. StGB zu verwirklichen.

---

767 Siehe *Renzikowski*, Stellungsnahme, S. 2.
768 Siehe *Kühl*, Stellungnahme, S. 6.
769 Vgl. BGH NStZ 2003, 661 (661).
770 Solche die nicht schon der Nr. 3 unterfallen. Vgl. auch BGH NStZ 1989, 21 (21); S/S-*Lenckner/Perron/Eisele*, § 174 Rn. 6; *Gössel*, Sexualstrafrecht, § 4 Rn. 17.
771 Vgl. *Fischer*, § 174 Rn. 6; *Gössel*, Sexualstrafrecht, § 4 Rn. 17.
772 Vgl. hierzu Kapitel IV, A III.
773 Vgl. hierzu bereits ausführlich Kapitel IV, A III sowie A IV.
774 Teilnahme an den §§ 174 ff. StGB ist nach den allgemeinen Regeln möglich.

Dies sind zum einen die Fälle des einvernehmlichen Inzests volljähriger Personen, zum anderen die Fälle des einvernehmlichen Inzests zwischen zwei minderjährigen Personen.

Allerdings besteht aufgrund des § 173 Abs. 3 StGB gerade die Besonderheit, dass die Fälle des einvernehmlichen Inzests zwischen über vierzehn aber unter sechzehn bzw. achtzehn Jährigen nicht bestraft werden. Sofern man bei § 173 Abs. 3 StGB von einem persönlichen Strafausschließungsgrund[775] ausgeht, bleibt jedoch eine teilnahmefähige Haupttat bestehen, so dass der Teilnehmer trotz Straflosigkeit der Täter bestraft werden kann. Diese Fallkonstellation verbleibt daher ebenfalls als eigenständiger Bereich des § 173 StGB. Wobei man sich sicherlich wieder die Frage stellen kann, ob dieser Fall tatsächlich dem § 173 StGB oder nicht doch eher dem Minderjährigenschutz und damit den §§ 174 ff. StGB[776] unterfallen sollte. Sieht man die Konstellation eher dem Anwendungsbereich des § 173 StGB zugeordnet, so stellt sich hier in ganz besonderem Maße die Frage nach dem Rechtsgutsangriff. Der Inzest zwischen minderjährigen Geschwistern wird privilegiert, da er als „sexuelle Spielerei"[777] betrachtet wird. Der Gehalt des „mittelbaren Rechtsgutsangriffs"[778] erscheint in diesem Fall ebenso – unabhängig davon, ob man die von § 173 StGB geschützten Rechtsgüter überhaupt für gefährdet hält – äußerst gering.

5. Fazit

Die Gegenüberstellung des Täterkreises der §§ 174 ff. StGB und demjenigen des § 173 StGB zeigt, dass für § 173 StGB lediglich ein kleiner, eigenständiger Anwendungsbereich verbleibt. Sanktioniert werden nämlich lediglich die Fallgruppen der einvernehmlichen Beischlafshandlungen zwischen volljährigen blutsverwandten Personen. Gerade die Missbrauchsproblematik durch Familienmitglieder, welche die Gesellschaft oft als Inzest definiert[779], wird fast vollständig durch die §§ 174 ff. StGB geregelt, so dass diese die Existenz des § 173 StGB nicht rechtfertigen kann.

Als Überblick dienen die folgenden Tabellen:

---

775 Vgl. hierzu bereits ausführlich Kapitel IV, A III.

776 Im letzteren Fall könnte die Problematik mit einer Änderung der §§ 174 ff. StGB behoben werden. Wären die Täter selbst nach §§ 174 ff. StGB strafbar, so wäre auch die Teilnahme danach zu bestrafen. § 173 StGB bedürfte es dann nicht mehr.

777 *Lempp*, Prot. VI, S. 933.

778 Vgl. hierzu *Klöpper*, Das Verhältnis von § 173 StGB zu Art. 6 I GG, S. 40; sofern man den Strafgrund der Teilnahme im mittelbaren Rechtsgutsangriff sieht.

779 Vgl. hierzu bereits Kapitel I, C III.

Tabelle I: „Opfer" unter 14 Jahre

Täter / Normen	Volljährige Eltern (leiblich; nicht- leiblich)	Geschwister über 18 Jahre (leiblich; nicht-leiblich)	Geschwister über 14, aber unter 18 Jahren (leiblich; nicht-leiblich)	Geschwister unter 14 Jahren (§ 19 StGB)	Großeltern (leiblich; nicht-leiblich)	Dritte
§ 173 StGB	+ (nur leibliche Eltern)	+ (nur leibliche Geschwister)	- (wegen Abs. 3)	-	+ (nur leibliche Großeltern)	-
§ 174 StGB	Abs. 1 Nr. 3 (Nr. 1 / Nr. 2 subsidiär); Abs. 2	Abs. 1 Nr. 1 und 2; Abs. 2	Selten: Abs. 1 Nr. 1 und 2; Abs. 2 (Sorgerecht der Geschwister)	-	Abs. 1 Nr. 1 und 2; Abs. 2	Abs. 1 Nr. 1 und 2; Abs. 2
§ 176 StGB	+	+	+	-	+	+
§ 180 StGB	+ aber: Abs. 1 S. 2	+ ggf.: Abs. 1 S. 2	+	-	+ ggf.: Abs.1 S. 2	+ ggf.: Abs.1 S. 2 (nur wenn tats./ rechtliche Erziehungspflicht)
§ 182 StGB	+	+ Abs. 2: wenn Geschwisterteil über 21 Jahre	-	-	+	+ wenn Dritter über 18 bzw. 21 Jahre
§ 177 StGB	+	+	+	-	+	+
§ 185 StGB	+	+	+	-	+	+
§ 171 StGB	+	Möglich: wenn Fürsorge-/ Erziehungspflicht	-	-	Möglich: wenn Fürsorge-/ Erziehungspflicht	Möglich: wenn Fürsorge-/ Erziehungspflicht

Tabelle II: „Opfer“ unter 16, aber über 14 Jahre

Täter / Normen	Volljährige Eltern (leiblich; nicht-leiblich)	Geschwister über 18 Jahre (leiblich; nicht-leiblich)	Geschwister über 14, aber unter 18 Jahren (leiblich; nicht-leiblich)	Geschwister unter 14 Jahren (§ 19 StGB)	Großeltern (leiblich; nicht-leiblich)	Dritte
§ 173 StGB	+ (nur leibliche Eltern)	+ (nur leibliche Geschwister)	- (wegen Abs. 3)	-	+ (nur leibliche Großeltern)	-
§ 174 StGB	Abs. 1 Nr. 3 (Nr. 1 / Nr. 2 subsidiär); Abs. 2	Abs. 1 Nr. 1 und 2; Abs. 2	Selten: Abs. 1 Nr. 1 und 2; Abs. 2 (Sorgerecht der Geschwister)	-	Abs. 1 Nr. 1 und 2; Abs. 2	Abs. 1 Nr. 1und 2; Abs. 2
§ 176 StGB	-	-	-	-	-	-
§ 180 StGB	+ aber: Abs. 1 S. 2	+ ggf.: Abs. 1 S. 2	+	-	+ ggf.: Abs. 1 S. 2	+ ggf.: Abs. 1 S. 2 (nur wenn tats./ rechtliche Erziehungspflicht)
§ 182 StGB	+	+ Abs. 2: wenn Geschwisterteil über 21 Jahre	-	-	+	+ wenn Dritter über 18 bzw. 21
§ 177 StGB	+	+	+	-	+	+
§ 185 StGB	+	+	+	-	+	+
§ 171 StGB	+	Möglich: wenn Fürsorge-/ Erziehungspflicht	-	-	Möglich: wenn Fürsorge-/ Erziehungspflicht	Möglich: wenn Fürsorge-/ Erziehungspflicht

Tabelle III: „Opfer“ über 16, aber unter 18 Jahre

Täter / Normen	Volljährige Eltern (leiblich; nicht- leiblich)	Geschwister über 18 Jahre (leiblich; nicht-leiblich)	Geschwister über 14, aber unter 18 Jahren (leiblich; nicht-leiblich)	Geschwister unter 14 Jahren (§ 19 StGB)	Großeltern (leiblich; nicht-leiblich)	Dritte
§ 173 StGB	+ (nur leibliche Eltern)	+ (nur leibliche Geschwister)	- (wegen Abs. 3)	-	+ (nur leibliche Großeltern)	-
§ 174 StGB	Abs. 1 Nr. 3 (Nr. 2 subsidiär); Abs. 2	Nur: Abs. 1 Nr. 2; Abs. 2	Selten: Abs. 1 Nr. 2; Abs. 2 (Sorgerecht der Geschwister)	-	Nur: Abs. 1 Nr. 2; Abs. 2	Nur: Abs. 1 Nr. 2; Abs. 2
§ 176 StGB	-	-	-	-	-	-
§ 180 StGB	Nur: Abs. 2; Abs. 3 Nicht: Abs. 1 S. 2	Nur: Abs. 2; Abs. 3 Nicht: Abs. 1 S. 2	Nur: Abs. 2; Abs. 3	-	Nur: Abs. 2; Abs. 3 Nicht: Abs. 1 S. 2	Nur: Abs. 2; Abs. 3 Nicht: Abs. 1 S. 2
§ 182 StGB	-	-	-	-	-	-
§ 177 StGB	+	+	+	-	+	+
§ 185 StGB	+	+	+	+	+	+
§ 171 StGB	-	-	-	-	-	-

IV. Ergebnis der Untersuchungen dieses Kapitels

Abschließend lässt sich vorweg sagen, dass zum einen der Minderjährigenschutz ein nicht von § 173 StGB erfasstes Rechtsgut darstellt; und zum anderen verbleibt der Norm nur ein sehr eingeschränkter, eigenständiger Anwendungsbereich.

1. Minderjährigenschutz

Was den Minderjährigenschutz bzw. den Schutz der ungestörten sexuellen Entwicklung von Kindern und Jugendlichen betrifft, so ist dieser wohl ausreichend[780] in den §§ 174 ff. StGB verwirklicht. Der Minderjährigenschutz als solcher spielt in § 173 StGB keine bzw. eine nur ganz untergeordnete Rolle[781]. Dies zeigt sich daran, dass die §§ 174 ff. StGB auf die Vornahme einer „sexuellen Handlung" abstellen und daher – wie gezeigt – eine größere Anzahl sexueller Übergriffe auf Kinder und Jugendliche erfassen können als § 173 StGB. Indem § 173 StGB nämlich auf den Vollzug des „Beischlafs" abstellt, greift der Tatbestand erst bei gravierenden Missbrauchsfällen und nicht bereits im Anfangsstadium eines Kindesmissbrauchs.

Ein umfassender Minderjährigenschutz kann und darf auch nicht zwischen „leiblichen" und „angenommenen" Kindern bzw. „leiblichen" Geschwistern und sonstigen Verwandten differenzieren. Während die §§ 174 ff. StGB beim Opfer lediglich auf eine gewisse Altersgrenze abstellen, unabhängig von der verwandtschaftlichen Beziehung zum Täter, schützt § 173 StGB lediglich leibliche Abkömmlinge sowie leibliche Geschwister.

Ferner kann sich nach § 173 StGB nur ein sehr kleiner Täterkreis strafbar machen, während die §§ 174 ff. StGB insbesondere auch Dritte, also unabhängig von der verwandtschaftlichen oder sonstigen Beziehung zum Kind oder Jugendlichen, erfassen. Ginge es in § 173 StGB um den Schutz der ungestörten sexuellen Entwicklung von Kindern und Jugendlichen, so wäre diese Einschränkung nur schwer zu rechtfertigen; denn es ist nicht ersichtlich, warum

---

780 Sofern man die teilweise fehlende Einbeziehung über vierzehn aber unter achtzehn Jähriger in den Schutzbereich der §§ 174 ff. StGB (vgl. hierzu bereits Kapitel IV, B III 2), als nicht bedenklich ansieht.

781 Sofern man den Strafgrund „Schutz der Opfer vor nachhaltiger psychischer Schädigung" oder „Schutz der aus Inzestverbindungen hervorgegangenen Kinder vor seelischer Schädigung", vgl. hierzu Kapitel V, C II 2 und 3, zum Minderjährigenschutz zählen will. Der Minderjährigenschutz wird auch in den einschlägigen Kommentaren nicht erwähnt. Eine andere Auffassung vertritt lediglich *Maurach/Schroeder/Maiwald*, StrafR BT, § 63 Rn. 86: § 173 StGB diene dem Minderjährigenschutz innerhalb der Familie. Dieser sei jedoch bereits von den §§ 174, 176 StGB erfasst, so dass für § 173 StGB kein Anwendungsbereich verbleibe.

sexuelle Übergriffe Dritter weniger einschneidend auf die sexuelle Entwicklung wirken sollen, als sexuelle Übergriffe Verwandter[782]. Dies wird übrigens in den §§ 174 ff. StGB auch nicht so gesehen.

2. Sexuelle Selbstbestimmung

Fraglich ist, ob § 173 StGB – wie auch §§ 174 ff. StGB – den Schutz der sexuellen Selbstbestimmung zum Gegenstand hat[783]. Dagegen spricht bereits die systematische Stellung der Norm. § 173 StGB wurde im Rahmen des 4. StRG bewusst vom 13. Abschnitt „Straftaten gegen die sexuelle Selbstbestimmung" in den 12. Abschnitt „Straftaten gegen den Personenstand, die Ehe und Familie" übernommen. Damit wird deutlich, dass vielmehr Ehe und Familie[784] und gerade nicht die sexuelle Selbstbestimmung die vorrangigen Schützgüter des § 173 StGB sind[785]. Gegen die Einordnung des Schutzguts der sexuellen Selbstbestimmung innerhalb des § 173 StGB spricht ferner, dass die §§ 174 ff. StGB meines Erachtens einen bereits ausreichenden Schutz für dieses Rechtsgut bieten. Sofern nämlich Minderjährige betroffen sind, schützen insbesondere die §§ 174, 176 StGB deren ungestörte sexuelle Entwicklung. Im Übrigen bietet vor allem § 177 StGB hinreichend Schutz für das Rechtsgut. Denn im Zusammenhang mit dem Rechtsgut der sexuellen Selbstbestimmung hat der BGH[786] festgestellt, dass es nicht Aufgabe des Strafrechts sei auf geschlechtlichem Gebiet einen moralischen Standard des erwachsenen Bürgers durchzusetzen, sondern es habe die Sozialordnung der Gemeinschaft vor Störungen und groben Belästigungen zu schützen. Das Strafrecht darf und soll also nicht die allgemeine Sittenordnung der Gesellschaft schützen. Genau deshalb wird die Freiheit der sexuellen Selbstbestimmung in § 177 StGB auch nicht vollumfänglich geschützt, sondern nur wenn diese durch Zwangshandlungen bzw. unter Missbrauch von Abhängigkeitsverhältnissen[787] beeinträchtig ist. Wäre die Freiheit der sexuellen Selbstbestimmung aber in § 173 StGB geschützt, so würde das

---

782 Man könnte hier sicherlich argumentieren, es handle sich bei Verwandten eher um schutzbereite Personen, als bei Dritten. Ein sexueller Übergriff ginge dann mit einem Vertrauensbruch einher. Dies muss aber gerade nicht so sein. Mit Dritten kann teilweise ein viel engeres Verhältnis und damit eine Vertrauensbeziehung existieren, als mit Verwandten. Die Annahme eines Vertrauensbruchs speziell bei Verwandten lässt sich meines Erachtens nicht rechtfertigen.

783 Bejahend BVerfG NJW 2008, 1137 (1139 f.) für die Fälle des „Despoten- und Eheinzests" unter Geschwistern.

784 Vgl. hierzu Kapitel V, C III 1.

785 So auch MK, *Ritscher*, § 173 Rn. 2.

786 Vgl. BGHSt 23, 43 (44), „Fanny Hill".

787 §§ 174 ff. StGB; vgl. hierzu Kapitel IV, B.

Strafrecht hier wieder einen anderen Maßstab anlegen und so gesehen einen Rückschritt hin zum Schutz einer allgemeinen Sittenordnung vollziehen.

Vor diesem Hintergrund überzeugt auch die Argumentation des Bundesverfassungsgerichts[788] im Rahmen der Entscheidung des „Leipziger Inzestsfalls" nicht. § 173 StGB habe spezifische, durch die Nähe in der Familie bedingte oder in der Verwandtschaft wurzelnde Abhängigkeiten und Schwierigkeiten der Einordnung und Abwehr von Übergriffen im Blick. Zwar zeige die zu § 173 StGB ergangene Rechtsprechung, dass der Beischlaf zwischen Verwandten oft in rechtlichem Zusammentreffen mit sexuellen Missbrauch von Kindern und Schutzbefohlenen auftrete. § 173 StGB komme aber dann eine eigenständige Bedeutung zu, wenn sich der Missbrauch eines Kindes über dessen achtzehntes Lebensjahr hinaus erstrecke und aufgrund von familiären Abhängigkeiten die Ablehnung des Opfers zum Beischlaf nicht eindeutig erkennbar sei, so dass eine Bestrafung nach § 177 StGB ausscheide. In solchen Situationen stehe der Schutz der sexuellen Selbstbestimmung sogar im Vordergrund. Dies würde m.E. aber nur dann Sinn machen, wenn § 173 StGB im Tatbestand auch tatsächlich ein Abhängigkeitsverhältnis fordern würde. Wie aber gezeigt wurde[789], setzt § 173 StGB gerade keine Missbrauchs- bzw. Zwangshandlung voraus. Anders als die Straftatbestände zum Schutze der sexuellen Selbstbestimmung fordert § 173 StGB gerade keine „reduzierte Autonomie"[790] des Opfers. Der Tatbestand der Norm widerspricht daher der Auffassung des Bundesverfassungsgerichts. Darüber hinaus widerspricht die Auffassung aber auch der gesetzlichen Systematik der Schutztatbestände der sexuellen Selbstbestimmung[791]. In der Regel endet der Schutz nämlich mit Eintritt der Volljährigkeit[792]. Wie soeben im Zusammenhang mit § 177 StGB ausgeführt, ist eine Strafbarkeit nur dann vorgesehen, wenn die Autonomie des Opfers wesentlich eingeschränkt ist, sei es aufgrund von Zwang, bei Widerstandsunfähigkeit oder dem Fehlen der Selbstbestimmungsfähigkeit generell. Nur in diesen Fällen gewährt das Strafgesetzbuch einen Schutz der sexuellen Selbstbestimmung, der über die Grenze der Volljährigkeit hinaus reicht[793]. Diese Grundentscheidung des Strafgesetzgebers lasse die Senatsmehrheit des Bundesverfassungsgerichts aber außer Betracht, wenn sie sich auf ein Schutzbedürfnis derer stütze, denen es vor Erreichen der Volljährigkeit nicht gelungen sei, aus den familiären, den Missbrauch ermög-

---

788 Siehe BVerfG NJW 2008, 1137 (1139 f.).

789 Vgl. hierzu Kapitel IV, A II.

790 Diesen Begriff verwendet *Hassemer*, Sondervotum in BVerfG NJW 2008, 1137 (1143).

791 Vgl. hierzu *Hassemer*, Sondervotum in BVerfG NJW 2008, 1137 (1143).

792 Siehe Kapitel IV, B.

793 So *Hassemer*, Sondervotum in BVerfG NJW 2008, 1137 (1143).

lichenden Strukturen auszubrechen[794]. Es mag durchaus sein, dass die Fälle einer noch nicht vollausgebildeten sexuellen Selbstbestimmung im zeitlichen Übergang zur Volljährigkeit existieren, doch lässt sich daraus nicht schließen, § 173 StGB wolle gerade deshalb diese Fälle erfassen[795]. Allein aus der Existenz einer tendenziell schützwürdigen Situation kann nicht darauf geschlossen werden, sie sei automatisch von einem Straftatbestand erfasst. Dies ist insbesondere dann nicht der Fall, wenn Struktur und Systematik der entsprechenden Strafnorm dies so nicht widerspiegeln.

Sieht man den Anwendungsbereich des § 173 StGB auf die einvernehmlichen Beischlafshandlungen unter volljährigen Personen beschränkt[796], so ist erst recht nicht ersichtlich, wie die Freiheit auf sexuelle Selbstbestimmung beeinträchtigt und deshalb schützenswert sein soll. Insofern kann die sexuelle Selbstbestimmung nicht ein von § 173 StGB geschütztes Rechtsgut sein[797].

---

794 So *Hassemer*, Sondervotum in BVerfG NJW 2008, 1137 (1143).

795 Ähnlich *Hassemer*, Sondervotum in BVerfG NJW 2008, 1137 (1143).

796 Siehe insbesondere Kapitel IV, B III 5.

797 Im Ergebnis ebenso MK, *Ritscher*, § 173 Rn. 2 und Rn. 4; vgl. auch *Maurach/ Schröder/Maiwald*, Strafrecht BT, § 63 Rn. 86; *Al-Zand/Siebenhühner*, KritV 2006, S. 68 (73 f.); a.A. NK-*Frommel*, § 173 Rn. 1, die einen mittelbaren Schutz der sexuellen Selbstbestimmung in § 173 StGB bejaht.

3. Eigenständiger Schutzbereich des § 173 StGB

Im Anschluss an die soeben durchgeführte Untersuchung ist sicherlich die wohl wichtigste Frage, ob für § 173 StGB überhaupt ein eigenständiger Anwendungsbereich verbleibt.

In der polizeiliche Kriminalstatistik[798] wird der Inzest aufgrund seiner Seltenheit gar nicht als eigenständiges Delikt ausgewiesen[799]. Ferner kommen zahlreiche Untersuchungen zum Thema Kindesmissbrauch zu dem Ergebnis, der Inzest mit minderjährigen Kindern, Geschwistern oder Enkeln sei „phänomenologisch“[800] auch nur schwer vom sexuellen Missbrauch von Schutzbefohlenen zu trennen. Auch seien die Übergänge zur sexuellen Nötigung und Vergewaltigung gem. § 177 StGB fließend. Sofern es also um den „Missbrauch von Macht“[801] unter gleichzeitiger Beteiligung von Minderjährigen geht, sind die §§ 174 ff. StGB einschlägig, so dass diese Fälle auch ohne § 173 StGB hinreichend erfasst und sanktioniert werden.

Einzig Konstellationen, in denen es zwischen über vierzehn, aber noch nicht volljährigen Jugendlichen und ihren ebenfalls über vierzehn bzw. volljährigen Geschwistern oder Großeltern zum Vollzug des Beischlafs kommt, ohne dass zusätzliche Voraussetzungen der §§ 174 Abs. 1 Nr. 1, Nr. 2, 182 StGB vorliegen, können in den eigenständigen Schutzbereich des § 173 StGB[802] fallen[803]. Dabei wären jedoch meines Erachtens die Konstellationen Großeltern/minderjährige Enkel umfassend in den §§ 174 ff. StGB zu regeln bzw. dort zu inte-

798 Dagegen ist die PKS, 2006 im Hinblick auf die §§ 174 ff. StGB aussagekräftiger. Siehe hierzu PKS, 2006, S. 133: Insgesamt wurden 52 231 Straftaten gegen die sexuelle Selbstbestimmung verübt. Im Einzelnen: 16 605 Straftaten gegen die sexuelle Selbstbestimmung unter Gewaltanwendung oder unter Ausnutzen eines Abhängigkeitsverhältnisses (§§ 174, 174 a, 174 b, 174 c, 177, 178 StGB). Auf den sexuellen Missbrauch von Schutzbefohlenen gem. §§ 174, 174 a-c StGB entfielen davon wiederum 897 Straftaten. 23 127 Straftaten entfielen auf den sexuellen Missbrauch (§§ 176, 176 a, 176 b, 179, 182, 183, 183 a StGB), wobei sexuelle Handlungen gem. § 176 Abs. 1 und 2 StGB mit insgesamt 5 905 Fällen und exhibitionistische Handlungen und Erregung eines öffentlichen Ärgernisses gem. §§ 183, 183 a StGB mit insgesamt 8 291 Fällen hier deutlich im Vordergrund lagen. Weitere 12 499 Straftaten entfielen auf das Ausnutzen sexueller Neigungen gem. §§ 180, 180 a, 181 a, 184, 184 a-e StGB. Hierbei stand insbesondere der Besitz/die Verschaffung von Kinderpornographie gem. § 184 b Abs. 2, 4 StGB mit 4 545 Fällen im Vordergrund. Die Aufklärungsrate lag insgesamt recht hoch. Bei den Delikten gem. §§ 174, 174 a-c StGB sogar bei 96, 2 %; bei § 176 Abs. 1 und 2 StGB bei 89, 5 %.

799 Vgl. *Rust*, Sexueller Missbrauch, S. 7, 8.

800 So *Rust*, Sexueller Missbrauch, S. 7, 8.

801 Diesen Begriff verwendet ebenfalls *Rust*, Sexueller Missbrauch, S. 7, 8.

802 Sofern man diese Fälle nicht dem Minderjährigenschutz zurechnet, vgl. hierzu bereits Kapitel IV, B III 2 und 3.

803 Beachte aber die Straflosigkeit nach § 173 Abs. 3 StGB.

grieren. Im übrigen dürfte es sich aber wohl eher um sehr selten vorkommende Konstellationen handeln[804], würden diese Fälle doch bedeuten, dass der oder die Jugendliche freiwillig handelt[805]. Eine echte Gesetzeslücke liegt nur in der speziellen Konstellation vor, dass die Fähigkeit zur sexuellen Selbstbestimmung bei einem Jugendlichen über sechzehn Jahren noch nicht gegeben ist bzw. dieses Fehlen ausgenützt wird und deshalb § 182 StGB nicht eingreift. Für diesen speziellen Fall ist meiner Meinung nach auch ein Strafbedürfnis zu bejahen, da der oder die Jugendliche sich in der Regel nämlich nicht gegen den Übergriff wehren kann[806].

Weiterhin werden vom eigenständigen Anwendungsbereich des § 173 StGB die Konstellationen erfasst, in denen es zu einer sexuellen Beziehung zweier blutsverwandter, volljähriger Personen, ohne Anwendung von Gewalt oder Zwang bzw. Missbrauch eines Abhängigkeitsverhältnisses kommt. Da die Konstellation Eltern-Kind bzw. Großeltern-Enkel in dieser Variante wohl eher seltener vorkommen dürften, beschränkt sich der Hauptanwendungsbereich des § 173 StGB auch hier auf den Geschwister-Inzest. Somit verbleibt also ein sehr eng begrenzter, eigenständiger Anwendungsbereich des § 173 StGB. Ob dieser Anwendungsbereich strafwürdig ist, hängt davon ab, welche Rechtsgüter § 173 StGB schützt. Der Minderjährigenschutz als schützenswertes Rechtsgut scheidet, wie soeben dargestellt wurde, jedenfalls aus.

---

804 So auch *Klöpper*, Das Verhältnis von § 173 StGB zu Art. 6 I GG, S. 44.

805 Ansonsten dürften nämlich die Voraussetzungen nach §§ 177, 182 StGB gegeben sein.

806 Vgl. bereits Kapitel IV, B III 3, zum neuesten Gesetzesentwurf.

Kapitel V: Rechtsgüter

Das Strafrecht dient nach der heute herrschenden Meinung[807] dem Schutz von Rechtsgütern. Damit dient das Strafrecht der Verwirklichung des Gemeinwohls und der Wahrung des Rechtsfriedens[808]. Jedoch kann das Strafrecht nicht überall eingreifen, wo Störungen des Zusammenlebens der Gemeinschaft auftreten. Das Strafrecht muss vielmehr auf den Schutz der Grundwerte der Sozialordnung beschränkt bleiben[809]. Der Schutz des Strafrechts ist insofern fragmentarisch[810]. Strafvorschriften sind nur dann gerechtfertigt, wenn weniger einschneidende Mittel nicht ebenso erfolgsversprechend sind, das Rechtsgut nicht gleichwirksam geschützt wird. Das Strafrecht ist daher ultima ratio.

Für § 173 StGB bedeutet dies, dass das Verbot des Beischlafs unter Blutsverwandten dem Schutz mindestens eines Rechtsguts dienen muss. Nur dann genügt die Norm den heutigen Anforderungen an die Legitimation von Strafrechtsnormen. Dient § 173 StGB nicht dem Rechtsgüterschutz, so würde dies der heute herrschenden Rechtsgutslehre zuwiderlaufen und bedeuten, dass die Norm nicht legitimierbar und folglich die Existenz der Norm nicht gerechtfertigt wäre.

Allerdings ist die Auffassung, die Rechtsgutslehre bilde die Ausgangsbasis für die Legitimitätsprüfung strafrechtlicher Normen, nicht unumstritten; überhaupt befindet sich die Rechtsgutslehre derzeit ziemlich in der Kritik[811]. Man wirft ihr vor allem vor, wegen ihrer „Unklarheit und Beliebigkeit" als Basisdoktrin versagt zu haben[812]. Kritisiert wird insbesondere die Unbestimmtheit des Begriffs Rechtsgut, so dass hierunter letztlich alles und nichts verstanden werden könne.

Trotz dieser Kritik soll die Rechtsgutslehre hier als Ausgangsbasis für die Legitimitätsprüfung des § 173 StGB dienen. Zunächst stellt sich die Frage, welche Anforderungen die Rechtsgutslehre an das Vorliegen eines Rechtsguts

---

807 Vgl. S/S-*Lenckner/Eisele*, Vorbem. §§ 13 ff. Rn. 9; *Wessels/Beulke*, StrafR AT, Rn. 6; *Jescheck/Weigend*, StrafR AT, S. 7; *Roxin*, StrafR AT 1, § 2 Rn. 1.

808 Vgl. *Wessels/Beulke*, StrafR AT, Rn. 6.

809 So BVerfGE 45, 187 (253).

810 Vgl. hierzu *Wessels/Beulke*, StrafR AT, Rn. 9.

811 Vgl. hierzu auch BVerfG NJW 2008, 1137 (1138).

812 Vgl. hierzu nur *von Hirsch*, Der Rechtsgutsbegriff, S. 13, 19 m. w. N.; NK-*Hassemer*, Vor § 2 Rn. 261, wonach die Rechtsgutslehre ihren selbst gesetzten Anspruch, dem Gesetzgeber ein plausibles und verwendungsfähiges Kriterium seiner Entscheidungen an die Hand zu geben und zugleich einen externen Prüfungsmaßstab für die Gerechtigkeit dieser Entscheidungen zu entwickeln nicht erfülle.

stellt bzw. wie ein solches Rechtsgut aussehen muss. Was Rechtsgüter sind und was nicht, darüber herrschen durchaus unterschiedliche Ansichten[813]. Nach der herrschenden Auffassung sind unter dem Begriff des Rechtsguts alle Gegebenheiten oder Zwecksetzungen zu verstehen, die für die freie Entfaltung des Einzelnen, die Verwirklichung seiner Grundrechte und das Funktionieren eines auf dieser Zielvorstellung aufbauenden staatlichen Systems notwendig sind[814]. Wird ein solches Rechtsgut bejaht, so wird aus der Existenz des Rechtsguts darauf geschlossen, dass dieses dem Schutz des Strafrechts unterfällt[815]. Fehlt es an einem solchen Rechtsgut, so schließt die strenge rationale Rechtsgutslehre den Einsatz von Strafrecht zum Schutz des Rechtsguts aus[816].

Es gilt daher im Folgenden § 173 StGB auf dessen Rechtsgüterschutz zu überprüfen. Daher sollen die im 4. StRG sowie die von Rechtsprechung und Literatur angeführten Rechtsgüter des § 173 StGB kritisch hinterfragt werden. Bei der Überprüfung sollen ferner die vom Eheverbot geschützten Rechtsgüter berücksichtigt werden.

A. Die in der Begründung zum 4. StRG genannten Rechtsgüter[817]

I. Allgemeines

Wie im rechtshistorischen Überblick dargestellt, ähneln sich die Begründungen, die für eine Legitimation des § 173 StGB ins Feld geführt werden[818]. Sie alle führen mehr oder weniger die „Sittlichkeit" und damit überwiegend „irrationale", d.h. moralistische Begründungen an[819]. Die Strafgesetzentwürfe von 1960 und 1962 benennen als schützenswerte Güter den Familienschutz sowie den Schutz der Abkömmlinge[820]. Zu diesem Zeitpunkt verfolgte man „den Schutz der Moral menschlichen Zusammenlebens"[821], so dass die Trennung bzw. Differenzierung von Recht und Moral sich noch nicht durchgesetzt hatte. Heute begreift man die Aufgabe des Strafrechts vielmehr darin, „generell rechts-

813 Eine Auflistung zum Meinungsstand in der Literatur findet sich bei *Stratenwerth*, FS Lenckner, 377 (378); ferner bei *Roxin*, StrafR AT 1, § 2 Rn. 3.

814 So *Roxin*, StrafR AT 1, § 2 Rn. 7.

815 Siehe *Appel*, Verfassung und Strafe, S. 350; *Rudolphi*, FS Honig, S. 151 (162).

816 So *Appel*, Verfassung und Strafe, S. 350; *Stratenwerth*, StrafR AT, § 2 Rn. 5.

817 Vgl. hierzu bereits im rechtshistorischen Überblick, Kapitel II, A VI.

818 Vgl. hierzu Kapitel II, A V 1 a zum Entwurf des Gesetzbuches über Verbrechen und Vergehen 1854: Sittenreinheit und Friede der Familie, sowie Verhütung körperlicher und geistiger Degeneration künftiger Geschlechter; vgl. ferner Kapitel II, V 1 g zum RStGB von 1871: Angriff auf die sittliche Einheit, Gefahr für die sittliche Entwicklung.

819 Vgl. zum Rechtsgut der Sittlichkeit siehe Kapitel V, D I.

820 Siehe hierzu bereits Kapitel II, A VI.

821 So LK, *Dippel*, Vor § 169 Rn. 6.

widrigen und intolerablen Gefährdungen oder Verletzungen von Rechtsgütern unter Wahrung des Bestimmtheitsgebots und des Verhältnismäßigkeitsgrundsatzes entgegenzutreten“[822]. Mit anderen Worten die Aufgabe des Strafrechts solle es gerade nicht mehr sein, bloße Moralwidrigkeiten unter Strafe zu stellen. Eine Strafdrohung solle nur noch dort erfolgen, wo Rechtsgüter des einzelnen oder der Allgemeinheit verletzt oder gefährdet werden und ohne eine Strafdrohung nicht hinreichend geschützt wären[823].

An den Gesetzgeber wurde schließlich die Forderung herangetragen, die Pönalisierung bestimmter Verhaltensweisen „exakt und rational nachprüfbar“[824] zu begründen[825]. Insbesondere der Alternativ-Entwurf aus dem Jahre 1968 hatte für das Sexualstrafrecht einen sparsameren Umgang mit Strafrechtsnormen gefordert[826]. Eine Strafandrohung sei nur dort vorzusehen, wo das zu pönalisierende Verhalten einen „sozialschädlichen Charakter“[827] aufweise. Dieser Forderung sah sich das 4. StRG folglich ausgesetzt. Es sollte dieser Forderung allerdings nicht gerecht werden[828].

II. Die genannten Rechtsgüter

Als „maßgeblicher“ Strafgrund wird in der Begründung zum 4. StRG der in Art. 6 GG geforderte Schutz von Ehe und Familie angegeben[829]. Die engste Familie müsse von sexuellen Beziehungen freigehalten werden, denn diese wirkten sich in hohem Maße ehe- und familienzerstörend aus. Ferner führten solche sexuellen Beziehungen nicht selten zu schwerwiegenden Störungen der

---

822 So LK, *Dippel*, Vor § 169 Rn. 6; ferner *Rudolphi*, FS Honig, 151 (160).

823 So auch die amtliche Begründung der 4. StRG in BR-Drucks. 489/70, S. 9.

824 So LK, *Dippel*, Vor § 169 Rn. 6.

825 Ausschlaggebend hierfür war mitunter der 9. Internationale Strafrechtskongress im August 1964 in Den Haag, auf dem die Tendenz sichtbar wurde, dass der Gesetzgeber sich auf dem Gebiet der Familienschutzdelikte zurückhalten sollte, weitere Nachweise bei LK, *Dippel*, Vor § 169 Rn. 6.

826 Siehe Alternativ Entwurf, 1968, S. 59: „Im Gegensatz zum E 1962 greift der AE in den Bereich von Ehe, Familie und Erziehung nur sehr sparsam mit Strafvorschriften ein. Maßgebend dafür war die Überzeugung, dass der Strafschutz gerade hier leicht mehr Schaden als Nutzen stiftet, weil sich die Ordnung der Beziehungen innerhalb von Ehe und Familie mit strafrechtlichen Normierungen kaum garantieren lässt, jeder Eingriff aber Spannungen und Schwierigkeiten zwischen den beteiligten Personen schafft und fördert, an denen einem auf den Schutz von Rechtsgütern ausgerichteten und auf Befriedung bedachten Strafgesetz nicht gelegen sein kann.“

827 Vgl. ausführlich zur Sozialschädlichkeit Kapitel V, F I.

828 Zur Frage, ob das Kriterium der Sozialschädlichkeit tatsächlich ein geeignetes Kriterium darstellt, vgl. Kapitel V, F I.

829 Vgl. Amtliche Begründung des 4. StRG in BR-Drucks. 489/70, S. 14; Amtliche Begründung in BT-Drucks. VI/3521, S. 17.

psychischen Entwicklung namentlich der minderjährigen Tatbeteiligten[830]. Solche psychischen Schäden könnten ferner durch die diskriminierende Reaktion der Öffentlichkeit oder durch die inzestuös gezeugten Abkömmlinge hervorgerufen werden.

Auch der genetische bzw. eugenische Gesichtspunkt wird geltend gemacht[831]. Zwar ließe sich bei den aus Inzestverhältnissen stammenden Kindern nicht generell eine Verschlechterung des Erbguts feststellen. Wohl aber sei bei Vorhandensein rezessiver Erbanlagen die Gefahr ihrer Manifestierung bei Abkömmlingen aus Inzestverhältnissen größer als bei Kindern aus anderen Verbindungen[832]. Ferner seien Inzesttäter häufig mit negativen Erbanlagen behaftet.

Schließlich sei zu berücksichtigen, dass das Verbot des Beischlafs unter Blutsverwandten, in hohem Maße traditionsbeladen sei und von der Allgemeinheit als Ausdruck des Familien- und Eheschutzgedankens betrachtet werde[833]. Und ferner heißt es:

> „Unter den gegebenen Umständen könnte ein Verzicht auf die Vorschrift als Abbau dieses Schutzes missverstanden werden mit der Folge, dass sich auch die Einstellung von Teilen der Bevölkerung zu diesen Institutionen in einem unerwünschten Sinne ändert."

Dies würde, so die Amtliche Begründung dem Auftrag des Art. 6 GG zuwiderlaufen.

Ob die einzeln genannten „Rechtsgüter" tatsächlich den Anforderungen genügen und ob diese durch die pönalisierte Verhaltensweise des „Beischlafs unter Blutsverwandten" tatsächlich verletzt bzw. gefährdet werden, soll noch an anderer Stelle untersucht werden[834].

Im Sonderausschuss für die Strafrechtsreform gab es eine sehr breit angelegte öffentliche Anhörung der Sachverständigen, unter anderem auch zum Thema Inzest[835]. Eine spezifische Anhörung der Experten über die medizinischen, psychologischen und genetischen Voraussetzungen, die für die strafrechtliche Regelung des Inzests von Bedeutung seien[836], fand allerdings nicht statt. Die Anhörungen blieben also eher oberflächlich, ohne sich mit der tatsächlichen Sozialschädlichkeit des Inzests auseinander zu setzen. Ferner wurde darauf verzichtet, die Einstellung der Gesellschaft zum Thema Inzest näher zu ergründen. Inwiefern das Argument, ein Verzicht auf § 173 StGB könne innerhalb der Bevölkerung missverstanden werden, gerechtfertigt, ist also fraglich.

---

830 Vgl. Amtliche Begründung in BR-Drucks. 489/70, S. 14.
831 Vgl. Amtliche Begründung in BR-Drucks. 489/70, S. 14; BT-Drucks. VI/3521, S. 17.
832 So die Amtliche Begründung in BT-Drucks. VI/3521, S. 17.
833 So die Amtliche Begründung in BT-Drucks. VI/3521, S. 17.
834 Vgl. insbesondere Kapitel V, C II.
835 Vgl. hierzu die Prot. VI, S. 843 ff.
836 So LK, *Dippel*, § 173 Rn. 9; *ders.*, Vor § 169 Rn. 7.

Fakt ist, dass der Gesetzgeber eine exakte und rationale Begründung nicht geliefert hat[837]. Eine Aufrechterhaltung der Strafbarkeit nach § 173 StGB mit der Begründung „der Gesetzgeber kann nicht alle Taten straffrei lassen, deren Schädlichkeit bisher weder eindeutig bewiesen noch ausgeschlossen werden konnte. Solange die Unschädlichkeit der Tat nicht feststeht, stellt ihre Duldung ein Risiko dar"[838] ist daher wohl kaum ausreichend. Bevor man sich auf die „Nichtbeweisbarkeit" berufen kann, sollte zu aller erst der „Versuch eines Nachweises" unternommen werden.

B. Auffassung der Rechtsprechung

Die frühere Auffassung der Rechtsprechung[839] sah den Schutz des § 173 StGB in der „körperlichen und sittlichen Gesundheit der Familie"[840]. Diese Auffassung sollte sich auch in der Rechtsprechung des BGH fortsetzen:

> „Durch das Verbot des Beischlafs zwischen Blutsverwandten soll der engere Kreis der Familie in seinem sittlichen Bestand freigehalten werden"[841].

Teilweise berief sich der BGH aber auch auf genetische Schutzgründe[842]. Im Mittelpunkt standen somit also vorwiegend sittliche Aspekte und damit irrationale Gründe.

Die gegenwärtige Auffassung der Rechtsprechung[843] sieht den Sinn und Zweck des § 173 StGB in erster Linie im Schutz von Ehe und Familie[844], wie er in Art. 6 GG vorgesehen sei[845]. Für den BGH[846] sind die durch Art. 6 GG hervorgehobenen Werte von geschlechtlichen Beziehungen „absolut und ohne

---

837 Siehe hierzu auch *Hassemer*, Sondervotum in BVerfG NJW 2008, 1137 (1144): „Schon der Gesetzgeber hat sich nicht klar und konsistent entscheiden können, welche Zwecke das Verbot des Geschwisterinzests verfolgen soll, und er hat sich auch nicht vergewissert, welche dieser Zwecke mit der Tatbestandsfassung übereinstimmen, ob und wie sie sich erreichen lassen. Er hat die Norm in ihren wesentlichen Teilen über Jahrzehnte hinweg bestehen lassen und sich über ihren Sinn keine oder wechselnde und immer nur ungefähre Vorstellungen gemacht."

838 So die Amtliche Begründung in BR-Drucks. 489/70, S. 10.

839 Vgl. hierzu besonders RGSt 57, 140 (140).

840 Vgl. hierzu ausführlich Kapitel V, C III 2.

841 So BGH GA 1957, 218 (219).; vgl. ferner BGH NJW 1952, 671 (672).

842 So BGH NJW 1952, 671 (672): „Dort [gemeint ist § 173 StGB] ist es in erster Linie darauf abgesehen, den Gefahren der Inzucht zu begegnen." Vgl. zum genetischen Aspekt auch BSG NJW 2002, 3123 (3123 f.). Dabei geht es um die Opferentschädigung eines aus gewaltsamer Inzestbeziehung stammenden behinderten Kindes.

843 Siehe hierzu bereits Kapitel I.

844 BGHSt 39, 326 (329) spricht hier von „überragenden Rechtsgütern".

845 Vgl. BGHSt 39, 326 (326 ff.); LK, *Dippel*, § 173 Rn. 10.

846 BGHSt 39, 326 (329).

Rücksicht auf die Besonderheiten des Einzelfalles“ freizuhalten. Offen bleibt jedoch, was inhaltlich unter den von Art. 6 GG hervorgehobenen Werten, im Einzelnen also Ehe und Familie zu verstehen ist. Dies kann zum einen die „innere Familienordnung“[847], d.h. also die Beziehungen der Familienmitglieder in der konkreten Familie sein. Zum anderen aber auch die Ehe und Familie als „Institutsgarantie“ nach Art. 6 GG[848].

Das Bundesverfassungsgericht[849], welches die Verfassungsmäßigkeit des Geschwisterinzests gem. § 173 Abs. 2 S. 2 StGB aktuell zu entscheiden hatte, sieht in der Bewahrung der familiären Ordnung vor schädigender Wirkung des Inzests, dem Schutz der in einer Inzestbeziehung „unterlegenen“ Partner sowie in der Vermeidung schwerwiegender genetisch bedingter Erkrankungen bei Abkömmlingen aus Inzestbeziehungen – jedenfalls in deren Gesamtheit – verfassungsrechtlich nicht zu beanstandende Zwecke, die eine strafrechtliche Sanktion auch weiterhin legitimieren. Weiter heißt es in der aktuellen Entscheidung, die angegriffene Strafnorm rechtfertige sich in der Zusammenfassung nachvollziehbarer Strafzwecke vor dem Hintergrund einer kulturhistorisch begründeten, nach wie vor wirkkräftigen gesellschaftlichen Überzeugung von der Strafwürdigkeit des Inzests[850]. Die Strafnorm diene als Instrument dem Schutz der sexuellen Selbstbestimmung, der Gesundheit der Bevölkerung und insbesondere der Familie. Dabei erfülle sie – auch durch ihre Ausstrahlungswirkung über den tatbestandlich eng umgrenzten strafbewerten Bereich hinaus – eine appellative, normstabilisierende und damit generalpräventive Funktion, die die Wertsetzungen des Gesetzgebers verdeutliche und damit zu ihrem Erhalt beitrage[851]. Das Gericht wird dabei nicht müde, immer wieder auf den dem Gesetzgeber zustehenden weitreichenden Beurteilungsspielraum hinzuweisen[852]. Es sei grundsätzlich Sache des Gesetzgebers, den Bereich strafbaren Handelns verbindlich festzulegen. Er sei in der Entscheidung, ob er ein bestimmtes Rechtsgut, dessen Schutz ihm wesentlich erscheine, mit den

---

847 Diesen Begriff verwendet *Klöpper*, Das Verhältnis von § 173 StGB zu Art. 6 I GG, S. 114.

848 Ausführlich hierzu *Klöpper*, Das Verhältnis von § 173 StGB zu Art. 6 I GG, S. 121. Klöpper unterteilt diesen möglichen Grund nochmals in die „Bedeutung der intakten, geordneten Familie für die Allgemeinheit“ und in die „sittliche Gesundheit der Familie“, d.h. die Familienreinheit, vgl. zu dieser die Ausführungen in Kapitel V, C III 2.

849 BVerfG NJW 2008, 1137 (1139).

850 BVerfG NJW 2008, 1137 (1140).

851 BVerfG NJW 2008, 1137 (1140). Zur Kritik hieran vgl. Kapitel VII, A I 6 a sowie II 2 ff. Vgl. ferner insbesondere die abweichende Meinung *Hassemers*, Sondervotum, in NJW 2008, 1137 (1143).

852 Vgl. BVerfG NJW 2008, 1137 (1138, 1139, 1140, 1141)

Mitteln des Strafrechts verteidigen will, grundsätzlich frei[853]. Das Bundesverfassungsgericht könne nur die Überschreitung äußerster Grenzen beanstanden und dem Gesetzgeber entgegentreten, wenn für eine von ihm getroffene Differenzierung – gemeint sind Differenzierungen hinsichtlich des Bereichs strafbaren Handelns – sachlich einleuchtende Gründe schlechterdings nicht erkennbar seien[854]. Insgesamt legt das Gericht daher bei der Überprüfung der Verfassungsmäßigkeit des § 173 Abs. 2 S. 2 StGB größte Zurückhaltung an den Tag[855].

Eine gänzlich gegenteilige Auffassung vertritt der Vizepräsident des Bundesverfassungsgerichts und Vorsitzende des 2. Senats *Hassemer*. In einem sorgfältig begründeten Sondervotum[856] widerlegt er die von der Senatsmehrheit angeführten Strafzwecke. Keines der vom Senat der Vorschrift zugeschriebenen Rechtsgüter vermittle ihr einen verfassungsrechtlich legitimen Zweck[857]. Schon der Gesetzgeber habe sich nicht klar und konsistent entscheiden können, welche Zwecke das Verbot des Geschwisterinzests verfolgen solle, und er habe sich auch nicht vergewissert, welche dieser Zwecke mit der Tatbestandserfassung übereinstimmten, ob und wie sie sich erreichen ließen[858]. Es spreche, so die Auffassung *Hassemers*[859], vieles dafür, dass die Vorschrift in der bestehenden Fassung lediglich bestehende oder auch nur vermutete Moralvorstellungen, nicht aber ein konkretes Rechtsgut im Auge habe.

C. Die in der Literatur genannten Rechtsgüter

I. Allgemeines

Die Literatur führt zur Legitimation des § 173 StGB mehrere schützenswert erscheinende Rechtsgüter an. Diese Rechtsgüter lassen sich mit der h. M. in individuelle und kollektive Rechtsgüter einteilen. Als zusätzliche Kategorie können noch die sogenannten Vorfeldschutzdelikte herangezogen werden[860].

---

853 BVerfG NJW 2008, 1137 (1138).

854 Siehe BVerfG NJW 2008, 1137 (1140, 1141).

855 Zur deutlichen Kritik hieran, vgl. *Hassemer*, Sondervotum in BVerfG NJW 2008, 1137 (1142 ff.); *Hörnle*, NJW 2008, 2085 (2085, 2088); *Leipold/Beukelmann*, NJW-Spezial 2008, 248 (248).

856 Siehe *Hassemer*, Sondervotum in BVerfG NJW 2008, 1137 (1142 ff.).

857 So *Hassemer*, Sondervotum in BVerfG NJW 2008, 1137 (1144), wobei *Hassemer* im Gegensatz zur Senatsmehrheit den Begriff „Rechtsgut" und nicht den Begriff „verfassungsrechtlich legitimer Zweck" verwendet.

858 So *Hassemer*, Sondervotum in BVerfG NJW 2008, 1137 (1144).

859 *Hassemer*, Sondervotum in BVerfG NJW 2008, 1137 (1144).

860 Siehe Kapitel V, C IV.

II. Individualrechtsgüter

Ausgangspunkt der Legitimitätsprüfung einer Strafrechtsnorm ist nach der Rechtsgutslehre die Suche nach dem Rechtsgut als geschütztes „Etwas“, wobei mit den Individualrechtsgütern zu beginnen ist. Als von § 173 StGB geschützte Individualrechtsgüter werden Folgende genannt:

1. Erbbiologischer Schutzgedanke[861]/Gefahr genetisch-biologischer Schädigung[862]

Das wohl in allen Wissenschaften am kontroversesten diskutierte Motiv ist das Motiv des „erbbiologischen Schutzgedankens“[863]. Die Frage, ob der Beischlaf zwischen Blutsverwandten[864] bzw. Inzestverbindungen eine gesundheitsschädliche Gefahr für den unmittelbaren Nachwuchs bzw. die folgenden Generationen in sich birgt, beschäftigt aber auch in ganz besonderem Maße die Bevölkerung[865].

Wenn man von der Gefahr genetischer Schäden für den Nachwuchs spricht, so wird dies in der Literatur teilweise als zu unpräzise kritisiert[866]. Es wird darauf hingewiesen, dass es zum einen um den „Schutz vor unmittelbarer körperlicher Schädigung“[867], d.h. die unmittelbare gesundheitliche Schädigung des aus der Inzestverbindung hervorgehenden Kindes, geht. Zum anderen aber auch um „Nachwuchsschäden bei den nachfolgenden Generationen“[868], d.h. dem Schutz vor letztlich mittelbaren Schäden[869]. Es geht im Kern also sowohl um die Gesundheit des Individuums, als auch um die Gesundheit der Bevölkerung.

Fraglich ist zunächst, ob den beiden genannten Motiven überhaupt Rechtsgutsqualität zugesprochen werden kann, und sodann, sofern die erste Frage

---

861 Diesen Begriff verwendet *Maisch*, Inzest, S. 53.

862 So die Bezeichnung bei, LK, *Dippel*, § 173 Rn. 12.

863 Teilweise wird vertreten, der erbbiologische Schutzgedanke sei nicht allein tragendes Motiv des § 173 StGB und werde deshalb „lediglich“ ergänzend angeführt. Vgl. hierzu BT Drucks. VI/1552, S. 14; sowie *Klöpper*, Das Verhältnis von § 173 StGB zu Art. 6 I GG, S. 99 m. w. N.

864 Auch in diesem Zusammenhang wird die Tathandlung des „Beischlafs“ heftig kritisiert, vgl. *Wassermann*, zitiert bei *Marcus*, Vom Inzest, S. 72. *Wassermann* gibt zu bedenken, dass sollte die „Gesundheit des Individuums“ maßgeblich sein, auch die künstliche Befruchtung einer Frau, mit dem Samen ihres Bruders oder Vaters strafbar sein müsse, also nicht lediglich der Beischlaf.

865 Vgl. LK, *Dippel*, § 173 Rn. 12, der sogar von einem „Volksglauben“ spricht.

866 Vgl. *Jäger*, Strafgesetzgebung, S. 63 f.; *Maisch*, Inzest, S. 54 f.

867 So *Maisch*, Inzest, S. 54.

868 *Maisch*, Inzest, S. 55.

869 Vgl. hierzu auch *Jäger*, Strafgesetzgebung, S. 63, der hierin vielmehr ein Problem der Kausalität statt eines Rechtsgüterproblems sieht.

bejaht wird, ob durch das pönalisierte Verhalten tatsächlich eine Verletzung oder Gefährdung der Rechtsgüter möglich ist bzw. ein gewisses Risiko für sie besteht. Denn nur dann können die Motive legitimer Strafgrund des § 173 StGB sein.

a) Gesundheit des Individuums/Nachwuchses

aa) Rechtsgutsqualität

Im Hinblick auf die Gesundheit des Individuums, also den Schutz der Nachkommen vor Erbkrankheiten und Missbildungen, ist die Rechtsgutsqualität unstreitig. Lapidar heißt es hierzu bei *Jäger*[870]:

> „Dass der Gesundheit der Nachkommenschaft die Qualität eines Rechtsguts zukommt, scheint mir keines ausführlichen Beweises zu bedürfen".

Er verweist ferner auf die Analogie zum Rechtsgut der Körperverletzungsdelikte, d.h. die Gesundheit des Individuums. Dem ist zuzustimmen. Die abstrakte Rechtsgutsqualität der Gesundheit des Individuums ist zu bejahen.

bb) Risiko für das Rechtsgut

Fraglich ist aber, ob das Rechtsgut auch tatsächlich einem Risiko ausgesetzt ist[871]. Hier wird nun also die Frage relevant, ob Kinder aus Inzestverbindungen tatsächlich einem erhöhten Risiko, an Erbkrankheiten zu erkranken, unterliegen. Fraglich ist, ob die Blutsverwandtschaft, die ja gerade strafbegründendes Merkmal ist, zu einer Gefährdung des potentiellen Nachwuchses führt, oder ob es sogar zu einer Verletzung, mit anderen Worten zu einem „Erfolgseintritt" kommen kann.

Teilweise wird vertreten, dass im Zeitalter der sog. Antibabypille und sonstiger legaler Verhütungsmethoden der erbbiologische Schutzgedanke die Strafbarkeit des Inzests nicht mehr rechtfertigen könne[872]. Aufgrund neuerer Verhütungsmethoden könnten Schwangerschaften verhindert werden und somit könne es auch gar nicht erst zu einer Gefahr oder Schädigung des potentiellen Nachwuchses kommen[873]. Andere Stimmen in der Literatur[874] geben allerdings

---

870 *Jäger*, Strafgesetzgebung, S. 63.

871 Zur Erinnerung, eine Strafdrohung ist nämlich nur dort zulässig, wo Rechtsgüter des einzelnen oder der Allgemeinheit angegriffen oder zumindest beeinträchtigt werden; siehe bereits Kapitel V, A I und C I.

872 Vgl. *Klöpper*, Das Verhältnis von § 173 StGB zu Art. 6 I GG, S. 99; *Schroeder*, ZRP 1971, 14 (21); *Jung*, FS Leferenz, 311 (314).

873 Vgl. auch *Hassemer*, Sondervotum in BVerfG NJW 2008, 1137 (1144): In Zeiten zuverlässig möglicher Empfängnisverhütung, in denen der Beischlaf ohne weiteres folgenlos bleiben könne, gäbe es keine greifbare Wahrscheinlichkeit mehr dafür, dass es mit der

zu bedenken, dass inzestuöse Beziehungen typischerweise kaum so gestaltet sein dürften, dass auf die Verhütung Rücksicht genommen werde. Ferner stelle man[875] fest, dass angesichts der Unterschiede in der Verhütungspraxis Kinder eher aus Inzestverbindungen Minderbegabter entstammten. Diese Hinweise dürften, wenn auch wissenschaftlich nicht belegt, nicht von der Hand zu weisen sein. Dennoch gilt es Folgendes zu bedenken: Sollte § 173 StGB überwiegend dem Schutz der Gesundheit des Nachwuchses dienen, so ist es unverständlich, warum die Strafbarkeit nicht an eine Schwangerschaft geknüpft wird[876]. Aus dem abstrakten Gefährdungsdelikt könnte so letztlich ein Erfolgsdelikt gemacht werden. Ob diese Konstruktion jedoch die Diskussionen rund um das Thema Inzest beenden würde, ist fraglich. Problematisch bliebe dann immer noch die Frage, ob jede auf Inzest beruhende Schwangerschaft per se strafbegründend wäre oder ob nur solche Schwangerschaften relevant wären, bei denen tatsächlich ein genetischer Defekt feststellbar ist. Insofern wäre auch zu diskutieren, wie der (rechtmäßige) Abbruch einer auf Inzest beruhenden Schwangerschaft zu beurteilen wäre.

cc) Überblick über genetisch-biologische Aspekte beim Inzest

Um im Hinblick auf die Vererbung rezessiver Erbkrankheiten und Missbildungen ein besseres Verständnis zu erlangen, soll hier ein kurzer Überblick über die genetisch-biologischen Aspekte beim Inzest gegeben werden.

Inzucht[877] (Endogamie) führt zur sog. „Homozygotisierung“[878], d.h. dem sog. Erbgleichwerden[879]. Kommt es also beim Inzest zu einer Fortpflanzung, so nimmt die Variabilität der Gene bei den Nachkommen ab, wodurch die Reaktionsbreite der Individuen geringer wird, z.B. bei Änderungen der Umweltbedingungen[880]. Das Risiko des Ausbruchs von „heterozygoten“[881] Erbkrank-

---

Ausübung des Beischlafs auch tatsächlich zur Zeugung von Kindern komme.

874 Siehe LK, *Dippel*, § 173 Rn. 12.

875 *Jung*, FS Leferenz, 311 (314).

876 Vgl. hierzu auch *Hassemer*, Sondervotum in BVerfG NJW 2008, 1137 (1144): „Der Gesetzgeber hat gerade keine Strafnorm geschaffen, die auf die Verhinderung der Fortpflanzung leiblicher Geschwister als rechtlich missbilligten Erfolg abstellt, sondern mit dem weitreichenden Verbot des Beischlafs ein im Vorfeld liegendes Verhalten mit Strafe bedroht.“

877 Der biologische Begriff für Inzest.

878 Der Begriff „Homozygotie“ stammt vom griechischem Wort „zygotós“ (verbunden). Er wird in der Genetik verwendet und bedeutet Reinerbigkeit.

879 Vgl. zu diesem Begriff *Klöpper*, Das Verhältnis von § 173 StGB zu Art. 6 I GG, S. 101.

880 Vgl. hierzu auch *Hummel*, ZfJ 83, 417 (423).

881 „Heterozygotie“ bezeichnet die „Mischerbigkeit“ in Bezug auf ein genetisches Merkmal. Das Gegenteil der Mischerbigkeit ist die „Homozygotie“ (Reinerbigkeit).

heiten bei den Kindern wird erhöht; gleichzeitig werden aber auch positive Erbmerkmale propagiert. Konkret bedeutet dies: Der menschliche Zellkern besteht aus 46 Chromosomen. Davon entsprechen sich (eine Ausnahme bilden hier lediglich die Geschlechtschromosomen beim Mann) immer zwei Chromosomen in Form, Muster und Größe[882]. Dies sind „homologe" Chromosomen, von denen je eines vom Vater und eines von der Mutter stammt. Auf den Chromosomen befinden sich wiederum die Gene, welche ebenfalls, d.h. wie auch die Chromosomen, paarweise auftreten. Der Mensch besitzt daher zwei identische („diploide") Chromosomensätze. Gene, die das exakt gleiche Merkmal steuern und welche die exakt gleiche Position auf den Chromosomen („Genlocus") einnehmen, bezeichnet man in der Genetik als „Allele"[883]. Ein Individuum mit zwei Chromosomensätzen ist dann „heterozygot" für ein Merkmal, wenn es an einem Genlocus zwei verschiedene „Allele" aufweist. Es ist „homozygot", wenn die „Allele" am gleichen Genlocus in ihren Erbanlagen exakt überein stimmen[884]. Dies kommt jedoch selten vor.

Diese „Allele" haben nun Einfluss auf die Vererbung und schließlich auf das Erscheinungsbild, den sog. „Phänotypus"[885]. So sind „homozygote" Individuen äußerlich den jeweiligen Anlagen entsprechend. Bei „Heterozygotie" dagegen kann äußerlich entweder nur eine („dominante") Anlage in Erscheinung treten, während die andere („rezessiv") zurücktritt, oder es wirken beide Anlagen zusammen, so dass das äußere Merkmal („Phän") etwa eine Zwischenstellung einnimmt („intermediäres" Verhalten), oder beide „heterozygote" Gene bedingen je ein Merkmal („kombinantes" oder „additives" Verhalten)[886]. „Rezessive" Erbanlagen, treten nur im „homozygoten" Zustand äußerlich in Erscheinung. Dies liegt daran, dass sie in „heterozygotem" Zustand durch die „allele dominante" Anlage „überdeckt" werden[887]. „Überdeckt" ist insofern nicht ganz korrekt, als auch im heterozygoten Zustand beide Gene zur Wirkung kommen, so dass alle Gene streng genommen „intermediär" oder „kombinant" sind[888]. Sie werden aber im Erscheinungsbild nicht sichtbar. Fraglich ist aber, wie dies nun mit dem Inzest und einem vermeintlich verstärktem Auftreten von Erbkrankheiten zusammen hängt.

---

882 Vgl. *Klein*, Inzest, S. 85.
883 So auch *Klein*, Inzest, S. 86.
884 Siehe auch *Klein*, Inzest, S. 86.
885 Vgl. *von Verschuer*, Genetik des Menschen, S. 36. Als „Phänotypus" wird beim Menschen also der Zustand der Reife oder auch der bei Geburt erreichte Zustand bezeichnet.
886 So *von Verschuer*, Genetik des Menschen, S. 36.
887 Vgl. *von Verschuer*, Genetik des Menschen, S. 39; *Klein*, Inzest, S. 86.
888 Vgl. *von Verschuer*, Genetik des Menschen, S. 36.

Eine Erbkrankheit beruht in aller Regel darauf, dass ein für den Stoffwechsel notwendiges Protein fehlt. Das entsprechende Gen, welches für die Produktion des Proteins verantwortlich ist, ist entweder nicht vorhanden oder es funktioniert nicht richtig, weil es beschädigt ist. Die Ausbildung der Erbkrankheit erfolgt jedoch nicht zwangsläufig, denn es ist durchaus möglich, dass das betroffene Individuum von dem Gen jeweils eine „funktionierende" und eine „nicht funktionierende" Variante besitzt, wobei die Möglichkeit besteht, dass die „allele dominante" Anlage die „rezessive" Erbanlage überdeckt. Dies bedeutet also, dass die „nicht funktionierende" Variante „rezessiv" ist, die „funktionierende" Variante dagegen „dominant". In dieser Kombination tritt die Erbkrankheit dann nicht in Erscheinung. Sind die Eltern nun aber verwandt, tritt folgendes Problem auf: Ein großer Teil des Erbgutes der potentiellen Eltern stimmt exakt überein. Hat einer von beiden ein „nicht funktionierendes" Gen, dann ist die Wahrscheinlichkeit, dass der andere auch ein „nicht funktionierendes" Gen besitzt, deutlich größer als bei nicht oder nur entfernt verwandten Eltern. Sind nun beide Eltern „überdeckte" Träger der krankhaften Anlage, d.h. des „nicht funktionierenden" Gens, dann liegt ein Kreuzungsfall zwischen zwei „Heterozygoten" vor. Folge ist, „dass die zu 25 % herausmendelnden Homozygoten der rezessiven Anlage krank sind"[889]. Mit anderen Worten bedeutet dies, dass mit einer Wahrscheinlichkeit von 25 % der Fall eintritt, dass das aus dieser Verbindung hervorgehende Kind zwei „rezessive" Anlagen erhält, d.h. „homozygot" für die geschädigte Erbanlage ist. Da nun aber innerhalb des „Allels" die „dominante" Erbanlage fehlt, kann die „rezessive" und damit krankhafte Anlage im „Phänotypus", d.h. im äußeren Erscheinungsbild, hervortreten.

> „Genetisch bedeutet damit Inzucht die Vermehrung der homozygoten und Verminderung der heterozygoten Genpaare bei den ingezüchteten Individuen."[890]

Seltene „rezessive" Erbleiden werden also in ihrer Häufigkeit durch Inzucht gesteigert[891]. Die 25 %ige „Homozygotenrate" ist aber keine konstante Zahl. Vielmehr hängt das Ausmaß der durch Inzucht bewirkten „Homozygotisierung" vom gemeinsamen Erbgutanteil der Eltern ab[892].

---

889 So *von Verschuer*, Genetik des Menschen, S. 39.

890 So *Klein*, Inzest, S. 86.

891 So *von Verschuer*, Genetik des Menschen, S. 57. Als Beispiel kann hier die Bluterkrankheit in Adels- bzw. Königsfamilien heran gezogen werden.

892 Vgl. *Klein*, Inzest, S. 87.

„Findet Inzucht in der ersten Generation statt und weisen die inzüchtenden Eltern noch völlige Heterozygotie auf, dann beträgt die Wahrscheinlichkeit für die Homozygotenrate der Nachkommen immer die Hälfte des übereinstimmenden Erbgutanteils der Eltern."[893]

Dieser Erbgutanteil liegt bei Eltern und ihren Kindern bei ein Halb[894]. Kommt es also zum Vater-Tochter-Inzest oder Mutter-Sohn-Inzest, so beträgt die Wahrscheinlichkeit der „Homozygotenbildung"[895] ein Viertel[896]. Auch Vollgeschwister stimmen in der Hälfte ihrer Gene überein[897], so dass der Inzuchtkoeffizient[898] ein Viertel beträgt. Der Erbgutanteil sinkt bei Halbgeschwistern, Großeltern und Enkeln, Onkel/Tante und Neffe/Nichte auf ein Viertel, so dass der Inzuchtkoeffizient auf ein Achtel sinkt[899]. Cousins und Cousinen haben nur zu einem Achtel gemeinsames Erbgut; der Inzuchtkoeffizient liegt daher nur bei einem Sechzehntel.

Damit wird klar, dass Inzest nicht gleich Inzest ist. Der Vater-Tochter-Inzest und der unter Vollgeschwistern[900] haben demnach potentiell die größten Auswirkungen. Hier besteht also eine „Homozygotisierungs-" Wahrscheinlichkeit von 25 % und damit eine Wahrscheinlichkeit von 25 %, dass sich „rezessive" Erbleiden manifestieren.

dd) Schlussfolgerung

Fraglich ist, was diese Feststellungen nun für das Rechtsgut „Gesundheit des Individuums" und für den Straftatbestand des § 173 StGB bedeuten. Wie man sieht, ist die „Homozygotenrate", also das Aufeinandertreffen „rezessiver" Erbanlagen, bei nahen Verwandten höher als bei Personen die nicht bzw. weiter entfernt miteinander verwandt sind. Dies gilt laut *Seemanová*[901] vor allem dann, wenn unter den Vorfahren bereits Inzest vorkam[902]. Fraglich ist, ob diese

---

893 So *Klein*, Inzest, S. 87.

894 Siehe auch *Vogel*, Lehrbuch, S. 561.

895 Diese wird im Folgenden als „Inzuchtkoeffizient" bezeichnet; vgl. auch *Klein*, Inzest, S. 87; *Vogel*, Lehrbuch, S. 559 ff.

896 Vgl. hierzu bereits obiges Beispiel.

897 So *Klein*, Inzest, S. 87; *Vogel*, Lehrbuch, S. 561; anders *Hummel*, ZfJ 83, 417 (424): „Bei Geschwistern liegt die genetische Gemeinsamkeit zwischen fast Null und fast 100 %, im Mittel bei 25 %." Abhängig davon läge der Inzuchtkoeffizient bei 12,25 %, d.h. bei einem Achtel.

898 Der sog. „Inzuchtkoeffizient" soll die Wahrscheinlichkeit ausdrücken, dass im Genom eines Individuums an einem beliebigen Genlocus beide Allele identisch sind; vgl. hierzu auch *Chmurzinski*, Inzest, S. 31.

899 Vgl. *Vogel*, Lehrbuch, S. 562.

900 Anders *Hummel*, ZfJ 83, 417 (424).

901 *Seemanová*, Zeitschrift für ärztliche Fortbildung (80), 799 (799).

902 Ähnlich auch *Siebert*, Das Inzestverbot, S. 12. Werde systematisch gegen den Grundsatz

erhöhte Wahrscheinlichkeit ausreichend ist, um eine Gefahr im Sinne eines erhöhten Risikos für die „Gesundheit des Individuums" zu bejahen.

Bevor man diese Frage zu klären versucht, ist es sinnvoll zunächst einen Blick auf die typischen Krankheitsbilder zu werfen, die durch das Aufeinandertreffen „rezessiver" Erbleiden entstehen[903]. Als Beispiel sollen hier die Studien von *Govinda Reddy*[904] und *Eva Seemanová*[905] aufgeführt werden. *Reddy* untersuchte Ende der 70er Jahre unter anderem die Sterblichkeitsrate von Kindern aus Ehen mit und ohne Inzuchtrisiko in Süd-Indien. Als „Probanten" dienten ihm 5609 Schwangerschaften aus Ehen mit einem Inzuchtrisiko und 4670 Schwangerschaften aus Ehen zwischen Nichtverwandten. *Reddy* unterteilte die Sterblichkeitsrate in folgende Kategorien:

- Pränatale Sterblichkeit (darunter fielen Schwangerschaftsabbrüche, Fehl- sowie Totgeburten);
- Kindersterblichkeit;
- Sterblichkeit von Jugendlichen.

Die Sterblichkeitsrate betrug bei nicht-verwandten Ehen ca. 17 %, bei Verwandtenehen 44,54 %[906]. Bei den Verwandtenehen war ein deutlicher Anstieg der Sterblichkeitsrate zu beobachten, je enger die Ehepartner miteinander verwandt waren[907].

Seemanová untersuchte in den 60er Jahren des letzten Jahrhunderts Kinder aus Verwandtenehen und Inzestverbindungen im heutigen Tschechien. 802 Familien waren konsanguine[908] Ehen; 894 nicht-konsanguine Ehen dienten als Vergleichsgruppe. Von den untersuchten Kindern stammten 194 Kinder aus Inzestverbindungen[909]. Die Vergleichsgruppe bildeten hier 165 Kinder der gleichen Mütter, die jedoch von anderen, nicht-blutsverwandten Vätern

---

der Panmixie – der Partnerfindung nach Zufall und Wahrscheinlichkeit – verstoßen, so steigere sich das erbgenetische Risiko erheblich.

903 Zu den genetischen Problemen kleinerer, geographisch, sprachlich, sozial oder rassisch isolierter Gruppen, vgl. *Siebert*, Das Inzestverbot, S. 11. Genannt werden u.a. das Vorkommen einer seltenen Tyrosinämie in einer Gruppe in der Provinz Quebec, Kanada bzw. das Vorkommen einer Methämoglobinämie und das adrenogenitale Syndrom bei Eskimos. Ferner auch das Vorkommen von Phenylketonurie, spastische Diplegie und des Knorpel-Haar-Zwergwuchses bei Mitgliedern der Amish-Sekte.

904 *Reddy*, Marriage Practices, S. 1 ff., sowie 136 ff.

905 *Seemanová*, Zeitschrift für ärztliche Fortbildung (80), 799 (799 ff.).

906 Siehe *Reddy*, Marriage Practices, S. 138.

907 Siehe *Reddy*, Marriage Practices, S. 139: "The mortality rates among the uncle-niece, first cousin and beyond first cousin marriages are about 55 %, 39 % and 30 % respectively."

908 Also Ehen zwischen mehr oder weniger weit entfernteren Blutsverwandten.

909 Vater-Tochter-Inzest (108), Bruder-Schwester-Inzest (85) oder Mutter-Sohn-Inzest (1).

stammten. Näher untersucht wurden die prä- und postnatale Mortalität sowie die Inzidenz von Missbildungen und anderen Störungen der Kinder aus Inzest[910]- und sonstigen Verwandtenbeziehungen. *Seemanová*[911] kam zu folgenden Ergebnissen: Der Prozentsatz der Spontanaborte[912] in Verwandtenehen übertraf den aus nicht-konsanguinen Ehen mit 1,55 %. Die Mortalitätsrate der Kinder aus Verwandtenehen lag bei Neugeborenen um 0,58 %, innerhalb des ersten Lebensjahres um 4,2 % und bis zur Vollendung des 20. Lebensjahres um 1,2 % höher als bei Kindern aus nicht-konsanguinen Ehen. Die Rate von Missbildungen und chronischen Krankheiten war bei den Kindern aus Verwandtenehen mit 2,48 % mehr als doppelt so hoch wie bei den Kindern der Kontrollgruppe. Was die Inzestkinder betrifft, so hatten diese ein niedrigeres Geburtsgewicht als ihre Halbgeschwister, wobei hierfür auch andere, inzestunabhängige Gründe, wie z.B. das Gebäralter der Mütter eine Rolle spielen dürften. Am Ende des 10. Untersuchungsjahres lebten noch 92,05 % der Kinder, d.h. der Halbgeschwister aus der Kontrollgruppe, jedoch nur noch 84 % der Inzestkinder[913]. Bei den Inzestkindern zeigten sich auch vermehrt Missbildungen und Krankheiten. 21 der noch lebenden Kinder hatten Missbildungen, 23 waren schwachsinnig und 11 Kinder hatten Mehrfachstörungen. In der Kontrollgruppe der Halbgeschwister waren nur 5 kranke Kinder zu verzeichnen. Fünf der Inzestkinder verstarben bis zu ihrem 20. Lebensjahr an einer neoplastischen Erkrankung. Angesichts dieser Befunde kommt *Seemanová* zur Schlussfolgerung, dass das Risiko der „Homozygotie“ für Kinder aus Verwandtenehen „häufig überschätzt“[914] werde und lediglich eine Wahrscheinlichkeit für genetisch bedingte Anomalien von 2 % über dem Bevölkerungsdurchschnitt vorläge. Für Kinder aus Inzestverbindungen ergebe sich jedoch ein „beträchtliches Risiko“[915].

---

910 Hierzu zählt *Seemanová* lediglich den Vater-Tochter, den Mutter-Sohn und den Inzest unter Vollgeschwistern.

911 Siehe *Seemanová*, Zeitschrift für ärztliche Fortbildung (80), 799 (800).

912 Unter Spontanaborten versteht man den Abgang des Fötus im Mutterleib innerhalb der ersten Schwangerschaftswochen.

913 Bei der Mortalitätsrate ist zu beachten, dass 80 Kinder ausgeschlossen werden mussten, da mindestens ein Elternteil oligophren, taubstumm oder psychopathisch, d.h. nicht gesund war. Vgl. hierzu *Seemanová*, Zeitschrift für ärztliche Fortbildung (80), 799 (799).

914 Siehe *Seemanová*, Zeitschrift für ärztliche Fortbildung (80), 799 (802).

915 So *Seemanová*, Zeitschrift für ärztliche Fortbildung (80), 799 (802).

(1) Stimmen in der Literatur gegen die Bejahung eines Risikos

Bereits im Jahre 1915 hatte die Literatur[916] zu bedenken gegeben, dass der Inzest an sich, d.h. die „Konsanguinität“[917] nicht zu einer unmittelbaren Schädigung des Nachwuchses führe[918]. Man vertrat die Ansicht, dass die degenerierten Nachkommen aus Blutverwandten-Ehen nicht das Ergebnis der Konsanguinität als solcher seien, sondern dass es sich bei ihnen um ein schlechtes Erbmaterial handele. Inzucht an sich sei also nicht schädlich[919]. In gesunden Familien führe die Inzucht, selbst durch Generationen wiederholter Geschwisterehen, zu keinen nachteiligen Folgen. Ferner wurde vorgetragen[920], dass eine Gefahrerhöhung für die Kinder aus einer Verwandtenehe im allgemeinen nur gegeben sei, wenn eine Belastung in der Familie nachgewiesen sei, so dass das Homozygotwerden rezessiver krankhafter Anlagen oder das Zusammentreffen ungünstiger Teilanlagen befürchtet werden müsse[921]. In körperlich und geistig gesunden Familien brauche von der Verwandtenehe nicht abgeraten zu werden[922]. Zur Bekräftigung dieser Aussagen[923] wurde auf die Studien von *Hanhart*[924] verwiesen. Dieser habe bei erbpathologischen Forschungen in der Schweiz große Unterschiede zwischen verschiedenen Inzuchtgebieten gefunden. Neben Gemeinden, die eine starke Häufung rezessiver Erbleiden aufgezeigt hätten, hätte es auch solche gegeben, die trotz starker Inzucht keine größeren Krankheitsfälle gezeigt hätten. Hierdurch sei bewiesen, dass der Bestand an krankhaften Erbanlagen in der Bevölkerung von entscheidender Bedeutung sei. *Hanhart*[925] selbst vertritt diese Meinung ebenfalls. Seiner Ansicht nach, sei das Risiko des Herausmendelns rezessiver Homozygoten örtlich sehr verschieden, je nachdem ob Herde von Erbkrankheiten und Missbildungen vorhanden seien. Die Autoren *Marcuse*, *Verschuer*, *Hanhart* und nicht zuletzt *Saller*[926] vertreten also die Ansicht, dass der Inzest an sich keine unmittelbare Gefahr für den Nachwuchs darstelle. Nur der Inzest gekoppelt mit ungünstigen Erbanlagen führe zu

---

916 Siehe *Marcuse*, Vom Inzest, S. 7.

917 D.h. die Blutsverwandtschaft.

918 Vgl. *Marcuse*, Vom Inzest, S. 7.

919 Siehe *von Verschuer*, Genetik des Menschen, S. 58.

920 Siehe *von Verschuer*, Genetik des Menschen, S. 354.

921 Vgl. auch *Siebert*, Das Inzestverbot, S. 10 ff.

922 Vgl. zum Thema auch *Vogel*, Lehrbuch, S. 556: „Immerhin zeigen sie [Geschwisterehen bei den ägyptischen Pharaonen und Inkakönigen], dass die Gefahr nicht in der Inzucht als solcher, sondern in den von ihr zutage geförderten recessiven Erbanlagen liegt.“

923 Siehe *von Verschuer*, Genetik des Menschen, S. 58.

924 Vgl. *Hanhart*, Nachprüfung, S. 5 ff.

925 Siehe *Hanhart*, Nachprüfung, S. 7.

926 *Saller*, Münchener Medizinische Wochenschrift 107, 2105 (2105 ff.).

einer Erhöhung der Wahrscheinlichkeit, dass rezessive Erbleiden „homozygot" werden und sich so manifestieren könnten. Mit anderen Worten: Nicht der Inzest führe zu einem erhöhten Risiko, sondern vielmehr das Vorhandensein eines Erbleidens. Konsequenterweise müsste der Gesetzgeber dann den Beischlaf für alle Personen verbieten, bei denen eine krankhafte Erbanlage vorhanden ist. Dies aber wäre selbstverständlich ein verfassungs- und menschenrechtlich unhaltbares Ergebnis.

(2) Stimmen in der Literatur für die Bejahung eines Risikos

Allerdings gibt es auch andere Stimmen. Eine nicht haltbare Ansicht vertritt *Többen*[927] Zwar führt er im Jahr 1925 zunächst die Erkenntnisse von *Bleuler*[928] und *Kraepelin*[929] an, die wie die oben genannten Autoren zu dem Schluss kommen, dass nicht die Blutsverwandtschaft an sich, sondern die schlechte Beschaffenheit des Erbmaterials ausschlaggebend sei[930]. *Többen* schließt sich diesen Ausführungen jedoch nicht an[931]:

> „Trotz des sehr begreiflichen, vielfach erhobenen Einwandes, dass der Gedanke an die rassenbiologische Bedeutung der Inzucht nur wenig einer eindeutigen Auslegung fähig sei, beweist doch mein Material, dass es von rassenbiologischen und eugenischen Gesichtspunkten durchaus zweckmäßig ist, wenn eine Strafandrohung ernster Natur, wie sie in § 173 StGB vorgesehen ist, gegen die Blutschande aufgerichtet wurde."

Weiter heißt es:

> „Es handelt sich also darum, nach Möglichkeit die Gefahr der Erzeugung einer höchst minderwertigen Nachkommenschaft durch ganz nahe blutsverwandte Verbindungen – Inzestverbindungen – durch Strafandrohung zu verhüten."

Den Einwand, warum dann nicht auch „sonstiger, ungünstig wirkender Geschlechtsverkehr" verboten sei, weist *Többen* dahingehend zurück, dass es sehr wohl Bestrebungen gebe, den Geschlechtsverkehr in diesen Fällen zu verhindern. So dürften „die wegen Geisteskrankheit Entmündigten nicht heiraten"[932]. Außerdem gebe es Bestrebungen „durch geeignetes staatliches Eingreifen, insbesondere durch gesetzgeberische Vorschläge über lebenslängliche Anstaltsunterbringung und rassehygienische Maßnahmen, die mit den schwere Formen des angeborenen Schwachsinns und der psychopathischen Minderwertigkeit Behafteten, Epileptiker und Säufer von der Fortpflanzung auszu-

927 *Többen*, Über den Inzest, S. 81 f.
928 Vgl. *Bleuler*, Lehrbuch, S. 24, 75, 81.
929 Vgl. unter andrem *Kraepelin*, Psychiatrie, I. Band, S. 188 ff.
930 So *Többen*, Über den Inzest, S. 81.
931 Siehe *Többen*, Über den Inzest, S. 82.
932 So *Többen*, Über den Inzest, S. 82.

schließen." Eine solche Ansicht ist schlichtweg nicht haltbar. Wohin solche Maßnahmen geführt haben, hat sich in der Zeit des Nationalsozialismus deutlich gezeigt.

Wulffen[933] sieht im Inzest ebenfalls eine Begünstigung schädlicher Anlagen und darin wiederum eines der tragenden Motive der Gesetzesnorm:

> „Richtig ist aber, dass die Inzucht durch die Gleichartigkeit der Keimplasmen, wenn diese mit Krankheitsanlagen behaftet sind, ein Hervortreten schädlicher Anlagen begünstigt, weil eben eine Häufung der Krankheitsdeterminanten vorliegt."

Und weiter[934]:

> „Wenn deshalb die Strafbarkeit der Blutschande mit auf die Gefahren der Inzucht gestützt wird, so werden wir in ihnen zwar nicht eine bedingungslose, wohl aber bei der mangelnden Auslese, welche so häufig unsere Geschlechtsverbindungen begleitet, eine immerhin beachtenswerte Motivierung des Strafgesetzes zu erblicken haben."

Eine weitere kritische Stimme ist die von *Staudacher*[935]. Staudacher untersuchte insgesamt 10 Vater-Tochter- und 25 Bruder-Schwester-Inzestfamilien im Hinblick auf die Bereiche: Erbnormalbiologie, psychische Entwicklung und Intelligenz, pathologische Phänomene, sowie sozialanthropologische Aspekte und unterschied dabei zwischen Vater-Tochter-Inzest[936] und Geschwister-Inzest[937]. Dabei kommt er in seiner Zusammenfassung[938] zu den folgenden Ergebnissen: Grundsätzlich dürften beim Vater-Tochter- und beim Geschwister-Inzest die gleichen Folgeerscheinungen auftreten und die Gefahr des Zustandekommens von Erbleiden infolge Homozygotwerdens rezessiver Defektfaktoren dürfte im Vordergrund stehen[939]. Dies zeige sich besonders an den Störungen, die sich relativ einfach rezessiv vererbten, wie z.B. dem Albinismus. Ob es darüber hinaus allerdings zu Störungen kommen könne, die speziell auf den Inzest zurückzuführen seien, ohne dass diese „mendelistisch zu erklären"[940] seien, ließe sich nicht mit Sicherheit sagen. *Staudacher* verweist an dieser Stelle aber auf die in seiner Arbeit auffällig häufig vorkommenden „Disproportionierungen, Kümmerformen, Hyper- und Hypoplasien und Abweichungen von der familiären Norm". Wie diese zu erklären sind, sei jedoch fraglich.

---

933 Vgl. *Wulffen*, Der Sexualverbrecher, S. 629.
934 Siehe *Wulffen*, Der Sexualverbrecher, S. 630.
935 *Staudacher*, Anthropologische Untersuchungen, S. 2 ff.
936 Siehe *Staudacher*, Anthropologische Untersuchungen, S. 60 ff.
937 Siehe *Staudacher*, Anthropologische Untersuchungen, S. 65 ff.
938 Vgl. *Staudacher*, Anthropologische Untersuchungen, S. 152 ff.
939 So *Staudacher*, Anthropologische Untersuchungen, S. 152.
940 So *Staudacher*, Anthropologische Untersuchungen, S. 152.

„Allenfalls wäre daran zu denken, dass hier gleiche familiäre Genausformungen zusammentreffen und entweder eine besonders starke oder schwache Wirkung entfalten. Es würde sich also dabei um den Effekt einer besonderen Konstellation multipler Allele handeln.“[941]

Insofern würde es sich also dann um Inzestfolgen handeln. Die aufgetretenen psychischen Störungen der Inzestkinder sieht *Staudacher* ebenfalls als negative Folgen des Inzests an.

„Übersensibilität, Antriebsarmut und Kontaktschwäche, überhaupt psychasthenische Symptome, könnten gleicher Genese sein wie die körperlichen Über- und Unterentwicklungen.“[942]

Auffallend viele Inzestfamilien würden Entwicklungsmängel im psychischen Bereich aufweisen, so dass die von *Staudacher* genannten Schwächen auch hierauf zurückzuführen sein könnten, also im Falle des Homozygotwerdens dieser erblichen Störungen die genannten Schwächen bewirken könnten[943]. Aufgrund dieser Befunde befürwortet *Staudacher* eine Aufrechterhaltung der Strafbarkeit des Inzests, sowohl für den Vater-Tochter- als auch für den Geschwister-Inzest[944]:

„Die entstehenden Schäden lassen es auf jeden Fall angeraten erscheinen, den Inzest weiterhin als Delikt zu betrachten.“

Die überwiegende Ansicht der Literatur tendiert jedoch insgesamt in eine andere Richtung. Die oben genannten Autoren (*Marcuse, Verschuer, Hanhart* und *Saller*) sehen im Inzest keine schädigende Wirkung[945].

(3) Zusammenfassung

Fasst man all diese Erkenntnisse noch einmal kurz zusammen, so ergibt sich folgender Überblick: Durch den Inzest erhöht sich die Wahrscheinlichkeit der „Homozygotisierung“, d.h. das Aufeinandertreffen rezessiver krankhafter Erbleiden. Besitzen beide Elternteile ein rezessiv krankhaftes Gen, so besteht eine Wahrscheinlichkeit zu 25 %, dass sich bei dem gezeugten Nachwuchs das rezessive Erbleiden manifestiert, d.h. ein krankes bzw. behindertes Kind zur Welt kommt.

Die Blutsverwandtschaft an sich hat keinen Einfluss auf die „Homozygotisierung“, d.h. das Erbgleichwerden. Dies bedeutet, dass der Inzest an sich nicht kausal für einen krankhaften Nachwuchs ist. Der Nachwuchs kann grundsätzlich

---

941 So *Staudacher*, Anthropologische Untersuchungen, S. 152.
942 *Staudacher*, Anthropologische Untersuchungen, S. 152.
943 So *Staudacher*, Anthropologische Untersuchungen, S. 152.
944 *Staudacher*, Anthropologische Untersuchungen, S. 153.
945 So *Saller*, Münchener Medizinische Wochenschrift 107, 2105 (2105).

nur dann erkranken, wenn beide Eltern Träger eines rezessiven Erbleidens sind, d.h. über „schlechtes Erbmaterial“ verfügen. Da solche Erbkrankheiten jedoch weitervererbt werden (allerdings meist in „autosomal-dominanten“ Erbgängen, so dass die Krankheit in aller Regel rezessiv ist und deshalb nicht zum Vorschein kommt), steigt beim Inzest die Wahrscheinlichkeit, dass beide Elternteile das rezessive krankhafte Gen besitzen und es somit zur Manifestierung der Krankheit kommt.

Das Aufeinandertreffen solcher rezessiver krankhafter Gene ist jedoch individuell, d.h. vom Einzelfall abhängig, je nachdem ob eine Familie Träger einer Erbkrankheit und somit krankhafter Gene ist.

Zieht man aus diesen Erkenntnissen ein Fazit, so wird deutlich, dass viele Faktoren aufeinander treffen müssen, bevor es tatsächlich zu einer konkreten „Schädigung des Nachwuchses“ kommen kann. Die Wahrscheinlichkeit, dass es also zu einer Schädigung kommt, ist aufgrund dieser vielen einzelnen Faktoren schwer vorherzusehen und insgesamt eher gering. Und so lässt sich mit *Marcus*[946] das Vorliegen einer Gefahr für das Rechtsgut „Gesundheit des Individuums“ wie folgt ablehnen:

> „Ein Staatsinteresse an strafgesetzlichen Eingriffen ist nur dort gegeben, wo aus einer Handlung unmittelbar ernstliche Gefahren drohen, nicht aber, wenn diese wie hier, doch recht fern liegen, nur mittelbar bedingt und so selten sind.“

Nach der wohl überwiegenden Meinung in der Literatur[947] stellt § 173 StGB jedoch kein konkretes, sondern ein abstraktes Gefährdungsdelikt dar[948]. Nach verbreiteter Auffassung[949] stellt die Bestrafung eines bloß typischerweise gefährlichen Verhaltens den Strafgrund der abstrakten Delikte dar. Der Gesetzgeber wolle damit solche Verhaltensweisen untersagen, die typischerweise zur Beeinträchtigung eines Rechtsguts führen und daher allgemein missbilligt werden[950]. Das tatbestandsmäßige Verhalten ist also deshalb verboten, weil es mit „signifikanter Häufigkeit“[951] zu Rechtsgutsbeeinträchtigungen führt. Es kommt nicht darauf an, ob bestimmte Rechtsgüter durch die Handlung verletzt oder gefährdet werden. *Kindhäuser*[952] bezeichnet dies als die generelle Verletzungsrelevanz. Fraglich ist also, ob das geringe Risiko, welches für das

---

946 Siehe *Marcuse*, Vom Inzest, S. 71.
947 *Blei*, FamRZ 1961, 137 (139); vgl. auch Kapitel IV, A I.
948 So auch *Hassemer*, Sondervotum in BVerfG NJW 2008, 1137 (146).
949 Vgl. S/S-*Stree/Heine*, Vorbem. §§ 306 ff. Rn. 3 ff.; *Zieschang*, Die Gefährdungsdelikte, S. 22 m. w. N.
950 Vgl. S/S-*Stree/Heine*, Vorbem. §§ 306 ff. Rn. 3; *Kindhäuser*, Gefährdung als Straftat, S. 229.
951 So *Kindhäuser*, Gefährdung als Straftat, S. 230.
952 *Kindhäuser*, Gefährdung als Straftat, S. 230.

Rechtsgut Gesundheit des Individuums vorliegt, genügt, um § 173 StGB als abstraktes Gefährdungsdelikt einzustufen. Der Inzest, d.h. die Tathandlung des Beischlafs müsste also typischerweise zu einer Beeinträchtigung des Schutzguts führen. Dass es beim Inzest gerade nicht typischerweise zu einer Schädigung kommt, wurde soeben dargestellt. Dieser Befund wurde durch die empirische Wissenschaft eindeutig belegt. Allein der Inzest führt auch nicht zu einem Risiko bzw. einer Beeinträchtigung des Schutzguts. Erforderlich ist immer das Zusammentreffen von Inzest und rezessiven krankhaften Genen bei beiden Elternteilen. Nur in dieser Kombination kann es überhaupt zu einer Beeinträchtigung des Schutzguts kommen. Das abstrakte Gefährdungsdelikt verlangt allerdings keine Gefährlichkeit der konkreten Tat[953]. Es kommt also z.B. nicht darauf an, ob der Täter tatsächlich zeugungsfähig ist oder nicht. Hinzu tritt, dass gerade die „typische Beeinträchtigung" eines Schutzguts das gesetzgeberische Motiv für die Schaffung abstrakter Gefährdungsdelikte darstellt. Insofern darf die weit reichende Einschätzungsprärogative des Gesetzgebers[954] nicht unbeachtet bleiben. Danach obliegt es zunächst einmal dem Gesetzgeber festzulegen, wie klein ein Risiko maximal sein darf, um noch als eine „typischerweise entstehende Beeinträchtigung" gelten zu können. Berücksichtigt man im Hinblick auf den Inzest, dass im Falle zweier kranker Elternteile die Homozygotisierungsrate bei 25 % liegt[955], so lässt sich eine typischerweise entstehende Beeinträchtigung bejahen[956]. Ob dieses Risiko den Anforderungen der Strafrechtsbegrenzung und der Verfassung genügt, ist dann eine andere Frage[957].

---

953 Vgl. *Zieschang*, Die Gefährdungsdelikte, S. 381.

954 Vgl. hierzu auch Kapitel V, F IV; Kapitel VII, A I 6.

955 Vgl. insbesondere Kapitel V, C II 1 dd 3.

956 So im Ergebnis auch BVerfG NJW 2008, 1137 (1140). Dieses verweist jedoch nur allgemein auf die Auffassung im medizinischen und anthropologischen Schrifttum sowie auf das vom Senat in Auftrag gegebene Gutachten des Max-Planck-Instituts.

957 Die Frage der Verfassungsmäßigkeit der Norm wird in Kapitel VII geklärt werden. Auch die deutliche Kritik *Hassemers*, Sondervotum in BVerfG NJW 2008, 1137 (1143) zur Berücksichtigung eugenischer Gesichtspunkte wird dort wiedergegeben.

b) Gesundheit nachfolgender Generationen[958]

Wie bereits erläutert[959], geht es beim Rechtsgut „Gesundheit nachfolgender Generationen" um den Schutz vor mittelbaren Schäden bzw. Risiken. Es handelt sich hier also um Schäden/Risiken, die nicht direkt als „Erfolg" einer Handlung entstehen, sondern sich erst in einem späteren Verlauf zeigen. Beim Inzest könnten dies solche Folgen sein, die nicht bei den unmittelbar aus dem Inzest hervorgegangenen Kindern vorliegen, sondern erst einige Generationen später auftreten und sich dann manifestieren. Ob es aber tatsächlich eine sog. „Degenerierung der Erbanlangen der Gesellschaft"[960] gibt, d.h. „mittelbare Schäden" für die folgenden Generationen und wie schließlich deren konkrete Auswirkungen sind, ist fraglich.

An dieser Stelle muss zunächst eine weitere Unterteilung in zwei Gruppen erfolgen. Man muss hier nämlich zwischen der sog. „Inzestzucht"[961] und der sog. „Familieninzucht"[962] unterscheiden. Unter der „Inzestzucht" versteht man den fortlaufenden Inzest in der Generationenfolge. Es geht also darum, dass Kinder, die unmittelbar aus einer Inzestverbindung hervorgegangen sind, sich fortpflanzen könnten und somit die Möglichkeit bestünde, dass rezessive krankhafte Gene in der Generationsfolge weiter vererbt werden könnten. Unter der sog. „Familieninzucht" versteht man hingegen die fortlaufende Inzucht in der Generationenfolge. Es geht hier also darum, ob Ehen naher Blutsverwandter[963], z.B. Ehen zwischen Cousin und Cousine ersten oder zweiten Grades, Gefahren für die folgenden Generationen verursachen bzw. ob der aus solchen Beziehungen hervorgehende Nachwuchs negative Folgen für nachfolgende Generationen in sich tragen und bewirken kann.

---

958 Beim Rechtsgut „Gesundheit nachfolgender Generationen" handelt es sich nach wohl überwiegender Ansicht um ein Kollektivrechtsgut, so dass diese Einteilung hier nicht korrekt wäre. Da dieses Rechtsgut aber in engem Zusammenhang mit dem Erbbiologischen Schutzgedanken steht, soll dieses Rechtsgut bereits an dieser Stelle begutachtet werden. Vgl. zur Diskussion, ob man den Schutz nachfolgender Generationen überhaupt als Kollektivrechtsgut anerkennen kann, die Argumentation von *Hohmann*, Umweltdelikte, S. 189 ff. zu den Umweltdelikten. Zur Kritik hieran, *Stratenwerth*, ZStW 105, 679 (679 ff.).

959 Vgl. Kapitel V, C II 1.

960 Diesen Begriff verwendet *Klöpper*, Das Verhältnis von § 173 StGB zu Art. 6 I GG, S. 104 ff.

961 Vgl. zu diesem Begriff, *Palmen*, Der Inzest, S. 124.

962 Vgl. zu diesem Begriff, *Palmen*, Der Inzest, S. 124.

963 Ausgeschlossen sind hier also gerade Eltern und ihre Kinder bzw. Vollgeschwister.

aa) Inzestzucht

Es stellt sich die Frage, welche Gefahren von unmittelbar aus einer Inzestverbindung hervorgegangenen Kindern für die nachfolgenden Generationen ausgehen. *Seemanová*[964] sieht in der „Inzestzucht" kein Problem, da mit einem erhöhten genetischen Risiko höchstens für die eigenen Kinder miteinander verwandter Partner, nicht aber für weitere Nachkommen in direkter Linie zu rechnen sei. Und bei *Saller*[965] heißt es:

> „Im Tierexperiment kommt es bei fortdauerndem Inzest zunächst zu einem gewissen Kümmern des Inzuchtkreises so lange, bis ein Minimum erreicht ist. Wir wissen nicht, ob derartiges nicht auch beim Menschen gelten könnte."

Und an anderer Stelle[966] heißt es sogar:

> „Für die Gesellschaft jedoch kann der Inzest mit solchen Folgen durchaus von Nutzen sein: Durch die Homozygotisierung krankhafter Anlagen und ihre Manifestierung beim Inzest wird einer Auslese, etwa durch Auswirkung einer geminderten Lebenstüchtigkeit bei den Homozygoten oder durch eugenische Maßnahmen, die Möglichkeit zum Ansatz und damit zur Tilgung solcher Faktoren aus der Gesellschaft, also gewissermaßen zur Reinigung des Erbstroms, gegeben."

Eine Wertung dieser Möglichkeiten soll hier außen vorbleiben.

Des weiteren dürfte die von Kindern aus Inzestverbindungen ausgehende Risiko schon aus praktischen Erwägungen geringer sein. Denn Kinder aus Inzestverbindungen werden potentiell viel seltener selbst Eltern[967]. Dies dürfte daran liegen, dass Kinder aus Inzestverbindungen eine höhere Sterblichkeitsrate[968] und aufgrund der höheren Wahrscheinlichkeit an Erbkrankheiten zu erkranken eine geringere Fortpflanzungsrate aufweisen dürften[969]. Ein gewisses Risiko für die „Degenerierung der Erbanlagen der Gesellschaft" dürfte also durch die „Inzestzucht" zwar geschaffen werden. Da dieses aber so gering ist, dürfte es kaum ins Gewicht fallen. Ob dieses Risiko des weiteren ausreicht, um eine Strafrechtsnorm zu legitimieren, soll an anderer Stelle diskutiert werden[970].

---

964 *Seemanová*, Zeitschrift für ärztliche Fortbildung (80), 799 (799).

965 *Saller*, Münchener Medizinische Wochenschrift 107, 2105 (2107); vgl. auch *Jäger*, Strafgesetzgebung, S. 64.

966 So *Saller*, Münchener Medizinische Wochenschrift 107, 2105 (2106).

967 So auch *Klöpper*, Das Verhältnis von § 173 StGB zu Art. 6 I GG, S. 105.

968 Vgl. hierzu die Studie von *Seemanová*, Zeitschrift für ärztliche Fortbildung (80), 799 (799 ff.); sowie Kapitel V, C II 1 a cc.

969 So auch *Klöpper*, Das Verhältnis von § 173 StGB zu Art. 6 I GG, S. 105.

970 Siehe Kapitel VII.

bb) Familieninzucht

Fraglich ist, welche Gefahren von Kindern aus Beziehungen zwischen Blutsverwandten[971] für die folgenden Generationen ausgehen.

Zunächst dürften wohl auch hier ganz praktische Erwägungen maßgeblich sein. Die Sterblichkeitsrate und die Wahrscheinlichkeit der Erkrankungen dürften bei den Nachkommen aus Verwandtenehen geringer sein[972] und somit dürfte die Wahrscheinlichkeit, dass solche Kinder selbst Eltern werden, deutlich höher liegen als bei Kindern aus Inzestbeziehungen[973]. Die Vererbung rezessiv krankhafter Gene in die nachfolgenden Generationen dürfte also wahrscheinlicher sein. Ob dies jedoch tatsächlich der Fall ist, ist nicht eindeutig geklärt, da keine wissenschaftlichen Befunde hierzu existieren[974]. Ferner ist auch ungeklärt, inwiefern andere Faktoren für gewisse Krankheitsbilder ursächlich sind[975]. Hierunter fallen insbesondere die Nahrungsverhältnisse[976] sowie die psychische und physische Verfassung der Kindsmutter[977]. Zusammenfassend lässt sich also sagen, dass es auch bei der „Familieninzucht" von vielen, im Einzelnen teilweise noch ungeklärten Faktoren abhängt, ob es tatsächlich zu einer „Degenerierung der Erbanlagen der Gesellschaft" kommt. Ob man hier also von einer Gefahr bzw. einem Risiko sprechen kann, ist fraglich[978]. Ein gewisses Risiko – wenn auch nur ein geringfügig erhöhtes – kann an dieser Stelle nicht vollkommen ausgeschlossen werden.

c) Fazit

Insgesamt lassen sich daher folgende Feststellungen treffen: Ein Inzestverbot, wie dass des § 173 StGB lässt sich aus dem erbbiologischen Schutzgedanken heraus nur äußerst schwer rechtfertigen. Es kann keine konkrete Gefahr für die Rechtsgüter „Gesundheit des Individuums" und „Gesundheit nachfolgender

---

971 Bei der Familieninzucht geht es gerade nicht um die in § 173 StGB genannten Blutsverwandten, vgl. bereits Kapitel V, C II 1 b.

972 Vgl. hierzu die Studie von *Seemanová*, Zeitschrift für ärztliche Fortbildung (80), 799 (799 ff.); sowie Kapitel V, C II 1 a cc.

973 So auch *Klöpper*, Das Verhältnis von § 173 StGB zu Art. 6 I GG, S. 105.

974 Eine Zuordnung zu den empirisch-rationalen Gründen ist jedoch trotzdem zulässig, da rein theoretisch eine empirische Überprüfbarkeit möglich wäre. Vgl. ferner *Seemanová*, Zeitschrift für ärztliche Fortbildung (80), 799 (799), die darauf verweist, dass aufgrund einer zunehmenden Bevölkerungsdurchmischung in ihrer Studie keine Befunde mehr zu erlangen sind; die gleichen Probleme sieht auch *Jäger*, Strafgesetzgebung, S. 64.

975 Vgl. hierzu *Palmen*, Der Inzest, S. 136 m. w. N.

976 Vgl. *Federley*, Das Inzuchtproblem, S. 9.

977 Vgl. hierzu *Klöpper*, Das Verhältnis von § 173 StGB zu Art. 6 I GG, S. 103 m. w. N.

978 Vgl. im einzelnen die Diskussion in Kapitel V, C II 1 a bb.

Generationen" festgestellt werden[979]. Lediglich die Erbbelastung beider potenzieller Elternteile ist für die „Homozygotisierung" und damit das Manifestieren der rezessiven krankhaften Gene verantwortlich und somit die einzige und entscheidende Bedingung[980]. Fehlt es an dieser Bedingung, so besteht überhaupt keine Gefahr einer Schädigung des Nachwuchses oder nachfolgender Generationen. *Jäger*[981] bringt dies auf den Punkt, indem er ausführt:

> „Eine Wirkung, die keine tatbestandstypische und die in einer großen Zahl von Tatbegehungen nicht einmal potentiell gegeben ist, kann, wie aus dem hier vertretenen Begriff der Rechtsgüterverletzung hervorgeht, nicht in Betracht kommen."

Dennoch kann das beim Aufeinandertreffen rezessiver krankhafter Gene entstehende Risiko, selbst wenn es äußerst gering ist, nicht unbeachtet bleiben; die Gefahr einer typischerweise entstehenden Beeinträchtigung lässt sich vielmehr bejahen. Somit genügt § 173 StGB den Anforderungen, welche an ein abstraktes Gefährdungsdelikt gestellt werden. Dies gilt insbesondere, wenn man die weit reichende Entscheidungsprärogative des Gesetzgebers beachtet. Ein Risiko lässt sich daher für die Rechtsgüter „Gesundheit des Individuums" und „Gesundheit der nachfolgenden Generationen" jedenfalls nicht vollkommen ausschließen. Ob dieses Risiko unter Verfassungsgesichtspunkten tatsächlich strafwürdig ist, ist indes eine andere Frage[982].

d) Ungünstiges Erscheinungsbild der Inzesttäter/-familien

Im Zusammenhang mit dem „erbbiologischen Schutzgedanken" werden oft auch kriminalsoziologische bzw. kriminalpsychologische Erkenntnisse genannt. Gemeint sind damit kriminologische Studien zur Erforschung des Täterprofils eines Inzesttäters. Ältere Studien, aus dem Jahr 1925 wie die von *Többen*[983] und *Hentig/Viernstein*[984] kommen in der Regel zu dem Schluss, dass es sich bei Inzesttätern oft um „Degenerierte, Psychopathen und Trinker"[985] handle bzw. pathologisch geschädigte Inzestkinder in der Regel aus Familien kämen, in

---

979 So im Ergebnis auch *Hassemer*, Sondervotum in BVerfG NJW 2008, 1137 (1143): Anders als im Betäubungsmittelstrafrecht sei schon wegen der anerkannten Seltenheit des Auftretens möglicher Erbschäden aus Geschwisterinzest für die Gesundheit einzelner, abgrenzbarer Bevölkerungsgruppen eine nennenswerte Beeinträchtigung nicht vorherzusagen, die Grund für eine sichernde Strafnorm gäbe.

980 So auch *Jäger*, Strafgesetzgebung, S. 66.

981 So *Jäger*, Strafgesetzgebung, S. 66.

982 Diese Frage wird im Rahmen der Verhältnismäßigkeitsprüfung geklärt werden, vgl. Kapitel VII.

983 Vgl. *Többen*, Über den Inzest, S. 81 f.

984 Vgl. *Hentig/Viernstein*, Untersuchungen, S. 17 ff.

985 So *Többen*, Über den Inzest, S. 81.

denen bereits zuvor Erbschäden aufgetreten waren[986]. Die mit derartigen Anomalien behafteten Täter würden diese Anomalien schließlich an den Nachwuchs weiter geben und somit eine „konkrete Gefahr für die Gesundheit des Individuums“ darstellen.

Diesem Gedanken wird allerdings seit den 50ger Jahren des 20. Jahrhunderts vehement widersprochen. So wird ausdrücklich davor gewarnt, den „Geisteskranken, den Schwachsinnigen, den Hypersexuellen oder sexuell Arbartigen bzw. Minderwertigen“ als den typischen bzw. dominierenden Inzesttäter anzusehen[987]. Ferner sei Inzest auch kein Verhalten, welches typischerweise von Menschen mit geringerer Intelligenz begangen werde[988]. Es gebe unter den Inzesttätern auch biologisch „gesunde“ Menschen. *Marcuse*[989] gab früher schon zu bedenken, dass die Bestrafung von lediglich (kranken) Inzesttätern dann völlig inkonsequent wäre. Soll der Beischlaf und die Gefahr der Zeugung von krankem Nachwuchs tatsächlich sanktioniert werden bzw. als Strafgrund dienen, so müsste der Geschlechtsverkehr aller irgendwie erbbiologisch bedingt kranker Menschen sanktioniert bzw. verboten werden. Ich selbst möchte bei diesem Ansatz weniger auf die ihm immanente Inkonsequenz verweisen, als vielmehr auf die Bedeutung und Gefahren eines solchen. Denn der Eingriff in das Grundrecht auf freie Selbstbestimmung im Hinblick auf die Fortpflanzung lässt Erinnerungen an die „Rassenhygiene“ in der Zeit des Nationalsozialismus wach werden.

2. Schutz vor nachhaltiger psychischer Schädigung

Als zweites individuelles Rechtsgut ist der „Schutz vor nachhaltiger psychischer Schädigung“ zu nennen. Die Anhänger dieser Ansicht vertreten die Auffassung, dass § 173 StGB der Verhütung psychischer Schäden beim „missbrauchten Partner“[990] diene. Was allerdings unter „missbrauchtem Partner“ zu verstehen ist, erfordert einer genaueren Konkretisierung.

---

[986] Vgl. *Laufhütte*, Prot. VI, S. 1248: „asoziale Großfamilie“.

[987] Siehe *Jäger*, Strafgesetzgebung, S. 65: „Wir müssen uns jedoch davor hüten, aus diesen Einzelerfahrungen, mögen sie zahlenmäßig auch erheblich sein, einen Tätertyp des geistesschwachen oder geistesgestörten Inzestverbrechers zu konstruieren.“

[988] So *Jung*, FS Leferenz, 311 (314) mit Verweis auf die Scottish Law Commission; ebenso *Wirtz*, Seelenmord, S. 77; *Chmurzinski*, Inzest, S. 129.

[989] *Marcuse*, Vom Inzest, S. 71.

[990] Vgl. hierzu auch *Klöpper*, Das Verhältnis von § 173 StGB zu Art. 6 I GG, S. 108.

a) Kinder/Jugendliche

Wenn vom „missbrauchten Partner“ bzw. vom „Inzestopfer“ gesprochen wird, so bezieht sich diese Bezeichnung meist auf minderjährige Tatbeteiligte[991]. Gerade sie sollen vom Rechtsgut „Schutz vor psychischen Schäden“ erfasst sein.

Wie Kinder und Jugendliche auf derartige sexuellen Übergriffe reagieren, sei vom Einzelfall abhängig[992]. In der Regel seien zuerst körperliche Verletzungen erkennbar[993]. Die Symptome reichten von Beschwerden des Magen-Darm-Traktes über asthmatische Beschwerden und einer Vielzahl von Haut- und allergischen Erkrankungen[994] bis zu Wunden im Genitalbereich und, allerdings seltener, Geschlechtskrankheiten[995]. Als erste psychische Reaktionen der Kinder und Jugendlichen komme es sehr häufig zu Störungen des Sozialverhaltens[996]. Dass diese Reaktionen zumindest mittelbar[997] mit dem Inzest zusammen hängen können, ist zwischenzeitlich wohl unstreitig[998]. Ab dem frühen Erwachsenenalter würden sich dann die psychischen und psychosomatischen Störungen/Erkrankungen[999] verstärkt manifestieren[1000] bzw. insgesamt sogar zunehmen[1001].

---

991 Vgl. bereits Kapitel I, C III: „Begriffsdefinition“; zur Literatur vgl. nur *Wirtz*, Seelenmord, S. 15 ff.; *Maurer*, Triadische Inzestfamilie, S. 1 ff.; *Jung*, FS Leferenz, 311 (316); *Köhler*, Kindesmissbrauch, S. 291.

992 So *Köhler*, Kindesmissbrauch, S. 300; *Hummel*, ZfJ 83, 417 (422); *Stratenwerth*, FS Hinderling, 301 (304); *Strunk*, Prot. VI, S. 922.

993 Vgl. *Köhler*, Kindesmissbrauch, S. 301; *Maurer*, Triadische Inzestfamilie, S. 1; vgl. insgesamt auch *Jungjohann*, Acta Paedopsychiatrica 53, 54 (54 ff.).

994 So *Maurer*, Triadische Inzestfamilie, S. 1.

995 Vgl. *Köhler*, Kindesmissbrauch, S. 301.

996 *Köhler*, Kindesmissbrauch, S. 301, nennt hier: Lern- und Verhaltensauffälligkeiten, Delinquenz, Beziehungsschwierigkeiten, Aggressivität, Bettnässen, Sprachstörungen; ähnlich auch *Wirtz*, Seelenmord, S. 79.

997 Mittelbar insofern, als manche Autoren im Inzest nur eine verstärkende Wirkung, nicht aber die alleinige Ursache der genannten Störungen sehen. Hinzutreten müsse ferner eine gewisse familiäre Desorganisation; vgl. zu dieser Meinung: *Rosenfeld*, MschrKrim 17, Beiheft 1, 45 (45 ff.); siehe auch *Wille*, Prot. VI, S. 992 f.: „Dabei muss aber offen bleiben, ob es sich dabei wirklich um Folgen der sexuellen Handlungen oder nicht vielmehr um ungünstige Auswirkungen des stets mit Inzesthandlungen verbundenen Autoritätskonflikts handelt.“

998 Dies dürfte mittlerweile durch die zahlreichen Studien nachgewiesen worden sein. Um so unvorstellbarer ist es daher, dass es immer noch viele Stimmen in der Bevölkerung aber auch in Fachkreisen gibt, die der Ansicht sind, Inzest i. S. des inzestuösen Missbrauchs sei generell nicht schädlich. In Amerika gibt es sogar eine „Pro-Inzest“ Lobby, die das „Recht der Kinder auf sexuelle Vergnügung“ fordert; vgl. hierzu *Wirtz*, Seelenmord, S. 81. Eine Auflistung solcher „Pro-Inzest“-Autoren findet sich bei *Rush*, Das bestgehütete Geheimnis, S. 275 ff.

999 Vgl. auch BVerfG NJW 2008, 1137 (1139).

1000 Vgl. *Wirtz*, Seelenmord, S. 84.

Als typische Erscheinungen werden: Schlafstörungen, Ess-, Magersucht und Bullemie genannt[1002]. Ferner seien „autoaggressive Verhaltensmuster“ wie z.B. Suizidversuche und Selbstverstümmelung, aber auch Neigung zur Promiskuität zu beobachten[1003]. Aus diesem Grund wird teilweise[1004] auch auf die Bezeichnung „Trauma“ und auf die „Borderline-“ Persönlichkeitsstörung[1005] verwiesen, bei welcher sich gleiche bzw. ähnliche Symptome zeigten. Als weitere Folgen/ Schäden werden „Störungen der innerfamiliären Beziehung“[1006] genannt. Dies betreffe in ganz besonderem Maße die Tochter, die durch den Inzest in Konflikte mit beiden Elternteilen gestürzt werde und welche sie letztlich nur schwer bewältigen könne[1007]. Die für die Pubertät charakteristischen Prozesse der Identitätsfindung und Ablösung von den Eltern könnten unter Umständen schwer gestört werden, wenn z.B. der Vater/Stiefvater ein pubertierendes Mädchen in der Beziehung zu ihm festhalten wolle[1008]. Bei zeitlich länger dauernden inzestuösen Beziehungen ohne zwischenzeitliche Anzeige komme fast für jede Tochter irgendwann der Zeitpunkt, bei dem das Verhältnis zur Belastung werde. Als Gründe werden hierfür die ständig einzuhaltende Geheimhaltungspflicht, die anhaltenden Scham- und Ausgestoßenheitsgefühle sowie die unerfreuliche gesellschaftliche Situation genannt[1009]:. Allerdings müssen sich bei Kindern und Jugendlichen nicht unbedingt die genannten Symptome und Verhaltensmuster zeigen[1010]. Aufgrund der Möglichkeit unterschiedlichster Faktorenkombinationen könnten keine „grundsätzlichen und typischen Symptomkonstellationen“[1011], welche unabdingbar regelmäßig wiederkehren, abgeleitet werden[1012]. Mit anderen Worten: Es gibt also auch Kinder und Jugendliche, die solche Beziehungen ohne erkennbare Störungen verarbeiten[1013]. Gerade aus

---

1001 So *Köhler*, Kindesmissbrauch, S. 301.

1002 Siehe *Köhler*, Kindesmissbrauch, S. 301.

1003 Siehe *Wirtz*, Seelenmord, S. 85.

1004 *Wirtz*, Seelenmord, S. 84.

1005 Borderline-Störungen gelten als seelisches „Grenzgebiet“. Es handelt sich dabei um eine Krankheit, die zwischen einer Psychose, Neurose und Persönlichkeitsstörung liegt.

1006 Siehe *Jung*, FS Leferenz, 311 (315): „Dass im Gefolge des Inzests Störungen der innerfamiliären Beziehung auftreten können, kann als gesichert gelten.“

1007 So *Jung*, FS Leferenz, 311 (315); *Stratenwerth*, FS Hinderling, 301 (305).

1008 So *Stratenwerth*, FS Hinderling, 301 (304); ähnlich auch *Jung*, FS Leferenz, 311 (316): „Von daher reiht sich sein Verbot ein in die Kette der Regelungen, die dazu beitragen sollen, die Überlagerung von Erziehungsverhältnissen durch sexuelle Handlungen zu verhindern.“; vgl. auch *Lempp*, Prot. VI, S. 932.

1009 *Hummel*, ZfJ 83, 417 (422); vgl. auch *Nau*, Prot. VI, S. 1007.

1010 Vgl. *Stratenwerth*, FS Hinderling, 301 (304); LK, *Dippel*, § 173 Rn. 13.

1011 Vgl. zu den unterschiedlichen Faktoren auch *Strunk*, Prot. VI, S. 922.

1012 So *Köhler*, Kindesmissbrauch, S. 300.

1013 So vor allem *Wille*, Prot. VI, S. 992: „Man wird deshalb wirklich ernsthafte Dauerschäden

diesem Grund kann also eine regelmäßige Schädigung des so verstandenen Rechtsguts nicht angenommen werden.

Es stellt sich daher wieder die Frage, ob dann wenigstens ein Risiko für das Rechtsgut bejaht werden kann. Mit den oben genannten möglicherweise auftretenden Symptomen und anhand der zahlreichen Studien[1014] über Kinder und Jugendliche, die inzestuös missbraucht wurden, dürfte das Risiko jedoch hinreichend dokumentiert[1015] sein.

Allerdings gibt es gegen ein im obigen Sinne verstandenes Rechtsgut des § 173 StGB noch weitere gewichtige Einwände: Zunächst betrifft dies die Tathandlung des „Beischlafs". Denn psychische Schäden würden nicht erst beim vollzogenen Geschlechtsverkehr eintreten; sexueller Missbrauch beginne schon davor, z.B. bei unsittlichen Berührungen. Die Tathandlung des „Beischlafs" sei daher kein tauglicher Anknüpfungspunkt[1016]. Vielmehr widerlege die punktuelle, lediglich auf den Beischlaf reduzierte Strafdrohung ein allgemeines Schutzinteresse[1017]. Dieser Argumentation kann man entgegnen, der Gesetzgeber habe über § 173 StGB eben nur diejenigen Tathandlungen unter Strafe stellen wollen, die das Rechtsgut am stärksten gefährden bzw. beeinträchtigen[1018]. Es ist allerdings einzuräumen, dass durch diesen Ansatz ein optimaler Schutz des Rechtsguts nicht erreicht wird.

Kritik[1019] wird auch am Merkmal der „Blutsverwandtschaft" geübt. Maßgeblich müsse die wirkliche Übernahme der bestimmten familiären Rolle sein. Wer immer Vater- (oder Eltern-)stelle bei einem Kind vertrete, könne dessen Entwicklung durch sexuelle Beziehungen gefährden[1020]. Ferner wird kritisiert[1021], dass die Kinder und Jugendlichen gerade durch die generelle Strafdrohung sowie durch das gesamte Strafverfahren und die eventuell folgende Bestrafung

---

durch kindliche Sexualerlebnisse als geringfügig und wenig nachhaltig ansehen müssen [...]." A.A. *Mitnick*, Inzestuös missbrauchte Kinder, S. 83, 83.

1014 Vgl. hier nur *Wirtz*, Seelenmord, S. 77 ff.; *Jungjohann*, Acta Paedopsychiatrica 53, 54 (54 ff.); *Mitnick*, Inzestuös missbrauchte Kinder, S. 83, 83 ff.; *Jäckel*, Inzest, S. 29 ff.

1015 So auch LK, *Dippel*, § 173 Rn. 13; *Stratenwerth*, FS Hinderling, 301 (304).

1016 So *Stratenwerth*, FS Hinderling, 301 (306).

1017 So *Hassemer*, Sondervotum in BVerfG NJW 2008, 1137 (1144).

1018 Das Bundesverfassungsgericht greift die Problematik der Beschränkung der Tathandlung auf den Beischlaf erst im Rahmen der Prüfung der Geeignetheit auf und bezieht sie vielmehr auf das Rechtsgut „Familienschutz". Vgl. insofern BVerfG NJW 2008, 1137 (1140) sowie Kapitel V, C III 2.

1019 Siehe *Stratenwerth*, FS Hinderling, 301 (306); *Hassemer*, Sondervotum in BVerfG NJW 2008, 1137 (1144).

1020 So *Stratenwerth*, FS Hinderling, 301 (305).

1021 *Palmen*, Der Inzest, S. 157 ff.

des Täters ebenfalls einer enormen psychischen Gefährdung ausgesetzt seien[1022]. Hierfür wird zum einen die Öffentlichkeit verantwortlich gemacht[1023]. Werde das inzestuöse Geschehen bekannt, so entlade sich die ganze Wucht moralischer Verachtung und Entrüstung auf Täter und Opfer. Hierdurch werde das Opfer aber erst recht in eine Isolation gedrängt. Denn „dann können die Erschütterung des Vertrauens, des Wertgefüges schlechthin, und der tiefe Einbruch in die Persönlichkeitsentwicklung mehr sein als eine temporäre Werteinbuße"[1024]. Weiter trete das Wiedererleben der Taten hinzu. Durch das erneute Aufrollen im Strafverfahren werde der Heilungsprozess nicht gefördert[1025]. Der größte Konflikt für das Kind bzw. den Jugendlichen wird allerdings in den Auswirkungen der Strafverbüßung des Täters[1026] gesehen. Die meisten betroffenen Familien stürze die Inhaftierung des Täters, in aller Regel der Vater, in eine wirtschaftliche Krise bzw. sogar Notlage, welche durch die Haftdauer noch verstärkt werde. Am Ende führe diese Situation dazu, dass das ursprüngliche Mitgefühl der Familienmitglieder (Mutter, Geschwister) für das Opfer in „Verbitterung"[1027] umschlage. Am Ende dieser Entwicklung stünde dann das Opfer als die Alleinschuldige[1028].

Ob diese Argumente eine Entkriminalisierung des Inzests, also die Abschaffung des § 173 StGB stützen können, erscheint zweifelhaft. Zu bedenken ist nämlich, dass es im Rahmen einer Strafverfolgung für das Opfer immer wieder belastende Momente geben wird, in welchen die Tat erneut durchlebt werden muss. Insofern handelt es sich um ein allgemeines Problem. Auch die Reaktionen der Öffentlichkeit können für das Opfer sehr belastend sein. Zu denken ist hier an die Prozesse wegen Vergewaltigung, in denen oftmals versucht wird, das Opfer als „Verführer" oder „Povocateur" darzustellen. Würde man den Schutz des Opfers vor diesen (negativen) Begleitfolgen strafrechtlich in den Mittelpunkt stellen, müssten sämtliche Delikte mit derartigem „Gefährdungspotential" für die Opfer entkriminalisiert werden.

Ein sicherlich änderungsfähiger Anknüpfungspunkt ist also nicht die Strafwürdigkeit an sich, sondern die Rechtsfolgen der Tat. Stimmen in der

[1022] Gleichzeitig weist er aber auch drauf hin, dass es zu diesem Komplex kaum empirische Befunde gäbe; Vgl. auch *Lempp*, Prot. VI, S. 929; *Matthes*, Prot. VI, S. 1020.

[1023] Siehe *Palmen*, Der Inzest, S. 160; so auch *Lempp*, Prot. VI, S. 929.

[1024] So *Gerchow*, Die Inzestsituation, S. 49; dieses Zitat führt auch *Palmen*, Der Inzest, S. 161 an, um seine Ansicht zu untermauern.

[1025] So *Palmen*, Der Inzest, S. 161.

[1026] Vgl. *Palmen*, Der Inzest, S. 162 ff.

[1027] So *Palmen*, Der Inzest, S. 163.

[1028] So *Palmen*, Der Inzest, S. 163.

Literatur[1029] fordern deshalb eine Verminderung der Strafandrohung. Die Androhung einer Freiheitsstrafe bis zu zwei Jahren wird als zu hart empfunden. Dies schließe, zumindest bei Wiederholungstätern, häufig die Möglichkeit einer Strafaussetzung zur Bewährung aus. Darüber hinaus verstelle eine Verurteilung zu einer Freiheitsstrafe alle Aussichten für eine therapeutische Einwirkung, die Täter sowie die Familie als Ganzes betreffen sollte[1030]. Meines Erachtens ist dies sicherlich ein guter Ansatz. Denn ein „sexualstrafrechtlicher Jugendschutz bleibt am Ende unverzichtbar"[1031]. Dennoch betrifft dies weniger den Straftatbestand des § 173 StGB, als vielmehr die §§ 174 ff. StGB, d.h. „sexualstrafrechtliche Jugendschutztatbestände"[1032]. § 173 StGB erfasst nur den Inzest ohne die Beteiligung Minderjähriger.

b) „Schwächeres" Familienmitglied

Als „missbrauchter Partner" könnte aber auch derjenige Sexualpartner gelten, der zum Täter in einem gewissen familiären Abhängigkeitsverhältnis steht[1033]. Es geht also um Familienmitglieder, die sich in einer schwächeren Position im Verhältnis zum Täter befinden[1034], ohne dass die §§ 174 ff. bzw. §§ 177-179 StGB eingreifen. Für den Geschwisterinzest werden dafür exemplarisch solche Fälle genannt, in denen der Bruder Nachfolger des Vaters sei, oder ein sog. „Despoteninzest"[1035] vorläge[1036]. Ferner Fälle des sog. „Eheinzests", in denen der Bruder wesentlich älter sei als die Schwester[1037]. Gerade in Fällen eines deutlichen Altersunterschieds zwischen den Geschwistern spreche eine gewisse Plausibilität für die Annahme schädigender Wirkungen[1038].

Klöpper[1039] macht aber darauf aufmerksam, dass das Strafrecht außerhalb des Minderjährigenschutzes an solche Abhängigkeitsverhältnisse nur in besonders

1029 Vgl. *Stratenwerth*, FS Hinderling, 301 (312 f.)

1030 So *Stratenwerth*, FS Hinderling, 301 (313); für eine Änderung der Rechtsfolgen auch *Hummel*, ZfJ 83, 417 (425). Beachte ferner den teilweise geringeren Strafrahmen der §§ 174 ff. StGB.

1031 So auch *Jung*, FS Leferenz, 311 (316).

1032 So *Jung*, FS Leferenz, 311 (316).

1033 Vgl. hierzu *Klöpper*, Das Verhältnis von § 173 StGB zu Art. 6 I GG, S. 108; in diese Richtung wohl auch *Fischer*, § 173 Rn. 2 m. w. N.

1034 Diese Fälle hat auch BVerfG NJW 2008, 1137 (1139) im Sinn, wenn es auf die sexuelle Selbstbestimmung als Strafzweck des § 173 Abs. 2 S. 2 StGB abstellt.

1035 Der mit Gewalteinwirkungen einhergehende Inzest.

1036 Vgl. BVerfG NJW 2008, 1137 (1139).

1037 *Staudacher*, Anthropologische Untersuchungen, S. 16 ff.; BVerfG NJW 2008, 1137 (1139).

1038 So BVerfG NJW 2008, 1137 (1139).

1039 Siehe *Klöpper*, Das Verhältnis von § 173 StGB zu Art. 6 I GG, S. 108.

extremen Fällen eindeutiger Abhängigkeit[1040] anknüpfe. Seines Erachtens sind familiäre Abhängigkeitsverhältnisse unter Erwachsenen generell als Anknüpfungspunkt ungeeignet[1041]. Solche seien „diffus und komplex und eventuell gegenseitig", d.h. für ein Tatbestandsmerkmal zu unbestimmt. Dies zeige sich gerade beim Geschwisterinzest. Auch Wortlaut und Entstehungsgeschichte des § 173 StGB enthielten keinen Hinweis auf einen solchen Anknüpfungspunkt[1042]. Einzig das bayrische StGB von 1813 enthalte Ausführungen im Hinblick auf den Missbrauch eines Abhängigkeitsverhältnisses. Dieser Gedanke war damals allerdings nicht strafbegründendes Merkmal, sondern führte lediglich dazu, die Deszendenten straflos zu lassen[1043].

Im Falle des Bestehens und Ausnutzens eines solchen Abhängigkeitsverhältnisses ist dies ohnehin im Rahmen der Strafzumessung gem. § 46 StGB zu berücksichtigen. Aus der generellen Ungeeignetheit des Abhängigkeitsverhältnisses als Tatbestandsmerkmal wird meines Erachtens auch ersichtlich, dass der „Schutz von Personen, die in einem familiären Abhängigkeitsverhältnis stehen vor psychischen Schäden" kein schützenswertes Rechtsgut sein kann. Es ist einerseits zu unbestimmt, denn es ist unklar, wie ein solches Abhängigkeitsverhältnis zu definieren wäre. Zum anderen gibt es diesbezüglich auch keinerlei empirische Befunde, die ein so verstandenes Rechtsgut stützen könnten. Darüber hinaus verlangt der Tatbestand des § 173 StGB kein solches Abhängigkeitsverhältnis[1044]. Erfasst werden deshalb ja auch solche Fälle, in denen eine Abhängigkeit gar nicht vorliegt.

Der „Schutz von Personen, die in einem familiären Abhängigkeitsverhältnis stehen vor psychischen Schäden" scheidet somit als Rechtsgut des § 173 StGB aus.

1040 *Klöpper* meint damit die §§ 174 a, 174 b, 180 III und § 182 StGB.

1041 Siehe hierzu bereits ausführlich Kapitel IV, B IV 2.

1042 Siehe *Klöpper*, Das Verhältnis von § 173 StGB zu Art. 6 I GG, S. 108.

1043 Vgl. hierzu bereits Kapitel II, A V 1 a.

1044 Vgl. Kapitel IV, B IV 2.

c) „Einverständlich handelnde“ Erwachsene

Übrig bliebe somit nur der Schutz von „einverständlich handelnden“ Erwachsenen vor psychischen Schäden infolge des Inzests. Eine so definierte Gruppe würde also insbesondere die Geschwister beim Geschwisterinzest erfassen, wenn es sich nicht um einen „Despoten- oder Eheinzest“ handelt. Ob es beim beidseitig gewollten, also einvernehmlichen Inzest überhaupt zu psychischen Konflikten oder Schädigungen der Beteiligten kommt, ist nicht geklärt[1045]. Teile der Literatur schließen solche Schäden jedoch aus[1046].

Weiterhin wird angeführt, dass gerade für die Gruppe der einverständlich handelnden Erwachsenen ein Strafverfahren die größte psychische Belastung darstelle[1047]. Hier entwickelt meines Erachtens das Argument der psychischen Schädigung durch ein Strafverfahren seine volle Überzeugungskraft. Erst durch das Strafverfahren und der damit verbundenen Aufmerksamkeit der Öffentlichkeit wird das bis dato einverständliche Handeln, dass keine Schäden der Beteiligten nach sich zieht, als „moralisch verwerflich“ kategorisiert und dadurch letztlich die Inzestbeteiligten in einen schweren Zwiespalt gestürzt.

Als Ergebnis steht somit auch an dieser Stelle fest, dass der Schutz einverständlich handelnder Erwachsener kein zu schützendes Rechtsgut darstellt.

d) Fazit

Als kurzes Fazit lässt sich damit festhalten, dass auch der „Schutz vor nachhaltiger psychischer Schädigung“ der Beteiligten kein schützenswertes Rechtsgut des § 173 StGB sein kann.

3. Schutz der aus Inzestverbindungen hervorgegangenen Kinder vor seelischer Schädigung

Ein besonders in der älteren Literatur präsentes Motiv ist der „Schutz des Inzestkindes vor seelischer Schädigung“[1048]. Der Inzest werde in der Öffentlichkeit tabuisiert, was vor allem erhebliche Auswirkungen für das Inzestkind mit sich bringe. Gerade in ländlichen Gegenden, in denen die Familienverhältnisse oft allgemein bekannt seien, werde das Kind wegen seiner Abstammung dis-

---

[1045] Hierzu gibt es weder psychologische noch medizinische Studien, denn in der Literatur werden ausschließlich die Fälle des „inzestuösen Missbrauchs“ einer näheren Studie unterzogen; so auch *Klöpper*, Das Verhältnis von § 173 StGB zu Art. 6 I GG, S. 112.

[1046] Vgl. *Palmen*, Der Inzest, S. 167; *Stratenwerth*, FS Hinderling, 301 (312); *Klöpper*, Das Verhältnis von § 173 StGB zu Art. 6 I GG, S. 112; *Köhler*, Kindesmissbrauch, S. 276 der sich speziell auf den Geschwisterinzest bezieht.

[1047] *Klöpper*, Das Verhältnis von § 173 StGB zu Art. 6 I GG, S. 112.

[1048] Vgl. nur *Laufhütte*, Prot. VI, S. 1248.

kriminiert und könne dadurch erhebliche seelische Schwächen erleiden[1049]. Gerade dieser Grund spreche auch für eine Beibehaltung der Strafbarkeit des Geschwisterinzests[1050].

Heute wird dieser Schutzzweck des § 173 StGB nicht mehr bzw. kaum noch vertreten, dennoch soll er der Vollständigkeit halber hier aufgeführt werden. Gegen einen solchen Schutzzweck sprechen gewichtige Gründe. Ob der Inzest in der Gesellschaft tabuisiert wird und ob Kinder aus solchen Verbindungen diskriminiert werden, hängt von der jeweiligen Gesellschaft ab und ist damit einem ständigen Wandel unterzogen. Die Strafbarkeit des Inzest hinge also von einem sich stets wandelnden Faktor ab, nämlich der moralischen Einstellung der Gesellschaft. Letztlich ist es völlig ungeklärt, wie die Gesellschaft heutzutage zu Inzestkindern steht. Hierzu gibt es keine repräsentativen Umfragen bzw. Studien. Allein schon aus empirischer Sicht ist ein solcher Schutzzweck also nicht belegt. Ferner handelt es sich bei solchen Folgen letztlich auch (nur) um mittelbare Folgen des Inzests. Fraglich ist also auch, ob solch eine mittelbare Gefährdung eines Rechtsguts überhaupt ausreichend ist[1051]. Ein gewichtiges Argument ist aber vor allem, dass Kinder keine zwingende Folge des Inzests sind. Da die Geburt eines Kindes kein Tatbestandsmerkmal ist, kann auch der Schutz von Kindern vor seelischer Schädigung nicht das von § 173 StGB geschützte Rechtsgut sein.

III. Kollektive Rechtsgüter

In einem weiteren Schritt gilt es nun die angeführten Kollektivrechtsgüter näher zu betrachten. Hier kommt neben dem Familienschutz insbesondere das Rechtsgut der „sittlichen Gesundheit“ und das der „sexualfreien Sphäre“ in Betracht[1052]. Diese werden oft miteinander in Verbindung gebracht[1053] oder sogar vermischt, so dass eine Trennung schwierig ist. Es soll hier dennoch eine getrennte Darstellung versucht werden.

1049 So *Laufhütte*, Prot. VI, S. 1248.

1050 So *Laufhütte*, Prot. VI, S. 1248.

1051 Vgl. hierzu auch die Erweiterung der Rechtsgutstheorie durch das Legal Paternalism, Kapitel VI, B II 3.

1052 Das Kollektivrechtsgut „Schutz der nachfolgenden Generationen vor körperlicher Schädigung“ wurde bereits bei den Individualrechtsgütern berücksichtigt, vgl. Kapitel V, C II 1 b.

1053 So auch *Maisch*, Inzest, S. 60.

1. Familienschutz

Überwiegen wird der Familienschutz als das tragende Rechtsgut des § 173 StGB verstanden[1054]. Dies ist auch an der systematischen Einordnung des § 173 StGB im 12. Abschnitt: „Straftaten gegen den Personenstand, die Ehe und Familie" zu erkennen[1055].

Was allerdings konkret unter dem Begriff „Familienschutz" zu verstehen ist, ist nicht eindeutig. Denn „Motive des Familien- und Sittenschutzes finden sich in der Literatur und Rechtsprechung in allen Variationen und Schattierungen"[1056]. Nach *Maisch*[1057] lassen sich die Motive jedoch in solche mit „sozial-hygienischem" Aspekt und in solche mit „moralischem" Aspekt einteilen. Der „sozialhygienische" Aspekt betreffe in erster Linie die Familienordnung[1058]. In der älteren einschlägigen Literatur zum Straftatbestand des § 173 StGB wird immer wieder auf den familienzerstörenden Charakter des Inzests eingegangen[1059]. Mit anderen Worten: Der Inzest führe dazu, dass intakte Familien von innen heraus zerstört würden. In diesem Sinne verweist *Welzel*[1060] auf den „inneren Frieden der Familie", der durch die Freigabe sexueller Beziehungen innerhalb der Familie schwer gefährdet würde. Ähnlich argumentiert auch das Bundesverfassungsgericht[1061], welches in der Verhinderung sexueller Beziehungen im Familienverband außerhalb der ehelichen Sexualbeziehung ihren „guten Sinn" sieht. Die lebenswichtige Funktion der Familie für die menschliche Gemeinschaft werde entscheidend gestört, wenn das verfassungsrechtliche Ordnungsgefüge durch sexuelle Beziehungen „über Kreuz" ins Wanken gerate[1062]. *Sauer*[1063] sieht die Gefahr konkret in der „Lockerung der Familienbande", was zu einer Spaltung der Familie durch den Inzest führe.

[1054] Vgl. nur *Fischer*, § 173 Rn. 2; LK, *Dippel*, § 173 Rn. 9; S/S-*Lenckner*, § 173 Rn. 1; *Maurach/Schroeder/Maiwald*, StrafR BT, § 63 Rn. 86; BGHSt 39, 326 (329); BVerfG NJW 2008, 1137 (1139).

[1055] Vgl. hierzu BGHSt 39, 326 (329): „Aber der Standort der Vorschrift im 12. Abschnitt – Straftaten gegen den Personenstand, die Ehe und die Familie – ergibt, dass Ehe und Familie in § 173 StGB jedenfalls die überragenden Rechtsgüter sind und geschützt werden sollten."

[1056] So *Jäger*, Strafgesetzgebung, S. 66.

[1057] Siehe *Maisch*, Inzest, S. 59.

[1058] So *Maisch*, Inzest, S. 59.

[1059] Vgl. hierzu *Maurach*, Deutsches Strafrecht, § 50 I D; *Welzel*, Strafrecht, S. 439; *Sauer*, Besonderer Teil, S. 575.

[1060] Siehe *Welzel*, Strafrecht, S. 439.

[1061] Vgl. BVerfG NJW 2008, 1137 (1139).

[1062] So bereits BVerfGE 36, 146 (167), ebenso BVerfG NJW 2008, 1137 (1139).

[1063] Siehe *Sauer*, Besonderer Teil, S. 575.

Jedoch lassen sich einem so verstandenen „Familienschutz" mehrere Argumente entgegenhalten: Fraglich ist schon die Qualität des Familienschutzes als konkretes Rechtsgut[1064]. Motive des Familienschutzes seien zwar unstreitig auch Teile einer strafrechtlich geschützten Werte- und Normenordnung. Dadurch erreichten sie aber noch nicht die Qualität „eines eine bestimmte Strafbarkeit begründendenden konkreten Rechtsguts"[1065]. Gerade der so verstandene Familienschutz sei relativ und wandelbar.

> „Prinzipien, die Umformungen unterliegen und dadurch keinen bestimmten allgemein verbindlichen Inhalt besitzen, können nicht Rechtsgut sein." [1066]

Die vertretene Ansicht[1067] von einer Gefahr der Lockerung der Familienbande wird stark kritisiert[1068]. Gerade die ungesunde Übersteigerung der innerfamiliären Gebundenheit sei für die Inzestfamilie typisch. In diesem Zusammenhang wird auf die psychischen Gefahren einer Inzestfixierung zwischen Vater und Tochter hingewiesen[1069]. Danach bewirke Inzest also gerade das Gegenteil einer Lockerung. Des weiteren wird die früher angenommene, familienzerstörende Wirkung des Inzests angezweifelt, denn es scheint heute „weitgehend Einigkeit darüber zu bestehen, dass der Inzest nicht Ursache, sondern Symptom oder Folge einer in der Regel bereits vor Tatbeginn gestörten Familienordnung ist"[1070]. So haben *Gerchow*[1071] und *Maisch*[1072] nachgewiesen, dass Inzest häufig in Familien auftritt, in denen bereits eine familiäre Desorganisation besteht, d.h. der Inzest also Ausdruck einer solchen und gerade nicht deren auslösender Faktor ist[1073]. *Maisch*[1074] gelangt bei seinen Studien zu der Erkenntnis, dass in

---

1064 Vgl. LK, *Dippel*, § 173 Rn. 13.
1065 So LK, *Dippel*, § 173 Rn. 13.
1066 So LK, *Dippel*, § 173 Rn. 13.
1067 *Sauer*, Besonderer Teil, S. 575.
1068 *Jäger*, Strafgesetzgebung, S. 67.
1069 Gerade also der Fall, indem das pubertierende Mädchen in der Familie festgehalten wird, vgl. hierzu bereits Kapitel V, C II 2 a.
1070 So *Maisch*, Inzest, S. 59 und 159; im übrigen schließen sich dieser Meinung an: *Klöpper*, Das Verhältnis von § 173 StGB zu Art. 6 I GG, S. 108 f.; *Jung*, FS Leferenz, 311 (313 f.); *Marcuse*, Vom Inzest, S. 73 f.; *Stratenwerth*, FS Hinderling, 301 (306); *Jäger*, Strafgesetzgebung, S. 67; *Gerchow*, Die Inzestsituation, S. 39; andere Ansicht insofern *Hummel*, ZfJ 83, 417 (422 f.), dieser sieht eine gewisse Desorganisation der Familien nur als eine möglicherweise bestehende Ursache an.
1071 Siehe *Gerchow*, Die Inzestsituation, S. 39 f.: „[...] dass der Inzest sehr häufig bereits als Symptom gestörter Familienordnung zu gelten hat, und wollten damit andeuten, dass er eine Begleiterscheinung, eine Folge gestörter Ordnung, etwas Sekundäres ist."
1072 Vgl. *Maisch*, Inzest, S. 128 ff.
1073 Neuere ausführliche Untersuchungen von Inzestfamilien finden sich bei *Maurer*, Triadische Inzestfamilie, S. 80 ff.; vgl. auch die Inzestfamilien bei *Chmurzinski*, Inzest, S. 106 (Zusammenfassung).

88 % der untersuchten Fälle Desorganisationserscheinungen bereits vor Tatbeginn vorhanden waren. Dabei gehöre der vor Tatbeginn gestörte Kontakt des Täters zur Ehefrau und die negative, bisweilen offen feindselige Beziehung des Opfers zur Mutter zu den wesentlichen Charakteristika jener Disharmonien, die symptomatisch für die familiäre Desorganisation seien[1075]. Und bei *Gerchow*[1076] heißt es:

> „Die familiäre Instabilität und Destruktion wirken sich in Richtung auf den Inzest in jenem Lebensalter besonders aus, in welchem die genannten Voraussetzungen korrelieren, wenn nämlich die Ehefrau den Ansprüchen nicht mehr genügt und die Töchter sexuell interessiert sind oder schon Verwahrlosungserscheinungen aufweisen."

Gleichzeitig wird aber auch davor gewarnt zu verallgemeinern und zu schablonisieren. Ob und wie die jeweilige Art der Desorganisation aussehe, sei vom Einzelfall abhängig, allerdings seien die oben genannten Formen eben häufig anzutreffen. Auch der Geschwisterinzest trete in aller Regel[1077] dort auf wo auch sonst ganz schwere emotionale Schwierigkeiten vorhanden seien[1078]. Der Inzest sei eine Art Not- und Schutzgemeinschaft den Eltern gegenüber[1079]. Im Übrigen kann bereits an dieser Stelle gesagt werden, dass das Durchschnittsalter bei Geschwisterinzestfällen bei ca. 25 Jahren liegt[1080], so dass es in aller Regel erst außerhalb der Familie zum Inzest kommt[1081]. Als ausschlaggebende Motive werden oft „Vereinsamungskonflikte" und die „Vertrautheit geschwisterlicher Nähe"[1082] genannt. Doch sei gerade der Geschwisterinzest die am wenigsten mit Schuldgefühlen belastete inzestuöse Beziehung[1083]. Deshalb und aufgrund der Tatsache, dass der Geschwisterinzest in der Regel außerhalb der Kernfamilie stattfinde, seien zerstörende Auswirkungen auf die Kernfamilie kaum zu erwarten[1084]. Dies gilt insbesondere für die Fälle, in denen sich die Geschwister erst

---

1074 *Maisch*, Inzest, S. 128 f.

1075 So *Maisch*, Inzest, S. 128; vgl. auch *Chmurzinski*, Inzest, S. 106 m. w. N.

1076 Siehe *Gerchow*, Inzestsituation, S. 44.

1077 Vgl. *Schönfelder*, Prot. VI, S. 919: „sofern es sich nicht um Experimentierverhalten handelt."

1078 So *Schönfelder*, Prot. VI, S. 919.

1079 So *Schönfelder*, Prot. VI, S. 919; *Stratenwerth*, FS Hinderling, 301 (305).

1080 Siehe *Wille*, Prot. VI, S. 1002.

1081 Vgl. auch *Wille*, Prot. VI, S. 1002.

1082 Siehe *Hallermann*, Prot. VI, S. 1003; *Klöpper*, Das Verhältnis von § 173 StGB zu Art. 6 I GG, S. 115 f.

1083 So *Klöpper*, Das Verhältnis von § 173 StGB zu Art. 6 I GG, S. 116.

1084 So *Klöpper*, Das Verhältnis von § 173 StGB zu Art. 6 I GG, S. 116; Gleicher Ansicht sind: *Stratenwerth*, FS Hinderling, 301 (312); *Karkatsoulis*, Inzest und Strafrecht, S. 84, *Hallermann*, Prot. VI, S. 1003.

als Erwachsene kennen lernen, d.h. nicht miteinander aufgewachsen sind[1085]. Insofern würde es beim Geschwisterinzest an der nötigen Kausalität zwischen Handlung und Gefahr/Risiko für das Rechtsgut fehlen. Mit anderen Worten: Der Geschwisterinzest führt nicht zu einer Gefahr bzw. zu einem Risiko für das Rechtsgut. Ist der Inzest also nicht Auslöser, sondern Produkt einer bereits gestörten Familienorganisation, so würde dies „bedeuten, dass in der Begründung des Gesetzes Ursache und Wirkung vertauscht sind und man etwas schützen will, was bereits zerstört ist“[1086].

Was aber in der ganzen Diskussion nicht ganz unberücksichtigt bleiben sollte, ist die Tatsache, dass vom Inzest sicherlich auch eine gewisse Verstärkerwirkung ausgeht[1087]. Gemeint ist damit, dass eine Familie, sei sie auch noch so desorganisiert, durch den Inzest eine gewisse Verstärkung dieser Desorganisation verspüren wird. Als Beispiel lässt sich ein „Vertrauensschaden“ zwischen Mutter und Tochter in Falle eines Vater-Tochter-Inzests anführen[1088]. Die Tatsache, über die Vorfälle zu schweigen, führe zwangsläufig zu einem solchen Vertrauensschaden. In die gleiche Richtung zielt *Riemer*[1089] der im Einzelfall eine Umgestaltung des Aufbaus der Familie sieht[1090]. Dies bedeute, dass in Einzelfällen die Rollen getauscht würden, d.h. die Tochter nehme den Platz der

---

1085 Siehe BVerfG NJW 2008, 1137 (1141). Nach Auffassung des Bundesverfassungsgerichts ist dies kein stichhaltiges Argument. Die Strafnorm könne gerade in Grenz- und Übergangssituationen Wirkungen entfalten. Darüber hinaus gewinne sie ihr Gewicht durch die Absolutheit, mit der sie die umfassende und situationsabhängige Betrachtung einfordere. Derartige Fallgestaltungen müssten im Einzelfall bei der konkreten Rechtsanwendung erfasst werden und müssten nicht schon im Straftatbestand berücksichtigt werden.

1086 So *Maisch*, Inzest, S. 59. A.A. insofern BVerfG NJW 2008, 1137 (1140): „Es mag sein, dass Geschwisterinzest vorwiegend in sozial schwachen und bereits gestörten Familienverbänden vorkommt, die möglicherweise für die psychologische Wirkung der Strafandrohung wenig empfänglich sind. Dies kann aber – bereits aus grundsätzlichen Erwägungen – die Berechtigung des Gesetzgebers nicht in Frage stellen, ein als sozialschädlich eingeschätztes Verhalten ungeachtet dessen zu pönalisieren, dass eine abschreckende Wirksamkeit der Strafnorm zumindest nicht in allen Lebensbereichen nachweisbar sein mag.“

1087 So auch *Jung*, FS Leferenz, 311 (315).

1088 Siehe *Hummel*, ZfJ 83, 417 (423).

1089 *Riemer*, MschrKrim 27, 86 (95).

1090 *Riemer*, MschrKrim 27, 86 (95): „Es bestehen keine Hemmungen und grundsätzlichen Erwägungen, die es verhindern könnten, dass sich der Aufbau der Familie, für den die elementaren sexuellen Beziehungen eine entscheidende Rolle spielen, sich in dieser Weise grundsätzlich umgestaltet.“

Ehefrau ein[1091]. Die Literatur[1092] spricht hier von einer „sexuellen Konkurrenz“[1093], gepaart mit Eifersuchts- und Rivalitätskonflikten.

Eine Verstärkerwirkung könnte sich auch aus den möglicherweise entstehenden psychischen Schäden des Kindes/Jugendlichen ergeben. Es stellt sich also die Frage, inwiefern die möglichen psychischen Schäden des Kindes/Jugendlichen Einfluss auf die Familie haben und dadurch deren Zusammenhalt möglicherweise gefährdet sein könnte. Angemerkt wird hierzu aber, dass es an einer erforderlichen empirischen Feststellung fehle[1094]. Es stünde nämlich weder fest, wie oft es zu psychischen Schäden des Kindes/Jugendlichen käme[1095], noch gebe es Erkenntnisse über das generelle und spezielle Ausmaß ihrer Auswirkungen auf den Zusammenhalt der Familie. Nach Auffassung des Bundesverfassungsgerichts[1096] ändert das Fehlen empirischer Grundlagen aber nichts an der Plausibilität der Annahme derartiger Schädigungen. Es könne davon ausgegangen werden, dass der Geschwisterinzest u.a. zu einem verminderten Selbstbewusstsein, zu starken Schuldgefühlen, Depressionen, Drogen- und Alkoholmissbrauch, posttraumatischen Erlebnissen sowie zu indirekten Schäden, auch für dritte Familienmitglieder, zum Beispiel durch Ausgrenzung und soziale Isolation führe. Damit lässt das Bundesverfassungsgericht die bloße Plausibilität genügen, einen empirischen Nachweis verlangt es insoweit nicht.

Man könnte an dieser Stelle auch argumentieren, dem Gesetzgeber müsse in Fällen, in denen die Wissenschaft keine empirischen Befunde liefern könne, ein gewisser „Beurteilungsspielraum“[1097] zukommen. Es geht also um die Frage, ob in Zweifelsfällen, d.h. wenn nicht geklärt ist, ob eine Gefahr vorliegt oder nicht, nach dem Grundsatz „in dubio pro libertatem“ (im Zweifel also für die Nichtbestrafung) oder doch „in dubio contra libertatem“ (im Zweifel für eine Bestrafung) zu entscheiden ist[1098]. Diese Argumentation greift das Bundesverfassungsgericht[1099] nicht nur an dieser Stelle auf. Selbst wenn keine empirischen Studien vorlägen bzw. nur nicht-repräsentative, so zeige doch gerade die Plausibilität, dass sich der Gesetzgeber gerade nicht außerhalb seines Ein-

---

1091 Siehe hierzu auch *Lempp*, Prot. VI, S. 932.
1092 *Stratenwerth*, FS Hinderling, 301 (305).
1093 Vgl. auch *Scheuch*, Prot. VI, S. 882, 885.
1094 LK, *Dippel*, § 173 Rn. 13.
1095 Vgl. hierzu bereits Kapitel V, C II 2 a.
1096 Siehe BVerfG NJW 2008, 1137 (1139).
1097 Vgl. hierzu bereits einleitend, Kapitel II, A VI; ferner zur Sozialschädlichkeit, Kapitel V, F I; sowie die Amtliche Begründung des 4. StRG in BR-Drucks. 489/70, S. 10: „Der Gesetzgeber kann nicht alle Taten straffrei lassen, deren Sozialschädlichkeit weder eindeutig bewiesen noch ausgeschlossen werden konnte.“
1098 Vgl. *Müller-Dietz*, Strafe und Staat, S. 47.
1099 Siehe BVerfG NJW 2008, 1137 (1139).

schätzungsspielraums bewege, wenn er davon ausgehe, dass es bei Inzestverbindungen zu gravierenden familien- und sozialschädigenden Wirkungen kommen könne[1100]. Inzestverbindungen führten nämlich zu einer Überschneidung von Verwandtschaftsverhältnissen und sozialen Rollenverteilungen und damit zu einer Beeinträchtigung der in einer Familie strukturgebenden Zuordnungen. Es erscheine schlüssig und liege nicht fern, dass Kinder aus Inzestverbindungen große Schwierigkeiten hätten, ihren Platz im Familiengefüge zu finden und eine vertrauensvolle Beziehung zu ihren nächsten Bezugspersonen aufzubauen[1101].

Unabhängig davon welcher Ansicht man folgt, bei § 173 StGB muss vor allem an dieser Stelle eines berücksichtigt werden: Zwar sind Minderjährige prinzipiell in den Anwendungsbereich des § 173 StGB einbezogen. Allerdings werden die Fälle der Beteiligung Minderjähriger bereits durch die §§ 174 ff. StGB erfasst. Somit dient der eigenständige Anwendungsbereich des § 173 StGB gerade nicht der Erfassung von Fällen, in denen die Beteiligung Minderjähriger eine Rolle spielt. Insofern kann die Frage nach der Entscheidung des Gesetzgebers hier sogar offen bleiben. § 173 StGB dient daher in seiner derzeitigen Fassung gerade nicht dem Familienschutz im soeben dargelegten Sinne.

Ein weiterer Einwand[1102] gegen einen so verstandenen Familienschutz wurde bereits im Jahre 1915 formuliert. Dabei geht es um die Aufrechterhaltung des Familienschutzes bzw. der „Familienreinheit“[1103] mit Hilfe strafrechtlicher Normen bzw. Sanktionen[1104]. Man war damals der Ansicht, dass gerade die Strafverfolgung an sich „den gewaltsamsten Eingriff in einen ungestörten Familienfrieden“ darstelle und sogar zu einer „Vergiftung der Psyche“[1105] führe. Die Strafverfolgung führe somit nicht zu einer Erhaltung, sondern zu einer Bedrohung berechtigter Interessen des Staates[1106]. Sonst kümmere sich der Staat aber auch nicht um diffizile innerfamiliäre Vorgänge[1107]. Auch andere Stimmen in der Literatur[1108] tendieren in diese Richtung, wenn sie davon ausgehen, dass die Strafverfolgung letztlich Ursache und Wirkung vertausche. In vielen Fällen

---

[1100] Siehe BVerfG NJW 2008, 1137 (1139).

[1101] So BVerfG NJW 2008, 1137 (1139).

[1102] Siehe *Marcuse*, Vom Inzest, S. 73 ff.

[1103] Diesen Begriff verwendet *Marcuse*, Vom Inzest, S. 73, in diesem Zusammenhang.

[1104] Siehe *Marcuse*, Vom Inzest, S. 73: „Aber die Familienreinheit durch Strafen aufrecht erhalten zu wollen, ist ein erfolgloses und unvernünftiges Beginnen.“

[1105] Vgl. hierzu bereits die Ausführungen *Palmens*, Der Inzest, S. 163; ferner Kapitel V, C II 2 a, dass das Opfer evtl. als Schuldige angesehen wird.

[1106] So *Marcuse*, Vom Inzest, S. 73.

[1107] Siehe *Jäger*, Strafgesetzgebung, S. 67.

[1108] Siehe *Gerchow*, Inzestsituation, S. 40.

führe sie gerade das herbei, was sie verhindern wolle, nämlich eine Zerstörung der Familienstruktur[1109]. Um die Kritik zu untermauern, wird vom angeblich typischen Verlauf nach Entdeckung des Inzests durch die Behörde berichtet. In aller Regel werde die Ehefrau vor die Wahl „Kind oder Ehemann“, gestellt, was eine sehr familienbelastende bzw. -zerstörende Wirkung hätte. *Jung*[1110] verweist sogar auf forensische Erfahrungen die zeigten, dass die vielfältigen innerfamiliären Spannungen und Loyalitätskonflikte, die den Inzest begleiteten, vor Gericht in vollem Umfang zum Austrag kämen. Das Verfahren würde in vielen Fällen den endgültigen Zusammenbruch der Familienorganisation bewirken[1111]. *Jung* ist sich der Tatsache bewusst, dass diese Begleitschäden unabhängig davon eintreten, ob nun die Anklage auf § 173 StGB oder einen anderen Straftatbestand der § 174 ff. StGB beruht. Nichtsdestotrotz „erscheint das Argument, wonach § 173 StGB dem Schutz der Familie diene, angesichts der Konsequenzen, die gerade das Verfahren auslöst, zumindest zwiespältig“[1112]. Hier lässt sich auch das bereits geschilderte[1113] Problem der Strafverbüßung ansprechen und die dadurch oft ausgelöste wirtschaftliche Notlage der Familien. Eine solche Notlage wird das Auseinanderbrechen der Familienstruktur sicherlich verstärken und beschleunigen können.

Maisch[1114] gehört ebenfalls zu den Autoren, die der soeben genanten Ansicht beipflichten, ohne jedoch der Ansicht von einem vor Tatbeginn bestehenden „ungestörten Familienfrieden“ in Inzestfamilien zuzustimmen. In diesem Zusammenhang betrachtet *Maisch*[1115] das Argument der Familienzerstörung durch Strafverfolgung aus rechtsvergleichender Sicht. Er gelangt zu dem Ergebnis, „dass gerade die Schädigung durch den Strafprozess in der ratio legis zum Code

---

1109 So *Gerchow*, Inzestsituation, S. 40 f.

1110 *Jung*, FS Leferenz, 311 (316).

1111 A.A. insofern BVerfG NJW 2008, 1137 (1141), bezogen auf die Erfahrungen des Opfers. Das Gericht stützt sich auf ein vom Senat in Auftrag gegebenes Gutachten des Max-Planck-Instituts. Darin werde festgestellt, dass die Durchführung eines Strafverfahrens – wenn erneute Verletzungen des Opfers durch das Verfahren (sekundäre Viktimisierung) vermieden würden – bei einer Erfahrung des Inzests als Missbrauch einen für den konkreten Fall positiven Einfluss hätte. So z.B. durch die öffentliche Anerkennung als Opfer, die Verminderung von Schuldgefühlen, die Stärkung des Selbstwertgefühls oder die Herbeiführung einer moralischen Zufriedenheit über ein gerechtes Urteil. Diese positiven Einflüsse mögen vorkommen, m.E. sind dies aber lediglich kurzweilige Momente, die die negativen Einflüsse wohl kaum überwiegen dürften. Siehe hierzu auch Kapitel VII, A I 6 c.

1112 So *Jung*, FS Leferenz, 311 (316).

1113 Vgl. *Palmen*, Der Inzest, S. 163; ferner Kapitel V, C II 2 a.

1114 Siehe *Maisch*, Inzest, S. 60.

1115 Siehe *Maisch*, Inzest, S. 60; so auch bereits *Marcuse*, Vom Inzest, S. 75.

pénal (franz. Strafgesetz) als Grund der Nichtbestrafung des Inzests angeführt wird. Darin läge ein gewisser Widerspruch zum deutschen Strafrecht.

> „In Deutschland Strafe wegen Gefährdung allgemeiner Interessen, in Frankreich Straflosigkeit, um die Gefährdung allgemeiner Interessen zu verhüten."

Zusammenfassend lässt sich also festhalten, dass auch gegen den „sozialhygienisch" verstandenen Familienschutz als das – angeblich – von § 173 StGB geschützte Rechtsgut erhebliche Einwände vorliegen, welche die Eignung als geschütztes Rechtsgut mehr als deutlich in Frage stellen. Außerdem stellt sich noch eine weitere Frage in diesem Zusammenhang. Wenn der Familienschutz wirklich das geschützte Rechtsgut des § 173 StGB sein soll, so ist es meines Erachtens wenig plausibel, Fälle unter Strafe zu stellen, welche die Familie nicht einmal abstrakt gefährden. Gemeint sind damit die Fälle, in denen es zum Beischlaf zwischen dem verwitweten oder allein lebenden Vater und dessen volljähriger Tochter[1116] bzw. zum Beischlaf zwischen verwaisten volljährigen Geschwistern kommt[1117]. Sicherlich bilden auch verwaiste volljährige Geschwister sowie der alleinlebende Vater und dessen volljährige Tochter eine Familie im Sinne des Art. 6 Abs. 1 GG[1118] und damit auch eine Familie im Sinne des Strafrechts[1119]. Doch wird im Falle des freiwilligen Inzests in einer solchen Familie die Familienordnung gerade nicht gestört. Die Familie, bestehend aus zwei Familienmitgliedern, willigt in die Tat ein. Die Familienordnung kann in solchen Fällen bereits denklogisch nicht gestört werden. Vielmehr stellt der Schutz einer nicht schutzbedürftigen Familie einen unzulässigen Schutz gegen sich selbst dar[1120]. Auch lässt sich die Existenz des § 173 Abs. 3 StGB nur schwer mit einem so definierten Familienschutz vereinbaren. Durch den persönlichen Strafausschließungsgrund tritt die Strafbarkeit des Inzests bzw. der Beischlafshandlung zwischen Geschwistern erst dann ein, wenn ein familiäres Zusammenleben aufgrund eines Ablöseprozesses bereits eingetreten ist oder zumindest bald eintreten wird[1121]. Auch hier wird eine nicht mehr schutzbedürftige Familie geschützt. Daneben führt der Strafausschließungsgrund sogar zu einer Verkürzung des Familienschutzes, insbesondere für nicht volljährige

---

1116 Dieses Beispiel verwendet auch MK, *Ritscher*, § 173 Rn. 13.

1117 *Hassemer*, Sondervotum in BVerfG NJW 2008, 1137 (1144) verweist daneben auf solche Fälle, in denen aus ursprünglichen „Haus- und Lebensgemeinschaften" „bloße Begegnungsgemeinschaften" ohne „reales Familienleben" geworden sind.

1118 Siehe hierzu ausführlich Kapitel VII, A I 2 b.

1119 Da die Grundrechte auch als Auslegungshilfen heranzuziehen sind, wirken diese auch für das Strafrecht, so dass der strafrechtliche Familienbegriff sich mit dem des Grundgesetzes im Wesentlichen decken wird.

1120 Vgl. Kapitel VII, A I 5 a bb.

1121 Vgl. auch *Hassemer*, Sondervotum in BVerfG NJW 2008, 1137 (1145).

Geschwister[1122]. Der Schutz greift nämlich erst ab Volljährigkeit eines der Geschwister und nicht vorher. Jedenfalls ist ein strafrechtlicher Schutz der Familie umso weniger erforderlich, je weniger es Familie gibt, die einer Schädigung oder Gefährdung ausgesetzt sein könnte[1123]. Wenn sich die Strafnorm daher auf den Strafzweck des Schutzes der Familie bezieht, so muss sie diesem und insbesondere dessen Besonderheiten auch gerecht werden[1124]. Es kann daher nicht ausreichen, beim Auftreten von Besonderheiten in der Familienentwicklung, die den Strafzweck generell in Frage stellen, auf die Einzelfallgerechtigkeit bei der konkreten Rechtsanwendung zu verweisen[1125].

2. Familienreinheit/sittliche Gesundheit der Familie

Das Motiv der „sittlichen Gesundheit" der Familie wurde insbesondere von der früheren Rechtsprechung[1126] angeführt. Was allerdings unter dem Begriff „Reinheit" zu verstehen ist, ist unklar. Bereits aus diesem Grund ist strittig, ob dem Begriff der Familienreinheit tatsächlich Rechtsgutcharakter zugeschrieben werden kann. In der Literatur [1127] ist man teilweise der Ansicht, dass es sich dabei um eine „religiös-mystische Kategorie" handle oder um eine „menschliche Eigenschaft", jedoch nicht um ein „verletzliches Schutzobjekt". Der Begriff der Reinheit sei hier eine sexualethische Kategorie, die sich auf sozio-kulturelle Tabus, Konventionen, religiöse Gebote und schließlich auch auf magisch-mystische Vorstellungen zurückführen lasse[1128].

Unabhängig von einer inhaltlichen Kritik am Rechtsgut stellt die Literatur[1129] eine gewisse Inkonsequenz bei der Anwendung der Familienreinheit fest; Inkonsequenz insofern, als im Tatbestand des Inzest lediglich der „Beischlaf" genannt werde, während andere sexuelle Handlungen innerhalb der Familie straflos blieben[1130]. Diese Inkonsequenz sieht auch *Dippel*[1131] und fragt sich, ob die Strafnorm bestimmt und geeignet sei, den engsten Familienkreis (allgemein)

[1122] So auch *Hassemer*, Sondervotum in BVerfG NJW 2008, 1137 (1145).

[1123] So die deutlichen Worte *Hassemers*, Sondervotum in BVerfG NJW 2008, 1137 (1146).

[1124] Ähnlich *Hassemer*, Sondervotum in BVerfG NJW 2008, 1137 (1146).

[1125] So aber BVerfG NJW 2008, 1137 (1141). *Hassemer* sieht hierin einen Verstoß gegen das Übermaßverbot, vgl. Sondervotum in BVerfG NJW 2008, 1137 (1146); vgl. auch Kapitel VII, A I 6 c.

[1126] Vgl. insbesondere RGSt 57, 140, (140) aus dem Jahre 1922: „Die körperliche und sittliche Gesundheit der Familie"; siehe aber auch *Mittermaier*, Vergehen und Verbrechen, S. 144 f.

[1127] *Jäger*, Strafgesetzgebung, S. 39.

[1128] So *Maisch*, Inzest, S. 61.

[1129] Siehe *Maisch*, Inzest, S. 60.

[1130] Dieses Argument lässt sich auch bei den Individualrechtsgütern anführen.

[1131] LK, *Dippel*, § 173 Rn. 13.

von sexuellen Beziehungen freizuhalten. Es ist wirklich nur schwer verständlich, warum sexuelle Übergriffe wie die Manipulation der Geschlechtsteile, unsittliche Berührungen oder sogar homosexuelle Beziehungen[1132] die Familienreinheit weniger tangieren bzw. belasten sollten[1133]. Bei *Hassemer*[1134] heißt es deshalb schlicht:

> „Wäre die Strafvorschrift wirklich auf den Schutz der Familie vor sexuellen Handlungen angelegt, so würde sie sich auf diese familienstörenden Handlungen erstrecken, sie würde sie, den üblichen Schutztechniken des Strafgesetzbuchs folgend, benennen und sie in die Voraussetzungen der Strafbarkeit einbeziehen."

Die Beschränkung des Tatbestandes auf die „Beischlafs-" Handlungen wird vereinzelt damit gerechtfertigt, der Gesetzgeber wolle „nicht zu tief in die Familieninterna eindringen"[1135]. Die Begründung ist recht fragwürdig, wenn man bedenkt, dass auch bei einer Sanktion allein der Beischlafshandlung in die „Familieninterna" eingegriffen wird, zumindest wenn es um die Aufklärung der Tat geht[1136]. Und so ist *Klöpper*[1137] in der Beurteilung zuzustimmen:

> „Dies ist angesichts der geltenden Regelungen und insbesondere der Abgrenzungsfrage, ab welcher Handlung tatsächlich ein Beischlaf vorliegt, eine nicht tragfähige Begründung."

Auch die Begründung des Bundesverfassungsgerichts[1138], mit dem Verbot der Beischlafshandlungen sei ein zentraler Aspekt sexueller Verbindung unter Strafe gestellt, dem für die Unvereinbarkeit des Geschwisterinzests mit dem traditionellen Bild der Familie eine große Aussagekraft zukomme, ist nicht belastbar. Es mag sein, dass die Beischlafshandlung mit dem traditionellen Bild der Familie in der Gesellschaft am wenigsten vereinbar erscheint. Wenn es aber um den Schutz der Familienreinheit im Allgemeinen geht, kann nicht lediglich die als besonders aussagekräftig empfundene Handlung herausgegriffen werden. Sieht man den Strafzweck als schützenswert an, so ist er auch tatsächlich zu schützen. Der Schutz des § 173 StGB greift aber beim Abstellen auf die Beischlafshandlung zu kurz[1139].

Sieht man die Familienreinheit tatsächlich als tragendes Motiv für die Strafbarkeit des Inzests, so ist die Beschränkung auf blutsmäßig verwandte

---

1132 Siehe *Stratenwerth*, FS Hinderling, 301 (302): „zwar sind sie selten, aber empirisch belegt"; *Maisch*, Inzest, S. 151 f.

1133 So auch *Gerchow*, Inzestsituation, S. 40; *Fischer*, § 173 Rn. 2.

1134 *Hassemer*, Sondervotum in BVerfG NJW 2008, 1137 (1144).

1135 Siehe *Klöpper*, Das Verhältnis von § 173 StGB zu Art. 6 I GG, S. 117, m. w. N.

1136 So auch *Jäger*, Strafgesetzgebung, S. 58; *Klöpper*, Das Verhältnis von § 173 StGB zu Art. 6 I GG, S. 117.

1137 *Klöpper*, Das Verhältnis von § 173 StGB zu Art. 6 I GG, S. 117.

1138 BVerfG NJW 2008, 1137 (1140 f.).

1139 So auch *Hassemer*, Sondervotum in BVerfG NJW 2008, 1137 (1145).

Familienmitglieder ebenso „inkonsequent"[1140]. Denn auch beim Beischlaf zwischen nicht blutsmäßig verwandten Familienmitgliedern, z. B. Stiefvater und Stieftochter, wird die Familienreinheit angegriffen bzw. kann die Familie zerstört werden. Darüber hinaus ist der Beischlaf als Tathandlung zwischen Stiefvater und Stieftochter sogar häufiger als der Beischlaf als Tathandlung zwischen Vater und Tochter[1141]. Allein die Tatsache, dass Beischlafshandlungen bzw. sexuelle Beziehungen zwischen nicht leiblich verwandten Personen dem traditionellen Bild der Familie weniger widersprechen mögen, ist weder eine plausible noch ausreichende Begründung für eine Beschränkung des Tatbestandes[1142]. Dies scheint auch das Bundesverfassungsgericht[1143] selbst zu erkennen, indem es sogleich auf die erbbiologischen Bedenken verweist, die bei Stief-, Adoptiv- oder Pflegegeschwistern nicht vergleichbar seien. Sofern das Bundesverfassungsgericht[1144] ferner darauf abstellt, die Annahme läge nicht fern, dass zwischen leiblichen Geschwistern in höherem Maße Abhängigkeiten bestünden, so ist noch einmal darauf hinzuweisen, dass der Tatbestand gerade kein Abhängigkeitsverhältnis fordert[1145].

Ein Straftatbestand, der allein auf der Blutsverwandtschaft gründet, ist mit dem Schutzgut Familienreinheit deshalb nicht vereinbar. Tauglicher Anknüpfungspunkt kann allein die Rolle sein, die eine Person innerhalb der Familie eingenommen hat. Denn diese Rolle prägt letztlich die Familie als solche und somit auch die Familienreinheit. Ein Straftatbestand der dies nicht berücksichtigt, hat daher nicht den Schutz der Familienreinheit im Sinne.

3. Sexualfreie Sphäre

Das heute kaum noch vertretene Motiv des Schutzes der „sexualfreien Sphäre" in der Familie wurde insbesondere von *Welzel*[1146] und im Ergebnis auch von *Maurach*[1147] vertreten. Ziel des Motivs sei es, die Familie von sexuellen Motiven frei zu halten[1148]. So sei nämlich nur bei „Fehlen blutsmäßig oder

---

[1140] So auch *Klöpper*, Das Verhältnis von § 173 StGB zu Art. 6 I GG, S. 116; *Maisch*, Inzest, S. 60; LK, *Dippel*, § 173 Rn. 2.

[1141] Siehe *Klöpper*, Das Verhältnis von § 173 StGB zu Art. 6 I GG, S. 116, m. w. N.

[1142] So aber BVerfG NJW 2008, 1137 (1141) mit einem Verweis auf die Differenzierung im Rahmen der zivilrechtlichen Eheverbote. § 1308 BGB sehe für Adoptivgeschwister eine weniger strenge Sonderregelung vor.

[1143] BVerfG NJW 2008, 1137 (1141).

[1144] Siehe BVerfG NJW, 1137 (1141).

[1145] Vgl. hierzu insbesondere Kapitel IV, B IV 2.

[1146] *Welzel*, Strafrecht, S. 439.

[1147] *Maurach*, Deutsches Strafrecht, § 50 I D.

[1148] So *Welzel*, Strafrecht, S. 439.

rechtlich begründeter, der Geschlechtsgemeinschaft entgegenstehender Gemeinschaften“ [1149] eine Normalität des Geschlechtslebens gewährleistet. Doch kann eine Familie tatsächlich eine solche „sexualfreie Sphäre“ sein? Dies wird jedoch bezweifelt[1150]. Motiv und Begriff der „sexualfreien Sphäre“ seien schon von der psychologischen Realität der Familie her betrachtet kaum geeignet, einen Bestandteil der ratio legis zu bilden[1151]. Ferner verkenne das Motiv empirische Erkenntnisse der modernen Verhaltenswissenschaften[1152]. Eine weitere Gegenansicht[1153] sieht in der „sexualfreien Sphäre“ kein Rechtsgut, sondern eher eine negative Umschreibung des Tatbestandes. Auch die „Normalität des Geschlechtslebens“[1154] könne nicht unter die Schutzobjekte gerechnet werden. Mit der Normwidrigkeit sei schließlich noch nichts über die Schadenswirkungen gesagt[1155]. Ferner hilft der Begriff hier kaum weiter. Weiterhin ist fraglich, wie das Schutzgut der „sexualfreien Sphäre“ zu bestimmen sein soll. D.h., welche Handlungen sind also noch zulässig und welche nicht mehr.

4. Sonstige Kollektivrechtsgüter

Die soeben dargestellten kollektiven Rechtsgüter haben sich für die Legitimität des § 173 StGB überwiegend als untauglich erwiesen. Fraglich ist, ob das „Scham- und Sittlichkeitsgefühl der Allgemeinheit“[1156] ein taugliches Kollektivrechtsgut[1157] darstellt. Dies ist nach überwiegender Ansicht[1158] allerdings zu verneinen, denn: „Gefühle werden nur von Individuen ausgebildet, mögen eine Vielzahl von Individuen auch dasselbe empfinden“[1159]. Ein Gefühl ließe sich nicht dadurch entsubjektivieren, dass es der Allgemeinheit zugeschrieben werde. Wären Gefühle schutzwürdige Kollektivrechtsgüter, so ging die für das

---

1149 *Maurach*, Das Deutsche Strafrecht, § 50 I D.

1150 Siehe *Maisch*, Inzest, S. 61.

1151 So *Maisch*, Inzest, S. 61.

1152 So *Maisch*, Inzest, S. 61.

1153 *Jäger*, Strafgesetzgebung, S. 39: „Der Begriff der sexualfreien Sphäre ist daher zur Kennzeichnung eines Schutzobjekts ebenso ungeeignet, wie es z.B. bei den Tötungsdelikten der Ausdruck mordfreie Sphäre zur Charakterisierung des Begriffs Leben wäre.“

1154 Siehe *Maurach*, Deutsches Strafrecht, § 50 I D.

1155 So *Jäger*, Strafgesetzgebung, S. 39.

1156 Teilweise wird vertreten, das Scham- und Sittlichkeitsgefühl der Allgemeinheit werde durch ein abstraktes Gefährdungsdelikt geschützt., vgl. *Graul*, Gefährdungsdelikte, S. 45.

1157 Die Frage, ob Gefühldelikte als solche unabhängig vom Rechtsgutsdogma legitimiert werden können, wird an anderer Stelle erörtert, vgl. Kapitel VI, B IV.

1158 Vgl. *Fischer*, GA 1989, 445 (461), gegen den allgemeinen Gefühlsschutz; Hefendehl, Kollektive Rechtsgüter im Strafrecht, S. 34.

1159 So *Hefendehl*, Kollektive Rechtsgüter im Strafrecht, S. 34.

Strafrecht als Rechtsgüterschutz herausgestellte soziale Dimension verloren[1160]. Denn Gefühle seien wegen ihres internen Charakters nicht vorhersehbar und außerdem insbesondere von der individuellen Sensibilität des Betroffenen abhängig[1161]. Die Frage, ob und in welcher Intensität also ein so verstandenes „Rechtsgut" betroffen wäre, hinge also davon ab, wie sensibel der Betroffene auf den Angriff auf sein individuelles Scham- und Sittlichkeitsgefühl reagieren würde. Ein solches Rechtsgut wäre unbestimmter als alle Definitionsversuche des Rechtsgutsbegriffs zusammen. Als weiteres kollektives Rechtsgut könnte der „Schutz des sozialen, bzw. des öffentlichen Friedens"[1162] in Betracht kommen. Man könnte argumentieren, der soziale Friede werde verletzt, sanktioniere der Staat nicht Verstöße gegen tief in der Gesellschaft wurzelnde Kulturnormen bzw. seit unvordenklichen Zeiten überlieferte Tabus[1163]. Doch lassen sich auch hiergegen gewichtige Argumente vorbringen. Zum einen handelt es sich sowohl beim Begriff des „öffentlichen Friedens" also auch des „sozialen Friedens" um Güter von „ungreifbarer Abstraktheit"[1164], denn niemand weiß so recht, was man sich unter einem solchen Begriff vorzustellen hat[1165]. Ein derart weitgefasstes Rechtsgut birgt insbesondere die Gefahr der Ausuferung der Strafbarkeit, was unter Verfassungsgesichtspunkten nicht hinnehmbar ist. Zum anderen stellt sich die Frage, wie ein Angriff auf den öffentlichen bzw. sozialen Frieden aussehen soll. Man könnte wie *Roxin*[1166] die Grenze dort ziehen, wo der Einzelne sich durch bestimmte Verhaltensweisen in seinem Sicherheitsgefühl beeinträchtigt sieht. Doch werden Freiheit und Sicherheit des eigenen Lebens und somit der öffentliche Friede dadurch berührt, dass man von einem Inzestpaar erfährt. Wohl kaum, zumal der Inzest äußerst selten in der Öffentlichkeit stattfinden dürfte und man für eine Beeinträchtigung des öffentlichen Friedens gerade die Kommunikation der Tathandlung in der Öffentlichkeit fordert[1167]. Abzulehnen ist

1160 So *Hefendehl*, Kollektive Rechtsgüter im Strafrecht, S. 34.

1161 So *Jakobs*, StrafR AT 2/19.

1162 Vgl. *Hefendehl*, Kollektive Rechtsgüter im Strafrecht, S. 34; *Roxin*, StrafR AT 1, § 2 Rn. 28; Unter dem Begriff „öffentlicher Friede" versteht man einen Zustand der Rechtssicherheit und das Bewusstsein der Bevölkerung von diesem Zustand, vgl. *Fischer*, GA 1989, 445 (451), m. w. N.

1163 Vgl. *Hefendehl*, Kollektive Rechtsgüter im Strafrecht, S. 34.

1164 So *Roxin*, StrafR AT 1, § 2 Rn. 46 f..

1165 Vgl. zu den Friedensschutzdelikten, *Hefendehl*, Kollektive Rechtsgüter im Strafrecht, S. 284 ff.; a. A. insofern *Fischer*, GA 1989, 445 (453): Der „subjektive" öffentliche Frieden sei kein Gattungs- oder Sammelbegriff. Allerdings sei es unzulässig, einen rein normativen Begriff als „individualisiertes Rechtsgut" zu bezeichnen, der „öffentliche Friede" als Rechtsgut also deshalb abzulehnen.

1166 So *Roxin*, StrafR AT 1, § 2 Rn. 27.

1167 Siehe *Hefendehl*, Kollektive Rechtsgüter, S. 287.

ferner der Gedanke *Jakobs*[1168], wonach das Vertrauen in die Einhaltung des wesentlichen „normativen Programms" zum strafrechtlich schützenswerten Gut erklärt wird. Das Vertrauen in den Bestand einer Norm setzt zwingend deren Existenz voraus. Existiert eine Norm nicht, kann auch das Vertrauen diesbezüglich nicht enttäuscht werden[1169]. Als Rechtsgut ist das Vertrauen daher ungeeignet.

Es scheint, als wäre man bei der Schaffung „neuer" Kollektivrechtsgüter durchaus kreativ. Doch bei genauerer Betrachtung stellen sich diese nur all zu oft als „Scheinrechtsgüter"[1170] heraus, mit anderen Worten sie sind gar keine Rechtsgüter oder können aufgrund ihrer Abstraktheit keine sein[1171].

IV. Rechtsgüterschutz im Vorfeld

Die bisherigen Feststellungen führen zu dem Ergebnis, dass § 173 StGB dem Schutz des Rechtsguts des „erbbiologischen Schutzgedankens" dient[1172]. Diskutiert wird daher, ob man nicht doch noch ein Rechtsgut bejahen könnte, indem man „auf den Schutz konkreterer (individueller) Rechtsgüter in deren Vorfeld"[1173] verweist und damit aus § 173 StGB ein sog. Vorfeldschutzdelikt mache. Es handelt sich dabei also um einen extrem vorverlagerten Rechtsgutsschutz, indem man versucht den, Radius eines konkreten, individuellen Rechtsguts zu erweitern[1174] bzw. „extrem abstrakte Gefährdungsdelikte"[1175] schafft. Bei § 173 StGB könnte man somit auf den „Schutz der Abkömmlinge vor Missbrauch im sozialen Nahraum"[1176] abstellen. Damit wäre zwar zunächst ein „Rechtsgut"[1177] gefunden, dessen Vorfeld durch § 173 StGB geschützt werden soll. Doch ist man der Ansicht, es reiche für das Dogma der Lehre vom

---

1168 *Jakobs*, StrafR AT, 2/2.

1169 So auch *Hefendehl*, Kollektive Rechtgüter im Strafrecht, S. 35.

1170 Vgl. zu diesem Begriff *Amelung*, Der Begriff des Rechtsguts, S. 155, 171 f. *Amelung* bezieht die Bezeichnung auf die Begriffe „Gefühle", „Vertrauen" und „Sicherheit".

1171 Zur Kritik an der „Neuschaffung" von Rechtsgütern, vgl. *Kuhlen*, Rechtsgüter, S. 148, 151 ff.

1172 Eine andere Meinung geht indes von einem rechtsgutslosen Delikt aus, vgl. *Hefendehl*, Kollektive Rechtsgüter im Strafrecht, S. 35.

1173 So *Hefendehl*, Kollektive Rechtsgüter im Strafrecht, S. 35; vgl. ferner *Fischer*, GA 1989, 445 (445 ff.).

1174 Vgl. hierzu auch *Jakobs*, StrafR AT, 2/25 b: „Um eine Vorverlagerung geht es auch, wenn statt des Rechtsguts oder statt der Institution, der eine bestimmte Rolle zugehört, schon die faktischen Bestandsbedingungen des Guts oder Institution selbständig, als Vorfeldgüter, geschützt werden."

1175 So *Fischer*, GA 1989, 445 (462).

1176 So *Hefendehl*, Kollektive Rechtsgüter im Strafrecht, S. 35.

1177 Sofern man eine solche Vorverlagerung noch vom Rechtsgutsbegriff als gedeckt ansieht.

Rechtsgüterschutz nicht aus, ein Rechtsgut zu benennen[1178] um somit Strafrechtsnormen zu legitimieren. Man müsse ferner auch aufzeigen können, wie dieses Rechtsgut durch den Straftatbestand geschützt werden solle. Fraglich ist also, ob der „Schutz der Abkömmlinge vor Missbrauch im sozialen Nahraum" durch das Verbot des Beischlaf unter Blutsverwandten gewährleistet werden kann. Dies ist meines Erachtens nicht möglich. Der Schutz der Abkömmlinge kann nicht lediglich durch das Verbot des Beischlafs unter Blutsverwandten geschützt werden. Zum einem zählen zum sozialen Nahraum neben den Blutsverwandten auch Personen, die zwar nicht verwandt, aber in einem besonderen Verhältnis zum Abkömmling stehen. Zum anderen beeinflusst nicht erst der Beischlaf den sozialen Nahraum. Missbrauch ist, wie gezeigt wurde[1179] auch die bloße sexuelle Belästigung und nicht erst oder nur der Beischlaf. Die Norm wäre zum „Schutz der Abkömmlinge im sozialen Nahraum" also ungeeignet[1180].

V. Fazit

> „Im Ergebnis möchte ich die Inzestbestrafung zu den Atavismen rechnen, zu den kultisch-sakralen Restbeständen, von denen Bader sagt, dass uns ihr Sinngehalt längst verloren gegangen sei. [...] Mehr als fragwürdig erscheint es mir deshalb, ob man wirklich berechtigt ist, einen rationalen Schutzzweck nachträglich in die Norm hineinzukonstruieren."[1181]

Mit diesen Worten lässt sich das Ergebnis der Untersuchung der rationalen Strafgründe zutreffend zusammenfassen. Die Suche nach einem tragfähigen rationalen Strafgrund bzw. einem rationalen Rechtsgut gestaltet sich äußerst schwierig. Teilweise sprechen empirische Studien gegen das Vorhandensein eines schützenswerten Rechtsguts; teilweise kann den Motiven als solchen schon gar keine Rechtsgutqualität zugesprochen werden. Am Ende der Suche bleibt lediglich das Rechtsgut des erbbiologischen Schutzgedankens übrig. Für dieses Rechtsgut lässt sich zumindest ein gewisses Risiko feststellen, so dass man meines Erachtens die Auffassung vertreten kann, § 173 StGB diene grundsätzlich dem Schutz dieses Rechtsguts. Ob es sich beim erbbiologischen Schutzgedanken wirklich um ein schützenswertes Rechtsgut handelt, insbesondere angesichts der Geringfügigkeit des Risikos, ist eine Frage, die im Rahmen der Strafrechtsbegrenzung bzw. der Verfassungsmäßigkeit der Norm relevant wird[1182].

[1178] So *Hefendehl*, Kollektive Rechtsgüter im Strafrecht, S. 37.

[1179] Vgl. hierzu bereits Kapitel IV, B II 1 a.

[1180] Vgl. hierzu auch das Kapitel IV, A. Der Schutz der Abkömmlinge im sozialen Nahraum dürfte also bereits durch die §§ 174 ff. StGB geschützt sein.

[1181] So *Jäger*, Strafgesetzgebung, S. 67.

[1182] Vgl. hierzu Kapitel V, F und Kapitel VII.

VI. Geschützte Rechtsgüter des zivilrechtlichen Eheverbots

Wie im historischen Überblick dargestellt[1183], soll das Eheverbot gerade sozialen Zwecken dienen. Angeführt wird insbesondere der Familienschutz im Sinne des Schutzes der Kernfamilie, die von einer Geschlechtskonkurrenz und den damit verbundenen Folgen freigehalten werden soll[1184]. Ein weiterer sozialer Zweck ist der durch das Verbot der Ehe unter Blutsverwandten begründete Zwang zur Exogamie. Eugenische Gesichtspunkte – konkret also das Rechtsgut des erbbiologischen Schutzgedankens – spielen heute nur noch eine untergeordnete Rolle bei der Rechtfertigung des Eheverbots[1185]. Durch das Eheverbot soll vermieden werden, dass es innerhalb der Kernfamilie zu sexuellen Beziehungen kommt, was wiederum zu Konflikten führt. Das Eheverbot soll also gerade verhindern, dass sich die Familienmitglieder überhaupt als potentielle Ehe- und Sexualpartner betrachten[1186].

Das Bundesverfassungsgericht[1187] führt zum Eheverbot weiter aus, dass dem Grundgesetz das Bild einer „verweltlichten", bürgerlich-rechtlichen Ehe zugrunde liege[1188]. Somit dürfe der Staat die Eheschließungsfreiheit nicht nur aufgrund einer „uralten kultischen Vorstellung" beschränken, vielmehr müsse sich die Beschränkung aus dem Bild der heutigen, verweltlichten Ehe ergeben bzw. mit diesem Bild vereinbar sein. Ferner soll eine die Eheschließungsfreiheit beschränkende Regelung bereits dann mit dem heutigen Eheverständnis vereinbar sein, wenn sie den überkommenen Lebensformen, insbesondere dem christlich-abendländischen Vorstellungsbild der Ehe entspricht. Maßgeblich ist für das Bundesverfassungsgericht[1189] die Frage, ob sich diesbezüglich eine ungebrochene Rechtstradition im Sinne einer konsequent beigehaltenen Regelung nachweisen lässt. Für das Eheverbot der Blutsverwandtschaft sei dies der Fall, da die Ehe unter Verwandten seit Menschheitsgedenken verboten ist[1190].

[1183] Siehe Kapitel II, A V 2; Kapitel II, A VI 2.

[1184] Vgl. MK zum BGB, *Müller-Gindullis*, § 1307 Rn. 1; Staudinger/*Strätz*, § 1307 Rn. 5.

[1185] Siehe Staudinger/*Strätz*, § 1307 Rn. 5; vgl. zur möglichen Verfassungswidrigkeit eines solchen Zwecks, *Klöpper*, Das Verhältnis von § 173 StGB zu Art. 6 I GG, S. 102: Eugenische Gründe zwingen laut *Klöpper* die Ehewilligen dazu, ihren Eheentschluss fremden Interessen unterzuordnen.

[1186] Vgl. auch BVerfGE 36, 146 (167).

[1187] BVerfGE 36, 146 (167).

[1188] Vgl. hierzu auch BVerfGE 21, 58 (83).

[1189] BVerfGE 36, 146 (167).

[1190] Vgl. Kapitel II A.

Zusammenfassend lässt sich also feststellen, dass das Eheverbot nach Auffassung von Rechtsprechung und Literatur sowohl das christlich-abendländische Vorstellungsbild der Ehe, als auch die Kernfamilie vor sexueller Konkurrenz schützt.

D. Irrationale Rechtsgüter

Wo schließlich rationale Erklärungsmodelle fehlen und rationale Argumente unbeachtet bleiben, dort bahnen sich letztlich irrationale Erklärungsversuche ihren Weg. Bevor § 173 StGB jedoch als „rechtsgutsloses Delikt" abgestempelt werden kann, gilt es aber zunächst die noch nicht angesprochenen „irrationalen" Motive zu betrachten: Die „Sittlichkeit", sowie das Tabu selbst.

I. Die Sittlichkeit

Das Wort „Sittlichkeit" wurde strafrechtlich fast ausschließlich für die „sexuelle Sittlichkeit" gebraucht[1191]. Dies zeigt sich nicht zuletzt an der früheren Bezeichnung der heutigen „Sexualdelikte", als „Verbrechen und Vergehen wider die Sittlichkeit"[1192]. § 173 StGB galt deshalb auch als „reines Sittlichkeitsdelikt"[1193]. Auch heute assoziiert man ausschließlich sexuelles Verhalten mit dem Begriff der Sittlichkeit[1194]. Schon aus diesem Begriffsverständnis heraus wird deutlich, dass es bei der Sittlichkeit um etwas Moralisches, d.h. um etwas Irrationales geht. Fraglich ist, ob ein solches moralisches Motiv ein Rechtsgut darstellen kann und somit § 173 StGB legitimieren kann[1195]. Dass es sich bei der „geschlechtlichen Sittlichkeit" um ein Rechtsgut handele und zwar um das „einheitliche Rechtsgut" der Tatbestände des 13. Gesetzesabschnittes[1196], wurde früher durchaus vertreten[1197]. Heute wird dies weitgehend abgelehnt[1198]. So ist

---

[1191] Vgl. hierzu *Marx*, Zur Definition des Begriffs Rechtsgut, S. 84; *Jäger*, Strafgesetzgebung, S. 29 ff.

[1192] Vgl. hierzu bereits Kapitel II, A VI.

[1193] Vgl. *Marx*, Zur Definition des Begriffs Rechtsgut, S. 85.

[1194] Vgl. die Auflistung verschiedener Bezeichnungen bei *Jäger*, Strafgesetzgebung, S. 29.

[1195] Es muss an dieser Stelle nochmals klar gestellt werden, dass es an dieser Stelle darum geht „Rechtsgüter" zu finden. Denn unabhängig von der derzeitigen Diskussion um den Fortbestand der Rechtsgutslehre (vgl. hierzu Kapitel V, F) ist § 173 StGB an den derzeitigen Anforderungen zu messen. Da das Strafrecht jedoch dem Rechtsgüterschutz dient, kann die Norm also an dieser Stelle nur dann legitimiert werden, wenn sich ein solches finden lässt.

[1196] D.h. der „Verbrechen und Vergehen wider die Sittlichkeit", also die Sexualdelikte vor dem 4. StRG.

[1197] Vgl. die Nachweise bei *Stratenwerth*, StrafR AT, § 2 Rn. 7; *Marcuse*, Vom Inzest, S. 75 f.; *Jäger*, Strafgesetzgebung, S. 38.

Jäger[1199] der Ansicht, dass der Sittlichkeit aufgrund ihrer Wandelbarkeit und Relativität keine Rechtsgutsqualität zu komme. Ein Rechtsgut müsse vielmehr objektiv zu umreißen, in jedem Teil des Gültigkeitsgebietes des Gesetzes gleich fassbar und deutlich sein. Die Sittlichkeit hänge jedoch zu sehr von den jeweiligen gesellschaftlichen Gegebenheiten ab. Eine einheitliche Sittlichkeit aller deutschen Staatsbürger gibt es also nicht.

Doch kann die Sittlichkeit schon aus einem anderen Grund kein taugliches Rechtsgut sein. Ein Verhalten kann und darf „nicht schon wegen seiner Unmoral Strafe verdienen“[1200]. Das Strafgesetz habe nicht die Aufgabe, auf geschlechtlichem Gebiet einen moralischen Standard des erwachsenen Bürgers durchzusetzen, sondern es habe die Sozialordnung der Gemeinschaft vor Störungen und groben Belästigungen zu schützen[1201].

Als Fazit zur Rechtsgutsqualität der Sittlichkeit soll hier ein Zitat von *Marx*[1202] dienen:

> „Wo aber erwachsene, mündige Menschen ohne Belästigung Dritter, privat und einverständlich, sich sexuell betätigen, wo also außer der abstrakten Sittlichkeit kein anderes, echtes Rechtsgut verletzt wird, liegt keine Rechtsgutsverletzung vor, hat das Recht nichts zu schützen und also keine Eingriffsbefugnis.“

Mit anderen Worten: Unter den geltenden Anforderungen, die von der Rechtsgutslehre als Legitimationskriterien gefordert werden, ist die „Sittlichkeit“ kein (taugliches) Rechtsgut.

II. Das Tabu selbst als Rechtsgut

Fraglich ist, ob dem Tabu selbst Rechtsgutsqualität zukommen kann. Das Inzesttabu wird zu den im weitesten Sinne „menschheitsallgemeinen Normen“[1203] gezählt. Mit anderen Worten, es ist mehr oder weniger universell[1204]. Des weiteren handelt es sich auch um ein sehr altes, seit langem in unserem Kulturkreis existierendes Tabu[1205]. Inzest war also noch nie ein allseits, gesell-

---

[1198] Vgl. hierzu auch *Graul*, Gefährdungsdelikte, S. 45: § 173 StGB schütze nicht die Sittlichkeit als Rechtsgut, sondern sei eine „sittliche Norm“.

[1199] Vgl. *Jäger*, Strafgesetzgebung, S. 38 f.: „Etwas, das in Fluss ist, das Umformungen ausgesetzt und nicht allgemein verbindlich zu bestimmen ist, kann nicht Rechtsgut sein.“

[1200] BT-Drucks. VI/1552, S. 15.

[1201] So BGHSt 23, 43 (44). „Fanny Hill“.

[1202] So *Marx*, Zur Definition des Begriffs Rechtsgut, S. 86. Hervorhebung durch den Verfasser.

[1203] Vgl. LK, *Dippel*, § 173 Rn. 4.

[1204] Vgl. hierzu auch die Ausführungen in Kapitel III, B.

[1205] *Roxin*, StrafR AT 1, § 2 Rn. 43 spricht von einem seit “unvordenklichen Zeiten” überlieferten Tabu. Siehe auch BVerfG NJW 2008, 1137 (1140): „Vielmehr rechtfertigt sich die angegriffene Strafnorm in der Zusammenfassung nachvollziehbarer Strafzwecke

schaftlich anerkanntes Verhalten. Lässt sich aber schon deshalb eine Strafrechtsnorm, die inzestuöse Verhaltensweisen verbietet, rechtfertigen? Nach *Roxin*[1206] schützt eine Strafrechtsnorm dann ein Tabu, wenn das „inkriminierte Verhalten zwar in weiten Kreisen der Bevölkerung als inakzeptabel angesehen wird, hinreichende Rechtsgüterschutzbedürfnisse für eine Bestrafung aber nicht ersichtlich sind“, rationale Gründe also nicht genannt werden können. Ein Tabu dient letztlich also dazu, ein Verhalten welches moralisch verpönt wird, zu unterbinden. Ob das Verhalten letztlich durch das Strafrecht unterbunden werden kann, hängt aber gerade von der Frage ab, ob das Tabu ein Rechtsgut sein kann. Denn das Strafrecht dient ausschließlich dem Rechtsgüterschutz[1207].

Dass einem Tabu Rechtsgutsqualitäten zukommen, wird überwiegend abgelehnt. Ein Tabu sei – ähnlich wie auch die Sittlichkeit – etwas Abstraktes und damit etwas in der sozialen Wirklichkeit nicht Fassbares[1208]. Es dient dazu, einen moralischen Standard durchzusetzen und damit schlussendlich einem subjektiven Standard. Man kann zwar argumentieren, das Inzesttabu gelte eben gerade universell in unserem Kulturkreis, d.h. es sei gerade nicht vom Einzelnen abhängig, sondern allen Menschen sei das Tabu immanent[1209]. Doch nur weil das Tabu mehr oder weniger universell sein soll, lässt sich damit noch nicht sagen, ein Verstoß dagegen müsse strafrechtlich verfolgt werden[1210].

Ein Verhalten mag also gegen ein Tabu verstoßen, ob es allerdings ein strafrechtlich relevantes Verhalten ist, ist davon abhängig, ob es ein schützenswertes Rechtsgut verletzt[1211]. Anknüpfungspunkte können daher nur die Gründe

---

vor dem Hintergrund einer kulturhistorisch begründeten, nach wie vor wirkkräftigen gesellschaftlichen Überzeugung von der Strafwürdigkeit des Inzests“.

1206 *Roxin*, StrafR AT 1, § 2 Rn. 43.

1207 So der derzeitig noch herrschende Standpunkt. Vgl. zu den neueren Ansätzen, Kapitel VI, B folgende.

1208 Vgl. *Roxin*, StrafR AT 1, § 2 Rn. 43.

1209 Ob dies wirklich so ist, kann empirisch wohl kaum nachgewiesen werden; anders ist dies meines Erachtens aber bei der Frage, ob man den Inzest strafrechtlich sanktionieren sollte.

1210 Vgl. hierzu auch *Hassemer*, Sondervotum in BVerfG NJW 2008, 1137 (1144). Es spreche viel dafür, dass die Vorschrift in der bestehenden Fassung lediglich bestehende oder auch nur vermutete Moralvorstellungen, nicht aber ein konkretes Rechtsgut im Auge habe. Der Aufbau oder der Erhalt eines gesellschaftlichen Konsenses über Wertsetzungen könne aber nicht unmittelbares Ziel einer Strafnorm sein. Die Stärkung moralischer Vorstellungen dürfte allenfalls – mittelbar – erwartet werden als langfristiges Ergebnis einer gerechten, klaren, rationalen und stetigen Strafrechtspflege.

1211 Zur Unterscheidung zwischen Strafnormen, die allein in Moralvorstellungen gründen, und solchen, die dem Rechtsgüterschutz dienen, vgl. BVerfG NJW 2008, 1137 (1140). Dieses lässt die Unterscheidung im Ergebnis offen. Insgesamt scheint das Bundesverfassungsgericht die „Problematik“ des Tabus eher unproblematisch zu sehen. Das Gericht

sein, die das Tabu tragen[1212]. Dies sind aber letztlich die bereits diskutierten Aspekte.

E. Ergebnis der Untersuchung der genannten Rechtsgüter

Nach näherer Begutachtung der von Gesetzgeber, Rechtsprechung und Literatur angeführten Rechtsgüter erweist es sich, dass lediglich der erbbiologische Schutzgedanke als vom Inzest berührtes und prinzipiell schützenswertes Rechtsgut in Betracht kommt. Zwar wurde lediglich eine geringe Erhöhung des Risikos für die Manifestation von Erbkrankheiten im Vergleich zu nicht-inzestuös gezeugten Kindern bzw. ein geringes Risiko für die Gesundheit nachfolgender Generationen festgestellt. Für die Rechtsgutslehre ist dies aber zunächst ausreichend, um den Schutz durch § 173 StGB zu legitimieren.

F. Strafrechtsbegrenzungsmodelle

Da die Rechtsgutslehre sehr geringe Anforderungen an das Vorliegen eines Rechtsguts stellt, sieht sie sich als zu weitgehend heftiger Kritik in der Literatur ausgesetzt. Es werden daher zusätzliche Kriterien diskutiert, um die Anwendung des Strafrechts zu begrenzen. Im Rahmen dieser Arbeit sollen die bereits im Vorfeld[1213] angedeuteten Strafrechtsbegrenzungsmodelle kurz angesprochen werden: Die insbesondere vom 4. StRG angeführte Sozialschädlichkeit, das ultima ratio Prinzip bzw. die Subsidiarität des Strafrechts sowie den sog. fragmentarischen Charakter des Strafrechts. Schließlich ist auch die Begrenzung des Strafrechts durch die Verfassung anzusprechen. Ganz konkret geht es also um die Frage, welche Anforderungen zusätzlich zum Vorliegen eines Rechtsguts an § 173 StGB zu stellen sind, um die Norm rechtfertigen zu können.

---

scheint es genügen zu lassen, dass die Gesetzgebungsorgane ein in der Gesellschaft verankertes Unrechtsbewusstsein aufgreifen und dieses auch weiterhin mit den Mitteln des Strafrechts unterstützen. Nur so lässt sich die Aussage verstehen, „dass der Gesetzgeber damit die Grenzen des ihm zustehenden Einschätzungsspielraums überschritten haben könnte, ist nicht ersichtlich."

[1212] Nach Auffassung von BVerfG NJW 2008, 1137 (1140) rechtfertigt sich die Strafnorm des § 173 Abs. 2 S. 2 nicht allein aufgrund des Schutzes einer Moralvorstellung, sondern vielmehr in der Zusammenfassung nachvollziehbarer Strafzwecke vor dem Hintergrund einer kulturhistorisch begründeten, nach wie vor wirkkräftigen gesellschaftlichen Überzeugung von der Strafwürdigkeit des Inzests.

[1213] Siehe Kapitel V.

I. Sozialschädlichkeit

Die Sozialschädlichkeit wurde insbesondere im Rahmen des 4. StRG als wesentliches Kriterium zur Strafrechtsbegrenzung angeführt; wie bereits erwähnt[1214], wurde die für den Gesetzgeber verbindliche Forderung formuliert, Strafgesetze „exakt und rational nachprüfbar" zu begründen[1215]. Da das Merkmal der Sozialschädlichkeit nunmehr nach allgemeiner Auffassung im Rahmen des materiellen Verbrechensbegriffs verortet wird, entfaltet es insofern eine mittelbar strafrechtsbegrenzende Wirkung. Als sozialschädlich gelten insofern solche Handlungen, welche die Bestands- und Funktionsfähigkeit des gesellschaftlichen Zusammenlebens aufheben oder in unerträglicher Weise beeinträchtigen[1216]. Nach dieser Auffassung dürfen Strafrechtsnormen erst eingesetzt werden, wo es „essentielle Notwendigkeiten des Schutzes der Allgemeinheit oder lebenswichtige Interessen des einzelnen zwingend erfordern"[1217]. Sozialschädlichkeit in diesem Sinne setzt zum einen voraus, dass die sozialschädliche Wirkung eines Verhaltens empirisch nachgewiesen wird, denn nur dann macht eine Verletzung oder Gefährdung eines Rechtsguts eine strafrechtliche Maßnahme überhaupt erst erforderlich. Zum anderen setzt sie Rechtsgüter voraus, die aufgrund ihrer Wertigkeit so schutzbedürftig sind, dass ihr Schutz durch das Strafrecht zu erfolgen hat[1218]. Kritiker werfen dem Begriff der Sozialschädlichkeit jedoch vor, zu unbestimmt zu sein und somit nur eine Leerformel darzustellen[1219]. Da der Begriff der Sozialschädlichkeit selbst nicht definiert ist, bleibt unklar, was darunter eigentlich zu verstehen ist. Die Sozialschädlichkeit kann daher keine Vorgaben liefern, wann ein Verhalten als strafwürdig gilt[1220]. Das Kriterium hilft auch dort nicht weiter, wo schon der empirische Befund nicht geleistet wird, es also nicht geklärt werden kann, welche Auswirkungen ein Verhalten tatsächlich auf ein Rechtsgut hat. Und selbst wenn dieser empirische Befund existiert, ist fraglich, ob daraus zwingend die Entscheidung für eine

---

[1214] Siehe Kapitel II, A VI 1; Kapitel V, A I und II.

[1215] Vgl. Kapitel V, A I und II; ferner LK, *Dippel*, Vor § 169 Rn. 6. Dem Gesetzgeber obliegt insofern ein gesteigerter Begründungszwang; hierunter fällt u.a. die Offenlegung der Begründungszusammenhänge sowie der wahren legislatorischen Motive und Entscheidungskriterien; die bloße Berufung auf Rechts- oder Volkstradition werden daher nicht mehr als ausreichender Legitimationsgrund angesehen, vgl. hierzu *Müller-Dietz*, Strafe und Staat, S. 18; LK, *Dippel*, § 173 Rn. 11.

[1216] So *Maurach/Zipf*, StrafR AT, § 13 Rn. 9.

[1217] *Maurach/Zipf*, StrafR AT, § 13 Rn. 9.

[1218] So auch *Maurach/Zipf*, StrafR AT, § 13 Rn. 10.

[1219] Vgl. hierzu *Appel*, Verfassung und Strafe, S. 393; *Arndt*, Merkur 22, 1077 (1077 ff.); *Müller-Dietz*, Strafe und Staat, S. 16 f.

[1220] Vgl. hierzu *Appel*, Verfassung und Strafe, S. 393.

kriminalpolitische Sanktion folgen muss[1221]. Ferner unterliegt das Kriterium der Sozialschädlichkeit dem gesellschaftlichen Wandel. Aufgrund dieser Wandelbarkeit und der Unbestimmtheit kann es daher nicht bzw. nur eingeschränkt[1222] taugliches Mittel zur Strafrechtsbegrenzung sein[1223].

II. Ultima ratio Prinzip/Subsidiarität des Strafrechts[1224]

Das Strafrecht kommt wegen seiner besonders einschneidenden Rechtsfolgen nur als ultima ratio staatlichen Einschreitens in Betracht[1225]. Es darf also grundsätzlich nur dann zum Einsatz gelangen, wenn andere, mildere Mittel zum Schutz des betroffenen Rechtsguts nicht bzw. nicht mehr ausreichen[1226]. Andere Mittel in diesem Sinne sind Mittel des Zivilrechts, des Verwaltungs- bzw. Ordnungswidrigkeitenrechts.

Mit dem ultima ratio Prinzip geht in der Regel auch die Forderung nach der Subsidiarität des Strafrechts einher[1227]. Dieses Prinzip besagt im Grunde das Gleiche wie der ultima ratio Gedanke, nämlich dass das Strafrecht nur dann eingesetzt werden dürfe, wenn andere Mittel nicht ebenso erfolgsversprechend sind. Nach beiden Ansätzen darf Strafe mithin nur bei besonders schwerwiegenden Verletzungen eingesetzt werden, und auch nur dann, wenn andere rechtliche Zwangsmittel versagen[1228]. Das ultima ratio Prinzip bzw. der Subsidiaritätsgrundsatz stellen damit nichts anderes dar als „die strafrechtliche Variante des verfassungsrechtlichen Grundsatzes der Verhältnismäßigkeit"[1229]. Aus diesem Grund soll die konkrete Überprüfung, ob § 173 StGB dem ultima ratio Grundsatz genügt, im Rahmen der Prüfung der Verfassungsmäßigkeit erfolgen[1230].

1221 Vgl. *Maurach/Zipf*, StrafR AT, § 13 Rn. 11.

1222 Die Diskussion um die Sozialschädlichkeit dürfte zumindest dazu geführt haben, die Anforderungen an die Begründung für eine Pönalisierung eines bestimmten Verhaltens zu verschärfen.

1223 Im Ergebnis so auch *Appel*, Verfassung und Strafe, S. 394; S/S-*Lenckner/Eisele*, Vorbem §§ 13 ff. Rn. 10, wo die Sozialschädlichkeit lediglich als eine allgemeine Maxime angesehen wird.

1224 Vgl. hierzu bereits Kapitel V.

1225 So die Forderung der wohl h.L.: Vgl. nur *Baumann/Weber/Mitsch*, StrafR AT, § 3 Rn. 19; S/S-*Lenckner/Eisele*, Vorbem §§ 13 ff. Rn. 10; *Wessels/Beulke*, StrafR AT, Rn. 9; ferner BVerfGE 39, 1 (47); 57, 250 (270); 73, 206 (253).

1226 Vgl. *Müller-Dietz*, Strafe und Staat, S. 56; *Baumann/Weber/Mitsch*, StrafR AT, § 3 Rn. 19; *Appel*, Verfassung und Strafe, S. 405.

1227 Vgl. *Baumann/Weber/Mitsch*, StrafR AT, § 3 Rn. 19; BVerfGE 39, 1 (47); 57, 250 (270); 73, 206 (253).

1228 So *Appel*, Verfassung und Strafe, S. 405 f.

1229 So *Jakobs*, StrafR AT, 2/27.

1230 Siehe hierzu Kapitel VII.

Bereits an dieser Stelle soll aber auf die Kritik eingegangen werden, die am ultima ratio Prinzip und am Subsidiaritätsgedanken geübt wird. Kritisiert wird insbesondere die pauschale Annahme, dass das Strafrecht bzw. die Strafe generell als schwerste staatliche Sanktion verstanden wird[1231]. Das Strafrecht sei aufgrund seines sozialethischen Schuldbezugs mit anderen staatlichen Mitteln nicht vergleichbar[1232]. Das Strafrecht stünde zu anderen Mitteln gerade nicht in einem Stufenverhältnis, sondern sei vielmehr ein aliud. Ferner könne der punktuelle Einsatz von Strafe durchaus milder sein, als ein umfassendes verwaltungsrechtliches Kontrollsystem[1233]. Für den Rechtstreuen sei das Kontrollsystem nämlich einschneidender als die strafrechtliche Sanktion, da letztere nur im Fall der konkreten Verbotsübertretung zum Tragen komme[1234]. Dieses Argument greift aber nur dann, wenn sich durch das Subsidiaritätsprinzip die Belastung verschiebt und jemanden trifft, der für den Konflikt nicht verantwortlich ist; in diesen Fällen darf das Prinzip folglich nicht angewendet werden[1235]. Solange jedoch der ultima ratio Gedanke bzw. das Subsidiaritätsprinzip als verfassungsrechtlich vorgegebener Maßstab[1236] Geltung beanspruchen, sind sie trotz aller Kritik im Rahmen der Strafrechtsbegrenzung zu berücksichtigen.

III. Der fragmentarische Charakter des Strafrechts

Wie zu Beginn des V. Kapitels bereits erwähnt, spricht man vom fragmentarischen Charakter des Strafrechts[1237]. Hinter dieser Formulierung verbirgt sich die Vorstellung, dass die Strafbarkeit auf solche Handlungen begrenzt werden soll, die aufgrund ihrer Gefährlichkeit und Verwerflichkeit im Interesse des Schutzes der Gesellschaft der strafrechtlichen Sanktion erfordern[1238]. Da somit nicht alle Verhaltensweisen, die Rechtsgüter in irgendeiner Form tangieren, vom Strafrecht erfasst werden, entstehen gewisse Schutzlücken, welche aber in Kauf genommen werden[1239]. Aufgrund dieser Schutzlücken weist das Strafrecht einen lückenhaften, mit anderen Worten fragmentarischen Charakter auf.

[1231] Vgl. *Appel*, Verfassung und Strafe, S. 406 f. m. w. N.
[1232] Vgl. *Tiedemann*, Verfassungsrecht und Strafrecht, S. 52.
[1233] *Tiedemann*, Verfassungsrecht und Strafrecht, S. 52.
[1234] Vgl. *Appel*, Verfassung und Strafe, S. 407.
[1235] Vgl. hierzu auch *Jakobs*, StrafR AT, 2/28.
[1236] BVerfGE 39, 1 (47); 57, 250 (270); 73, 206 (253).
[1237] Vgl. hierzu *Kindhäuser*, StrafR AT, § 2 Rn. 6; *Maiwald*, FS Maurach, 9 (10).
[1238] Siehe *Maiwald*, FS Maurach, 9 (10 f.); *Appel*, Verfassung und Strafe, S. 409.
[1239] So *Kindhäuser*, StrafR AT, § 2 Rn. 6.

Ob dem fragmentarischen Charakter strafbegrenzende Wirkung zukommt ist eher fraglich. Die Qualifizierung als „fragmentarisch" ist letztlich nichts anderes als eine Beschreibung des Ist-Zustands des Strafrechts[1240]. Eine solche Beschreibung besagt aber letztlich nicht mehr, als dass das Strafrecht sich (lediglich) mit den vom Gesetzgeber ausgewählten, im StGB enthaltenen Fragmenten befasst[1241]. Der Gesetzgeber ist jedoch keineswegs verpflichtet, das Strafrecht auf Vollständigkeit anzulegen; eine derartige Verpflichtung zu behaupten, wäre auch völlig realitätsfern. Außerdem liefert die Qualifizierung als „fragmentarisch" keinerlei normativen Vorgaben, inwieweit das Strafecht zu begrenzen wäre.

IV. Begrenzung der Legitimation durch die Verfassung

Einige Autoren sehen im Rechtsgutsbegriff gerade auch eine „verfassungsrechtliche Grenze" für den Einsatz von Strafrecht[1242]. So sei die Frage nach legitimen Rechtsgütern im Strafrecht letztlich die Frage nach verfassungsrechtlich zulässigen, d.h. anerkannten Zwecken[1243]. Der verfassungsrechtlich anerkannte Zweck sei nichts anderes als der durch das Strafrecht bewirkte Schutz eines Rechtsguts vor Verletzung oder Gefährdung[1244]. Charakterisiert man infolge dessen das Strafrecht als „Schutzrecht"[1245] oder als „Verbrechensbekämpfungsbegrenzungsrecht"[1246], so sei damit zwar noch nicht die Aussage getroffen, dass in der Verfassung geschrieben stehe, das Strafrecht müsse dem Rechtsgüterschutz dienen[1247]. Sei das Strafrecht aber sozusagen mit der Verfassung verbunden, so würden die in der Verfassung formulierten Eingriffsschranken gerade auch für das Strafrecht[1248] gelten. Mit anderen Worten, die Verfassung gebiete dem Strafrecht gewisse Legitimationskriterien, insbesondere wenn man dem Strafrecht den „am stärksten eingreifenden Charakter"[1249] unterstellt. Wenn also das Strafrecht in Grundrechte des Einzelnen eingreift, muss es sich auch an den

---

1240 So auch *Appel*, Verfassung und Strafe, S. 411.

1241 So *Appel*, Verfassung und Strafe, S. 411, der weiter ausführt, dass diese Beschränkung keineswegs einen Grund zur Beunruhigung darstelle.

1242 Vgl. unter anderem *Roxin*, StrafR AT 1, § 2 Rn. 8 ff.; hierzu sind ferner die Autoren zu rechnen, die den Rechtsgutsbegriff „von unten zu materialisieren versuchen", vgl. *Hefendehl*, GA 2002, 21 (23); *ders.*, Kollektive Rechtsgüter im Strafrecht, S. 42 ff.; *Hassemer*, Straftaten, S. 57, 57 ff.; vgl. ferner BVerfG NJW 2008, 1137 (1138).

1243 Siehe *Appel*, Verfassung und Strafe, S. 199.

1244 So *Hassemer*, Straftaten, S. 57, 60.

1245 *Hefendehl*, GA 2002, 21 (23).

1246 *Hassemer*, Straftaten, S. 57, 58.

1247 Vgl. *Hefendehl*, GA 2002, 21 (23).

1248 So *Hassemer*, Straftaten, S. 57, 58.

1249 BVerfGE 88, 203 (258); 90, 145 (172); 96, 245 (249).

Kriterien, welche die Verfassung für solche Eingriffe vorgibt, messen lassen[1250]. Die Verfassung setze dem Strafrecht daher auch gewisse Grenzen.

Als solche legitimierenden Kriterien/Grenzen werden in erster Linie die Grundrechte und ihre Schranken genannt[1251]. Des weiteren die Verhältnismäßigkeit[1252] der Norm[1253]. Gerade an dieser Stelle setzt die derzeitige Diskussion über die „Legitimationskriterien aus der Verfassung" an[1254]. Kurz gesagt, man wirft den verfassungsrechtlichen Prinzipien Ungeeignetheit vor, da die strafrechtliche Tradition viel älter als die Verfassung sei[1255]. Ferner sei die Verhältnismäßigkeitsprüfung zu unbestimmt[1256]. Insbesondere die Geeignetheitsprüfung und die Prüfung der Erforderlichkeit werden als „undurchlässige Siebe"[1257] bezeichnet. Als Grund hierfür wertet man die dem Gesetzgeber durch das Bundesverfassungsgericht eingeräumte „Einschätzungsprärogative"[1258]. Zusammenfassend lässt sich zum aktuellen Diskussionsstand also folgendes sagen: Zwar erkennt man das Strafrecht als mit der Verfassung verbunden an. Inwiefern die Verfassung aber geeignet ist, Kriterien für die Entscheidung, welches

---

1250 Vgl. hierzu insbesondere *Böse*, Grundrechte, S. 89, 89 ff.

1251 Vgl. *Böse*, Grundrechte, S. 89, 89; *Lagodny*, Das materielle Strafrecht, S. 83, 83 ff.

1252 Vgl. hierzu insbesondere BVerfGE 6, 389 (433); 39, 1 (47); 88, 203 (257); 90, 145 (172).

1253 Gemeint ist damit die Prüfung der Geeignetheit, Erforderlichkeit und der Verhältnismäßigkeit im engeren Sinne. *Hassemer*, Straftaten, S. 57, 62 f. legt dabei besonderen Wert auf das Unter- bzw. Übermaßverbot.

1254 Vgl. zur Diskussion *Wohlers*, Die Tagung, S. 281, 282; *ders.*, Deliktstypen, S. 245 ff.; *Sternberg-Lieben*, Rechtsgut, S. 65, 76 ff.; *Lagodny*, Das materielle Strafrecht, S. 83, 83 ff.; *Böse*, Grundrechte, S. 89, 89 ff.; *Bunzel*, Die Potenz, S. 96, 96 ff.; generell kritisch gegenüber dem Ansatz, Grundgedanken aus der Verfassung zu entwickeln, *von Hirsch*, Rechtsgutstheorie und Harm Principle, S. 291, 292: Außerdem könne selbst die Verfassung Veränderungen unterworfen sein; sie eigne sich daher nicht als Anknüpfungspunkt für die Rechtsgutstheorie.

1255 So *Schünemann*, Rechtsgutstheorie und Harm Principle, S. 291, 295.

1256 Siehe *Sternberg-Lieben*, Rechtsgut, S. 65, 76; *Lagodny*, Das materielle Strafrecht, S. 83, 84: „Die verfassungsrechtliche Legitimation – legitimer Zweck, Geeignetheit, Erforderlichkeit, Angemessenheit – müssen sowohl für das Verbot als auch für die Sanktion, also den strafrechtlichen Vorwurf, der im Vordergrund steht, durchgeführt werden. Wenn man Verbote so untersucht, bleibt unter dem Aspekt Zweck fast nichts, was nicht verfassungsmäßig wäre. Die Beschränkung des Zwecks ist sehr marginal. Nur etwa der Zweck, rassistische Ziele zu verfolgen, ist per se ein verfassungswidriger Zweck"; vgl. ferner *Stratenwerth*, Rechtsgutstheorie und Harm Principle, S. 291, 295.

1257 So *Lagodny*, Das materielle Strafrecht, S. 83, 85.

1258 So *Lagodny*, Das materielle Strafrecht, S. 83, 85; *Sternberg-Lieben*, Rechtsgut, S. 65, 77: „Diese Einschätzungsprärogative hindert jedenfalls grundsätzlich daran, die vom Parlament als dem hierfür nach der Gewaltenteilung zuständigen Organ getroffene Lösung eines Interessenkonflikts nachträglich durch die verfassungsrichterliche Ableitung einer nach den Vorgaben der Verfassung allein zutreffenden inhaltlichen Regelung oder gar durch eine sachgerechtere Lösung zu ersetzen."

Verhalten pönalisierungswürdig ist und welches nicht vorzugeben, erscheint in der aktuellen Diskussion fraglich[1259]. Darüber hinaus merkt *Frisch*[1260] an, dass neben der Frage, ob freiheitsbegrenzende Verbote oder Gebote bestimmten Verhaltens legitimierbar sind, sich des weiteren auch noch die Frage auftue, ob Verletzungen dieser Verbote und Gebote mit Strafe geahndet werden dürfen. Hierfür bedürfe es dann zusätzlich einer spezifischeren Überprüfung der Erforderlichkeit und Angemessenheit der Strafe.

Auch diese Kritikpunkte lassen sich nicht von der Hand weisen. Da Strafrechtsnormen in Grundrechte eingreifen können, sind solche Normen jedoch auch an den verfassungsrechtlichen Anforderungen des Grundgesetzes zu messen. Insbesondere der Verhältnismäßigkeitsgrundsatz gilt für die Strafrechtsnormen als Maßstab und somit letztlich als Legitimierungsgröße. So lange eine Überprüfung des Strafrechts anhand der Verfassung stattfindet, müssen strafrechtliche Normen zumindest auch den Anforderungen der Verfassung genügen. Sofern diese Schranke als nicht ausreichend erachtet wird, liegt es an der Strafrechtslehre und dem Gesetzgeber, geeignetere Begrenzungskriterien zu definieren. Dass der verfassungsrechtliche Zwang zur Strafrechtsbegrenzung als gering eingeschätzt wird, sollte die Bemühungen des einfachen Gesetzgebers um Einschränkungen nicht hindern[1261]. Für § 173 StGB bedeutet dies also, dass er sich wie jede andere Strafrechtsnorm an den Vorgaben der Verfassung messen lassen muss. Ob die Norm diesen Anforderungen gerecht wird, soll an anderer Stelle[1262] überprüft werden.

1259 Vgl. *Wohles*, Die Tagung, S. 282; ferner *Stratenwerth*, StrafR AT, § 2 Rn. 17 f.
1260 *Frisch*, Rechtsgut, S. 215, 223.
1261 *Baumann/Weber/Mitsch*, StrafR AT, § 3 Rn. 23.
1262 Siehe Kapitel VII.

Kapitel VI: Legitimation des § 173 StGB auf der Grundlage anderer Legitimierungsmodelle

Bevor nun auf die Verfassungsmäßigkeit des § 173 StGB sowie konkret auf die Frage eingegangen werden soll, ob das geringe Risiko für den erbbiologischen Schutzgedanken die Existenz der Norm tatsächlich rechtfertigt, sollen im Folgenden alternative Strafrechtslegitimierungsmodelle zur Rechtsgutslehre dargestellt und im Hinblick auf § 173 StGB auf ihre Tauglichkeit untersucht werden.

A. Einleitung

Wie gezeigt wurde[1263], ist es fraglich, ob durch den Inzest unter Erwachsenen ein „fassbares Rechtsgut“[1264] verletzt wird. Entweder ist bereits die Rechtsgutsqualität an sich äußerst fraglich – so im Falle der Familienreinheit – oder aber es kann zwar ein schützenswertes Rechtsgut benannt werden, jedoch wird dieses durch den Inzest nicht in schutzwürdiger Weise gefährdet oder verletzt. Was bleibt, ist ein Risiko im Hinblick auf die Manifestation von Erbkrankheiten beim Nachwuchs, welches im Vergleich zu nicht-inzestuös gezeugtem Nachwuchs geringfügig erhöht ist[1265]. Gleiches gilt für die „Degenerierung der Erbanlagen der Gesellschaft“[1266]. Teilweise wird auch das Vorliegen eines Risikos für den Familienschutz vertreten[1267]. Damit sind zwar Rechtsgüter gefunden, welche prinzipiell schutzwürdig erscheinen. Ob diese aber tatsächlich genügen, um den Eingriff des Strafrechts in die Grundrechte der Betroffenen zu legitimieren, ist eine Frage, die im Rahmen der Verfassungsmäßigkeit geklärt werden soll[1268]. An dieser Stelle wird aber deutlich, dass die Überzeugungskraft des Ansatzes, § 173 StGB über Rechtsgutserwägungen zu legitimieren, nur gering ist. Denn „wird die Legitimität einer Strafnorm damit begründet, dass sie dem Schutz eines bestimmten Rechtsguts dient, dann muss der Schutz auch an die Verletzung oder Gefährdung des entsprechenden, vom Schutz umfassten Rechtsgutsobjekt anknüpfen. Andernfalls bedarf das Rechtsgut keines Schutzes.“[1269] Sollte man also zu der Ansicht gelangen, das geringe Risiko reiche nicht aus, so müsse man konsequenter Weise auch zu dem Ergebnis gelangen, dass kein

1263 Siehe hierzu Kapitel V.
1264 *Schünemann*, Kriminalisierung jenseits des Rechtsgutsdogmas, S. 303, 305.
1265 Vgl. Kapitel V, C II 1 a bb.
1266 Vgl. Kapitel V, C II 1 b.
1267 Vgl. Kapitel V, C III 1.
1268 Siehe Kapitel VII.
1269 So *Schulenburg*, Dogmatische Zusammenhänge, S. 244, 251.

Rechtsgut betroffen ist. § 173 StGB wäre in diesem Fall dann nicht legitimierbar.

Zu einem anderen Ergebnis könnte man daher nur gelangen, wenn man neben oder über die „strenge" Rechtsgutslehre hinaus, andere „Gründe für eine Pönalisierung"[1270] anerkennt. Die Problematik wir unter anderem unter dem Stichpunkt „Kriminalisierung jenseits des Rechtsgutsdogmas" diskutiert[1271]. Wichtig erscheint es deutlich zu machen, dass es bei der Frage der Kriminalisierung jenseits des Rechtsgutsdogmas nicht darum geht, ob und wie der Gesetzgeber bei der Schaffung von Strafrechtsnormen begrenzt werden kann. Es geht also nicht um die systemkritische Funktion einer Legitimationsbasis und auch nicht darum, wie diese Funktion der Rechtsgutslehre ergänzt bzw. effizienter gestaltet werden kann[1272]. Bei der Frage der Kriminalisierung jenseits des Rechtsgutsdogmas geht es vielmehr darum, ob es Delikte geben darf, bei denen gerade kein Rechtsgut betroffen ist, also verletzt oder geschädigt wird. D.h. ein Rechtsgut nicht fassbar ist. Fraglich ist also, ob es neben oder anstatt der Rechtsgutslehre andere Gründe gibt, die eine Pönalisierung rechtfertigen. Und was mindestens genauso wichtig erscheint, ist die Frage, ob es solche Gründe überhaupt geben darf.

Zentraler Punkt ist also, ob man am Rechtsgutsdogma festhalten will, d.h. die zentrale Aufgabe des Strafrechts weiterhin allein als im Rechtsgüterschutz begründet sieht. Vertritt man diese Ansicht, so bedeutet dies, insbesondere wenn man nicht dem Vorwurf ausgesetzt sein will, man handele inkonsequent, dass Strafrechtsnormen, die kein Rechtsgut schützen bzw. bei denen sich ein solches nur äußerst schwer finden lässt, als illegitim kategorisiert werden müssen mit der Folge ihrer Abschaffung[1273] und letztlich auch deren Verfassungswidrigkeit.

Wie solche Pönalisierungsgründe außerhalb des Rechtsgutsdogmas aussehen könnten, ist jedoch strittig.

1270 Vgl. *Wohlers*, Kriminalisierung jenseits des Rechtsgutsdogmas, S. 303, 308.

1271 Vgl. nur das von *Hefendehl*, *von Hirsch* und *Wohlers* durchgeführte Treffen in Moritzburg im April 2002 zu diesem Thema, sowie das dazu herausgegebene Werk, Die Rechtsgutstheorie, Legitimationsbasis des Strafrechts oder dogmatisches Glasperlenspiel?

1272 Vgl. hierzu Kapitel V, F.

1273 Vgl. *Wohlers*, Die Tagung, S. 281, 283; vgl. hierzu auch *Hassemer*, Straftaten, S. 57, 57 ff. für den eine Legitimation von Strafrechtsnormen ausschließlich durch eine von der Verfassung ergänzte Rechtsgutstheorie erfolgen kann; sowie Kapitel V, F IV und Kapitel VII, A VI.

B. Legitimation der Strafbarkeit des Inzests auf der Grundlage anderer Strafrechtslegitimierungsmodelle

Die hier zu untersuchenden Strafrechtslegitimierungsmodelle unterscheiden sich im Wesentlichen dadurch, dass die Rechtsgutslehre teilweise als Ausgangspunkt für die Legitimationsprüfung angesehen wird, während die anderen Ansichten, eine Legitimation gänzlich außerhalb der Rechtsgutslehre suchen. Die verschiedenen Ansätze sollen hier dargestellt und auf ihre Tauglichkeit zur Legitimation des § 173 StGB hin überprüft werden.

I. Ergänzung durch das „Harm Principle"

1. Das „Harm Principle"

Vertritt man die Ansicht, die Rechtsgutslehre sei als Legitimationsmodell bzw. Legitimationsgrundsatz für Strafrechtsnormen ungeeignet, so stellt sich selbstverständlich die Frage, wie man dem Rechtsgutsbegriff „helfen" kann. Diskutiert wird, ob diese „Hilfe" aus dem angloamerikanischen Rechtskreis und zwar durch das sog. „Harm Principle" kommen könnte[1274]. Der angloamerikanische Rechtskreis kennt den Begriff des Rechtsguts nicht[1275]. Vielmehr verwendet man dort verschiedene Prinzipien als Instrumente zur Bestimmung und Beschränkung strafrechtlicher Normen[1276]. Im Vordergrund dieser Prinzipien[1277] steht das sog. „Harm Principle". Dieses geht zurück auf den Moralphilosophen *John Stuart Mill*[1278], der den Begriff im Jahre 1859 erstmals verwendete. Der Begriff wurden in den 80er Jahren des 20. Jahrhunderts erneut durch *Feinberg*[1279] aufgegriffen, der den Ansatz von *Mill* näher untersuchte und ausarbeitete. Dabei ging es *Feinberg* in erster Linie um die Frage, welche Verhaltensweisen durch den Staat kriminalisiert werden dürfen[1280]. Eine Kriminalisierung war seines Erachtens dann erforderlich und vor allem gerechtfertigt, wenn das entscheidende

---

1274 Vgl. hierzu von *Hirsch*, GA 2002, 2 (2 ff.); *ders.*, Der Rechtsgutsbegriff, S. 13 ff.; *Seher*, Prinzipiengestützte Strafnormlegitimationen, S. 39 ff.; *Wittig*, Rechtsgutstheorie, S. 239, 239 ff.; *Seelmann*, Rechtsgutskonzept, S. 261, 261 ff.; Zusammenfassend, Rechtsgutstheorie und Harm Principle, S. 291, 291 ff.; sehr kritisch zur Eignung des Harm Principle, *Kahlo*, Über den Zusammenhang, S. 26, 31 ff.

1275 *Seher*, Prinzipiengestützte Strafnormlegitimationen, S. 45 zufolge, handelt es sich bei der Konstruktion des Rechtsguts um eine spezifisch deutsche Idee.

1276 Vgl. *von Hirsch*, GA 2002, 2 (3); *Seher*, Prinzipiengestützte Strafnormlegitimationen, S. 39.

1277 Vgl. auch ab Kapitel VI, B II 2.

1278 Siehe *Mill*, On Liberty, Kapitel 4, zitiert bei *Kahlo*, Über den Zusammenhang, S. 26, 31.

1279 *Feinberg*, The Moral Limits of the Criminal Law, 4 Bände.

1280 Vgl. *Feinberg*, Harm to Others, S. 3: „What sorts of conduct may the state rightly make criminal?"; *Kahlo*, Über den Zusammenhang, S. 26, 31.

Verhalten „harmful to others" sei, d.h. schädlich für andere[1281]. Zentraler Begriff des Harm Principle sei insofern der Begriff des Schadens[1282]. Ein Schaden sei wiederum die Beeinträchtigung eines Interesses[1283]. Allerdings bleibt die Frage, worin ein Interesse letztlich besteht, von *Feinberg* unbeantwortet. Diese Unklarheit greift indessen *von Hirsch*[1284] auf und definiert das Interesse als „Ressource", auf deren Integrität die betroffene Person einen Anspruch habe. Anders formuliert:

> „Schädigendes Verhalten ist die Beeinträchtigung einer Ressource, auf deren unbeeinträchtigte Existenz ein anderer einen Anspruch hat"[1285].

Zur Bestimmung, wann eine Ressource vorliegt bzw. beeinträchtigt ist, müsse man auf die Primärrechtsordnung, z.B. das Zivilrecht, zurückgreifen[1286]. *Seher*[1287] konkretisiert das Harm Principle dahingehend, dass zusätzlich eine Hierarchisierung bei sich konfligierenden Interessen erforderlich sei. Eine Person habe genau dann ein Recht auf Schutz eines Interesses gegen die Verletzung durch einen anderen, wenn dieses Interesse höherrangig sei als dasjenige, das der andere mit seinem Verhalten verfolge[1288]. Ein insgesamt so verstandenes Harm Principle weise große Ähnlichkeit zur Rechtsgutskonzeption auf[1289].

2. Das „Harm Principle" als Legitimationsgrund

Fraglich und letztlich auch strittig ist aber, inwieweit das „Schädigungsprinzip"[1290] zumindest für die personale Rechtsgutslehre eine „adäquate terminologische Alternative"[1291] bieten und somit als Legitimationsgrund angesehen werden kann. Für *von Hirsch*[1292] bietet die Ableitung des Rechtsguts aus dem Harm Principle eine mögliche Präzisierung des Rechtsgutsbegriffs[1293]. Insbe-

---

1281 Sehr ausführlich hierzu von *Hirsch*, GA 2002, 2 (5 f.); kritisch *Kahlo*, Über den Zusammenhang, S. 26, 31 f.
1282 So *von Hirsch*, GA 2002, 2 (6).
1283 *Von Hirsch*, GA 2002, 2 (6).
1284 Siehe *von Hirsch*, GA 2002, 2 (6).
1285 So *von Hirsch*, GA 2002, 2 (6).
1286 *Von Hirsch*, GA 2002, 2 (7).
1287 *Seher*, Prinzipiengestützte Strafnormlegitimationen, S. 47.
1288 So *Seher*, Prinzipiengestützte Strafnormlegitimationen, S. 47.
1289 *Von Hirsch*, GA 2002, 2 (7).
1290 Den deutschen Begriff verwendet *Seher*, Prinzipiengestützte Strafnormlegitimationen, S. 46 f.
1291 *Seher*, Prinzipiengestützte Strafnormlegitimationen, S. 47.
1292 Vgl. *von Hirsch*, GA 2002, 2 (8).
1293 *Von Hirsch*, GA 2002, 2 (8): „Die Ableitung des Rechtsguts aus dem Harm Principle könnte zu dieser Debatte etwas beitragen, wenn man „Harm to Others" als ein Eindringen

sondere bei der Problematik der kollektiven Rechtsgüter könne man vom Schädigungsprinzip eine sachgerechte Lösung erwarten[1294]. Ansatzpunkt des „Harm Principle“ ist insofern die Schädigung und nicht wie bei der Rechtsgutslehre, wo Ansatzpunkt der beeinträchtigte Wert ist. Erforderlich ist nur die Schädigung eines anderen. Ferner liefere das Schädigungsprinzip präzisere Legitimationsgründe als der Rechtsgutsbegriff, was sich insbesondere bei den abstrakten Gefährdungsdelikten zeige[1295]. Ob man diese Vorteile anerkennt und ob man deshalb das Harm Principle und die Rechtsgutstheorie zu einer sich gegenseitig ergänzenden Theorie zusammenfassen soll[1296] ist fraglich und strittig[1297]. Unbestritten ist aber, dass auch das Harm Principle nicht alle Fälle erfassen kann. Denn wenn ein „harm to others“, d.h. eine Schädigung anderer nicht gegeben ist, dann kann die Kriminalisierung des betroffenen Verhaltens über das Harm Principle nicht legitim sein[1298]. In Fällen der Selbstschädigung oder der „bloßen“ Belästigung also kann auch das Harm Principle nicht weiterhelfen.

Allerdings ist das Harm Principle auch nur eines der – wenn auch das im Vordergrund stehende – Prinzipien, um eine Kriminalisierung zu rechtfertigen[1299]. Hierbei ist insbesondere an das „Offence Principle“ sowie an das Prinzip des „Legal Paternalism“ zu denken[1300].

---

in die Ressourcen einer anderen Person definiert, auf die diese einen Anspruch hat, dann ist dies möglicherweise ein Ansatz, der den Begriff des Rechtsguts gleichzeitig begründen und begrenzen könnte.“

1294 Vgl. *von Hirsch*, GA 2002, 2 (8): „Trotz des unverkennbaren Vorrangs der individuellen Interessen erlaubt es das „Harm Principle“, dass man Verhaltensweisen verbietet, die kollektivschädlich sind, wie z.B. Steuerhinterziehungen, ohne dass man hierbei so weit zu gehen braucht, wie die Vertreter der „Frankfurter Schule“, die behaupten, dass alle kollektiven Rechtsgüter nicht anderes sind, als die Summe der Rechtsgüter einzelner.“

1295 *Seher*, Prinzipiengestützte Strafnormlegitimationen, S. 49, der hier explizit auf die Umweltdelikte hinweist, die gerade durch die Rechtsgutstheorie nur schwerlich zu begründen seien.

1296 So der wohl der Ansatz von *Seher* Prinzipiengestützte Strafnormlegitimationen, S. 39, 46 f.

1297 Vgl. hierzu die Zusammenfassung, Rechtsgutstheorie und Harm Principle, S. 291, 291 ff. Diskutiert wird insofern, ob man eine Verschmelzung der beiden Punkte favorisieren soll, oder ob die Rechtsgutstheorie nicht ein neben dem Harm Principle anzuwendendes Prinzip bleiben soll. Extreme Positionen fordern hingegen sogar, dass die Rechtsgutstheorie ein „absolutes Prinzip“ darstellen müsse, vgl. hierzu *Hefendehl*, Rechtsgutstheorie und Harm Principle, S. 291, 293.

1298 Vgl. *von Hirsch*, GA 2002, 2 (11); gleiches gelte insofern auch für die Rechtsgutslehre.

1299 Vgl. *von Hirsch*, GA 2002, 2 (11).

1300 Siehe hierzu Kapitel VI, B II 3.

3. Legitimation des § 173 StGB über das „Harm Principle“

Für die Legitimation des § 173 StGB hilft das „Harm Principle“ nicht weiter. Wie im Rahmen der Rechtsgutsprüfung festgestellt wurde, liegt gerade keine Schädigung einer anderen Person bzw. der Allgemeinheit vor. Es kann lediglich das geringe Risiko einer möglichen Schädigung des erbbiologischen Schutzgedankens bejaht werden. Ob dies genügen soll oder nicht, darüber gibt aber auch das Schädigungsprinzip keine Auskunft. Wird aber gerade eine tatsächliche Schädigung gefordert, so kann § 173 StGB denklogisch nicht über das „Harm Principle“ legitimiert werden.

II. Legitimationsmodell von *Wohlers/Hefendehl*[1301]

Als ein nicht streng an der Rechtsgutstheorie festhaltender Ansatz erscheint insbesondere der Ansatz von *Hefendehl* sowie von *Wohlers*[1302] verfolgenswert. Das Rechtsgut als geschütztes „Etwas“ gilt dabei als Ausgangspunkt der Legitimitätsprüfung einer Strafrechtsnorm. Hinsichtlich der Suche nach Legitimitätskriterien biete sich sodann folgende Reihenfolge an[1303]: Zunächst sei das Vorliegen eines individuellen Rechtsguts zu prüfen. Sei ein solches nicht auffindbar, stelle sich die Frage nach einem kollektiven Rechtsgut. Hierbei dürfe jedoch der Begriff des Kollektivrechtsguts nicht überinterpretiert werden, d.h. nicht zu weit ausgedehnt werden. Vielmehr müsse man anerkennen, dass es „de lege lata Straftatbestände gebe, deren Legitimität mit Rechtsgutserwägungen nicht oder nur sehr schwer zu belegen seien“[1304]. Fraglich sei letztlich, wie man solcher Straftatbestände habhaft werde, d.h. welche Legitimitätsprinzipien diese rechtfertigen können und wo deren Grenze zu ziehen sei. *Wohlers*[1305] schlägt insofern die Möglichkeit einer Einbeziehung des sog. „Offence Principle“[1306] vor. An dieser Stelle bietet sich eine zusätzliche Ergänzung durch die *von Hirsch*[1307] genannten Prinzipien des „Legal Paternalism“, sowie dem „Legal Moralism“ an.

1301 Vgl. hierzu insbesondere *Hefendehl*, Kriminalisierung jenseits des Rechtsgutsdogmas, S. 303, 307; *Wohlers*, Kriminalisierung jenseits des Rechtsgutsdogmas, S. 303, 308.

1302 Vgl. hier auch *Wohlers*, Die Tagung, S. 281, 282.

1303 Vgl. *Hefendehl*, Kriminalisierung jenseits des Rechtsgutsdogmas, S. 303, 307.

1304 Vgl. auch *Wohlers*, Kriminalisierung jenseits des Rechtsgutsdogmas, S. 303, 308.

1305 *Wohlers*, Die Tagung, S. 281, 283; zum Vorschlag mit *Stratenwerth* die Verhaltensdelikte anzuerkennen, vgl. Kapitel VI, B V.

1306 Hierzu Kapitel VI, B II 2.

1307 Vgl. hierzu *von Hirsch*, GA 2002, 2 (11 ff.).

1. Ausgangspunkt: Rechtsgutstheorie

An dieser Stelle soll die Auffassung vertreten werden, dass sich für die Legitimation von § 173 StGB kein schützenswertes Rechtsgut finden lässt. D.h. das geringe Risiko für das Rechtsgut des erbbiologischen Schutzgedankens nicht als ausreichend erachtet, den Schutz durch eine Strafrechtsnorm zu bejahen.

2. Ergänzung durch das „Offence Principle"

Nach dem skizzierten Modell von *Wohlers/Hefendehl*[1308] gilt es nun, nachdem die Rechtsgutstheorie zu keinem Ergebnis geführt hat, zu prüfen, „ob die Rechtsgutstheorie durch ein dem Offence Principle entsprechendes zweites Standbein ergänzt werden soll"[1309]. Dabei ist zunächst zu klären, was überhaupt unter dem „Offence Principle" zu verstehen ist.

a) Das „Offence Principle"

Neben dem bereits dargestellten „Harm Principle" werden im angloamerikanischen Rechtskreis auch andere, die Legitimität von Strafrechtsnormen rechtfertigende Prinzipien diskutiert. Eines dieser zusätzlichen Prinzipien ist das sog. „Offence Principle", welches man auch als „Störungs-"[1310] oder „Belästigungsprinzip"[1311] bezeichnet.

Das Offence Principle kann solche Strafrechtsnormen legitimieren, die dazu dienen, Störungen von einer anderen Person abzuwenden[1312]. Das Prinzip erfasst daher solche Verhaltensweisen, die zwar nicht zu einem Schaden im Sinne des Harm Principle führen, die aber als Belästigungen bei anderen Personen gewisse negative Empfindungen hervorrufen. Der Begriff der „Störung" oder „Belästigung" gilt jedoch als „Sammelbecken"[1313] für ganz unterschiedliche Arten von Einwirkungen und Empfindungen[1314]. Gestört oder belästigt werden können daher sowohl das vegetative Nervensystem[1315], die Sinne[1316], gewisse Gefühle bzw. Sensibilitäten[1317] oder die „innere Ruhe"[1318].

1308 Vgl. Kapitel VI, B II.

1309 Siehe *Wohlers*, Die Tagung, S. 281, 283.

1310 So *Seher*, Prinzipiengestützte Strafnormlegitimationen, S. 49 f.

1311 So *von Hirsch*, GA 2002, 2 (12); *ders.*, Der Rechtsgutsbegriff, S. 22.

1312 Vgl. hierzu *Feinberg*, Offense to Others, S. 1; Solche Strafrechtsnormen sind im deutschen Strafrecht: §§ 183, 183 a, 184, 167 StGB. Zu § 173 StGB siehe Kapitel VI, B II 2 c.

1313 Diesen Begriff verwendet *Seher*, Prinzipiengestützte Strafnormlegitimation, S. 49.

1314 Vgl. auch *Feinberg*, Offense to Others, S. 14 ff.

1315 So z. B. durch Ekel und Angst.

1316 Z. B. durch Lärm, Gestank, erschreckende Bilder usw.

1317 Sittliche oder religiöse Gefühle, moralische Wertvorstellungen, Weltbild.

Der ursprüngliche Ansatz *Feinbergs* verfolgte eine eher „subjektivistische“[1319] Ausrichtung. Erforderlich für eine Legitimierung der strafrechtlichen Norm ist danach lediglich, dass die in der Norm verbotene Handlung als belästigend empfunden wird[1320]. Dieser Ansatz wurde insbesondere von *von Hirsch*[1321] kritisiert. Es könne nicht nur auf das bloße Vorliegen von Unlustgefühlen ankommen; entscheidend sei vielmehr, dass ein normativer Grund dafür vorläge, dass man bei anderen Personen solche Empfindungen nicht hervorrufen solle bzw. dürfe. Das Hervorrufen negativer Empfindungen müsse also „Unrecht“ darstellen. Ein solches soll nach *von Hirsch*[1322] dann vorliegen, wenn der belästigenden Verhaltensweise die Tendenz innewohne, andere Personen ohne Respekt oder ohne Rücksicht zu behandeln.

b) Das „Offence Principle“ als Legitimationsgrund

Fraglich ist aber, ob eine bloße Störung bzw. Belästigung ein hinreichender Grund für eine Pönalisierung darstellen kann[1323]. Dies ist nur dann zu bejahen, wenn für das Offence Principle tatsächlich ein eigenständiger Anwendungsbereich verbleibt, es also vom Schädigungsprinzip abgrenzbar ist[1324]. Zum andern muss die Störung aber auch als hinreichend strafwürdig erscheinen.

Für eine Abgrenzung der beiden Prinzipien ist es zunächst erforderlich, die Begriffe „Schädigung“ und „Störung“ zu definieren. Ein schädigendes Verhalten im Sinne des Harm Principle wurde an anderer Stelle[1325] bereits als „Beeinträchtigung einer Ressource, auf deren unbeeinträchtigte Existenz ein anderer einen Anspruch hat“[1326] definiert. Allerdings hilft diese Definition für die Abgrenzung nicht weiter. Eine Schädigung ist daher vielmehr das Hervorrufen einer gewissen Folge, hier also einer negativen Änderung des Ist-Zustandes.

1318 Siehe *Seher*, Prinzipiengestützte Strafnormlegitimation, S. 49; Belästigungen sind hier z.B. das Hervorrufen von Angstzuständen, Demütigungen usw.

1319 So auch *von Hirsch*, Der Rechtsgutsbegriff, S. 13, 22.

1320 Vgl. *Feinberg*, Offense to Others, S. 35 und S. 44: Die unerwünschten Gefühle müssen danach hinreichend intensiv und in der Öffentlichkeit weit verbreitet sein. Ferner müsse die Handlungsweise so vorgenommen werden, dass Dritte sich deren nur schwer entziehen könnten; siehe hierzu auch sehr ausführlich *von Hirsch*, Der Rechtsgutsbegriff, S. 13, 22.

1321 *Von Hirsch*, Der Rechtsgutsbegriff, S. 13, 22.

1322 *Von Hirsch*, Der Rechtsgutsbegriff, S. 13, 22.

1323 Teilweise wird in der Literatur vertreten, dass es auch in solchen Fällen zu einem Schaden, bzw. zu einem Schaden an einem Rechtsgut kommen müsse, d.h. eine Störung nicht ausreiche. Vgl. hierzu *von Hirsch*, Der Rechtsgutsbegriff, S. 13, 22 m. w. N.

1324 Siehe *Seher*, Prinzipiengestützte Strafnormlegitimation, S. 49.

1325 Siehe Kapitel VI, B I.

1326 So *von Hirsch*, GA 2002, 2 (6).

Solche Folgen müssen vom Tatopfer korrigiert werden[1327]. Eine Störung oder Belästigung hingegen, löst keine solche negative Folge aus; sie sind also folgenlos[1328]. Sofern eine Störung einen Schaden auslösen sollte[1329], fällt diese also nicht unter das Störungs-, sondern unter das Schädigungsprinzip:

> „Eigenständige Bedeutung haben Störungen also nur, soweit sie keine Schädigung nach sich ziehen“[1330].

Daraus wird deutlich, dass das Harm und das Offence Principle in eine Art Stufenverhältnis zueinander stehen. Das Offence Principle kann demnach nur solche Fälle erfassen, die eine geringere Form der Beeinträchtigung einer Ressource darstellen. Aus diesem Grund heraus drängt sich dann die Frage auf, wie das Offence Principle bzw. Verhaltensweisen, die „lediglich“ eine Störung oder Belästigung hervorrufen, strafrechtlich zu erfassen sind. Fraglich ist, ob solche Fälle tatsächlich strafwürdig sind, oder vielmehr wegen ihrer geringeren Beeinträchtigung unbeachtlich bleiben sollten. Eine generelle Strafwürdigkeit wäre sicherlich nicht mit dem verfassungsrechtlichen, gerade auch für das Strafrecht relevanten[1331] Verhältnismäßigkeitsgrundsatz vereinbar. Ferner dürften lediglich geringfügige Beeinträchtigungen, die zumal ja auch folgenlos bleiben, am Übermaßverbot[1332] scheitern. Nimmt man jedoch sämtliche Belästigungen aus dem strafrechtlichen Sanktionierungsbereich heraus, so bestünde allerdings für das Opfer „die Gefahr von Sicherheits- oder gar Gerechtigkeitslücken“[1333].

Es gilt daher einen Mittelweg zu finden. Dieser könnte im Ansatz von *Simester/von Hirsch*[1334] zu sehen sein. Nicht ausreichend für eine Strafbarkeit ist es danach, wenn die Handlung bloße Sensibilitäten anderer stört[1335]. Hinzutreten müsse ferner eine „grob respektlose“ Behandlung[1336]. Weiterhin müssten aber gewisse „Mediating Principles“[1337] formuliert werden, anhand derer die Er-

---

1327 *Seher*, Prinzipiengestützte Strafnormlegitimation, S. 49.

1328 *Seher*, Prinzipiengestützte Strafnormlegitimation, S. 49.

1329 Siehe *Seher*, Prinzipiengestützte Strafnormlegitimation, S. 49, der an dieser Stelle das Beispiel eines Hörschadens verwendet, der durch die „bloße“ Lärmbelästigung ausgelöst wird.

1330 *Seher*, Prinzipiengestützte Strafnormlegitimation, S. 50.

1331 Siehe BVerfGE 6, 389 (433); 39, 1 (47); 88, 203 (257); 90, 145 (172 f.).

1332 Vgl. hierzu insbesondere *Hassemer*, Straftaten, S. 57, 62.

1333 So *Seher*, Prinzipiengestützte Strafrechtslegitimation, S. 50. Allerdings stellt sich in so einem Fall die Frage, ob das belästigende Verhalten nicht auch mit Mitteln des Ordnungswidrigkeitenrechts erfasst werden könnte, so dass erst gar keine Sicherheitslücken entstehen könnten.

1334 Vgl. *Simester/von Hirsch*, Legal Theory 8, 269 (275 ff.).

1335 Vgl. *von Hirsch*, Der Rechtsgutsbegriff, S. 13, 23.

1336 Hier kommt also das für *von Hirsch* erforderliche „Unrecht“ zur Geltung.

1337 Siehe hierzu das umfängliche gleichnamige Werk von *von Hirsch/Seelmann/Wohlers*,

forderlichkeit eines solchen Verbots zu beurteilen wäre. Als „Mediating Principles“ gelten bestimmte Kriterien, die über eine Kriminalisierung eines an sich strafwürdigen Verhaltens entscheiden[1338]. Diese müssten sich z.B. auf den Umfang, die Intensität der Belästigung, sowie auf die Möglichkeit der Betroffenen, sich der Belästigung zu entziehen, beziehen[1339]. „Mediating Principles“ seien also ein notwendiges Instrument, um die Legitimität von Strafrechtsnormen zu begründen. Jedoch würden diese erst dann relevant, wenn das bestimmte Verhalten als Unrecht einzustufen wäre. Nicht ausreichend wäre somit, wenn ein Verhalten zu einem öffentlichen Ärgernis, welches noch so intensiv und verbreitet sein könne, führen würde[1340]. Erforderlich ist hiernach, dass das Opfer „ohne Respekt oder ohne Rücksicht“ behandelt wird. Ist dies der Fall, so entscheidet sich die Strafwürdigkeit des Verhaltens und damit die Legitimität der Norm auf einer Art zweiten Stufe, nämlich über die „Mediating Principles“.

c) Legitimation des § 173 StGB über das „Offence Principle“

Es stellt sich nun die Frage, ob § 173 StGB dadurch legitimiert werden kann. Zunächst ist festzustellen, dass auch § 173 StGB eine „bloße“ Belästigung unter Strafe stellt[1341]. Eine Schädigung löst der Inzest nicht aus, er ist aber grundsätzlich geeignet, bei Dritten negative Empfindungen, so z.B. Ekel oder Peinlichkeit hervorzurufen. Man kann es auch dahingehend formulieren, dass der Anblick bzw. das Wissen um die Existenz eines Inzestpaares eine ungewollte Konfrontation mit einer schockierenden sexuellen Handlung darstellt, die geeignet sein kann, Wertvorstellungen oder das Sittlichkeitsempfinden zu beeinträchtigen. Zu einer Schädigung im Sinne einer negativen Folge, die sodann korrigiert werden müsste, kommt es dabei freilich nicht. Man mag peinlich berührt sein, Ekel empfinden, aber es bleibt bei einer bloßen Beeinträchtigung, da der Anblick oder das Wissen um die Existenz eines Inzestpaares keine bleibende Beeinträchtigung einer Ressource darstellt. Für den Beobachter bleibt der Inzest folgenlos. Damit wäre die Zuordnung des § 173 StGB zum „Offence Principle“ zwar geklärt. Fraglich ist jedoch, ob § 173 StGB durch dieses zu legitimieren ist. Legt man den subjektivistischen Ansatz *Feinbergs* zu Grunde,

---

S. 13, 13 ff.

[1338] Zur aktuellen Diskussion über Gestalt und Grenzen solcher Prinzipien, vgl. *von Hirsch/Seelmann/Wohlers*, Mediating Principles, S. 13, 13 ff.

[1339] Vgl. *von Hirsch*, Der Rechtsgutsbegriff, S. 13, 23; ferner *Simerster/von Hirsch*, Legal Theory 8, 269 (279 f.).

[1340] So *von Hirsch*, Der Rechtsgutsbegriff, S. 13, 23.

[1341] So auch *von Hirsch*, GA 2002, 2 (12).

so ist primär entscheidend, dass es sich beim Inzest um eine Verhaltensweise handelt, die geeignet ist, ein bestimmtes intensives öffentliches Ärgernis hervorzurufen, bzw. die Abneigung hiergegen in der Öffentlichkeit weit verbreitet ist und man sich der Verhaltensweise nur schwer entziehen könnte. Sieht man den Inzest als tief in der Gesellschaft wurzelndes Tabu, so ließe sich die erste Voraussetzung noch bejahen. Doch handelt es sich beim Inzest um eine eher im Verborgenen bleibende Verhaltensweise, insbesondere dann wenn man speziell auf die Handlung des „Beischlafs" abstellt. Inzest betrifft hauptsächlich die zwei davon unmittelbar betroffenen Personen und darüber hinaus vielleicht noch den engeren Familienkreis. Man wird den Beteiligten auch nicht ansehen, dass es sich um ein Inzestpaar handelt. Insofern dürfte man sich dieser Art von Belästigung also durchaus entziehen können[1342]. Folgt man andererseits dem Ansatz von *von Hirsch* und *Simester*[1343] wonach es sich bei der Belästigung, also dem Hervorrufen des negativen Empfindens um „Unrecht" handeln muss, so ist ebenfalls fraglich, ob § 173 StGB über das Offence Principle gerechtfertigt werden kann. Versteht man Unrecht als „Behandlung ohne Respekt oder Rücksicht auf andere" so fällt der Inzest meines Erachtens nicht hierunter. Eine Behandlung anderer ohne Respekt oder Rücksicht stellt ein eigensüchtiges Verhalten dar. Man stellt seine eigenen Bedürfnisse über die eines anderen ohne dabei auch nur ansatzweise die Interessen anderer zu berücksichtigen. Beteiligte eines Inzests werden diesen Schritt, d.h. die Begehung einer inzestuösen Handlung, aber bestimmt nicht leichtfertig tun. Noch weniger aber wird man Dritten dadurch gegenüber respektlos handeln.

Man kann auch die sog. „Mediating Principles" heranziehen und fragen, ob nicht der Verhältnismäßigkeitsgrundsatz[1344] oder die Toleranz[1345] geeignete Kriterien sind, um die Strafandrohung im konkreten Fall zu verneinen. Man kann nur zum gleichen Ergebnis gelangen. Denn der Anblick oder die Existenz eines Inzestpaares kann im ersten Moment noch so sehr abschrecken oder anekeln; doch hinterlässt diese Störung kein sanktionswürdiges Unrecht. Schon gar nicht ein solches, dem man mit Sanktionen des Strafrechts zu Leibe rücken müsste.

[1342] Darüber hinaus enthält der Tatbestand des § 173 StGB kein „Öffentlichkeits-" Merkmal.

[1343] Siehe *Simester/von Hirsch*, Legal Theory 8, 269 (269 ff.).

[1344] Vgl. hierzu *Hassemer*, Der Grundsatz der Verhältnismäßigkeit, S. 121, 121 ff.; *Neumann*, Das Verhältnismäßigkeitsprinzip, S. 128, 128 ff.

[1345] Vgl. hierzu *Frisch*, Toleranz als Prinzip, S. 83, 83 ff.; *von Hirsch*, Toleranz als Mediating Principle, S. 97 ff.; *Thommen*, Toleranz, S. 109, 109 ff.

3. Ergänzung durch „Legal Paternalism“

Ferner gilt es nun nach dem Modell von *Wohlers/Hefendehl*[1346] eine Legitimation über das „Legal Paternalism“ zu prüfen.

a) „Legal Paternalism“

Das Prinzip des „Legal Paternalism“[1347] erfasst zunächst solche Normen, bei denen selbstschädigende Verhaltensweisen sanktioniert werden bzw. werden sollen. Das Prinzip des „Paternalismus“ mutet auf den ersten Blick etwas befremdlich an. Zumal es „dem freiheitlichen Ideal einer die Menschenwürde respektierenden Gesellschaft“[1348] zu widersprechen scheint. Es ist also nur schwer vorstellbar, wie in einem freiheitsdenkenden, liberalen Staat, Normen denkbar sind bzw. sein können, in denen Selbstschädigungen bestraft werden dürfen[1349]. Denn verletzt oder beeinträchtigt wird außer der handelnden Person ansonsten niemand.

Es stellt sich daher die Frage, ob und wenn ja, in welcher Dimension es solche Verbotsnormen geben darf[1350]. *Seher*[1351] schränkt den Anwendungsbereich eines strafnormlegitimierenden Paternalismus' zunächst stark ein. Ein solcher komme nur dort in Betracht, wo eine Norm definitiv dem Wohl des Normadressaten dienen soll und dabei dessen wirklichen Willen außer Acht lässt[1352]. Auch *von Hirsch*[1353] hat sich mit der Reichweite paternalistischer Verbote beschäftigt. Hinter solch paternalistischen Verboten stünde die Vorstellung, die künftige Lebensmöglichkeit der Person gegen die eigene Leichtsinnigkeit zu schützen. Diese Leichtsinnigkeit könne nämlich zu gravierenden Beeinträchtigungen führen[1354]. Seines Erachtens hängt die Rechtfertigung solcher paternalistischer Normen entscheidend von der Größe und Irreparabilität der Selbstverletzung ab. Ebenso sei die Intensität und zeitliche Dauer der Inter-

---

1346 Siehe hierzu Kapitel VI, B II.

1347 Vgl. hierzu auch *Feinberg*, Harm to Self, S. 3 ff.

1348 So *Seher*, Prinzipiengestützte Strafnormlegitimation, S. 51.

1349 Beispiele für strafrechtliche Normen mit paternalistischem Charakter sind §§ 29, 29 a BtMG, sowie die Ordnungswidrigkeiten, Anschnall- und Helmpflicht im Straßenverkehr.

1350 Kritisch gegenüber dem Prinzip des „Paternalismus“, *Lautmann*, ZRP 1980, 44 (48): Der Paternalismus sei angesichts der Straffreiheit des Selbstmordes – argumentum a maiore ad minus – obsolet.

1351 *Seher*, Prinzipiengestützte Strafnormlegitimation, S. 51 f.

1352 Vgl. ferner *Seher*, Prinzipiengestützte Strafnormlegitimation, S. 51: Eine Norm, die den Willen des Normadressaten ernst nehme, könnte lediglich die Begründungsstruktur für Rechtfertigungsgründe darstellen.

1353 *Von Hirsch*, Der Rechtsgutsbegriff, S. 13, 21.

1354 So *von Hirsch*, GA 2002, 2 (12).

vention relevant, sowie die Kohärenz und die scheinbare Rationalität der möglichen Gründe, die der Handelnde für sein Verhalten habe bzw. haben könnte[1355]. Gerade die „scheinbare Rationalität der Gründe" bzw. die Abhängigkeit davon, wie plausibel der Normadressat die Eingehung des Risikos zu begründen vermag, entscheide aber letztlich darüber, ob selbstschädigende Verhaltensweisen unter Strafe gestellt würden[1356]. Insofern erscheint die Einschränkung *Sehers*, den wirklichen Willen des Normadressaten außer Acht zu lassen, als durchaus begründete Forderung. Denn dann dürfte auch die Plausibilität der Gründe für die Eingehung des Risikos irrelevant sein; insofern wäre dann also allein auf die tatsächliche Größe und Irreparabilität der Selbstverletzung abzustellen, d.h. auf normative Tatsachen ohne subjektiven Bezug. Dennoch erscheint meines Erachtens Vorsicht bei der Anwendung eines solchen Prinzips angebracht. Das Prinzip des „Legal Paternalism" ist in seiner derzeitigen Form noch zu unbestimmt, da keine konkreten Kriterien vorliegen, wann eine Selbstschädigung strafwürdig erscheint und wann dies nicht der Fall ist. Ferner darf nicht vergessen werden, dass die Sanktionierung selbstschädigenden Verhaltens gleichzeitig eine staatliche Bevormundung darstellt. Es ist schwierig eine Grenze zu bestimmen, bis zu welcher man den Staat in die persönliche Freiheit des Einzelnen eingreifen lässt und wo schließlich die Selbstbestimmung einer jeden Person beginnt.

b) Legitimation des § 173 StGB über das Prinzip des „Legal Paternalism"

Fraglich ist, ob § 173 StGB überhaupt eine selbstschädigende Handlung pönalisiert bzw. überhaupt unter dieses Prinzip zu subsumieren ist. Wie dargestellt wurde, werden Dritte durch den Inzest weder verletzt noch gefährdet. Man könnte daher auch sagen, der Inzest schadet niemanden und ist daher ein Delikt ohne Opfer[1357].

Allerdings lässt sich evtl. doch eine Selbstschädigung der Tatbeteiligten „kreieren". Man könnte argumentieren, die Selbstschädigung liege im Eingehen des Risikos, aufgrund des Inzests von der Gesellschaft ausgeschlossen zu werden[1358]. Es handelt sich beim Inzest um ein tief verwurzeltes Tabu, so dass die

---

[1355] So *von Hirsch*, GA 2002, 2 (12).

[1356] Das zeige sich daran, dass Befürworter paternalistischer Verbote dazu neigten, Drogenkonsum zu sanktionieren, gefährliche Sportarten oder andere gefährliche Hobbys straffrei zu belassen.

[1357] Vgl. *Lautmann*, ZRP 1980, 44 (47): „Verbrechen ohne Opfer"; es ist an dieser Stelle noch einmal darauf hinzuweisen, dass hier unter Inzest nur der einvernehmliche Inzest verstanden wird, vgl. hierzu insbesondere Kapitel I, C III.

[1358] Ein Abstellen auf „psychische Schäden" durch den Inzest als Selbstschädigung kommt

Bevölkerung in aller Regel bei Bekanntwerden des Inzest mit Unverständnis und Abscheu reagieren wird[1359]. Durch das inzestuöse Verhalten ließe sich eine Selbstschädigung kreieren, wenn man der Ansicht ist, der Inzest führe zum Risiko der Ausgrenzung durch die Gesellschaft, wodurch langfristig psychische Folgen davon zu tragen seien. Doch wäre eine so verstandene und sanktionierte Selbstschädigung meines Erachtens zu viel der Dinge. Es handelt sich nicht um eine unmittelbare Selbstschädigung. Beim Inzest führt erst die Reaktion der Gesellschaft zu einer Isolation der Inzestbeteiligten und damit dann zu evtl. psychischen Schäden. Es ist also nicht die unmittelbare Tathandlung selbstschädigend, sondern erst das Verhalten Dritter wirkt sich – wenn überhaupt – schädigend aus. Man kann daher beim Inzest schon nicht von einem Selbstschädigungsdelikt sprechen, geschweige denn über dieses Prinzip die Legitimität des § 173 StGB begründen.

4. Ergänzung durch das Prinzip des „Legal Moralism"

Es gilt nun eine Legitimation des § 173 StGB über das Prinzip des „Legal Moralism" zu prüfen.

a) „Legal Moralism"

Fällt das Wort Moralismus, so denkt man spontan an *Kant* und seine Forderung nach Trennung von Recht und Moral. Heute dient die Differenzierung von Recht und Moral hauptsächlich einer systemkritischen Rechtsgutslehre als Argument gegen die Legitimation einer Strafrechtsnorm[1360]. Beim Prinzip des „Legal Moralism" geht es jedoch nicht darum, bestehende Strafrechtsnormen zu „illegitimieren" sondern vielmehr darum, solche an sich „opferlosen" Delikte zu rechtfertigen, d.h. zu legitimieren[1361]. Solche Delikte schützen nicht die beteiligten Personen oder Rechtsgüter vor Beeinträchtigung oder Schädigung. Normen mit moralistischen Tendenzen schützen vielmehr „Werte"[1362]. Damit bedeute

---

nicht in Betracht. Gerade in Fällen des einvernehmlichen Inzest sind solche eher unwahrscheinlich und ferner nicht empirisch belegbar, vgl. Kapitel V, C II 2 c; Vgl. ferner auch *Klöpper*, Das Verhältnis von § 173 StGB zu Art. 6 I GG, S. 112 ff., zum verfassungsrechtlichen Schutz des Grundrechtsträgers vor sich selbst.

1359 Vgl. hierzu *Palmen*, Der Inzest, S. 157 ff.: Werde das inzestuöse Geschehen bekannt, so entlade sich die ganze Welt moralsicher Verachtung und Entrüstung auf Täter und Opfer.

1360 Vgl. auch *Marcuse*, Vom Inzest, S. 70 f.: „Dass bloße Unmoral, sei sie auch von noch so scheußlicher Gemeinheit und sittlicher Verkommenheit, nicht Gegenstand des Strafrechts sein kann und darf, versteht sich von selbst.".

1361 Vgl. *Seher*, Prinzipiengestützte Strafnormlegitimation, S. 52.

1362 Vgl. *Seher*, Prinzipiengestützte Strafnormlegitimation, S. 52: Moralistische Normen strafen nicht wegen der Verletzung einer Person, sondern um Verhaltenswerte an sich zu

„Moralismus“[1363] im weitesten Sinne den rechtlichen Schutz moralischer Vorstellungen. *Seher*[1364] sieht hierin jedoch nichts „Anrüchiges“; Recht in einer Demokratie sei grundsätzlich die spezifische Normierung eines Ausschnitts aus der Sozialmoral. Es ginge also immer darum, „ob“ Werte geschützt würden, fraglich sei immer nur, „welche“ Werte man schütze.

Fraglich ist, ob einem so verstandenen Prinzip neben dem Harm Principle und dem Offence Principle überhaupt ein eigenständiger Anwendungsbereich verbleibt. Um diese Frage zu klären, unterscheidet *Seher*[1365] zwischen „reinen“ und „unreinen“ Formen der moralistischen Strukturen. Man könne die oben genannten Strukturen[1366] als in einer reinen Form vertreten, was bedeuten würde, dass man die Werte um ihrer selbst willen schütze. In einer reinen Form seien die Strukturen daher eindeutig vom Schädigungsprinzip zu trennen. Denn es komme ja überhaupt nicht auf die Folgen an; der Wert sei ohne Rücksicht auf die Folgen zu schützen. Eine unreine Form schütze Werte nur aus dem Grund, um schädigende Folgen wertmissachtenden Verhaltens zu unterbinden. Sie seien also nichts anderes als auf deren Vorfeld ausgeweitete Arten des Harm bzw. Offence Principle.

Offen bleibt danach aber auch weiterhin die Frage der klassischen „Recht und Moral Debatte“: Welche „Werte“ sind denn schützenswert? Wo zieht man die Grenze? Fraglich ist, ob man auf „tief verwurzelte Kulturüberzeugungen“[1367] oder auf „allgemeine und tief verinnerlichte Werthaltungen der Bevölkerung“[1368] abstellen soll. Ferner stellt sich die Frage, ob man neben kollektiven Werten auch solche gelten lässt, die nur eine bestimmte Gruppe für beachtlich und

---

schützen.

1363 *Seher*, Prinzipiengestützte Strafnormlegitimation, S. 53, unterscheidet zwischen verschiedenen moralistischen Legitimationsstrukturen: Dies sei zum einen der „strenge Moralismus“. Ein solch verstandener Moralismus ziele auf den Schutz einer als objektiv richtig begriffenen – sittlich oder religiösen – Moralordnung, deren Missachtung als Übel an sich gelte; vgl. hierzu auch *Feinberg*, Harmless Wrongdoing, S. 4: „strict moralism“. Ferner der „moralische Konservatismus“, der das jeweils Hergebrachte als Wert an sich, d.h. tradierte Wertvorstellungen schütze. Der „Perfektionismus“ hingegen benutze den Einsatz von Strafrecht auch zur sittlichen Entwicklung der Bürger. Ein Beispiel hierfür sei die Diskussion um ein Verbot gewaltverherrlichender Computerspiele. *Seher* spricht ferner solche Delikte an, mit denen unmoralische Vorteile verhindert werden sollen, der Täter also aus der Not anderer keinen Gewinn machen soll.

1364 *Seher*, Prinzipiengestützte Strafnormlegitimation, S. 52.

1365 *Seher*, Prinzipiengestützte Strafnormlegitimation, S. 54.

1366 Siehe Anmerkung von *Seher*, Prinzipiengestützte Strafnormlegitimation, S. 52: Moralistische Normen straften nicht wegen der Verletzung einer Person, sondern um Verhaltenswerte an sich zu schützen..

1367 Vgl. *Hefendehl*, Kollektive Rechtsgüter im Strafrecht, S. 56.

1368 Vgl. *Amelung*, Rechtsgüterschutz, S. 318 ff.

schützenswert hält. Zusätzlich gilt es zu klären, wie ein Wert aussehen muss, wem er dienen muss, damit man damit einen strafrechtlichen Eingriff gegenüber einer Person, die doch keine andere Person verletzt oder schädigt, legitimieren kann. Den Versuch einer näheren Begrenzung des Begriffs hat zunächst *Amelung*[1369] unternommen. Danach ist ein Eingriff des Gesetzgebers nur dann erforderlich (und damit zulässig), wenn der Eingriff Betätigungen betreffe, „deren Wirkungen über den Geheimbereich [Intimbereich] hinausgehen und dem Zweck der Existenzsicherung zuwiderlaufen". Weiter heißt es:

> „Eine Regelung ist dagegen offenbar nicht erforderlich, wenn eine Betätigung keine Wirkung hat, die über die Kernzone des Privatbereichs hinausgeht und das ungestörte Zusammenleben beeinträchtigt."

Wo also Betätigungen „allgemeine und tief verinnerlichte Werthaltungen der Bevölkerung" treffen, bestünde in der Öffentlichkeit die Gefahr, dass Konflikte entstünden, die „jäh in direkte Aggression" umschlagen könnten. Solche Betätigungen beeinträchtigten das Zusammenleben. Mit anderen Worten dürfe der Gesetzgeber hier pönalisieren. Widersprächen die Betätigungen aber nur den „herrschenden Kulturüberzeugungen", seien sie also lediglich „unmoralisch", dürfe der Gesetzgeber nicht sanktionierend eingreifen. Doch reicht eine solche Begrenzung aus? Fraglich ist, ob daraus nun verständlich wird, was unter reiner Unmoral zu verstehen ist[1370]. Die Unterscheidung zwischen „tief verinnerlichten Werthaltungen" und „herrschenden Kulturüberzeugungen" hält auch *Seelmann*[1371] für „noch zu vage". Dem, was die klassische Recht/Moral-Differenzierung zur Begrenzung von Kriminalisierung beitragen könne, komme man mit einer solchen bloßen Quantifizierung in der individuellen Intensität und der sozialen Ausdehnung des Betroffenseins nicht auf die Spur[1372]. *Seelmann*[1373] differenziert zwischen Recht und Moral dadurch, indem er auf eine „einseitige Verweigerung der Anerkennung des anderen in seiner Rechtssubjektivität" abstellt. Danach erlangt für ihn eine Schädigung von anderen Menschen erst dann eine rechtliche Relevanz, wenn diese die Rechtssubjektivität des anderen in Frage stellt. Stellt sich die Frage, wann dies der Fall ist. *Seelmann*[1374] stellt hierzu auf die „Orientierungssicherheit" ab. Dabei geht es also um die Möglich-

---

1369 *Amelung*, Rechtsgüterschutz, S. 325; vgl. hierzu ferner *Stratenwerth*, Zur Legitimation von Verhaltensdelikten, S. 157, 158 f.

1370 Äußerst kritisch hiergegen auch *Stratenwerth*, Zur Legitimation von Verhaltensdelikten, S. 157, 159.

1371 Vgl. *Seelmann*, FS Jung, S. 893, 897.

1372 So *Seelmann*, FS Jung, S. 893, 897.

1373 Siehe *Seelmann*, FS Jung, S. 893, 897; ferner *ders.*, Harm Principle, S. 261 ff.

1374 Vgl. *Seelmann*, FS Jung, S. 893, 897; sowie *ders.*, Gefährdungs- und Gefühlsschutzdelikte, S. 492 f.

keit bzw. Fähigkeit des Menschen, sich in der Welt zurechtzufinden und sein Leben an den bestehenden Werteordnungen zu orientieren. Für *Seelmann* stellt sich also die Frage, unter welchen Voraussetzungen diese Orientierungssicherheit so geschädigt wird, dass die Rechtssubjektivität des anderen in Frage gestellt wird und deshalb dieses Verhalten rechtliche Relevanz und damit Sanktionswürdigkeit erlangt. Dies sei letztlich dann der Fall, wenn der andere seine generelle Kompetenz, sich in der Welt zurechtzufinden, verlustig werde[1375]. Würde das Strafrecht hingegen nur bestimmte Orientierungen einzelner sichern, so wäre dies bloßer Moralschutz und damit unzulässig. Allerdings sei auch der Schutz der Orientierungskompetenz immer ein Schutz des Individuums, da die Orientierungskompetenz eine Kompetenz des Einzelnen sei[1376]. Wo diese also betroffen sei, werde die Rechtssubjektivität des anderen in Frage gestellt und damit das Verhalten strafrechtlich relevant[1377]. Eine solche Differenzierung hätte den Vorteil, dass sie erkennen ließe, dass es gerade um die Beeinträchtigung qualitativ unterschiedlicher Gegenstände ginge.

Auch dem Ansatz *Seelmanns* kann man vorwerfen, er sei zu unbestimmt[1378]. Denn auch hier stellt sich die Frage, was unter der Orientierungskompetenz im Einzelnen zu verstehen ist. Ohne nähere Konkretisierung ließe sich damit letztlich jedes beliebige Ergebnis begründen. Man kann argumentieren, es handele sich eben nur um „Ansätze", die einer näheren Ausgestaltung noch bedürfen. Zum jetzigen Zeitpunkt, erscheint es jedoch äußerst fraglich, ob einem so unkonkretisierten Prinzip tatsächlich legitimierende Wirkung zukommen kann. Es gilt vielmehr abzuwarten, wie ein solches Prinzip konkretisiert und akzeptiert werden wird[1379].

[1375] *Seelmann*, FS Jung, S. 893, 897, spricht hier von der Einbuße der „Orientierungskompetenz". Die Orientierungssicherheit ist damit also erst beeinträchtigt, wenn ihre Grundvoraussetzung, die Orientierungskompetenz beeinträchtigt wird.

[1376] Der Schutz der Orientierungskompetenz sei gleichzeitig der Schutz des einzelnen in seiner Kompetenz der geregelten Interaktion mit anderen.

[1377] Siehe *Seelmann*, FS Jung, S. 893, 898.

[1378] Auch *Seelmann*, FS Jung, S. 893, 900, selbst hält sein Modell für etwas vage: „Das hier entwickelte Modell gibt nämlich zugegebener Maßen nur einen Richtwert, keine eindeutige Grenzlinie."

[1379] Zur möglichen weiteren Entwicklung, vgl. *Seher*, Prinzipiengestützte Strafnormlegitimation, S. 56.

b) Legitimation des § 173 StGB über das Prinzip des „Legal Moralism"

Fraglich ist, ob eine so strittige Norm wie § 173 StGB durch ein so unbestimmtes und im Einzelnen noch völlig offenes Prinzip legitimiert werden kann. Wagt man einen Versuch nach den so eben aufgezeigten Definitionen *Amelungs*, so stößt man sogleich auf die Frage, ob das Inzestverbot nun also eine „allgemeine und tief verinnerlichte Werthaltung der Bevölkerung" darstellt, oder doch (nur) eine „herrschende Kulturüberzeugung". Beeinträchtigt der Inzest als Betätigung also das Zusammenleben? Beeinträchtigt der Inzest zwischen Erwachsenen die Orientierungskompetenz anderer in solchem Maße, dass deren Rechtssubjektivität in Frage gestellt wird? Führt man sich noch einmal vor Augen, dass § 173 StGB nur die Fälle einvernehmlich handelnder, erwachsener Personen betrifft, so mag der Inzest zwar „unmoralisch" sein, weil er gegen das Überzeugungsbild vieler verstößt, mit leiblichen Verwandten nicht sexuell zu verkehren. Doch muss man sich fragen, ob dadurch das Zusammenleben der Menschen beeinträchtigt wird. Konkret stellt sich die Frage, ob der Wegfall der Sanktionierung auf die Gesellschaft in einem „nicht mehr vertretbaren Maße designierend"[1380] wirken würde. Dies würde meines Erachtens gerade nicht passieren. Gerade wenn wir vom Inzest als einem seit unvordenklichen Zeiten existierenden Tabu sprechen, so beinhaltet dies doch auch die Tatsache, dass der Mensch, sei es biologisch, soziologisch oder anthropologisch entstanden, eine Abneigung gegen den Inzest in sich trägt. Diese, nennen wir sie innere Schranke, würde gerade verhindern, dass es zu einer Beeinträchtigung der Bevölkerung durch den Wegfall der Strafbarkeit kommen würde. Das zeigt sich auch in anderen Ländern, in denen der Inzest straflos gestellt ist[1381]. Es existieren in solchen, den Inzest nicht strafenden Ländern, bestimmt nicht mehr Inzestpaare, nur weil er dort strafrechtlich nicht geahndet wird.

Im Übrigen bedeutet eine Freigabe bzw. Entkriminalisierung des § 173 StGB keine moralische Billigung. Es besteht ein sehr großer Unterschied dazwischen, ob man etwas als unmoralisch empfindet und es deshalb insbesondere für sich selbst ablehnt, und der Erforderlichkeit strafrechtlicher Sanktion. Selbstverständlich hängt es von der jeweiligen ab, was unter „Unmoral" zu verstehen ist. Eine eher liberal eingestellte Gesellschaft wird sich gegen eine Pönalisierung aussprechen; eine Gesellschaft, die sich als „Hort biologischer Elite"[1382] definieren mag, wird wohl gerade umgekehrt entscheiden. Eine solche Gesellschaft

---

1380 Diese Frage stellt sich auch *Jung*, FS Leferenz, 311 (320). „Davon kann jedoch bei einem derart eng umschriebenen Deliktskomplex, der in der strafrechtlichen Praxis keine große Rolle spielt und in vielen anderen Ländern straflos bleibt, keine Rede sein."

1381 Vgl. auch *Laufhütte*, Prot. VI, S. 1251.

1382 Siehe zum Ganzen auch *Jakobs*, StrafR AT, 2/21.

wird die „Vervollkommnung“[1383] ihrer Mitglieder postulieren, wozu dann auch ein gewisses Verständnis und Vorstellungsbild von Sexualität zählen wird. Zwar darf bei der Frage nach Kriminalisierung einer Verhaltensweise Wertvorstellungen einer Bevölkerung andererseits auch nicht gänzlich unberücksichtigt lassen oder gar verraten. Doch muss ein gerechtes Maß[1384] gefunden werden. Nach einem solchen ist die Bestrafung des Inzests meines Erachtens aber nicht haltbar.

5. Fazit

Als Ergebnis lässt sich daher feststellen, dass § 173 StGB auch nach dem Modell von *Wohlers/Hefendehl*[1385], d.h. „über die Rechtsgutslehre hinaus“ nicht zu legitimieren ist.

III. Legitimationsansatz von Seelmann: Anerkennungsmodell

1. Das „Anerkennungsmodell“

Auch *Seelmann*[1386] hat sich zum Ziel gesetzt, ein zur Rechtsgutlehre alternativ anzuwendendes Legitimierungsmodell zu finden bzw. ein solches zu entwickeln. Resultat seiner Arbeit ist das sog. „Anerkennungsmodell“, welches an die Terminologie *Hegels* von der „Verletzung des Rechts als Recht“[1387] anknüpft. Hinter dem Anerkennungsmodell steht das Konzept, das Recht als ein von Normen garantiertes Verhältnis wechselseitigen Respekts anzusehen. Es geht also um die wechselseitige Anerkennung zwischen Personen, d.h. zwischen „Individuen mit der Fähigkeit, Träger von subjektiven Rechten und Pflichten zu sein“[1388]. Eine Straftat sei also eine Verletzung des Anerkennungsverhältnisses als solchem. Dabei erfordere es für eine Straftat aber immer der „Infragestellung des anderen als Rechtssubjekt“. Anders formuliert: Strafwürdig sei die Verletzung der „wechselseitigen“ Anerkennung nur, wenn dabei die Rechtssubjektivität „einseitig“[1389] in Frage gestellt werde[1390]. Weiter bedeute es, eine Tat für strafwürdig zu erklären aber auch, dass man „die Konfliktlösungskompetenz“

[1383] *Jakobs*, StrafR AT, 2/21.

[1384] Z.B. über die Verfassung, vgl. hierzu Kapitel V, F IV; oder über die „Mediating Principles“, vgl. auch Kapitel VI, B II 2 b, gefunden werden.

[1385] Siehe bereits Kapitel VI, B II.

[1386] Vgl. *Seelmann*, Rechtsgutskonzept, S. 261, 261 ff.

[1387] So *Seelmann*, Rechtsgutskonzept, S. 261, 262.

[1388] *Seelmann*, Rechtsgutskonzept, S. 261, 262.

[1389] So *Seelmann*, Rechtsgutskonzept, S. 261, 263.

[1390] Vgl. zu diesem Ansatz bereits die Ausführungen *Seelmanns* zum „Legal Moralism“, Kapitel VI, B II 4.

des Zivilrechts oder des Öffentlichen Rechts für nicht ausreichend erachte[1391]. Das Anerkennungsmodell ermögliche hier eine differenzierendere Abgrenzung. So sei das Strafrecht dann nicht anwendbar, soweit eine Verletzung bzw. extreme Belästigung eines anderen gar nicht intendiert, oder soweit eine solche aus unbewusster Sorglosigkeit verursacht worden ist. Ferner dann, wenn das Verhalten trotz Intention nicht geeignet sei, die Selbstachtung zu verletzen. In all diesen Fällen liege keine Verletzung der Respektiergebots und damit keine Strafwürdigkeit vor[1392]. Ein solches Modell hätte den Vorteil, so *Seelmann*[1393], „vielleicht in geringerem Maße von der Verfasstheit der jeweiligen Gesellschaft und ihren jeweiligen verfassungsrechtlichen Systembedingungen abhängig zu sein"[1394].

2. Legitimation des § 173 StGB durch das Anerkennungsmodell

Das Anerkennungsmodell ist unter den „neuen" Theorien, die hier dargestellt werden, sicherlich dasjenige, welches eine differenziertere Abgrenzung zum Zivilrecht und Öffentlichen Recht ermöglicht. Es gibt also darüber Auskunft, was man für strafwürdig im Sinne des Strafrechts halten kann bzw. was man nicht als so schwerwiegend betrachtet und daher anderen Rechtsgebieten zuordnen könnte. Fraglich ist aber, ob man damit das Problem nicht einfach teilweise verschiebt. Schon bei *Feuerbach*[1395] wurde kritisiert, eine Abschiebung der Problemfälle ins Polizeirecht sei wenig hilfreich und auch *Hassemers* Vorschlag[1396], ein Interventionsrecht zu schaffen, wurde nicht angenommen. So weit will *Seelmann* jedoch nicht gehen, dennoch bleibt fraglich, was mit den Normen passieren soll, deren inkriminiertes Verhalten nach dem Modell als nicht strafwürdig zu qualifizieren ist. Fraglich ist, ob diese zivilrechtlich oder über das Verwaltungsrecht zu regeln sind.

1391 Vgl. *Seelmann*, Rechtsgutskonzept, S. 261, 263.

1392 *Seelmann*, Rechtsgutskonzept, S. 261, 267.

1393 *Seelmann*, Rechtsgutskonzept, S. 261, 267. Allerdings gibt er zu bedenken, dass auch das Anerkennungsmodell einer gewissen Abhängigkeit, insbesondere zur kulturellen Entwicklung unterfiele.

1394 Eine solche Abhängigkeit empfindet *Hefendehl*, GA 2002, 21 (22) für das Rechtsgutskonzept sehr kritisch. Es verliere bei Berücksichtigung einer solchen Abhängigkeit seine kritische Funktion.

1395 Vgl. Kapitel II, A V 1 a; *Jäger*, Strafgesetzgebung, S. 7; *Hohmann*, Umweltdelikte, S. 10 f.

1396 Vgl. hierzu *Hassemer*, ZRP 1992, S. 378, 383: Ferner für die Schaffung eines Interventionsrechts, welches zwischen Strafrecht und Recht der Ordnungswidrigkeiten, zwischen Zivil- und Öffentlichem Recht angesiedelt ist und mit weniger intensiven Sanktionen gegenüber einzelnen ausgestattet ist.

Unabhängig davon stellt sich aber hier konkret die Frage, ob nach *Seelmanns* Modell der § 173 StGB (strafrechtlich) legitimiert werden kann. Dies ist gerade nicht der Fall, wenn eine Verletzung oder extreme Belästigung eines anderen gar nicht intendiert war bzw. nur aus unbewusster Sorglosigkeit verursacht wurde. Schon an dieser Stelle dürfte sich damit eine Legitimation des § 173 StGB erledigt haben. Eine Verletzung oder extreme Belästigung eines anderen wird durch den Inzest nicht intendiert sein. Kaum ein Inzestpaar wird sich ernsthafte Gedanken darüber machen, ob mit der inzestuösen Handlung Dritte verletzt oder belästigt werden. Sollte eine solche Situation wirklich eintreten, so wäre dies meines Erachtens nur eine unerwünschte Nebenfolge. Die unbewusste Sorglosigkeit soll gerade nicht ausreichen. Somit lässt sich § 173 StGB auch nach diesem Modell strafrechtlich nicht legitimieren.

IV. Legitimationsansatz von *Hörnle*: Gefühlsschutzdelikte

Mit einem weiteren, alternativ zur Rechtsgutstheorie anwendbaren Strafrechtslegitimationsansatz befasst sich auch *Hörnle*[1397]. Es geht ihr dabei um die Frage, ob es im StGB – entgegen der herrschenden Meinung in der Literatur[1398] – so etwas wie „gefühlsschützende Strafverbote" geben kann und ferner geben darf.

Hörnle[1399] beschäftigt sich zunächst intensiv mit der Definition des Begriffs „ausschließlich gefühlsschützend", also der Frage, was unter die Kategorie der „echten Gefühlsschutzdelikte" zu subsumieren ist. Sie verfährt dabei nach dem Ausschlussprinzip. Nicht unter die Kategorie der „echten Gefühlsschutzdelikte" fielen solche Delikte, bei denen das zu sanktionierende Verhalten geeignet ist, „Rechte anderer"[1400] zu verletzen. Ferner seien auch solche Normen nicht darunter zu subsumieren, für die sich Unterlassungsansprüche des Verletzten begründen ließen, letztlich also doch „Rechte" tangiert würden[1401]. Als mögliche Gefühlsschutzdelikte bleiben *Hörnle* zufolge solche Tatbestände, bei denen entweder das umschriebene Verhalten „objektiv völlig ungefährlich" ist, dies aber trotzdem geeignet sei, Gefühle[1402] in der Bevölkerung oder bei bestimmten Personengruppen hervorzurufen, oder solche Tatbestände, bei denen entfernte

[1397] *Hörnle*, Der Schutz von Gefühlen, S. 268, 268 ff.

[1398] Vgl. hier insbesondere *Amelung*, Rechtsgüterschutz, S. 347. Dieser ist einer der vielen Autoren, der die Vorstellung, es gebe Strafrechtsnormen, die Gefühle schützen ausdrücklich ablehnt. Dem Staat könne es nicht zugemutet werden, negative Emotionen vom Bürger fernzuhalten.

[1399] *Hörnle*, Der Schutz von Gefühlen, S. 268, 268 f.

[1400] Vgl. *Hörnle*, Der Schutz von Gefühlen, S. 268, 269.

[1401] Vgl. *Hörnle*, Der Schutz von Gefühlen, S. 268, 269.

[1402] Vgl. *Hörnle*, Der Schutz von Gefühlen, S. 268, 273. *Hörnle* nennt hier exemplarisch Furcht, Verunsicherung, Empörung und Zorn.

Risiken bestehen können, aber eine Qualifizierung als Gefährdungsdelikt scheitere[1403]. *Hörnle*[1404] hält jedoch eine weitere Differenzierung für erforderlich. Denn nicht alle Tatbestände, die nicht überzeugend als Gefährdungsdelikte gerechtfertigt werden könnten, seien als „reine Gefühlsschutzdelikte", also als Verbote, die „ausschließlich" unangenehme Gefühlszustände verhindern sollten, einzuordnen. Es fallen deshalb für sie solche Delikte nicht unter die Kategorie der „echten Gefühlsschutzdelikte", die vordergründig zwar Gefühle und Empfindungen schützten, die betroffene Person sich letztlich aber doch auf die Verletzung seiner Rechte berufen könne. Reine bzw. „echte Gefühlsschutzdelikte" seien also solche Normen, die Verhalten verbieten, das bei anderen Personen auf Entrüstung und andere negative Gefühle stoße, die aber unter dem Gesichtspunkt „Verletzung von Rechten" nicht gerechtfertigt werden könnten[1405]. § 173 StGB stellt daher für *Hörnle*[1406] ein klassisches „echtes Gefühlsdelikt" dar. Hieran zeige sich insbesondere der Verzicht auf eine durchgängige zweckrationale Rechtfertigung des Strafrechts. Damit ist freilich nur der Beweis der Existenz „gefühlsschützender Normen" erbracht. Allerdings wird noch nichts über deren Legitimität gesagt. Ob und wenn ja innerhalb welcher Grenzen solche „Gefühlsschutzdelikte" zu legitimieren sind, soll im Folgenden[1407] bei der Darstellung der Verhaltensdelikte, die den Gefühlsschutzdelikten sehr ähnlich sind, erörtert werden.

V. Legitimationsansatz von *Stratenwerth*: Verhaltensdelikte[1408]

1. Begriffsbestimmung

Nach *Hefendehl*[1409] sind Verhaltensdelikte solche Normen, in denen der Gesetzgeber Verstöße gegen in der Gesellschaft verwurzelte Wert- oder Verhaltensvorstellungen pönalisiert, die nicht zu einem sozialen Schaden führen. Es geht also

---

[1403] Vgl. *Hörnle*, Der Schutz von Gefühlen, S. 268, 273: Gefährdungsdelikte sind nach *Hörnle* in aller Regel keine Gefühlsschutzdelikte. Sofern die Gefährdung dem Täter zugerechnet werden könne, in aller Regel nämlich eine Gefahr bzw. ein Risiko für ein individuelles Rechtsgut bestünde.

[1404] *Hörnle*, Der Schutz von Gefühlen, S. 268, 275.

[1405] So *Hörnle*, Der Schutz von Gefühlen, S. 268, 277. Insgesamt ähnelt der Ansatz *Hörnles* dem des Offence Principle, wo es insofern gerade auch um das Hervorrufen negativer Empfindungen ohne Verletzung bzw. Schadenseintritt geht; vgl. Kapitel VI, B II 2. Dennoch sollen die Ansätze hier getrennt voneinander untersucht werden.

[1406] *Hörnle*, Der Schutz von Gefühlen, S. 268, 279.

[1407] Siehe Kapitel VI, B V.

[1408] Vgl. hierzu *Stratenwerth*, Kriminalisierung, S. 255, 255 ff.; *ders.*, Zur Legitimation von Verhaltensdelikten, S. 157 ff.; *Seelmann*, FS Jung, S. 893, 893 ff.; *Hefendehl*, Kollektive Rechtsgüter im Strafrecht, S. 52 ff.; *ders.*, GA 2002, 21 (21 ff.).

[1409] *Hefendehl*, Kollektive Rechtsgüter im Strafrecht, S. 52.

um solche Verhaltensweisen, die gegen „in der Gesellschaft vorhandene homogene Überzeugungen“[1410] verstoßen. Verhaltensdelikte können daher auch als „Spiegel gesellschaftlicher Überzeugungen“ bezeichnet werden. Eine konkretere Definition des Begriffs existiert allerdings nicht[1411].

Vergleicht man die Verhaltensdelikte mit den soeben dargestellten Gefühlsschutzdelikten, so wird deutlich, dass erstere insofern „weiter“ gehen als letztere. Verhaltensdelikte erfassen also nicht nur solche Verhaltensweisen, die „ausschließlich“ unangenehme Gefühle und Empfindungen hervorrufen. Der Begriff der „homogenen Überzeugungen“ ist insofern weiter als der Begriff der Gefühle. Es kommt des weiteren auch nicht darauf an, ob nicht doch noch ein individuelles Recht verletzt werden könnte[1412]. Das „echte Gefühlsdelikt“ ist daher nur eine Unterart der Verhaltensdelikte insgesamt. Allerdings lassen sich nicht alle denkbaren Verhaltensdelikte in dieses Schema einfügen. So sind die §§ 153, 154 StGB sowie § 316 StGB zwar Verhaltensdelikte in diesem Sinne, die sogar ein Rechtsgut schützen. Sie sind jedoch enger als die Gefühlsschutzdelikte, da die „homogenen Überzeugungen“ hier konkretisiert sind.

Die Literatur steht der Theorie von den Verhaltensdelikten allerdings wohl recht kritisch gegenüber[1413]. *Hefendehl*[1414] führt dies darauf zurück, dass dem Rechtsgutsbegriff, sofern man diesem eine systemkritische Funktion überhaupt zugestehen möchte, eine strafrechtslimitierende Funktion zu komme, während diese Tendenz bei den Verhaltensdelikten nicht zum Tragen komme. Ihnen fehle die nötige Rationalität, denn es gebe keine objektiven Kriterien, an denen die Verhaltenskriminalität gemessen und wonach sie beurteilt werden könnte[1415]. Man wirft der Theorie von Verhaltensdelikten ferner vor, sie kehre „mehr oder

---

[1410] So *Hefendehl*, GA 2002, 21 (23). Vgl. auch die teilweise als Verhaltensdelikte bezeichneten Delikte: §§ 166; 167 a; 168; 173; 183; 183 a; 184 sowie § 130 Abs. 3 StGB. Neuerdings wird insbesondere auf § 6 EschG als typisches Verhaltensdelikt hingewiesen; vgl. *Seelmann*, FS Jung, S. 893, 894.

[1411] Vgl. *Seelmann*, FS Jung, S. 893, 894.

[1412] Insofern werden, um in der von *Hörnle* verwendeten Terminologie zu sprechen, auch „unechte Gefühlsdelikte“ von den Verhaltensdelikten erfasst.

[1413] Vgl. *Stratenwerth*, Zur Legitimation von Verhaltensdelikten, S. 157, 157 ff., m. w. N.; vgl. ferner die Zusammenfassung in Kriminalisierung des Rechtsgutsdogmas, S. 303 ff.

[1414] *Hefendehl*, Kollektive Rechtsgüter im Strafrecht, S. 53.

[1415] Vgl. *Hefendehl*, Kollektive Rechtsgüter im Strafrecht, S. 53; *Hassemer*, Theorie, S. 154: „Was hier tolerabel ist und was nicht (wo die Grenze der Abweichung liegt), ist außerhalb der sozialen Werterfahrung nicht bestimmbar, ja noch nicht einmal im Ansatz beschreibbar. Hier gibt es keine objektiven außerkommunikativen Kriterien, an denen die Verhaltenskriminalisierung gemessen und nach denen sie beurteilt werden könnte.“; siehe ferner *Hefendehl*, GA 2002, 21 (23): Danach komme eine limitierende Funktion ferner wegen Fehlens der Erfolgskomponente ebenfalls nicht in Betracht.

minder offen zur NS-Lehre vom Verbrechen als Pflichtverletzung" zurück[1416]. Dieses Argument ist aber nur dann zu berücksichtigen, wenn man gänzlich auf die Rechtsgutslehre verzichtet. Das Modell der Verhaltensdelikte also nicht als ergänzende, sondern als ersetzende Theorie auffasst. Weiterhin wirft man den Verhaltensdelikten vor, sie pönalisierten „bloße Unmoral"[1417], d.h. liefen der Trennung von Recht und Moral[1418] zuwider. Ein Vorwurf, den *Stratenwerth* so nicht gelten lassen möchte. Solange man nicht präziser wisse, wo die Grenze zwischen beidem, also Recht und Sittlichkeit bzw. Recht und Moral[1419], gezogen werden solle, tauge der Einwand wenig. *Stratenwerth*[1420] bestreitet also gar nicht, dass einige Verhaltensdelikte (auch) moralische Gebote enthalten. Solange aber keine nähere Begriffsdefinition bzw. Abgrenzung zwischen dem, was moralisch schützenswert und lediglich unmoralisch sei, möglich wäre, dürfe die Theorie der Verhaltensdelikte nicht mit diesem Vorwurf konfrontiert werden. Damit sei freilich aber nur gesagt, was sich gegen solche Verhaltensdelikte sinnvollerweise nicht vorbringen ließe. Wichtiger, aber auch weitaus schwieriger sei die Frage nach der Legitimation dieser Delikte zu beantworten[1421].

2. Legitimation von Verhaltensdelikten

Nach *Stratenwerth*[1422] und *Seelmann*[1423] lassen sich Verhaltensdelikte dann legitimieren, wenn man auf einen „gesellschaftlichen Konsens" abstelle. *Stratenwerth* zu Folge komme es dabei gerade nicht auf die individuellen Interessen des Einzelnen an, sondern vielmehr auf den Menschen als „gesellschaftliches Wesen"[1424]. Strafrechtlich relevant sei daher nicht das Verhalten,

---

[1416] Siehe *Stratenwerth*, Zur Legitimation von Verhaltensdelikten, S. 157, 157 m. w. N. und gleichzeitiger Kritik an diesem Vorwurf; vgl. ferner *Hefendehl*, GA 2002, 21 (23): Der Pflichtgedanke wäre verfassungswidrig. Gegen die Verfassungswidrigkeit von Verhaltensdelikten spreche indes, „dass es bei den Verhaltensdelikten nicht um die Oktroyierung staatlicher Verhaltensvorstellungen, sondern um die Reflektierung von in der Gesellschaft vorhandenen homogenen Überzeugungen geht."

[1417] Siehe *Stratenwerth*, Zur Legitimation von Verhaltensdelikten, S. 157, 158 f.

[1418] So ausdrücklich *Stratenwerth*, Zur Legitimation von Verhaltensdelikten, S. 157, 159.

[1419] Vgl. hierzu die Diskussion um die Präzisierung bzw. die Legitimitätskriterien des „Legal Moralism", Kapitel VI, B II 4.

[1420] Siehe *Stratenwerth*, Zur Legitimation von Verhaltensdelikten, S. 157, 159.

[1421] So *Stratenwerth*, Zur Legitimation von Verhaltensdelikten, S. 157, 159.

[1422] *Stratenwerth*, Zur Legitimation von Verhaltensdelikten, S. 157, 160 f.

[1423] *Seelmann*, FS Jung, S. 893, 898 ff.

[1424] So *Stratenwerth*, Zur Legitimation von Verhaltensdelikten, S. 157, 160: „Die Notwendigkeit, in einer normativen Ordnung zu leben, entspricht auf der anderen Seite ein tiefes Bedürfnis des Einzelnen, der gerade darin seine Identität und seine Sicherheit findet (oder daran leidet, wenn es nicht gelingt)." Ferner heißt es: „[...] welch eminente Bedeutung der Geborgenheit des Einzelnen in einer von ihm für mehr oder minder selbstverständlich

welches auf individuelle Interessen rückführbar sei, also nicht, was dem Schutz von Individuen dienen müsse, sondern solches Verhalten, das gegen die Wertegemeinschaft verstoße und gerade deshalb als strafwürdig empfunden werde. Bei der Frage der Kriminalisierung von Verhaltensweisen sei ausschließlich darauf abzustellen, worauf sich ein Konsens in der jeweiligen kulturellen Gemeinschaft beziehe[1425]. Letztlich hänge die Kriminalisierung dann davon ab, „welche Strafnorm eine Wertegemeinschaft" anzuerkennen bereit sei[1426].

Näher mit dem Konsenserfordernis auseinandergesetzt hat sich insbesondere *Seelmann*[1427]. Er versucht zunächst die Vermutung zu widerlegen, das Konsensmodell erscheine als eine Konstruktion der Beliebigkeit. Denn zum einen werde damit eine Position ausgeschlossen, die naturrechtlich argumentierend solches Verhalten pönalisiere, welches von „Natur aus" bzw. von „Tradition aus" böse und deshalb sanktionswürdig sei. Es käme aber gerade nicht darauf, sondern auf die Zustimmung der Betroffenen an. Ferner könnten nach dem Konsensmodell auch solche Fälle nicht einfach legitimiert werden, die aus dem Utilitarismus heraus begründet würden. Es komme also nicht nur auf die soziale Zweckmäßigkeit an. Selbst wenn durch die Kriminalisierung eines bestimmten Verhaltens ein größerer Gesamtnutzen erreicht werden könne, liege darin nach dem Konsensmodell noch keine Zustimmung[1428]. Letztlich, so *Seelmann*[1429], könne aber auch das Konsensmodell seine Herkunft aus einem „normativen Individualismus" nicht verleugnen. Denn im Konsensmodell entscheide allein der in der Kultur lebende Mensch, welcher Schutzgegenstand ihm wichtig erscheine. Somit müssten auch diese zu schützenden Werte letztlich auf das Individuum zurückgeführt werden. Allerdings stünden die „ich-bezogenen" Interessen nicht im Vordergrund, ausschlaggebend sei daneben auch das „jeweilige Verständnis der Individuen von ihrer sozialen Verpflichtung und ihre Sicht des Gemeinwohls". Für *Seelmann*[1430] schafft ein solches Konsensmodell allerdings noch keine „klaren Konturen eines Kriteriums für Kriminalisierung". Auch für

---

gehaltenen zwischenmenschlichen Ordnung zukommt, mit Entschluss der Regeln für den Umgang mit den Toten, den Respekt für die Glaubensüberzeugungen anderer oder auch für die Konfrontation mit fremder Sexualität."

1425 So *Seelmann*, FS Jung, S. 893, 900.

1426 Vgl. *Seelmann*, FS Jung, S. 893, 900; *Stratenwerth*, Zur Legitimation von Verhaltensdelikten, S. 157, 161, betrachtet das Erfordernis eines gesellschaftlichen Konsens differenzierter. Zwar sei ein solch gesellschaftlicher Konsens für die „formelle" Geltung einer Norm in einer positivierten Ordnung nicht mehr relevant. Allerdings könne er für die Rechtfertigung der Gesetzgebung sehr wohl relevant werden.

1427 Vgl. *Seelmann*, FS Jung, S. 893, 900.

1428 So *Seelmann*, FS Jung, S. 893, 901

1429 *Seelmann*, FS Jung, S. 893, 901.

1430 *Seelmann*, FS Jung, S. 893, 901.

Stratenwerth[1431] ist der gesellschaftliche Konsens als Voraussetzung für die Kriminalisierung einzelner Verhaltensweisen entbehrlich. Der Konsens sei aber „für die Grundentscheidungen über das Gesamtgefüge unserer gesellschaftlichen Ordnung" die entscheidende Legitimation. Das würde bedeuten, dass zumindest die Grundwerte unserer gesellschaftlichen Ordnung für die Wertegemeinschaft so wichtig sein müssen, dass deren Verletzung als strafwürdig empfunden würde[1432]. *Stratenwerth*[1433] gelangt dadurch zum Schluss, dass die Legitimation von Strafrechtsnormen unabhängig von einem „theoretischen Gesamtkonzept" zu erfolgen habe. Entscheidender seien vielmehr die Antworten auf unterschiedliche Fragen. Zum einen sei fraglich, ob die Norm, deren Sanktionierung zu Debatte stünde, für das Zusammenleben in unserer Gesellschaft wichtig genug sei, um solchen besonderen Schutz zu verdienen. Ferner sei zu klären, ob sie sich in das Gesamtgefüge unserer Rechtsordnung einfüge bzw. ob man sie auch auf andere Weise sichern könne. Insgesamt also Fragen der Eignung, der systematischen Kohärenz[1434] sowie der Kosten der Kriminalisierung[1435]. Während für *Stratenwerth* diese Kriterien also ausschlaggebend für Legitimität oder Illegitimität sind, hält *Seelmann*[1436] solche Kriterien zwar für sinnvoll, sie helfen seiner Ansicht nach jedoch als Kriminalisierungskriterien nicht weiter. Für ihn führt letztlich ein „reflektives Gleichgewicht"[1437] von Konsens und der Differenzierung von Recht und Moral zu einem rationalen Ansatz der Begrenzung der Kriminalisierung und somit im Ergebnis zu einem Ansatz für die Beurteilung, was legitimierbar sei und was nicht.

[1431] *Stratenwerth*, Zur Legitimation von Verhaltensdelikten, S. 157, 162.

[1432] Vgl. *Stratenwerth*, Zur Legitimation von Verhaltensdelikten, S. 157, 162.

[1433] Vgl. *Stratenwerth*, Zur Legitimation von Verhaltensdelikten, S. 157, 165.

[1434] Diesen Begriff verwendet auch *Seelmann*, FS Jung, S. 893, 901.

[1435] Insbesondere für den Täter.

[1436] *Seelmann*, FS Jung, S. 893, 901.

[1437] In einem solchen Gleichgewicht stünden Intuitionen, einzelne Prinzipien von Recht und Moral und relevante Hintergrundtheorien (z.B. das bestimmte Verständnis einer Person) in einem Abwägungsverhältnis. Dies bedeute im einzelnen: Basis eines „reflektiven Gleichgewichts" sei das gefühlsmäßige Vorverständnis des Menschen, was strafwürdiges Unrecht sei. Eine solche Ausgangsbasis müsse allerdings korrigiert werden. Maßstab sei dabei die relevante Hintergrundtheorie, wobei diese für *Seelmann* nur ein „normativer Individualismus" sein könne, sowie dem Rechtsprinzip, dass rechtliche relevantes Verhalten nur solches sein könne, welches die Rechtssubjektivität eines anderen verletzt, vgl. hierzu bereits Kapitel VI, B II 4. Aus der Abwägung könne letztlich ein Gleichgewicht entstehen, vor allem aber bestünde so die Möglichkeit, dass sich menschliche Intuitionen als nicht haltbar erweisen könnten, so *Seelmann*, FS Jung, S. 893, 902 f.

3. Legitimation des § 173 StGB über den Ansatz der Verhaltensdelikte

Fraglich ist also, ob sich § 173 StGB schließlich als Verhaltensdelikt legitimieren lässt. Verfolgenswert erscheint mir dabei *Stratenwerths* eher praktisch orientierter Lösungsansatz. Relevant sind daher die Antworten auf die von ihm[1438] aufgeworfenen Fragen: Ist § 173 StGB für das Zusammenleben in unserer Gesellschaft wichtig genug um solchen besonderen Schutz, d.h. Schutz durch das StGB zu verdienen?

Auch diese Frage lässt sich sicherlich unterschiedlich beantworten. Letztlich handelt es sich hierbei um Verhältnismäßigkeitserwägungen, die an anderer Stelle diskutiert werden sollen[1439]. Die Antworten auf *Stratenwerths* Fragen, sind letztlich die gleichen Antworten, die man im Rahmen der Prüfung der Erforderlichkeit und Angemessenheit des § 173 StGB bekommen wird. Insofern ist die Theorie bzw. das Modell der Verhaltensdelikte nichts neues. Die praktischen Ergebnisse dieser Theorie decken sich daher mit denen der Verhältnismäßigkeitsprüfung und sind daher gleich Null. Die Prüfung findet daher nur auf einer anderen Ebene, nämlich der strafrechtlichen und nicht auf der verfassungsrechtlichen Ebene statt.

C. Fazit

Die neuen Ansätze der Legitimierung von Normen, die sich über die Rechtsgutslehre nicht legitimieren lassen, erweisen sich im Falle des § 173 StGB als nicht gehbar. Vielmehr lassen sich anhand dieser Ansätze sogar Argumente für eine Entkriminalisierung vor bringen. Insbesondere aber wird deutlich, dass § 173 StGB überwiegend irrationalen Motiven und damit dem Schutz bloßer Moral dient. Doch dieser Moralaspekt lässt sich nicht einmal über das „Legal Moralism“[1440] legitimieren. Insbesondere dann nicht, wenn man an dieses Prinzip gewisse Mindestanforderungen stellt, um die Trennung von Recht und Moral nicht völlig aufzugeben.

Über keinen der Ansätze lässt sich ein derart schwerer Eingriff in die Grundrechte der „Inzesttäter“, wie in das Strafrecht verursacht, rechtfertigen. Festzuhalten gilt es daher, dass § 173 StGB auch durch neue Legitimationsmodelle nicht legitimiert werden kann. De lege ferenda ist daher § 173 StGB – ungeachtet der Verfassungsmäßigkeit – zu streichen.

[1438] Vgl. *Stratenwerth*, Zur Legitimation von Verhaltensdelikten, S. 157, 165 f.

[1439] Vgl. Kapitel VII, A I 6.

[1440] Siehe hierzu Kapitel VI, B II 4.

Kapitel VII: Verfassungsmäßigkeit des § 173 StGB

Wie an anderer Stelle erwähnt[1441], muss sich § 173 StGB an den Maßstäben der Verfassung messen lassen. Dies gilt insbesondere dann, wenn man die Verfassung als Kriterium zur Strafrechtsbegrenzung anerkennt[1442]. Entscheidender ist jedoch, dass es sich bei jeder Strafrechtsnorm um einen legislativen Akt handelt, d.h. um ein Handeln der öffentlichen Gewalt. Grundsätzlich muss sich aber jegliches staatliches Handeln an den Grundrechten messen lassen. Denn die Grundrechte sind in erster Linie dazu bestimmt, die Freiheitssphäre des Einzelnen vor Eingriffen der öffentlichen Gewalt zu sichern; sie sind Abwehrrechte des Bürgers gegen den Staat[1443].

Ob § 173 StGB den Anforderungen des Grundgesetzes entspricht, ist durchaus fraglich. Wie in den vorherigen Kapiteln[1444] ausführlich dargestellt wurde, lässt sich nur ein schwaches Rechtsgut ausfindig machen, das durch die Norm geschützt wird. Entscheidend ist daher, ob das geringe Risiko, welches für das Schutzgut des erbbiologischen Schutzgedankens vorliegt, den Anforderungen des Grundgesetzes genügt, um die Strafrechtsnorm zu legitimieren. Da im Schrifttum überwiegend vertreten wird, der erbbiologische Schutzgedanke sei angesichts des geringen Risikos nicht betroffen[1445], stellt sich zudem die Frage, ob aus der Tatsache eines fehlenden Rechtsguts zwingend die Verfassungswidrigkeit einer Strafrechtsnorm folgt. Daneben gilt es die Auffassung des Bundesverfassungsgerichts[1446] kritisch zu hinterfragen, wonach der legitime Zweck des § 173 Abs. 2 S. 2 StGB in der „Zusammenfassung nachvollziehbarer Strafzwecke"[1447] bzw. in einer „kulturhistorisch begründeten gesellschaftlichen Überzeugung" liege.

Die Verfassungsmäßigkeit des § 173 StGB gilt es im Rahmen einer klassischen Grundrechtsprüfung zu untersuchen. Es ist daher zunächst zu prüfen,

---

[1441] Siehe Kapitel V, F IV.

[1442] Vgl. hierzu Kapitel V, F IV.

[1443] So *Bleibtreu/Klein-Kannengießer*, GG, Vorb. v. Art. 1 Rn. 5; *Pieroth/Schlink*, Grundrechte, Rn. 58; ferner BVerfGE 7, 189 (204).

[1444] Siehe insbesondere Kapitel V.

[1445] Vgl. hierzu nur Kapitel V, C II 1 a dd (1).

[1446] BVerfG NJW 2008, 1137 (1137 ff.).

[1447] BVerfG NJW 2008, 1137 (1139): „Der Gesetzgeber verfolgt mit der angegriffenen Norm Zwecke, die verfassungsrechtlich nicht zu beanstanden sind und jedenfalls in ihrer Gesamtheit die Einschränkung des allgemeinen Persönlichkeitsrechts legitimieren." Vgl. hierzu auch die deutliche Kritik *Hassemers*, Sondervotum in BVerfG NJW 2008, 1137 (1144).

welche Grundrechte durch § 173 StGB betroffen sind[1448]. Im Anschluss hieran ist zu klären, ob die Norm einen Eingriff in den möglicherweise betroffenen Schutzbereich darstellt. Im nächsten Schritt ist im Rahmen der sog. Schrankenprüfung zu prüfen, ob der Eingriff gerechtfertigt werden kann. Dies wäre der Fall, wenn der Eingriff eine verfassungsmäßige Konkretisierung der jeweiligen Grundrechtsschranke darstellen würde, was speziell anhand der möglichen Schutzgüter des § 173 StGB zu prüfen sein wird. Schließlich ist die Frage der Verhältnismäßigkeit des § 173 StGB zu beantworten, d.h. die Frage, ob die Regelung, die aufgrund der Grundrechtsschranke erlassen wurde, den an sie gestellten Anforderungen gerecht wird. Mit anderen Worten: Es geht um die Grenze der Einschränkungsmöglichkeit der Grundrechte.

A. Freiheitsgrundrechte

I. Art. 6 Abs. 1 GG

Zunächst soll geprüft werden, ob § 173 StGB einen nicht gerechtfertigten Eingriff in Art. 6 Abs. 1 GG eines potenziellen Täters darstellt. Das Bundesverfassungsgericht prüft – zumindest was die Verhaltensnorm betrifft – die Verfassungsmäßigkeit auch bzw. gerade am Maßstab der möglicherweise einschlägigen Freiheitsrechte[1449], so dass Art. 6 Abs. 1 GG hier grundsätzlich als betroffenes Grundrecht in Betracht kommen kann[1450] und somit nicht lediglich Art. 2 Abs. 1 GG i.V.m. Art. 1 Abs. 1[1451], Art. 2 Abs. 1 GG bzw. Art. 3 Abs. 1 GG als Maßstab herangezogen wird[1452].

[1448] Verkürzt insofern BVerfG NJW 2008, 1137 (1137 ff.). Das Gericht überprüft die Verfassungsmäßigkeit des § 173 Abs. 2 S. 2 StGB lediglich am Maßstab des Art. 2 Abs. 1 i.V.m. Art. 1 Abs. 1 GG (vgl. Kapitel VII, A II). Auf die anderen möglicherweise von der Vorschrift tangierten Grundrechte geht das Gericht nur beiläufig ein, siehe BVerfG NJW 2008, 1137 (1141). Dies verwundert umso mehr, als es sich bei Art. 6 Abs. 1 GG insoweit um ein vorbehaltloses Grundrecht handelt, während das Grundrecht auf sexuelle Selbstbestimmung gem. Art. 2 Abs. 1 i.V.m. Art. 1 Abs. 1 GG nur innerhalb der Schranken der verfassungsmäßigen Ordnung geschützt ist. Siehe hierzu ebenfalls Kapitel VII, A II.

[1449] Siehe hierzu *Appel*, Verfassung und Strafe, S. 167.

[1450] Vor diesem Hintergrund ist es daher verwunderlich, dass sich das Bundesverfassungsgericht in der aktuellen Entscheidung, BVerfG NJW 2008, 1137 (1141) mit dem lapidaren Hinweis begnügt, eine Überprüfung dieses Grundrechts könne offen bleiben.

[1451] So aber BVerfG NJW 2008, 1137 (1137).

[1452] Siehe auch *Klöpper*, Das Verhältnis von § 173 StGB zu Art. 6 I GG, S. 47.

1. Funktionen

Art. 6 Abs. 1 GG hat mehrere Funktionen. Teilweise wird auch der Begriff einer mehrdimensionalen Rechtswirkung[1453] als Beschreibung des Normzwecks verwendet. Da die verschiedenen Funktionen im Folgenden immer wieder angesprochen werden, soll zunächst eine abstrakte Darstellung erfolgen:

a) Einrichtungsgarantie/Institutsgarantie

Art. 6 Abs. 1 GG dient dem Schutz von Ehe und Familie. Dieser Schutz enthält eine Gewährleistung dieser beiden Lebensformen[1454], mithin also eine sogenannte Einrichtungs- bzw. Institutsgarantie[1455]. Nach überwiegender Ansicht[1456] sichert diese Funktion Ehe und Familie aber lediglich in ihrer wesentlichen Struktur, so dass ihre juristische Wirkungskraft in der Rechtswirklichkeit darin bestehe, einen Normenkern des Ehe- und Familienrechts verfassungsrechtlich zu gewährleisten[1457]. Daraus kann gefolgert werden, dass es dem Gesetzgeber lediglich verboten ist, das Institut der Ehe sowie der Familie als solches zu beseitigen. Die konkrete Ausgestaltung des Ehe- und Familienrechts hingegen ist veränderbar[1458].

b) Wertentscheidung

Art. 6 Abs. 1 GG stellt darüber hinaus zugleich eine Grundsatznorm dar, d.h. eine verbindliche Wertentscheidung für den gesamten Bereich des Ehe und Familie betreffenden privaten und öffentlichen Rechts[1459]. Diese Wertentscheidung soll insbesondere bei der Auslegung von Rechtsnormen, bei der Ausübung des Ermessens durch die Verwaltung, aber auch generell beim Erlass von Gesetzen Anwendung finden[1460].

[1453] So *Klöpper*, Das Verhältnis von § 173 StGB zu Art. 6 I GG, S. 47.

[1454] So *Klöpper*, Das Verhältnis von § 173 StGB zu Art. 6 I GG, S. 48.

[1455] Zur Unterscheidung von Einrichtungsgarantie als Oberbegriff und Institutionsgarantie als eine Gewährleistung privatrechtlicher Einrichtungen als Untergruppe, vgl. *Stern*, Staatsrecht IV/1, S. 419; *Klöpper*, Das Verhältnis von § 173 StGB zu Art. 6 I GG, S. 49 m. w. N.

[1456] *Schmidt-Bleibtreu/Klein-Hofmann*, GG, Art. 6 Rn. 2; *Sachs/Schmitt-Kammler*, GG, Art. 6 Rn. 27; BVerfGE 6, 55 (72); 105, 313 (344).

[1457] So ausführlich BVerfGE 6, 55 (72).

[1458] *Robbers*, in: v. Mangoldt/Klein/Starck, Art. 6 I Rn. 30; BVerfGE 36, 146 (161 f.) zum Eheverbot. Vgl. zur Forderung nach Ausgestaltung, BVerfGE 31, 58 (69).

[1459] So BVerfGE 6, 55 (72), seither ständige Rspr.

[1460] So *Klöpper*, Das Verhältnis von § 173 StGB zu Art. 6 I GG, S. 60.

c) Klassisches Grundrecht

Neben den beiden soeben genannten Funktionen stellt Art. 6 Abs. 1 GG ferner ein klassisches Grundrecht[1461] dar. Es fungiert, worauf schon die Verwendung des Begriffs „Schutz“ hindeutet, zum einen als Abwehrrecht vor nicht gerechtfertigten Ausgestaltungen bzw. Eingriffen in den Schutzbereich von Ehe und Familie durch staatliche Gewalt. Zum anderen fungiert Art. 6 Abs. 1 GG des weiteren als eine Art Leistungsrecht, wird aus ihm doch die Pflicht des Staates abgeleitet, Ehe und Familie durch geeignete Maßnahmen zu fördern[1462]. Allerdings besitzt der Gesetzgeber Gestaltungsfreiheit im Hinblick darauf, wie auf welche Weise er Ehe und Familie fördern bzw. schützen will[1463]. Konkrete Ansprüche des einzelnen lassen sich daher aus Art. 6 Abs. 1 GG nicht ableiten[1464]. Schließlich ist Art. 6 Abs. 1 GG auch ein besonderes Gleichheitsrecht, sofern die Anknüpfung der Ungleichbehandlung primär über die Eheschließung bzw. die Familie erfolgt[1465].

2. Die Begriffe „Ehe“ und „Familie“

Gem. Art. 6 Abs. 1 GG stehen Ehe und Familie unter dem besonderen Schutz der staatlichen Ordnung. Fraglich ist daher, was konkret unter den beiden Begriffen zu verstehen ist.

a) Ehe

Nach dem Bundesverfassungsgericht[1466] ist die Ehe eine Vereinigung eines Mannes und einer Frau zu einer umfassenden, grundsätzlich unauflösbaren Lebensgemeinschaft, wobei nach Auffassung des Gerichts[1467] nur solche Ehen den Schutz verdienen, die unter staatlicher Mitwirkung geschlossen werden. Der Schutz des Grundrechts erstrecke sich aber nicht nur auf nach deutschem Recht geschlossene Ehen. Vielmehr wendet das Bundesverfassungsgericht[1468] Art. 6 Abs. 1 GG auch auf verheiratete Ausländer an, ohne Ansehung des Rechts, nach welchem die Ehe geschlossen wurde. Wie bereits an anderer Stelle

---

[1461] Vgl. hierzu auch *Klöpper*, Das Verhältnis von § 173 StGB zu Art. 6 I GG, S. 56.
[1462] Vgl. BVerfGE 6, 55 (76); 55, 114 (126); 80, 60 (81).
[1463] Vgl. BVerfGE 11, 105 (126); 21, 1 (6); 39, 316 (326); 43, 108 (123 f.); 48, 346 (366).
[1464] So auch BVerfGE 39, 316 (326).
[1465] Siehe *Sachs/Schmitt-Kammler*, GG, Art. 6 Rn. 32; *Klöpper*, Das Verhältnis von § 173 StGB zu Art. 6 I GG, S. 59; BVerfGE 99, 216 (232).
[1466] BVerfGE 53, 224 (245); 62, 323 (330 f.).
[1467] BVerfGE 62, 323 (330 f.).
[1468] Vgl. BVerfGE 35, 382 (407 f.); 51, 386 (396).

dargestellt wurde[1469], liegt dem Grundgesetz das Bild einer verweltlichten, bürgerlich-rechtlichen Ehe zugrunde[1470]. Nur eine Ehe die diesem Verständnis entspricht, ist danach schutzwürdig.

Die Ehe an sich ist durch § 173 StGB jedoch nicht betroffen. Sie wird vielmehr durch das zivilrechtliche Eheverbot zwischen nahen Verwandten[1471] beeinträchtigt.

b) Familie

Der Begriff der Familie ist, wie auch der Ehebegriff, nicht legal definiert. Eine Definition gestaltet sich daher schwierig. Das Bundesverfassungsgericht[1472] versteht unter Familie in erster Linie die Gemeinschaft der Eltern und ihrer minderjährigen Kinder. Diese Gemeinschaft kann auf natürlicher oder gesetzlicher Verwandtschaft beruhen, letzteres z. B. im Falle einer Adoption. Geschützt ist daher auch die Beziehung der Mutter bzw. des Vaters zum nichtehelichen Kind[1473]. Ursprünglich ging man von der Vorstellung aus, die Familie baue generell auf der Ehe auf[1474]. Eine solche Einengung ist jedoch nicht haltbar. Gerade auch nichteheliche Familien erfüllen soziale Leistungen, wie z. B. die Kindererziehung. Aus diesem Grund definiert das Bundesverfassungsgericht[1475] die Familie heute auch als „tatsächliche Lebens- und Erziehungsgemeinschaft".

Der Familienbegriff kann im Einzelfall auch weiter gefasst werden, so dass er über das Grundgebilde – Eltern und minderjährige Kinder – hinausgeht. Es können also auch Eltern mit ihren volljährigen Kindern unter den Schutz des Art. 6 Abs. 1 GG fallen. Die Beziehung zwischen den Familienmitgliedern erschöpft sich daher nicht in der bloßen Erziehungsfunktion[1476]. Ferner können auch Geschwister ohne ihre Eltern noch eine Familie im Sinne des Art. 6 Abs. 1 GG bilden, so z. B. wenn die Eltern bereits verstorben sind[1477].

[1469] Siehe Kapitel II, A VI 2 a und Kapitel V, C VI.

[1470] BVerfGE 36, 146 (167).

[1471] Siehe hierzu Kapitel II, A VI 2 a und Kapitel V, C VI.

[1472] Vgl. nur BVerfGE 24, 119 (135).

[1473] Vgl. BVerfGE 45, 104 (123).

[1474] Vgl. *Sachs/Kammler*, Art. 6 Rn. 15; *Klöpper*, Das Verhältnis von § 173 StGB zu Art. 6 I GG, S. 66; BVerfGE 76, 1 (51); BSG NJW 1989, 3036 (3038).

[1475] Siehe BVerfGE FamRZ 2003, 816 (822).

[1476] Vgl. *Pirson* in: Bonner Kommentar, Art. 6 Rn. 27; *Klöpper*, Das Verhältnis von § 173 StGB zu Art. 6 I GG, S. 69; BT-Drucks. VII/3502, S. 14, 42 ff.

[1477] Siehe *Schmitt/Kammler*, GG, Art. 6 Rn. 16; *Pirson* in: Bonner Kommentar, Art. 6 Rn. 22, wonach keine Veranlassung zu einer Herausnahme aus dem Schutzbereich besteht; *Klöpper*, Das Verhältnis von § 173 StGB zu Art. 6 I GG, S. 69; a.A. So noch *Jarass/ Pieroth*, GG-2006, Art. 6 Rn. 4.

Dies ist insbesondere im Hinblick auf den eingangs geschilderten[1478] Fall des Leipziger Geschwisterpaares von Bedeutung. Die Geschwister können sich nach überwiegender Ansicht daher auch ohne ihre Eltern auf den Schutz des Art. 6 Abs. 1 GG berufen.

Dennoch geht das Bundesverfassungsgericht primär dann von einer Familie aus, wenn eine Gemeinschaft von Eltern und ihren minderjährigen Kindern vorliegt. Diese lässt sich auch als Kernfamilie bezeichnen. Eine Erweiterung des Adressatenkreises kommt in aller Regel nur dann in Betracht, wenn es sich um ein Freiheitsrecht handelt, d.h. um ein klassisches Abwehrrecht[1479]. Hier ist der Schutzbereich zu Gunsten des Grundrechtsadressaten weiter zu ziehen, da damit zu rechnen ist, dass auch von weiteren verwandtschaftlichen Beziehungen soziale Wirkungen ausgehen. Die Ausdehnung des Schutzbereichs der Abwehrrechte entspricht in solchen Fällen gerade dem Sinn und Zweck der Grundrechte, dem Einzelnen einen möglichst umfangreichen Schutz zu gewährleisten.

3. Persönlicher und sachlicher Schutzbereich im Hinblick auf § 173 StGB

a) Personeller Schutzbereich

Wie soeben dargestellt, liegt dem Begriff der Familie grundsätzlich die Vorstellung einer tatsächlichen Lebens- und Erziehungsgemeinschaft zwischen Eltern und ihren minderjährigen Kindern zugrunde. Es wurde aber ebenfalls darauf aufmerksam gemacht, dass dieser Schutzbereich insbesondere im Rahmen der Anwendung des Art. 6 Abs. 1 GG modifiziert werden kann[1480]. Im Hinblick auf § 173 StGB fungiert Art. 6 Abs. 1 GG gerade als Abwehrrecht gegen den Staat. Der Schutzbereich ist daher zu erweitern auf Gemeinschaften zwischen Eltern und ihren volljährigen Kindern. Kinder treten mit Eintritt der Volljährigkeit gerade nicht ohne Weiteres und sozusagen automatisch aus der Familie aus, weshalb der Schutzbereich sie nicht einfach außen vor lassen kann[1481]. Nach überwiegender Auffassung[1482] ist der Schutzbereich auch für Geschwister zu erweitern. Wichtig ist noch einmal klarzustellen, dass die Erziehung minderjähriger Kinder zwar eine der Kernaufgaben der Familie darstellt, die Familie darüber hinaus aber auch noch andere wesentliche Aufgaben über-

---

1478 Siehe Kapitel I.

1479 So auch *Klöpper*, Das Verhältnis von § 173 StGB zu Art. 6 I GG, S. 69; ferner *Pirson* in: Bonner Kommentar, Art. 6 Rn. 21.

1480 Zur Schutzintensität bei Modifikation/Erweiterung, vgl. BVerfGE 80, 81 (92 ff.).

1481 Vgl. auch *Klöpper*, Das Verhältnis von § 173 StGB zu Art. 6 I GG, S. 75; *Schmidt-Bleibtreu/Klein-Hofmann*, GG, Art. 6 Rn. 29.

1482 Vgl. *Pirson* in: Bonner Kommentar, Art. 6 GG, Rn. 22.

nimmt. So z. B. die wirtschaftliche Unterstützung der Familienmitglieder untereinander, insbesondere durch Unterhaltsleistungen sowie die immaterielle Lebenshilfe[1483]. Diese Aufgaben können aber auch Geschwister wahrnehmen, ebenso wie Großeltern gegenüber ihren Enkeln, wobei im letzteren Fall sogar ein erzieherisches Tätigwerden gegeben sein kann.

Als Fazit lässt sich somit festhalten, dass alle potentiellen Täter des § 173 StGB[1484] vom personellen Schutzbereich des Art. 6 Abs. 1 GG erfasst werden. § 173 StGB muss sich also vollständig an Art. 6 Abs. 1 GG messen lassen[1485].

b) Sachlicher Schutzbereich

Art. 6 Abs. 1 GG umfasst grundsätzlich auch die Freiheit des Einzelnen, seinen privaten Autonomie- und Lebensbereich frei von staatlichen Eingriffen zu gestalten[1486]. Die Familie soll als staatsfreier Raum erhalten werden, um dem Einzelnen eine eigenverantwortliche und selbstbestimmte Gestaltung seiner Lebensverhältnisse zu ermöglichen[1487]. Darunter falle insbesondere die freie Gründung einer Familie mit einem Partner seiner Wahl[1488]. Somit ist auch der sachliche Schutzbereich des Art. 6 Abs. 1 GG durch § 173 StGB betroffen.

[1483] So *Pirson* in: Bonner Kommentar, Art. 6 GG, Rn. 27; *Klöpper*, Das Verhältnis von § 173 StGB zu Art. 6 I GG, S. 71.

[1484] Siehe hierzu Kapitel IV, A III.

[1485] Wie bereits am Anfang des Kapitel VII erwähnt wurde, geht das Bundesverfassungsgericht in BVerfG NJW 2008, 1137 (1141) nicht weiter auf das Grundrecht aus Art. 6 Abs. 1 GG ein. Das Grundrecht wird nur im Rahmen der Strafzweckdiskussion angeführt, vgl. insofern Kapitel V, B und C III 1 und 2. Selbst aber bei der Überprüfung des Familienschutzes als legitimer Strafzweck geht das Gericht nicht auf die Frage ein, ob der Schutzbereich des Grundrechts überhaupt betroffen ist. Dies wird von *Hörnle*, NJW 2008, 2085 (2086) als „wesentliche Schwäche" kritisiert. So setzt sich das Gericht nicht mit der Problematik auseinander, dass in den von § 173 StGB maßgeblich erfassten Fällen gerade keine typische Familie, d.h. eine Lebens- und Erziehungsgemeinschaft zwischen Eltern und ihren minderjährigen Kindern mehr vorliegt. Erst recht wird die Frage, ob Geschwister eine eigene Familie bilden können, wenn die Herkunftsfamilie nicht mehr existiert, nicht problematisiert, obwohl der Fall, welcher der Entscheidung zu Grunde lag, dies erfordert hätte. Zur Kritik siehe *Hassemer*, Sondervotum in BVerfG NJW 2008, 1137 (1146); *Hörnle*, NJW 2008 2085 (2086).

[1486] Vgl. BVerfGE 42, 234 (236); 57, 170 (178); 91, 130 (134); *Robbers* in: v. Mangoldt/Klein/Starck, Art. 6 I Rn. 8; *Al-Zand/Siebenhüner*, KritV 2006, S. 68 (70).

[1487] Siehe BVerfGE 61, 319 (346 f.); *Klöpper*, Das Verhältnis von § 173 StGB zu Art. 6 I GG, S. 80.

[1488] *Jarass/Pieroth*, GG, Art. 6 Rn. 5; *Pirson* in: Bonner Kommentar, Art. 6 Rn. 95; *Al-Zand/Siebenhüner*, KritV 2006, S. 68 (70).

4. Eingriff in den Schutzbereich des Art. 6 Abs. 1 GG

Fraglich ist, ob tatsächlich ein Eingriff in den oben definierten Schutzbereich des Art. 6 Abs. 1 GG vorliegt. Nach heutigem Verständnis ist ein Eingriff jedes staatliche Handeln, das dem Einzelnen ein Verhalten, das in den Schutzbereich eines Grundrechts fällt, ganz oder teilweise unmöglich macht[1489]. Dies ist unabhängig davon, ob das staatliche Handeln mittelbar oder unmittelbar eingreift. Es ist ferner irrelevant, ob es final oder unbeabsichtigt, durch Verwaltungsakt oder schlichten Realakt oder ob mit bzw. ohne Zwang stattfindet[1490]. Letztlich muss die Beeinträchtigung des Grundrechts dem staatlichen Handeln zurechenbar sein[1491]. § 173 StGB verbietet Blutsverwandten untereinander den Beischlaf. Damit greift die Norm final und unmittelbar in das Grundrecht der freien Partnerwahl sowie in den privaten Autonomie- und Lebensbereich der potentiellen Täter ein. Die Norm beeinträchtigt also das familiäre Zusammenleben. Die Beeinträchtigung ist dem staatlichen Handeln ferner zurechenbar.

Ein solcher Eingriff entfällt auch nicht deshalb, weil auf Strafzumessungsebene bzw. Sanktionsebene durch §§ 153, 153 a StPO bzw. §§ 59, 60 StGB regulierend eingegriffen werden kann[1492]. Der Eingriff bleibt dennoch bestehen, da § 173 StGB zum Zeitpunkt der Tatbegehung das Grundrecht tangiert, also auf einer vorgelagerten Ebene eingreift. Die möglicherweise später eintretende Milderung des Eingriffs hat daher außer Betracht zu bleiben[1493].

§ 173 StGB stellt auch keine Grundrechtskonkretisierung bzw. Grundrechtsausgestaltung des Art. 6 Abs. 1 GG dar[1494], bei deren Vorliegen ein Eingriff zu verneinen wäre. Bei nicht normgeprägten Schutzbereichen ist nach überwiegender Ansicht[1495] die Grenze zwischen Eingriff und Konkretisierung bzw. Ausgestaltung dort zu ziehen, wo dem Verhalten bestimmte Bahnen vorgegeben werden, die nicht lediglich den Grundrechtsgebrauch erleichtern oder fördern. Da die Familie ein außerrechtliches Gebilde darstellt[1496], handelt es sich bei Art. 6 Abs. 1 GG gerade um einen nicht normgeprägten Schutzbereich. Ferner

---

1489 Siehe *Pieroth/Schlink*, Grundrechte, Rn. 240; *Jarass/Pieroth*, GG, Vorb. vor Art. 1 Rn. 28 ff.; *Dreier*, Grundgesetz, Vorb. Rn. 123 ff.

1490 Vgl. *Pieroth/Schlink*, Grundrechte, Rn. 240.

1491 BVerfGE 66, 39 (60).

1492 Vgl. hierzu ausführlich *Klöpper*, Das Verhältnis von § 173 StGB zu Art. 6 I GG, S. 84 f.

1493 Diese Thematik wird im Zusammenhang mit dem Übermaßverbot erneut problematisiert. Siehe dazu Kapitel VII, A I 6 c.

1494 Vgl. *Al-Zand/Siebenhüner*, KritV 2006, S. 68 (71); *Klöpper*, Das Verhältnis von § 173 StGB zu Art. 6 I GG, S. 85 f.

1495 *Pieroth/Schlink*, Grundrechte, Rn. 209; *Klöpper*, Das Verhältnis von § 173 StGB zu Art. 6 I GG, S. 88.

1496 Vgl. *Klöpper*, Das Verhältnis von § 173 StGB zu Art. 6 I GG, S. 65.

fördert § 173 StGB den Grundrechtsgebrauch nicht, sondern schränkt ihn im Gegenteil vielmehr ein. § 173 StGB gibt nämlich eine ganz bestimmte Richtung vor, die bei Missachtung sogar eine Bestrafung nach sich zieht[1497].

Als Fazit lässt sich festhalten, dass § 173 StGB in den Schutzbereich des Art. 6 Abs. 1 GG eingreift.

5. Rechtfertigung des Grundrechtseingriffs

Art. 6 Abs. 1 GG ist ein vorbehaltlos garantiertes Grundrecht. Fraglich ist daher, ob und wie ein solches Grundrecht eingeschränkt werden kann.

a) Verfassungsimmanente Schranken

Zunächst erscheint Art. 6 Abs. 1 GG nicht einschränkbar. Dennoch ergibt sich auch für vorbehaltlos garantierte Grundrechte eine gewisse Notwendigkeit zur Begrenzung. Grundrechte des Einzelnen können nämlich mit Grundrechten Dritter kollidieren, ebenso wie mit Prinzipien der Verfassung. Diese Kollisionslage wird durch sogenannte verfassungsimmanente Schranken gelöst. Dies bedeutet, dass Art. 6 Abs. 1 GG zwar einschränkbar ist, aber nur durch solche Grenzen, die durch die Verfassung selbst bestimmt sind[1498]. Eine solche Grundrechtskollision wird im jeweiligen Einzelfall durch eine Abwägung der einzelnen, sich widersprechenden Interessen im Rahmen der praktischen Konkordanz und unter Anwendung des Verhältnismäßigkeitsgrundsatzes geprüft[1499]. Nach Gegenüberstellung und Abwägung der widerstreitenden Grundrechte kann im Ergebnis dem einen oder dem anderen betroffenen Grundrecht Vorrang oder Nachrang gebühren[1500].

Für § 173 StGB lässt sich hieraus folgende Erkenntnis gewinnen: Will die Norm den Anforderungen der Verfassung genügen, so muss sie Gütern/Werten[1501] von Verfassungsrang dienen[1502]. Konkret bedeutet dies, dass die einzigen in Betracht kommenden Rechtsgüter[1503], d.h. der erbbiologische Schutzgedanke und – sofern man ihn bejahen möchte – der Familienschutz, einen Zweck von Verfassungsrang darstellen müssten.

1497 Vgl. auch *Klöpper*, Das Verhältnis von § 173 StGB zu Art. 6 I GG, S. 89.

1498 Vgl. BVerfGE 30, 173 (193); 77, 240 (253); 81, 278 (292); vgl. auch *Robbers* in: v. Mangoldt/Klein/Starck, GG, Art. 6 I Rn. 29; *Jarass/Pieroth*, GG, Art. 6 Rn. 15.

1499 Siehe *Pieroth/Schlink*, Grundrechte, Rn. 314 ff.

1500 Vgl. BVerfGE 30, 173 (181): „Mephisto Beschluss“; BVerfGE 59, 234 (261).

1501 Wobei der Begriff des Gutes bzw. Rechtsgutes hier nicht im strafrechtlichen Sinne zu verstehen ist; vgl. zum Verhältnis von Strafrechtsgut und verfassungszulässigem Zweck, *Appel*, Verfassung und Strafe, S. 199 f.

1502 So auch *Al-Zand/Siebenhüner*, KritV 2006, S. 68 (71).

1503 Vgl. Kapitel V, C II 1 und Kapitel V, C III 1.

aa) Erbbiologischer Schutzgedanke

Fraglich ist, ob der erbbiologische Schutzgedanke einen zulässigen Zweck von Verfassungsrang darstellt. Wie bereits im Rahmen der geprüften Rechtsgüter[1504] dargestellt, muss beim erbbiologischen Schutzgedanken zwischen der Gesundheit des Individuums/Nachwuchses und der Gesundheit nachfolgender Generationen differenziert werden.

(1) Gesundheit des Individuums/Nachwuchses[1505]

§ 173 StGB könnte dem Schutz der körperlichen Unversehrtheit des durch den Inzest gezeugten Nachwuchses dienen[1506]. In Gestalt des Inzests, d.h. durch die inzestuöse Zeugung könnte ein Eingriff in die durch Art. 2 Abs. 2 GG geschützte körperliche Unversehrtheit vorliegen[1507]. Da das Grundgesetz jedoch kein lebensunwertes Leben kennt[1508], darf der Schutz der körperlichen Unversehrtheit nicht mit der Auferlegung eines körperlichen Idealbildes im Sinne der Eugenik verwechselt und gewährleistet werden[1509]. Das Recht auf körperliche Unversehrtheit schützt vielmehr das Leben in seiner individuellen, konkreten Gestalt[1510] und nicht die Zeugung eines dem Idealbild entsprechenden Nachwuchses. *Hassemer*[1511] weist überzeugend darauf hin, dass ein Schutz potenzieller Nachkommen vor genetischen Schäden die absurde Abwägung des mutmaß-

---

1504 Vgl. Kapitel V, C II 1 a und b.

1505 Siehe Kapitel V, C II 1 a.

1506 Nicht so deutlich BVerfG NJW 2008, 1137 (1140), welches lediglich auf „eugenische Gesichtspunkte" im Allgemeinen abstellt. Allerdings zieht das Gericht diesen Gesichtspunkt nur „ergänzend" heran. Dies sei aber zulässig und nicht deshalb ausgeschlossen, weil der Gesichtspunkt historisch für die Entrechtung von Menschen mit Erbkrankheiten und Behinderungen missbraucht worden sei. Zur Deutung dieser sehr knappen Ausführungen zum eugenischen Gesichtspunkt, vgl. *Hörnle*, NJW 2008, 2085 (2087).

1507 Zeugung und Eingriff fallen in so einem Fall zusammen, da ein späterer Eingriff nicht mehr erfolgt und sich die möglichen erbbiologischen Risiken bereits im Moment der Zeugung realisieren; vgl. hierzu auch *Al-Zand/Siebenhüner*, KritV 2006, S. 68 (75).

1508 Siehe BVerfGE 2, 1 (12); 18, 112 (117); 39, 1 (41), wonach Art. 2 Abs. 2 GG ein Bekenntnis zum grundsätzlichen Wert des Menschenlebens und zu einer Staatsauffassung, die sich in betontem Gegensatz zu den Anschauungen eines politischen Regimes stellt, dem das einzelne Leben wenig bedeutet und das deshalb mit dem angemaßten Recht über Leben und Tod des Bürgers schrankenlosen Missbrauch trieb, enthält. Vgl. ferner *Podlech* in: Alternativkommentar, Art. 2 Abs. 2 Rn. 10.

1509 So *Al-Zand/Siebenhüner*, KritV 2006, S. 68 (75).

1510 *Kunig* in: v. Münch/Kunig, GG, Art. 2 Rn. 61.

1511 Siehe *Hassemer*, Sondervotum in BVerfG NJW 2008, 1137 (1143). Aus gutem Grunde gäbe es eine Strafbarkeit des Beischlafs selbst dort nicht, wo die Wahrscheinlichkeit behinderten Nachwuchses höher sei und die erwartbaren Behinderungen massiver seien als beim Inzest.

lichen Interesses potenziell gezeugten Nachwuchses an einem Leben mit genetischen Defekten einerseits, mit einem mutmaßlichen Interesse an der eigenen Nichtexistenz andererseits, voraussetze. Vor diesem Hintergrund wird deutlich, dass der Schutzbereich des Grundrechts damit schon nicht eröffnet ist.

Fraglich ist ferner, ob der Schutz des Art. 2 Abs. 2 GG bereits dem ungeborenen Leben zukommt, d.h. ab wann der Schutz des Grundrechts eingreift[1512]. Nach wohl herrschender Meinung ist das werdende Leben ab der Nidation geschützt[1513]. Darüber hinaus wird vertreten[1514], dass die Verletzung des werdenden Lebens nicht mit der Verletzung eines (geborenen) Menschen gleichgesetzt werden kann. Der Schutz des Art. 2 Abs. 2 GG, d.h. das Grundrecht auf körperliche Unversehrtheit, greift daher erst ab dem Zeitpunkt der Nidation[1515], so dass der Schutz im Falle des Inzests gar nicht greifen kann[1516]. Somit existiert im Zeitpunkt der Zeugung neben den den Beischlaf vollziehenden Personen kein Rechtsgutsträger, dessen mutmaßliches Interesse herangezogen werden könnte[1517]. Zum Zeitpunkt der Zeugung, also der Befruchtung der Eizelle liegt damit kein Eingriff in Art. 2 Abs. 2 GG vor.

Die Verhütung von Erbkrankheiten beim Nachwuchs genügt daher nicht dem Maßstab einer verfassungsimmanenten Schranke.

(2) Gesundheit nachfolgender Generationen

Wie im Rahmen der strafrechtlichen Rechtsgüterprüfung dargestellt wurde[1518], lässt sich eine gewisse, wenn auch nur geringe Risikoerhöhung für die Degenerierung der Erbanlagen der Gesellschaft als Folge von Inzest feststellen. Fraglich ist daher, ob der Schutz der Gesundheit nachfolgender Generationen bzw. der Schutz vor Degenerierung der Erbanlagen der Gesellschaft einen zulässigen Zweck von Verfassungsrang darstellt.

[1512] Dies ist auch die Frage der Grundrechtsträgerschaft.

[1513] *Jarass/Pieroth*, GG, Art. 2 Rn. 82; *ders*., GG, Art. 1 Rn. 9: Erst zu diesem Zeitpunkt sei eine Mehrlingsbildung ausgeschlossen, d.h. erst dann entstehe individuelles Leben. *Di Fabio* in: Maunz/Dürig, Art. 2 II Rn. 24 f.; vgl. auch BVerfGE 39, 1 (37); 88, 203 (251 f.). Das Bundesverfassungsgericht geht in seinen Urteilen zwar von der Nidation aus; allerdings wurde auf die Frage nicht eingegangen, ob ein Schutz auch bereits mit Befruchtung der Eizelle einsetzen kann. Für Letzteres, *Schulze-Fielitz*, Grundgesetz, Art. 2 II Rn. 29: Ansonsten drohe Gefahr der verfassungsrechtlichen Schutzlosigkeit mit der Folge fehlender Begründungslasten für den eingreifenden Gesetzgeber.

[1514] Vgl. hierzu die abweichende Meinung der Richter in BVerfGE 39, 1 (80).

[1515] So ausdrücklich *Kunig* in: v. Münch/Kunig, GG, Art. 2 Rn. 61; *Di Fabio*, Maunz/Dürig, Art. 2 II Rn. 58.

[1516] So im Ergebnis auch *Hassemer*, Sondervotum in BVerfG NJW 2008, 1137 (1143).

[1517] So auch *Hassemer*, Sondervotum in BVerfG NJW 2008, 1137 (1143).

[1518] Siehe Kapitel V, C II 1 b.

Sofern man auf den Schutz der Gesundheit der Bevölkerung als Gesundheit nachfolgender Generationen abstellt, ergibt sich kein anderes Ergebnis als das soeben gefundene. Denn die Gesundheit der Bevölkerung stellt kein eigenständiges Gut dar, sondern vielmehr nur einen Sammelbegriff für die sich aus Art. 2 Abs. 2 GG ergebenden Rechte[1519]. Die körperliche Unversehrtheit ist durch den Inzest aber nicht generell verletzt. Vielmehr fällt, wie bereits dargelegt[1520], die Schädigung mit der Zeugung zusammen.

§ 173 StGB könnte aber Ausfluss des Sozialstaatsprinzips gem. Art. 20 Abs. 1 GG sein. Das Sozialstaatsprinzip verpflichtet den Staat, gewisse Mindestvoraussetzungen für ein menschenwürdiges Dasein seiner Bürger zu schaffen[1521]. Fraglich ist, ob die Pflicht des Staates so weit geht, die durch die Zeugung erbkranker Kinder entstehenden Beeinträchtigungen von Erbanlagen der Gesellschaft zu vermeiden, oder mit anderen Worten den Schutz der Erbverfassung der Gesellschaft zu übernehmen. Fraglich ist aber ferner, ob dem Sozialstaatsprinzip eine grundrechtseinschränkende Wirkung zukommt. Die überwiegende Ansicht verneint dies[1522]. Begründet wird dies unter anderem damit, dass das Prinzip zu unbestimmt sei, um den Anforderungen einer verfassungsimmanenten Schranke zu genügen. Das Sozialstaatsprinzip stelle dem Staat eine Aufgabe, sage allerdings nichts darüber aus, wie diese Aufgabe im einzelnen zu verwirklichen sei[1523]. Eine unmittelbar grundrechtsbegrenzende Wirkung des Sozialstaatsprinzips sei davon abhängig, ob das Sozialstaatsprinzip einen verbindlichen Auftrag zur Begrenzung des entsprechenden Grundrechts enthalte[1524]. Ein verbindlicher Auftrag zum Schutz der Erbverfassung der Gesellschaft und damit zur Begrenzung von Art. 6 Abs. 1 GG lässt sich dem Sozialstaatsprinzip so jedoch nicht entnehmen.

Es wird aber vertreten, dass diese Ablehnung lediglich auf die unmittelbare Beschränkung der Grundrechte durch das Sozialstaatsprinzip begrenzt sei. Dies würde bedeuten, dass, sofern die sozialstaatlichen Gemeinwohlbelange – zumindest im Rahmen von Gesetzesvorbehalten – gesetzlich geregelt sind, darin prinzipiell taugliche Grundrechtsschranken zu sehen seien[1525]. Für Art. 6 Abs. 1 GG hat dies jedoch keine Auswirkungen, da es sich gerade um ein vorbehaltloses Grundrecht handelt, welches mithin nur durch verfassungsimmanente Schranken

---

[1519] So *Al-Zand/Siebenhüner*, KritV 2006, S. 68 (76).
[1520] Siehe Kapitel VII, A I 5 a aa (1).
[1521] So BVerfGE 82, 60 (80).
[1522] BVerfGE 59; 231 (263); ähnlich auch BVerfGE 52, 283 (298); *Sachs*; GG, Art. 20 Rn. 50; *Stern*, Staatsrecht I, S. 924.
[1523] Vgl. BVerfGE 59, 231 (263).
[1524] Vgl. BVerfGE 52, 283 (298).
[1525] Vgl. hierzu auch *Sachs*, GG, Art. 20 Rn. 50; ähnlich auch *Stern*, Staatsrecht I, S. 924.

eingeschränkt werden kann. Würde man § 173 StGB als gesetzliche Einschränkung genügen lassen, um das Sozialstaatsprinzip zu konkretisieren und somit als verfassungsimmanente Schranke zu fungieren, so würde man letztlich die Anforderungen zur Einschränkbarkeit eines vorbehaltlosen Grundrechts umgehen. Die Verfassung würde letztlich nicht nur durch das einfache Gesetz konkretisiert, sondern vielmehr bestimmt. Der in der Literatur vertretenen Auffassung, dass das Sozialstaatsprinzip – sofern eine gesetzgeberische Entscheidung vorhanden sei – den Grundrechten als kollidierendes Verfassungsrecht Grenzen setzen[1526] könne, kann somit nicht gefolgt werden.

Ob und in wie fern der Gesetzgeber verpflichtet ist, den Schutz der Erbverfassung der Gesellschaft zu gewährleisten, ist fraglich. Jedenfalls lässt sich solch ein verbindlicher Auftrag dem Sozialstaatsprinzip nicht entnehmen. Das Sozialstaatsprinzip kann dem Grundrecht aus Art. 6 Abs. 1 GG daher keine verfassungsimmanente Schranke setzen.

§ 173 StGB könnte ferner Art. 20 a GG dienen. Betrachtet man jedoch den Wortlaut des Art. 20 a GG („Lebensgrundlagen“) sowie die historische Entwicklung, so ergibt sich daraus, dass sich die Norm ausschließlich auf den Schutz der den Menschen umgebenden Umwelt, nicht jedoch auf die Entwicklungsprozesse des menschlichen Lebens selbst bezieht[1527].

Insgesamt ist daher festzustellen, dass der Schutz der Erbanlagen der Gesellschaft vor Degeneration kein zulässiger Zweck von Verfassungsrang im Sinne des Art. 20 Abs. 1 GG sein kann, der einen Eingriff in Art. 6 Abs. 1 GG rechtfertigen könnte.

bb) Familienschutz

Zwar wurde der Familienschutz bereits bei der Rechtsgutsprüfung als geeignetes Rechtsgut im strafrechtlichen Sinne verneint[1528]. Da er jedoch teilweise als tragendes Rechtsgut[1529] verstanden wird, soll er auch verfassungsrechtlich überprüft werden. § 173 StGB könnte daher eine Ausgestaltung der staatlichen Schutzpflichten für Ehe und Familie gem. Art. 6 Abs. 1 GG darstellen. § 173 StGB könnte dem Schutz der Familienordnung, d.h. der tatsächlichen Lebensgemeinschaft dienen.

Was den Schutz von Ehe und Familie im Rahmen der Familienordnung angeht, so wurde dies bereits ausgiebig im Rahmen der in Betracht kommenden

---

[1526] So ausdrücklich *Jarass/Pieroth*, GG, Art. 20 Rn. 122.

[1527] Siehe hierzu *Jarass/Pieroth*, GG, Art. 20 a Rn. 1.

[1528] Vgl. Kapitel V, C III 1.

[1529] Vgl. Kapitel V, C III 1; BT-Drucks. VI/3521, S. 17. Siehe ferner BVerfG NJW 2008, 1137 (1139).

Rechtsgüter (Familienschutz[1530]) diskutiert. An dieser Stelle sollen daher lediglich die aus verfassungsrechtlicher Sicht problematischen Punkte angesprochen werden.

Der Familienschutz wird nicht durch die Geburt eines geschädigten Kindes beeinträchtigt. Auch wenn ein behindertes Kind evtl. zu finanziellen Mehrbelastungen führt[1531] und ggf. auch ein mehr an Führsorge bedarf, liefe die Anerkennung eines solchen Familienschutzes auf eine „Verneinung des Lebensrechts behinderter Kinder allein aus lebenskonträren Interessen und Fiskalbelangen anderer hinaus."[1532]

Teilweise wird geltend gemacht, dass bei einem von § 173 StGB angenommenen Familienschutz ein Zusammenschluss der Familienmitglieder[1533] gegenüber zwei einzelnen Familienmitgliedern geschützt werde, was letztlich nichts anderes als eine modifizierte Form des Schutzes vor sich selbst darstelle[1534]. Die Familie als Gruppe würde also gegen Teile der Gruppe, d.h. zwei ihrer Mitglieder geschützt werden. Ein solcher Schutz wäre aber nur dann verfassungsrechtlich gedeckt, wenn Art. 6 Abs. 1 GG neben dem Schutz von außerhalb der Familie entstehender Gefahren auch vor solchen Gefahren schütze, die aus der Familie selbst hervorgehen, d.h. durch zwei Familienmitglieder verursacht werden. Es handelt sich um eine Kollision zwischen Abwehrrechten des Einzelnen und Schutzpflichten für die Familie als solche. Es stehen sich also die verschiedenen Funktionen des Art. 6 Abs. 1 GG entgegen. Fraglich ist jedoch, wie weit die Schutzpflicht gegenüber der Familie reicht. Es wird vertreten, die Kollision könne nur zugunsten des Einzelnen ausgehen, da es einen Schutz der Familie gegen sich selbst nicht geben könne[1535]. Begründet wird dies unter anderem damit, dass es im Rahmen des Grundrechtsschutzes um den Schutz des Einzelnen gehe. Dieser ursprüngliche Sinn müsse auch im Rahmen der Institutsgarantie[1536] berücksichtigt werden, was bedeute, es dürfe nicht um einen abstrakten Schutz der Familie, mithin um einen Schutz objektiver Werte gehen[1537]. Nach überwiegender Ansicht[1538] stellen Institutsgarantien eine zusätzliche, qualifizierte Rechtsgewährung dar, die neben den subjektiv-rechtlichen Gehalt treten, um

[1530] Siehe Kapitel V, C III 1.
[1531] So z.B. durch Betreuungs- und Behandlungskosten.
[1532] So *Hassemer*, Sondervotum in BVerfG NJW 2008, 1137 (1143).
[1533] Hier nicht im Sinne der Institutionsgarantie zu verstehen.
[1534] So *Klöpper*, Das Verhältnis von § 173 StGB zu Art. 6 I GG, S. 117.
[1535] *Klöpper*, Das Verhältnis von § 173 StGB zu Art. 6 I GG, S. 118.
[1536] Die Institutsgarantie ist in diesem Fall als Schutzpflicht des Staates gegenüber der Familie als solche, d.h. dem Zusammenschluss ihrer Mitglieder zu verstehen.
[1537] *Klöpper*, Das Verhältnis von § 173 StGB zu Art. 6 I GG, S. 118.
[1538] *Al-Zand/Siebenhüner*, KritV 2006, S. 68 (78); *Stern*, Staatsrecht III/1, S. 795.

diesen zu verstärken. Beim Familienschutz geht es vereinfacht gesagt immer um den Schutz der einzelnen Familienmitglieder eines Familienverbandes. Sind daher familienspezifische Positionen betroffen und sollen diese geschützt werden, so handelt es sich um eine modifizierte Form des Schutzes vor sich selbst. Der Schutz der Institutsgarantie[1539] kann nicht gegen das Grundrecht des Einzelnen treten, sondern nur daneben.

Eine andere Situation liegt dann vor, wenn die übrigen Familienmitgliedern in ihren spezifischen Grundrechten betroffen werden. So ist im Falle des Vater-Tochter-Inzests eine Verletzung der Rechtsposition der Mutter aus Art. 2 Abs. 1 GG, d.h. ihrem Persönlichkeitsrecht denkbar[1540]. In dieser Konstellation sind die übrigen Familienmitglieder dann nicht lediglich in ihrer konkreten Familienbeziehung betroffen, sondern in eigenen Grundrechtspositionen außerhalb des Art. 6 Abs. 1 GG. Es liegt dann keine modifizierte Form des Schutzes vor sich selbst mehr vor, sondern ein Eingriff in die grundrechtliche Position eines anderen Menschen, und zwar unabhängig von seiner Eigenschaft als Familienmitglied. Fraglich ist in einem solchen Fall, wie weit die Schutzpflichten des Staates zum Schutz des Persönlichkeitsrechts dieser übrigen Familienmitglieder reichen. Konkret geht es um die Frage des kollidierenden Verfassungsrechts, d.h. Art. 6 Abs. 1 GG auf der Seite der inzestuösen Familienmitglieder und Art. 2 Abs. 1 GG auf der Seite der spezifisch betroffenen übrigen Familienmitglieder. Besteht im Fall des Vater-Tochter-Inzests also eine staatliche Schutzpflicht gegenüber der Mutter? Generell muss der Staat den Einzelnen vor Persönlichkeitsgefährdungen durch Dritte schützen[1541]. Nach verbreiteter Ansicht kommt dem Gesetzgeber auch hierbei ein weiter Spielraum zu[1542]. Ein solcher Schutz mittels § 173 StGB wäre jedoch unverhältnismäßig. Die Norm stellt schon kein geeigneten Mittel dar. Durch die Strafandrohung sowie durch ein späteres Ermittlungsverfahren würde das Persönlichkeitsrecht nicht geschützt. Das Gegenteil wäre der Fall, es käme sogar zu einer Intensivierung der Grundrechtsbeeinträchtigung. Gleiches gilt bei einer möglichen Vollstreckung der in § 173 StGB angedrohten Freiheitsstrafe[1543]. Es darf auch nicht vergessen werden, dass es sich gerade bei Inzestfamilien oft um bereits gestörte

---

[1539] Es liegt hier auch kein Eingriff in die in Art. 6 Abs. 1 GG normierte Institutsgarantie vor. Der Kernbereich dieser ist nicht berührt, wenn man hier dem Abwehrrecht als solchem den Vorrang einräumt. Des weiteren geht es vorliegend nicht um eine Beseitigung des Instituts.

[1540] Vgl. auch *Klöpper*, Das Verhältnis von § 173 StGB zu Art. 6 I GG, S. 119.

[1541] Vgl. hierzu BVerfGE 99, 185 (194 f.).

[1542] *Jarass/Pieroth*, GG, Art. 2 Rn. 57.

[1543] Vgl. hierzu Kapitel V, C III 1.

Familien handelt[1544], so dass schon der Schutzbereich hier anders zu definieren wäre. Der Bereich der spezifisch betroffenen übrigen Familienmitglieder ist also einer staatlichen Schutzpflicht nicht zugänglich. Dieser Bereich ist daher der Privatautonomie zu überlassen.

Als Fazit der verfassungsrechtlichen Überprüfung des Rechtsguts des Familienschutzes in der Ausgestaltung als Schutz der Familienordnung ergibt sich daher folgende Erkenntnis: Der Schutz der inneren Familienordnung ist keine taugliche verfassungsimmanente Schranke. Sollten Familienmitglieder durch den Inzest nicht lediglich in ihren familienspezifischen Rechtspositionen betroffen sein, so greift nicht der Familienschutz; einschlägig sind vielmehr die betroffenen Grundrechte der übrigen Familienmitglieder, und zwar unabhängig von ihrer Eigenschaft als Familienmitglieder.

b) Fazit

Als verfassungsimmanente Schranke lässt sich somit weder die Gesundheit des Individuums noch der in Gestalt von § 173 StGB konkretisierte Gemeinwohlbelang der Gesundheit nachfolgender Generationen bzw. Schutz der Erbverfassung der Gesellschaft, noch der Familienschutz ausmachen[1545]. § 173 StGB stellt damit keinen Zweck von Verfassungsrang dar, der geeignet ist, den Grundrechtsschutz aus Art. 6 Abs. 1 GG einzuschränken.

6. Verhältnismäßigkeit im weiteren Sinne[1546]

Ist man anderer Auffassung und sieht im Schutz nachfolgender Generationen einen zulässigen Zweck[1547] bzw. ein Gut von Verfassungsrang, so ist fraglich, ob § 173 StGB auch verhältnismäßig ist. Der Schutz der Erbverfassung der Gesellschaft müsste daher geeignet, erforderlich und angemessen sein, um den Eingriff in Art. 6 Abs. 1 GG zu rechtfertigen[1548].

[1544] Siehe Kapitel V, C III 1.

[1545] Im Ergebnis anders BVerfG NJW 2008, 1137 (1139): „Der Gesetzgeber hat seinen Entscheidungsspielraum nicht überschritten, indem er die Bewahrung der familiären Ordnung vor schädigender Wirkung des Inzests, den Schutz der in einer Inzestbeziehung „unterlegenen“ Partner sowie ergänzend die Vermeidung schwerwiegender genetisch bedingter Erkrankungen bei Abkömmlingen aus Inzestbeziehungen als ausreichend erachtet hat, das in der Gesellschaft verankerte Inzesttabu weiterhin zu sanktionieren.“ Die Entscheidung bezieht sich aber auf den Maßstab des Art. 2 Abs. 1 i.V.m. Art. 1 Abs. 1 GG.

[1546] Ausführlich zur Verhältnismäßigkeitsprüfung siehe BVerfG NJW 2008, 1137 (1137, 1138 und 1140 f.).

[1547] Siehe BVerfG NJW 2008, 1137 (1139).

[1548] Vgl. zu dieser dreistufigen Prüfung exemplarisch BVerfGE 90, 145 (172 f.).

a) Geeigneter Zweck

Für das Bundesverfassungsgericht[1549] ist der maßgebliche Anknüpfungspunkt für die Prüfung der Geeignetheit der Rechtsgüterschutz, welcher vom Gesetzgeber durch die in Bezug genommene Verhaltensnorm angestrebt wird. Eine Maßnahme ist nach der klassischen Definition[1550] dann zur Zweckerreichung geeignet, wenn mit ihrer Hilfe der gewünschte Erfolg näher rückt. Sie ist ungeeignet, wenn sie die Erreichung des beabsichtigten Ziels erschwert oder im Hinblick auf das Ziel überhaupt keine Wirkung entfaltet. Das Mittel ist also geeignet, wenn mit seiner Hilfe der gewünschte Erfolg gefördert werden kann[1551]. Die Geeignetheitsprüfung wird jedoch als eine äußerst geringe verfassungsrechtliche Hürde angesehen[1552]. Dies liegt an der dem Gesetzgeber gebilligten weiten Einschätzungsprärogative[1553]. Dies bedeutet, dass solange keine eindeutigen und wissenschaftlich gesicherten Erkenntnisse über die Wirkung konkreter Verhaltensweisen vorliegen, der Gesetzgeber selbst beurteilen kann, ob er dennoch das Verhalten unter Strafe stellt. Insoweit schränkt auch das Bundesverfassungsgericht[1554] seine Kontrollbefugnis deutlich ein. Eine Ungeeignetheit liegt danach also nur bei einem evident fehlsamen Einsatz von Maßnahme bzw. Mittel vor[1555].

Fraglich ist, ob § 173 StGB diesen Vorgaben entspricht und ein geeignetes Mittel ist, den erbbiologischen Schutzgedanken im Sinne eines Schutzes für nachfolgende Generationen bzw. den Schutz der Erbverfassung der Gesellschaft zu fördern. Wie bei der Rechtsgüterprüfung[1556] festgestellt wurde, kann nach dem derzeitigen Erkenntnisstand nur von einer geringen Risikoerhöhung im Hinblick auf eine mögliche Schädigung der Erbverfassung ausgegangen werden. Da dem Gesetzgeber jedoch ein weiter Beurteilungsspielraum zugebilligt wird, ob er das in Frage stehende Verhalten unter Strafe stellen möchte, kann auf dieser Ebene der Prüfung eine Geeignetheit bejaht werden. § 173 StGB verbietet durch Strafandrohung den Beischlaf unter Blutsverwandten und zielt somit auf Vermeidung der Risikoerhöhung ab. Unabhängig von den tatsächlichen kriminologischen Erkenntnissen ist § 173 StGB somit prinzipiell geeignet, das Risiko für eine Verschlechterung der Erbverfassung der Gesellschaft zu minimieren

---

[1549] BVerfGE 90, 145 (174).
[1550] *Stern*, Staatsrecht III/2, S. 776.
[1551] BVerfGE 30, 292 (316); 81, 156 (192).
[1552] Vgl. *Appel*, Verfassung und Strafe, S. 175; *Lagodny*, Das materielle Strafrecht, S. 83, 85: „undurchlässige Siebe"; ferner Kapitel V, F IV.
[1553] Vgl. hierzu *Sternberg-Lieben*, Rechtsgut, S. 65, 77; *Stern*, Staatsrecht III/2, S. 777.
[1554] BVerfGE 80, 1 (31); 83, 1 (22).
[1555] So *Stern*, Staatsrecht III/2, S. 779.
[1556] Vgl. Kapitel V, C II 1 b.

bzw. bis zu einem gewissen Grad zu eliminieren. Die Tatsache, dass lediglich Beischlafshandlungen volljähriger Blutsverwandter mit Strafe bedroht werden[1557], andererseits die Strafbarkeit nicht ausgeschlossen ist, wenn eine Zeugungsunfähigkeit vorliegt und eine Empfängnis daher definitiv ausgeschlossen werden kann, lässt zwar Zweifel daran laut werden, ob die Norm tatsächlich dem vollumfänglichen Schutz der nachfolgenden Generationen dient[1558]. Die grundsätzliche Erreichbarkeit – zumindest eines Teilziels – des Schutzes nachfolgender Generationen wird dadurch aber nicht vereitelt[1559]. Die Geeignetheit kann somit bejaht werden.

b) Erforderlichkeit

Nach der Rechtsprechung des Bundesverfassungsgerichts[1560] ist das vom Gesetzgeber eingesetzte Mittel dann erforderlich, wenn der Gesetzgeber nicht ein anderes, gleich wirksames, aber das Grundrecht nicht oder doch weniger fühlbar einschränkendes Mittel hätte wählen können[1561]. Die Erforderlichkeitsprüfung ist daher das Pendant zum strafrechtlichen ultima ratio Grundsatz bzw. dem Subsidiaritätsgedanken[1562]. Kritisiert wird, dass die Erforderlichkeit, wie auch die Geeignetheitsprüfung, nur wenig zu einer Begrenzung des Strafrechts[1563] beitrage. Der Grund hierfür liege in der Rechtsprechung des Bundesverfassungsgerichts, die dem Gesetzgeber auch auf dieser Stufe eine weite Einschätzungs- und Entscheidungsprärogative für die Wahl zwischen mehreren potenziell geeigneten Wegen zur Erreichung eines Gesetzesziels einräume[1564]. Dies bedeutet, dass so lange Ungewissheit darüber besteht, ob ein anderes, milderes Mittel

---

[1557] Vgl. Kapitel IV, A II und III.

[1558] Vgl. Kapitel V, C II 1 b.

[1559] So im Ergebnis auch BVerfG NJW 2008, 1137 (1141). Anders *Hassemer*, Sondervotum in BVerfG NJW 2008, 1137 (1145). Soweit man die Vorschrift im Übrigen als geeignet ansehen wollte, der Möglichkeit der Zeugung von behinderten Kindern durch leibliche Geschwister entgegenzuwirken, verfolge sie in dieser Wirkrichtung keinen verfassungsrechtlich legitimen Zweck. Gerade die „luzide Konstruktion" des Tatbestands, der Tathandlungen Zeugungsunfähiger nicht straflos stelle, widerlege eine Eignung zum Ausschluss von behinderter Nachkommenschaft schlagend; die Norm erhebe eine Strafdrohung auch dort, wo der ihr zugeschriebene Zweck aus anderen Gründen schon sicher erreicht sei. *Hassemer* setzt also schon im Rahmen der Geeignetheitsprüfung einen strengeren Maßstab an und lässt insofern schon eine Teileignung nicht genügen.

[1560] BVerfGE 30, 292 (316); 63, 88 (115); 78, 232 (245).

[1561] Vgl. *Stern*, Staatsrecht III/2, S. 780. Ähnlich auch BVerfG NJW 2008, 1137 (1138).

[1562] Vgl. hierzu bereits Kapitel V; ferner *Appel*, Verfassung und Strafe, S. 177.

[1563] So *Appel*, Verfassung und Strafe, S. 177.

[1564] Vgl. BVerfGE 90, 145 (183); BVerfG NJW 2008 , 1137 (1138); *Appel*, Verfassung und Strafe, S. 177.

nicht den gleichen Erfolg verspricht, es dem Gesetzgeber überlassen bleibt, ob er dieses Mittel anwendet oder bei dem bisherigen, strafrechtlichen Mittel verbleibt[1565]. Die Überprüfung des Bundesverfassungsgerichts[1566] läuft im Wesentlichen auf eine Evidenzkontrolle der Erforderlichkeit hinaus[1567].

Fraglich ist, ob § 173 StGB, konkret als Verbot des Beischlafs zwischen Blutsverwandten, das mildeste Mittel ist, um den Schutz der Gesundheit der nachfolgenden Generationen zu bewirken bzw. das (geringe) Risiko einer Schädigung der Erbverfassung zu verringern bzw. zu eliminieren. Stellt man als entscheidendes Prüfungskriterium auf die Auswirkungen des Eingriffs auf den Betroffenen ab[1568], so ist fraglich, ob das strafrechtliche Verbot tatsächlich das mildeste Mittel darstellt. So könnte zunächst das zivilrechtliche Eheverbot zwischen Blutsverwandten[1569] ein milderes Mittel darstellen. Sinn und Zweck eines solchen Eheverbots wird darin gesehen, die Kernfamilie frei von sexueller Konkurrenz zu halten. Das Verbot einer solchen Ehe stellt ausdrücklich klar, dass eine solche Verbindung nicht dem Vorstellungsbild einer Ehe im Sinne des Art. 6 Abs. 1 GG entspricht und deshalb auch nicht unter dessen Schutz fällt. Fraglich ist jedoch, ob das Eheverbot überhaupt ein gleich wirksames Mittel ist, denn nur dann kann ein Vergleich beider Maßnahmen stattfinden[1570]. Das Eheverbot untersagt lediglich die Eheschließung, unterbindet aber nicht den sexuellen Verkehr zwischen Familienmitgliedern. Das Eheverbot signalisiert zwar, dass sofern man den Schutz des Art. 6 Abs. 1 GG sucht, also eine gesellschaftlich anerkannte und staatlich geförderte Ehe führen möchte, man seinen künftigen Ehepartner außerhalb der engen Kernfamilie suchen muss. Das Verbot setzt damit an einer vor der eigentlichen Partnerwahl liegenden Ebene an. Es unterstützt insofern das gesellschaftliche Tabu, indem es die Wahl eines Kernfamilienmitglieds als gesetzlich missbilligt stigmatisiert. Den tatsächlichen Inzest, d.h. den Beischlaf zwischen Familienmitgliedern kann es jedoch nicht verhindern. Es verbietet nur den formellen Eheschluß, d.h. die gesetzliche Anerkennung der Partnerwahl, nicht aber das tatsächliche Stattfinden inzestuöser Beziehungen. Den Schutz der Erbverfassung kann das Eheverbot daher kaum

---

1565 Vgl. auch *Lagodny*, Das materielle Strafrecht, S. 83, 85; *Sternberg-Lieben*, Rechtsgut, S. 65, 77.

1566 Vgl. insbesondere BVerfGE 46, 17 (29); *Stern*, Staatsrecht III/2, S. 782.

1567 Siehe BVerfG NJW 2008, 1137 (1138). Der dem Gesetzgeber zustehende Beurteilungsspielraum könne vom Bundesverfassungsgericht je nach Eigenart des in Rede stehenden Sachbereichs, der auf dem Spiel stehenden Rechtsgüter und den Möglichkeiten, sich ein hinreichend sicheres Urteil zu bilden, nur in begrenztem Umfang überprüft werden.

1568 So *Stern*, Staatsrecht III/2, S. 781 m. w. N.

1569 Ausführlich Kapitel II, A VI 2 und Kapitel V, C VI.

1570 Siehe hierzu *Stern*, Staatsrecht III/2, S. 780.

bewirken. Insofern handelt es sich bei dem Eheverbot einerseits und dem Verbot des Beischlafs durch § 173 StGB andererseits nicht um gleich geeignete Mittel.

Fraglich ist, ob es sonstige, gleich geeignete Mittel zum Schutz der Gesundheit nachfolgender Generationen gibt. Zu denken wäre zum einen an einen Schutz über das Ordnungswidrigkeitenrecht. Im Falle des Inzest käme insofern eine Verhängung eines Ordnungsgeldes in Betracht. Ob ein solches aber tatsächlich geeignet ist, den Inzest zu unterbinden, erscheint eher fraglich. Schon die Ahndung des Inzests mit einem Bußgeld erscheint ungeeignet. Es geht nicht lediglich um typisches Verwaltungsunrecht; vielmehr werden gerade Gemeinwohlbelange tangiert, auch wenn diese nur in geringem Maße betroffen sind. Ferner steht der stark formalisierte Ablauf im Ordnungswidrigkeitenrecht einem so komplizierten Delikt wie dem Inzest entgegen.

Eine andere Frage ist, ob nicht das gesellschaftliche Tabu als solches als milderes Mittel angesehen werden kann. So zeigt sich, dass die Aufrechterhaltung des Tabus auch ohne eine Strafnorm bewerkstelligt werden kann. Hier hilft schon ein Blick nach Frankreich, wo der Inzest bekanntlich[1571] nicht strafbar ist. Das Tabu selbst existiert jedoch auch in Frankreich fort, auch ohne strafrechtliche Unterstützung. Es ist auch nicht davon auszugehen, dass dort der Inzest seit Abschaffung der strafrechtlichen Sanktion zugenommen hat[1572]. Der Unterschied besteht lediglich darin, dass sich die Paare in Deutschland aufgrund der Strafandrohung in aller Regel in die Anonymität zurückziehen werden. Das gesellschaftliche Tabu sorgt dafür, dass die sexuelle Beziehung zwischen Familienmitgliedern weiterhin als nicht tolerierbar angesehen werden wird. Bedenkt man, dass dieses Tabu alle Kulturen und geschichtliche Epochen hindurch existierte, so ist schwerlich vorstellbar, warum es nicht auch weiterhin zumindest bis zu einem gewissen Grad bestehen bleiben sollte. Zwar hat der Gesetzgeber hierauf keinen Einfluss, anders wie bei Mitteln des Zivil- und Strafrechts. Bedenkt man aber, dass die Legitimation von Strafnormen auf den gesellschaftlichen Konsens rückführbar sein sollte, so deckt sich das Tabu weitgehend mit den Absichten des § 173 StGB. Sollte sich das Tabu irgendwann einmal verändern, so müsste auch der Gesetzgeber sich an dieser Änderung orientieren, denn dann wäre der Einsatz von § 173 StGB nicht mehr vom gesellschaftlichen Konsens gedeckt. Es lässt sich daher durchaus vertreten, es bedürfe des Einsatzes des Strafrechts nicht, da dieser Bereich vollständig durch das gesellschaftliche Tabu abgedeckt wird[1573]. Ob dieses indes immer milder ist, als die strafrecht-

---

[1571] Vgl. hierzu Kapitel II, A, IV und Kapitel II, B I.

[1572] Zumindest ist Gegenteiliges nicht wissenschaftlich nachgewiesen.

[1573] Diese Auffassung vertritt auch *Hassemer*, Sondervotum in BVerfG NJW 2008, 1137 (1145). Er verweist dabei auf die Senatsmehrheit, die annehme, dass das Inzestverbot auf

liche Sanktion, ist fraglich. Zwar kann das Tabu durch den Gesetzgeber nicht verhindert werden, jedenfalls braucht es aber nicht auch noch zusätzlich durch ein strafrechtliches Verbot verstärkt zu werden.

Überlässt man die Einschätzung der Erforderlichkeit hingegen ebenfalls dem Gesetzgeber, d.h. bejaht eine (weitgehende) Einschätzungsprärogative, so wird man zum Ergebnis gelangen, dass das Tabu kein milderes Mittel darstellt. Das Tabu ist durch den Gesetzgeber nicht steuerbar und deshalb für ihn als staatliche Eingriffs- und Steuerungsmöglichkeit nur schlecht geeignet bzw. schlecht vorhersehbar.

c) Verhältnismäßigkeit im engeren Sinne

Im Rahmen der Verhältnismäßigkeit im engeren Sinne ist zu prüfen, ob das gewählte Mittel außer Verhältnis zum angestrebten Zweck steht. Mit anderen Worten: Das Mittel muss in einem angemessenen Verhältnis zum angestrebten Zweck stehen[1574]. Fraglich ist daher, ob das Inzestverbot des § 173 StGB eine unangemessene und unverhältnismäßige Reaktion auf das inkriminierte Verhalten darstellt. Nach der Rechtsprechung[1575] muss bei einer Gesamtabwägung zwischen der Schwere des Eingriffs und dem Gewicht sowie der Dringlichkeit der ihn rechtfertigenden Gründe die Grenze der Zumutbarkeit für die Adressaten des Verbots gewahrt sein[1576]. Die Prüfung am Maßstab des Übermaßverbots kann demgemäss dazu führen, dass ein an sich geeignetes und erforderliches Mittel nicht angewandt werden kann, weil die davon ausgehende Beeinträchtigung der Grundrechte des Betroffenen den Zuwachs an Rechtsgüterschutz deutlich überwiegen[1577].

Fraglich ist, ob das Inzestverbot des § 173 StGB verhältnismäßig ist, oder ob der dadurch gewonnene Rechtsgüterschutz hinter den Grundrechten der Betroffenen zurückstehen muss. Problematisch ist bereits das geringe Risiko, welches durch den Inzest auf die Erbverfassung der Gesellschaft ausgeht[1578]. Die Gefährdung des geschützten Gemeinschaftsguts könnte daher ein so geringes Maß erreichen, dass die generalpräventiven Gesichtspunkte, die die generelle Androhung von Kriminalstrafe rechtfertigen, an Gewicht verlieren, der Eingriff sich

---

einer kulturhistorisch begründeten gesellschaftlichen Überzeugung beruhe. Gerade deshalb werde man seiner Ansicht nach nicht befürchten müssen, dass mit dem Wegfall der Strafvorschrift in der Wahrnehmung der Bevölkerung eine normative „Freigabe“ des Geschwisterinzests verbunden wäre.

1574 So *Stern*, Staatsrecht III/2, S. 782.

1575 BVerfGE 30, 292 (316); 67, 157 (178); 81, 70 (92).

1576 Vgl. auch BVerfG NJW 2008, 1137 (1138).

1577 So BVerfGE 90, 145 (185 ff.).

1578 Vgl. hierzu ausführlich Kapitel V, C II 1 b.

mithin als unverhältnismäßig darstellt[1579]. Dennoch ist auch insofern die Rechtsprechung des Bundesverfassungsgerichts eher großzügig. So sollen grundsätzlich abstrakte Gefährdungen ausreichen bzw. erst Gefahren von äußerst geringem Umfang das Übermaßverbot überhaupt tangieren[1580]. Ob das geringe Risiko im Falle des Inzests daher schon allein als unverhältnismäßig anzusehen ist, erscheint auf Grundlage der Betonung der generalpräventiven Wirkung des Strafrechts durch das Bundesverfassungsgericht eher fraglich. Grundsätzlich ist es also eine Angelegenheit des Gesetzgebers, den Bereich strafbaren Handelns unter Berücksichtigung der jeweiligen Lage im Einzelnen verbindlich festzulegen[1581]. Das Bundesverfassungsgericht habe lediglich darüber zu wachen, dass die Strafvorschrift materiell im Einklang mit den Bestimmungen der Verfassung stehe und den ungeschriebenen Verfassungsgrundsätzen sowie Grundentscheidungen des Grundgesetzes entspreche[1582]. Im Rahmen der Mittel-Zweck-Relation kann dies jedoch anders aussehen.

§ 173 StGB könnte aber im Hinblick auf spezialpräventive Aspekte unverhältnismäßig sein. So könnte das Verbot des Inzests zu „eher nachteiligen Ergebnissen“[1583] führen. Wie an anderer Stelle dargestellt[1584], führt das strafbewehrte Inzestverbot oft zu weitreichenden Konsequenzen für das familiäre Zusammenleben, nicht zuletzt in Form einer wirtschaftlichen Notlage bei Verbüßung einer Haftstrafe[1585]. Sofern das Bundesverfassungsgericht[1586], wie an anderer Stelle bereits erwähnt[1587], auf mögliche positive Aspekte eines Strafverfahrens für das Opfer abstellt, so kann nur noch einmal wiederholt werden, dass dies im Einzellfall kurzweilig durchaus zutreffen kann. Dauerhaft dürften die negativen Folgen des Verfahrens wohl aber überwiegen. Selbst wenn die am Strafverfahren Beteiligten bemüht sind, eine sekundäre Viktimisierung zu vermeiden, so ist *Hassemer*[1588] beizupflichten, wenn er feststellt, dass sich dies in den „intimen und verletzlichen Konstellationen, mit denen § 173 Abs. 2 S. 2 StGB zu tun hat“, kaum völlig verhindern lassen wird. Gerade in solche Konstellationen werde durch Strafverfahren massiv eingebrochen und

---

1579 BVerfGE 90, 145 (185).

1580 So *Appel*, Verfassung und Strafe, S. 180 mit Verweis auf BVerfGE 90, 145 (185).

1581 Siehe BVerfGE 90, 145 (173); aktuell BVerfG NJW 2008, 1137 (1138).

1582 BVerfG NJW 2008, 1137 (1138).

1583 So BVerfGE 90, 145 (188).

1584 Siehe Kapitel V, C II 2 a.

1585 Vgl. auch *Hassemer*, Sondervotum in BVerfG NJW 2008, 1137 (1145 f.) der ebenfalls auf die zusätzliche Bedrohung der Verwendung strafrechtlicher Instrumente hinweist.

1586 Siehe BVerfG NJW 2008, 1137 (1141).

1587 Siehe Kapitel V, C III 1.

1588 So *Hassemer*, Sondervotum in BVerfG NJW 2008, 1137 (1145).

bei den Beteiligten würden Schäden angerichtet, die therapeutische Begleitung erforderlich machten[1589]. Stellt man auf den Hauptanwendungsfall des § 173 StGB ab, den Geschwisterinzest, so führt das Verbot ferner in vielen Fällen zu einer Verdrängung der Problematik in die Anonymität. Der Inzest hört durch die Existenz der Norm nicht selbst auf zu existieren; vielmehr spielt er sich aufgrund der Strafandrohung noch verstärkter in der Intimsphäre der Beteiligten ab. Die Geschwister werden dadurch nur noch tiefer in eine Isolation gedrängt, in welcher sie sich noch mehr aufeinander fokussieren. § 173 StGB verbietet also nicht nur die freie Partnerwahl, sondern greift auch tief in die familiären Lebensgewohnheiten ein und somit in die besonders geschützte Ausgestaltungsfreiheit der Lebensgemeinschaft. Man könnte auch sagen, § 173 StGB löst nicht das Problem, sondern intensiviert es vielmehr. Auch im Falle einer Bestrafung, z. B. bei Verbüßung einer Haftstrafe führt dies oft nicht zu einer Beendigung der inzestuösen Beziehung. In vielen Fällen wird die Beziehung danach einfach fortgeführt[1590]. Auf einen weiteren Aspekt macht ebenfalls *Hassemer*[1591] aufmerksam: Die Rollenverteilung von Täter und Opfer sei gerade beim Geschwisterinzest problematisch. Dies stelle in den meisten Fällen eine „vorschnelle und unbegründete Zuschreibung von Verantwortlichkeit an einen der Beteiligten“ dar. Der Geschwisterinzest sei gerade kein Täter-Opfer-Delikt wie etwa die Vergewaltigung[1592].

Betrachtet man den Zuwachs an Rechtsgüterschutz durch § 173 StGB und setzt diesen in Relation zum Eingriff in den Schutzbereich des Art. 6 Abs. 1 GG des Betroffenen, so stellt sich das Inzestverbot des § 173 StGB als unangemessen dar. Das lediglich geringe Risiko für das Rechtsgut ist nicht ausreichend, um tiefreichende Einwirkungen auf das Grundrecht des Betroffenen über § 173 StGB zu rechtfertigen. Der Schutz des Gemeinwohls, welches durch den Inzest lediglich in einem ganz geringen Ausmaß tangiert wird, hat also hinter dem Grundrecht aus Art. 6 Abs. 1 GG zurückzustehen. Die Folgen, die § 173 StGB nicht nur für die Täter, sondern auch für andere Familienmitglieder nach sich zieht, stehen nicht in einem angemessenen Verhältnis mit dem angestrebten Schutz nachfolgender Generationen.

Dieses Ergebnis lässt sich auch nicht dadurch ändern, indem vom Bundesverfassungsgericht in solchen Fällen oftmals eine mögliche Strafaussetzung oder Strafbewehrung ins Feld geführt wird[1593]. Gemeint ist damit die Möglichkeit,

---

1589 So *Hassemer*, Sondervotum in BVerfG NJW 2008, 1137 (1145 f.).
1590 Vgl. hierzu nur den eingangs geschilderten Fall des Leipziger Geschwisterpaares.
1591 Siehe *Hassemer*, Sondervotum in BVerfG NJW 2008, 1137 (1145 f.).
1592 So *Hassemer*, Sondervotum in BVerfG NJW 2008, 1137 (1145 f.).
1593 Vgl. den Ansatz in BVerfGE 90, 145 (191 ff.) im Hinblick auf die Cannabis-Entscheidung.

gem. §§ 153 ff. StPO bzw. §§ 59, 60 StGB zu entscheiden. Auch wenn den Gerichten diese Möglichkeit eröffnet ist, so greift dies erst auf der Ebene der Sanktionsnorm. Auf der Ebene der Verhaltensnorm ändert die Möglichkeit nichts. Der Betroffene muss sein Verhalten danach ausrichten, da er ansonsten gegen die Norm verstößt und somit potentiell damit rechnen muss, dass sein Verhalten auch dementsprechend sanktioniert wird. Zum Zeitpunkt seines Handelns kann er nämlich noch gar nicht wissen, ob er in den Genuss einer Anwendung der genannten Vorschriften gelangt. Die Verfahrenseinstellung nach §§ 153 ff. StPO oder das Absehen von Strafe sind lediglich Korrekturmöglichkeiten für einen konkreten Einzelfall. Auf keinen Fall aber können diese Möglichkeiten dazu dienen, die Verhältnismäßigkeit des § 173 StGB zu begründen[1594]. Wie an mehreren Stellen gezeigt wurde[1595], erfasst der Tatbestand der Norm eine Vielzahl von Verhaltensweisen, die „ohne jeden Zweifel nicht strafwürdig sind."[1596] Auch für diese Fälle würde, will man nicht gegen das Übermaßverbot verstoßen, insofern eine Korrektur durch die Justiz erforderlich. Dies bedeutet, dass die Korrektur entgegen den Voraussetzungen der §§ 153 ff. StPO oder der §§ 59, 60 StGB über den konkreten Einzelfall hinaus ginge. Die Korrektur müsste dann gerade nicht nur im Einzelfall, sondern für bestimmte Falltypen tatbestandskorrigierend und strafbarkeitseinschränkend wirken[1597]. Dies ist aber nicht die Aufgabe der Justiz, sondern vielmehr Aufgabe des Gesetzgebers. Der Justiz die Entscheidung über das Ob der Strafbarkeit zu überlassen – darauf weist *Hassemer*[1598] zutreffend hin – stellt sogar einen Verstoß gegen die in Art. 103 Abs. 2 GG zum Ausdruck kommende Kompetenzverteilung dar. In solchen Fällen sei daher der Gesetzgeber aufgerufen, nicht für strafwürdig erachtetes Verhalten aus dem Anwendungsbereich von vornherein auszuscheiden und sich nicht allein auf Gestaltungsmöglichkeiten des Prozessrechts zu verlassen[1599]. Im Falle des Geschwisterinzests gem. § 173 Abs. 2 S. 2 StGB habe der Gesetzgeber jedoch sehenden Auges in Kauf genommen, dass im Rahmen einer Strafvorschrift typische, nicht strafwürdige Konstellationen als strafbar erfasst werden, und die „gerechte Entlastung" dieser Konstellationen der

---

[1594] Vgl. *Hassemer*, Sondervotum in BVerfG NJW 2008, 1137 (1146); a. A. BVerfG NJW 2008, 1137 (1141).

[1595] Vgl. Kapitel V, C II 1 a dd (3).

[1596] *Hassemer*, Sondervotum in BVerfG 2008, 1137 (1146). So z.B. wenn einer der Partner der Inzesthandlung definitiv zeugungsunfähig ist und deshalb eine Gefahr für die nachfolgenden Generationen ausgeschlossen ist.

[1597] So *Hassemer*, Sondervotum in BVerfG 2008, 1137 (1146).

[1598] Siehe *Hassemer*, Sondervotum in BVerfG 2008 1137 (1146).

[1599] So *Hassemer*, Sondervotum in BVerfG 2008 1137 (1146).

Strafjustiz überlassen[1600]. Damit verstoße der Gesetzgeber gegen das Übermaßverbot[1601]. Dem ist uneingeschränkt zuzustimmen.

II. Art. 2 Abs. 1 i. V. m. Art. 1 Abs. 1 GG

§ 173 StGB könnte des weiteren einen Eingriff in den Schutzbereich des Art. 2 Abs. 1 i. V. m. Art. 1 Abs. 1 GG darstellen[1602].

1. Schutzbereich und Eingriff in den Schutzbereich

Der Schutzbereich des Art. 2 Abs. 1 i. V. m. Art. 1 Abs. 1 GG beinhaltet auch die sexuelle Selbstbestimmung als Teil des allgemeinen Persönlichkeitsrechts[1603]. Dazu gehört, dass der Einzelne sein Verhältnis zur Sexualität und seine geschlechtlichen Beziehungen zu einem Partner einrichten und grundsätzlich selbst darüber befinden kann, ob, in welchen Grenzen und mit welchen Zielen er Einwirkungen Dritter darauf hinnehmen will[1604]. § 173 StGB stellt einen Eingriff in diesen Schutzbereich, d.h. in die sexuelle Selbstbestimmung dar[1605], indem die Norm die Freiheit der (Sexual-) Partnerwahl dahingehend einschränkt, dass Mitglieder der Kernfamilie als solche ausscheiden. Der privaten Lebensgestaltung werden insbesondere dadurch Grenzen gesetzt, dass bestimmte Ausdrucksformen der Sexualität zwischen einander nahe stehenden Personen pönalisiert werden[1606]. Fraglich ist, ob hierin ein per se unzulässiger Eingriff gesehen werden kann. Dies wäre dann der Fall, wenn es sich um einen Eingriff des Gesetzgebers in den Kernbereich privater Lebensgestaltung handeln würde[1607]. Das Bundesverfassungsgericht verneint dies[1608]. Der Beischlaf zwischen Ge-

---

1600 So *Hassemer*, Sondervotum in BVerfG 2008 1137 (1146).

1601 Siehe *Hassemer*, Sondervotum in BVerfG 2008 1137 (1146): „Dieses Verbot hätte ihn veranlassen müssen, eine differenzierende materielle Regelung zu schaffen, die typisierend nicht strafwürdige Fälle schon im Tatbestand ausscheidet. Stattdessen erfasst § 173 Abs. 2 S. 2 StGB in – auch für eine Strafrechtsnorm seltener – Eindeutigkeit jeglichen Beischlaf leiblicher Geschwister, und die Strafjustiz erfüllt ihren Auftrag durch die konsequente Anwendung dieses klaren Normprogramms."

1602 Das Bundesverfassungsgericht, BVerfG NJW 2008, 1137 (1137), sieht in Art. 2 Abs. 1 i.V.m. Art. 1 Abs. 1 GG den in erster Linie anzulegenden Maßstab für die verfassungsrechtliche Überprüfung des § 173 Abs. 2 S. 2 StGB.

1603 Vgl. *Pieroth/Schlink*, Grundrechte, Rn. 373 ff.; *Strarck* in: v. Mangoldt/Klein/Starck, GG, Art. 2 I Rn. 82 ff.; *Dreier*, Grundgesetz, Art. 2 I Rn. 39; ferner BVerfGE 95, 220 (241).

1604 Siehe BVerfGE 47, 46 (73); 60, 123 (134); 88, 87 (97); 96, 56 (61); BVerfG NJW 2008, 1137 (1137).

1605 Vgl. BVerfGE 47, 46 (73); 60, 123 (146).

1606 Vgl. BVerfGE 109, 279 (314 f., 321 f.).

1607 Vgl. BVerfGE 80, 367 (373 f.); 103, 21 (31); *Jarass/Pieroth*, GG, Art. 2 Rn. 62.

1608 Siehe BVerfG NJW 2008, 1137 (1138 f.).

schwistern betreffe nicht ausschließlich diese selbst, sondern könne in die Familie und die Gesellschaft hinein wirken und ferner Folgen für aus der Verbindung hervorgehende Kinder haben[1609]. Das strafrechtliche Inzestverbot habe zudem nur ein eng umgrenztes Verhalten zum Gegenstand und verkürze die Möglichkeiten intimer Kommunikation nur punktuell, weshalb die Betroffenen auch nicht in eine mit der Achtung der Menschenwürde unvereinbare ausweglose Lage versetzt würden[1610]. Diese Argumentation aber ist m.E. gerade nicht für solche Fälle geeignet, in denen sich die Geschwister erst als Erwachsene kennen lernen, eine Familie, die von der sexuellen Beziehung berührt sein könnte nicht (mehr) existiert, oder eine Zeugungsunfähigkeit vorliegt. In all diesen Fällen hat die sexuelle Beziehung keine Auswirkungen auf Dritte, sondern betrifft nur die beteiligten Geschwister. Es fehlt gerade am Sozialbezug bzw. dieser ist relativ gering[1611], so dass das Recht auf Schutz der Intimsphäre überwiegt. Ob der Ausschluss des Beischlafs lediglich eine „punktuelle Verkürzung intimer Kommunikation" darstellt, darf ebenfalls bezweifelt werden.

Geht man wie das Bundesverfassungsgericht nicht davon aus, dass es sich um einen generell unzulässiger Eingriff in den Kernbereich der privaten Lebensgestaltung handelt, so ist ferner fraglich, ob dieser Eingriff gerechtfertigt ist. Einschränkungen des allgemeinen Persönlichkeitsrechts gem. Art. 2 Abs. 1 i.V.m. Art. 1 Abs. 1 GG bedürfen einer verfassungsmäßigen gesetzlichen Grundlage, aus der sich die Voraussetzungen und der Umfang der Beschränkung klar und für den Einzelnen erkennbar ergeben[1612]. Was die Schranken des allgemeinen Persönlichkeitsrechts, d.h. die Rechtfertigung von Eingriffen angeht, so gelten nach überwiegender Auffassung[1613] die Schranken des Art. 2 Abs. 1 GG. Somit ist das allgemeine Persönlichkeitsrecht nur innerhalb der Schranken der verfassungsmäßigen Ordnung geschützt[1614]. Unter der verfassungsmäßigen Ordnung versteht man die Gesamtheit der Normen, die formell und materiell der Verfassung gemäß sind[1615]. Die Klausel ist daher als Gesetzesvorbehalt zu verstehen[1616]. Art. 2 Abs. 1 GG steht ferner unter dem Vorbehalt der Rechte an-

---

1609 Vgl. BVerfG NJW 2008, 1137 (1138 f.).

1610 Vgl. BVerfG NJW 2008, 1137 (1139).

1611 Der Sozialbezug wird als Voraussetzung für die Einschränkbarkeit angesehen, vgl. hierzu *Jarass/Pieroth*, GG, Art. 2 Rn. 62.

1612 Vgl. BVerfGE 65, 1 (44); BVerfG NJW 2008, 1137 (1137).

1613 *Jarass/Pieroth*, GG, Art. 2 Rn. 59; *Di Fabio* in: Maunz/Dürig, Art. 2 I Rn. 133; BVerfGE 79, 256 (269); 99, 185 (195).

1614 Vgl. *Jarass/Pieroth*, GG, Art. 2 Rn. 59; *Schmidt-Bleibtreu/Klein-Hofmann*, GG, Art. 2 Rn. 8; BVerfGE 106, 28 (48).

1615 Vgl. BVerfGE 90, 145 (172); 103, 197 (215).

1616 *Jarass/Pieroth*, GG, Art. 2 Rn. 17.

derer, unabhängig von deren Natur[1617]. Nach überwiegender Ansicht[1618] hat die Beschränkung jedoch keine eigenständige Bedeutung, da sie bereits durch den Vorbehalt der verfassungsmäßigen Ordnung erfasst wird. Gleiches dürfte für die weitere Schranke – das Sittengesetz – gelten[1619]. Für das Grundrecht bedeutet dies also, dass es grundsätzlich durch jede Rechtsvorschrift eingeschränkt werden kann[1620]. Anders als bei Art. 6 Abs. 1 GG handelt es sich also nicht um ein vorbehaltloses Grundrecht, so dass es zur Rechtfertigung des Eingriffs gerade keiner verfassungsimmanenten Schranke bedarf. Die Hürden zur Rechtfertigung eines Eingriffs sind bei Art. 2 Abs. 1 i.V.m. Art. 1 Abs. 1 GG daher weniger hoch, als bei einem vorbehaltlosen Grundrecht wie Art. 6 Abs. 1 GG[1621]. § 173 StGB ist daher prinzipiell geeignet, das Grundrecht des allgemeinen Persönlichkeitsrechts einzuschränken.

2. Verhältnismäßigkeitsprüfung

Allerdings muss jede Einschränkung des Grundrechts verhältnismäßig sein, d.h. es müssen also nur solche Eingriffe hingenommen werden, die zum Schutz öffentlicher Interessen unerlässlich sind[1622]. Die Prüfung der Verhältnismäßigkeit ist nach verbreiteter Auffassung im Schrifttum[1623] strenger als bei der allgemeinen Handlungsfreiheit nach Art. 2 Abs. 1 GG.

Fraglich ist, ob § 173 StGB eine verhältnismäßige Einschränkung darstellt. Nach Auffassung des Bundesverfassungsgerichts liegt der legitime, d.h. verfassungsrechtlich nicht zu beanstandende Zweck gerade in der „Zusammenfassung nachvollziehbarer Strafzwecke“[1624]. Der Gesetzgeber verfolge mit der angegriffenen Norm Zwecke, die verfassungsrechtlich nicht zu beanstanden seien und jedenfalls in ihrer Gesamtheit die Einschränkung des allgemeinen Persönlichkeitsrechts legitimierten[1625]. Danach soll also in der Bewahrung der familiären Ordnung vor schädigenden Wirkungen des Inzests, dem Schutz der in einer Inzestbeziehung „unterlegenen“ Partner sowie ergänzend in der Vermeidung schwerwiegender genetisch bedingter Erkrankungen bei Abkömmlingen aus

---

[1617] Vgl. *Starck* in: v. Mangoldt/Klein/Starck, Art. 2 I Rn. 33.
[1618] *Jarass/Pieroth*, GG, Art. 2 Rn. 18; *Dreier*, Grundgesetz, Art. 2 I Rn. 53; *Di Fabio* in: Maunz/Dürig, Art. 2 I Rn. 44.
[1619] Vgl. hierzu *Dreier*, Grundgesetz, Art. 2 I Rn. 60; *Jarass/Pieroth*, Art. 2 Rn. 19; *Schmidt-Bleibtreu/Klein-Hofmann*, GG, Art. 2 Rn. 10.
[1620] *So Jarass/Pieroth*, GG, Art. 2 Rn. 20.
[1621] Anders aber BVerfG NJW 2008, 1137 (1137 ff.). Siehe dazu bereits Kapitel VII, A I 4.
[1622] BVerfGE 65, 1 (44); 84, 239 (280); *Jarass/Pieroth*, Art. 2 Rn. 60
[1623] Vgl. *Dreier*, Grundgesetz, Art. 2 I Rn. 86; *Jarass/Pieroth*, Art. 2 Rn. 60.
[1624] Siehe BVerfG NJW 2008, 1137 (1139).
[1625] So BVerfG NJW 2008, 1137 (1139).

Inzestbeziehungen die Legitimation der Strafnorm liegen. Dass eugenische Gesichtspunkte keinen legitimen Zweck darstellen[1626], wurde bereits ausführlich gezeigt. Insoweit kann auf die Ausführungen im Zusammenhang mit Art. 6 Abs. 1 GG verwiesen werden[1627]. Dass auch die anderen vom Bundesverfassungsgericht angeführten Strafzwecke jeweils allein betrachtet nicht greifen, wurde bei der Prüfung der Strafrechtsgüter gezeigt[1628]. So dient die Norm gerade nicht dem Familienschutz[1629] und auch nicht dem Schutz der sexuellen Selbstbestimmung[1630]. Es darf noch einmal daran erinnert werden, dass schon der Tatbestand der Norm und die Einordnung in das strafrechtliche Gesamtsystem bzw. die Gesetzessystematik der Argumentation des Bundesverfassungsgerichts entgegenstehen[1631]. Jeder der angeführten Gründe kann also für sich allein kein legitimer Zweck sein. Wenn aber selbst das Gericht argumentiert, dass die angeführten Gründe „jedenfalls in ihrer Gesamtheit" § 173 Abs. 2 S. 2 StGB legitimieren[1632], so scheint das Gericht von den Strafgründen selbst nicht wirklich überzeugt zu sein[1633]. Weshalb aber dennoch in der Gesamtheit der angeblich verfolgten Regelungszwecke eine Legitimation der Strafnorm liegen soll, führt das Gericht nicht weiter aus. Es bleibt nämlich offen, „warum in der Summe inhabiler, nicht ganz hinreichender, durch die konkrete Normfassung nicht fundierter und auch nicht repräsentierter Zwecke eine tragfähige Legitimation liegen soll."[1634] Es erscheint durchaus zweifelhaft, ob eine Norm durch ein Bündel von Strafzwecken legitimiert werden kann, von denen aber jeder einzelne Zweck gerade nicht geeignet ist, eine tragfähige Rechtfertigung zu bieten. Dies wäre m.E. nur dann möglich, wenn eine Handlung gerade eine Vielzahl von Gütern der Allgemeinheit oder Dritten, d.h. gerade aufgrund der Möglichkeit ihrer weitreichenden Ausstrahlungswirkung, zwar nicht verletzt, jedoch bis zu einem gewissen Grad negativ beeinträchtigen kann. Wenn also gerade die Gesamtheit nur teilweise legitimierender Zwecke eine Ausstrahlungswirkung erreicht, die so erheblich ist, dass ein Einschreiten des Gesetzgebers erforderlich wird. Ob dies im Falle des § 173 StGB wirklich der Fall ist, ist äußerst fraglich. Stellt man aber wie das Bundesverfassungsgericht[1635] auf den Maßstab des Art.

1626 Siehe auch *Hassemer*, Sondervotum in BVerfG NJW 2008, 1137 (1143).
1627 Siehe Kapitel VII, A I 6.
1628 Siehe hierzu ausführlich Kapitel V.
1629 Vgl. Kapitel V, C III 1, 2 und 3.
1630 Vgl. Kapitel IV, B IV 2; Kapitel V, C II 2 b.
1631 Vgl. hierzu u.a. Kapitel IV, B IV
1632 Siehe BVerfG NJW 2008, 1137 (1138 f.).
1633 So auch *Hassemer*, Sondervotum in BVerfG NJW 2008, 1137 (1143).
1634 So *Hassemer*, Sondervotum in BVerfG NJW 2008, 1137 (1144).
1635 BVerfG NJW 2008, 1137 (1137 f.).

2 Abs. 1 i.V.m. Art. 1 Abs. 1 GG ab, so bedarf es gerade keiner verfassungsimmanenten Schranke. Der Einzelne muss vielmehr staatliche Maßnahmen hinnehmen, die im überwiegenden Interesse der Allgemeinheit oder im Hinblick auf grundrechtlich geschützte Interessen Dritter unter strikter Wahrung des Verhältnismäßigkeitsgebots ergriffen werden[1636]. Insoweit verlagert sich die Prüfung der Rechtfertigung daher auf die Verhältnismäßigkeitsprüfung.

Selbst das Bundesverfassungsgericht[1637] scheint aber von seiner rein rationalen Begründung nicht vollständig überzeugt zu sein, wenn es heißt, die angegriffene Strafnorm rechtfertige sich „in der Zusammenfassung nachvollziehbarer Strafzwecke vor dem Hintergrund einer kulturhistorisch begründeten, nach wie vor wirkkräftigen gesellschaftlichen Überzeugung von der Strafwürdigkeit des Inzests", wie sie auch im internationalen Vergleich festzustellen sei. Als Instrument zum Schutz der sexuellen Selbstbestimmung, der Gesundheit der Bevölkerung und insbesondere der Familie erfülle die Strafnorm – auch durch ihre Ausstrahlungswirkung über den tatbestandlich eng umgrenzten strafbewehrten Bereich hinaus – eine appellative, normstabilisierende und damit generalpräventive Funktion, die die Wertsetzungen des Gesetzgebers verdeutliche und damit zu ihrem Erhalt beitrage[1638]. Ob das Gericht damit eine tragfähige Begründung gefunden hat, ist eher fraglich, denn der Verweis auf eine „kulturhistorisch begründete, nach wie vor wirkkräftige Überzeugung" widerspricht den „Grundanforderungen an Beschränkung und Klarheit"[1639] bei der Begründung anhand des Strafzweckes und der Verhältnismäßigkeit bei der Verfolgung des Zweckes[1640]. Eine kulturhistorische Überzeugung ist kein rationaler[1641] und damit auch kein verfassungsrechtlich legitimer Zweck. Eine „kulturhistorische Überzeugung" ließe sich sicherlich gegen viele Verhaltensweisen finden, so dass eine solche verfassungsrechtliche Begründung letztlich sämtliche Freiheitsrechte einschränken könnte[1642]. Dies aber ist zu weitreichend. Auch das Abstellen auf eine angebliche appellative, normstabilisierende und damit generalpräventive Funktion, welche gerade auch über den tatbestandlich eng umgrenzten Bereich hinaus existieren soll, erscheint äußerst problematisch. So weist *Hassemer*[1643]

1636 BVerfGE 27, 344 (351); 65, 1 (44); 96, 56 (61).

1637 Siehe BVerfG NJW 2008, 1137 (1140).

1638 So BVerfG NJW 2008, 1137 (1140).

1639 So *Hassemer*, Sondervotum in BVerfG NJW 2008, 1137 (1143).

1640 So auch *Hörnle*, NJW 2008, 2085 (2088).

1641 Siehe hierzu bereits Kapitel V, D II.

1642 Hiervor kann nur gewarnt werden. Vgl. auch *Hörnle*, NJW 2008, 2085 (2088): „Es bedeutet aber einen Rückfall in überwunden geglaubte Zeiten, wenn solche Argumente benutzt werden, um individuelle Freiheitsrechte einzuschränken.

1643 *Hassemer*, Sondervotum in BVerfG NJW 2008, 1137 (1145).

zutreffend darauf hin, dass gerade im Strafrecht, wo es um tiefe Grundrechtseingriffe und sozialethische Werturteile zum Nachteil von Menschen ginge, es eine gefährliche Vorstellung sei, einer Norm gerade durch außerhalb ihres Anwendungsbereichs liegende Wirkungen verfassungsrechtliche Legitimation zu verschaffen. Im Übrigen darf noch einmal daran erinnert werden, dass selbst der Gesetzgeber sich nicht zu einer eindeutigen Aussage darüber hatte durchringen können, welche Strafzwecke die Norm nun tatsächlich verfolgen solle[1644]. Auch hat sich der Gesetzgeber nicht wirklich mit der Frage beschäftigt, ob bzw. wie sich diese Strafzwecke durch die tatbestandlichen Festsetzungen erreichen lassen[1645]. Vielmehr habe er die Norm in ihren wesentlichen Teilen über Jahrzehnte hinweg bestehen lassen und sich über ihren Sinn keine oder wechselnde und immer nur ungefähre Vorstellungen gemacht, kritisiert *Hassemer*[1646]. Es lasse sich deshalb nicht verlässlich feststellen, ob die Norm den Erwartungen des Gesetzgebers gerecht werde[1647].

Aber selbst wenn man wie das Bundesverfassungsgericht auf ein Bündel von allein nicht legitimierender Strafzwecke abstellt, so muss auch ein Einschreiten aufgrund dieses Bündels verhältnismäßig sein[1648].

a) Geeignetheit

Wenn man wie das Bundesverfassungsgericht[1649] darauf abstellt, dass ein Mittel bereits dann geeignet ist, wenn mit seiner Hilfe der gewünschte Erfolg gefördert werden kann bzw. es nicht erforderlich ist, dass der Erfolg in jedem Einzelfall auch tatsächlich erreicht wird oder jedenfalls erreichbar ist[1650], so kann davon ausgegangen werden, dass § 173 StGB zumindest zum Teil geeignet ist, den Schutz der verschiedenen Strafzwecke des Bündels zu fördern. Was den Familienschutz betrifft, so lässt zwar der Tatbestand des § 173 StGB erhebliche Zweifel daran aufkommen, ob die Norm tatsächlich den Familienschutz als solchen im Blick hat. Es kann der Norm allerdings nicht gänzlich abgesprochen werden, insbesondere, wenn man auf die geringen Anforderungen an die Geeignetheitsprüfung abstellt[1651], dass sie zumindest in gewissen Fällen dazu dienen kann, den Schutz der bestehenden Familienstrukturen zu fördern. Insofern liegt

---

[1644] Vgl. Kapitel V, A.
[1645] Siehe hierzu auch *Hassemer*, Sondervotum in BVerfG NJW 2008, 1137 (1144).
[1646] *Hassemer*, Sondervotum in BVerfG NJW 2008, 1137 (1144).
[1647] So *Hassemer*, Sondervotum in BVerfG NJW 2008, 1137 (1144).
[1648] Ähnlich auch *Hassemer*, Sondervotum in BVerfG NJW 2008, 1137 (1144 ff.).
[1649] Siehe BVerfG NJW 2008, 1137 (1138).
[1650] So BVerfGE 96, 10 (23).
[1651] Vgl. Kapitel VII, A I 6 a.

daher kein evident fehlsamer Einsatz von Maßnahme bzw. Mittel vor[1652]. Gleiches gilt insoweit auch für die sexuelle Selbstbestimmung. Es sprechen gewichtige Gründe dafür, dass § 173 StGB gerade nicht dem Schutz der sexuellen Selbstbestimmung dient[1653]. Im Bündel aber kann zumindest eine Teilgeeignetheit nicht abgesprochen werden[1654]. Dies gilt umso mehr, wenn man den weitreichenden Beurteilungsspielraum des Gesetzgebers berücksichtigt, auf den sich auch das Bundesverfassungsgericht in seiner Entscheidung zur Verfassungsmäßigkeit des Geschwisterinzests mehrmals beruft. Bei Beurteilung der Eignung des gewählten Mittels zur Erreichung der erstrebten Ziele sowie bei der in diesem Zusammenhang vorzunehmenden Einschätzung und Prognose der dem Einzelnen oder der Allgemeinheit drohenden Gefahren stünde dem Gesetzgeber ein Beurteilungsspielraum zu, welcher vom Bundesverfassungsgericht je nach Eigenart des in Rede stehenden Sachbereichs, der auf dem Spiel stehenden Rechtsgüter und den Möglichkeiten, sich ein hinreichend sicheres Urteil zu bilden, nur in begrenztem Umfang überprüft werden könne[1655].

b) Erforderlichkeit

§ 173 StGB darf auch im Hinblick auf die Erforderlichkeit keinen verfassungsrechtlichen Bedenken unterliegen. Es dürften also keine milderen Mittel mit gleicher Wirksamkeit existieren, die insofern gegenüber der Strafbewehrung Vorrang genießen. Stellt man auf das vom Bundesverfassungsgericht angeführte Bündel von Strafzwecken ab, bei dem der Familienschutz und die sexuelle Selbstbestimmung im Vordergrund stehen sollen, so stellt sich die Frage, ob der Schutz dieser nicht auch mittels vormundschaftsgerichtlicher und jugendwohlfahrtspflegerischer Maßnahmen erreicht werden kann[1656]. Nach Auffassung des Bundesverfassungsgerichts[1657] zielen vormundschaftsgerichtliche und jugendwohlfahrtspflegerische Maßnahmen eher auf die Verhinderung und Beseitigung von Normverletzungen und deren Folgen im konkreten Fall. Ihnen komme in der Regel keine generalpräventive und normstabilisierende Wirkung zu. Dem Strafrecht ließe sich daher eine über Maßnahmen öffentlicher Fürsorge hinausgehende eigenständige Wirkung nicht absprechen. Dies erscheint äußerst fraglich, insbesondere wenn man auf den angeblich von § 173 StGB gewährleisteten

[1652] Vgl. Kapitel VII, A I 6 a.
[1653] Siehe ausführlich Kapitel IV, B IV 2.
[1654] Zur Geeignetheit hinsichtlich eugenischer Gesichtspunkte, vgl. Kapitel VII, A I 6 a.
[1655] Vgl. BVerfG NJW 2008, 1137 (1138); BVerfGE 90, 145 (172 f.).
[1656] Vgl. hierzu bereits BR-Drucks. 489/70, S. 10, „Gefährdetenfürsorge“.
[1657] BVerfG NJW 2008, 1137 (1141).

Schutz der Familie abstellt. Wie bereits mehrfach angeführt wurde[1658], kann die strafrechtliche Verfolgung des Inzests zu erheblichen Beeinträchtigungen der Familienstruktur führen. Gerade der Einsatz strafrechtlicher Mittel führt zu einer zusätzlichen Bedrohung der Beteiligten, so dass die Erforderlichkeit strafrechtlicher Intervention einer besonders strengen Betrachtung bedarf[1659]. Unter dieser strengen Vorgabe stellt sich daher die Frage, ob jugendwohlfahrtpflegerische Maßnahmen bzw. familien- und vormundschaftsgerichtliche Lösungsmöglichkeiten nicht doch mildere Mittel sind, die den Schutz der Familie in gleicher Weise oder vielleicht sogar noch besser gewährleisten können[1660]. Gerade letztere kommen sowohl für Eltern mit inzestuös verbundenen Kinder als auch für diese Kinder selbst in Betracht[1661]. Auch greifen diese Mittel bereits zu einem viel früheren Zeitpunkt als die strafrechtliche Verfolgung. Geeignete sozialpädagogische und therapeutische Maßnahmen können frühzeitig zu einer Verhinderung bzw. Minderung unerwünschter Übergriffe auf Familienmitglieder führen, so dass die negativen Folgen des Inzests, die möglicherweise bei den Beteiligten oder Dritten auftreten können, schon im Vorfeld ausgeschlossen bzw. minimiert werden können. Darüber hinaus erreichen diese Maßnahmen auch Minderjährige, die von der Strafrechtsnorm gerade nicht erfasst werden[1662]. Jugendwohlfahrtspflegerische und familien- und vormundschaftsgerichtliche Maßnahmen führen daher zu einem effektiveren[1663] und weniger in den Familienverband eingreifenden Familienschutz. Die Strafrechtsnorm ist daher nicht erforderlich. Dies gilt auch, wenn man auf die angeblich generalpräventive und normstabilisierende Wirkung der Vorschrift abstellt[1664], da eine Strafbarkeit ohnehin erst zu einem Zeitpunkt einsetzt, indem bereits eine gewisse Ablösung aus der Familie stattgefunden hat, die Familie als solche also nicht mehr unmittelbar betroffen sein wird[1665]. Die generalpräventive Funktion dürfte darüber hinaus auch durch das gesellschaftliche Tabu erreicht werden[1666]. Gleiches gilt auch für den vom Bundesverfassungsgericht angeführten Zweck der sexuellen Selbstbestimmung. Die Fälle, auf die das Gericht hinweist und seine Argumen-

---

[1658] Vgl. insbesondere Kapitel V, C III 1 sowie Kapitel VII, A I 6 c.
[1659] Ähnlich auch *Hassemer*, Sondervotum in BVerfG NJW 2008, 1137 (1145 f.).
[1660] Vgl. auch *Hassemer*, Sondervotum in BVerfG NJW 2008, 1137 (1145).
[1661] *Hassemer*, Sondervotum in BVerfG NJW 2008, 1137 (1145).
[1662] Vgl. zum Ganzen auch *Hassemer*, Sondervotum in BVerfG NJW 2008, 1137 (1145).
[1663] So auch *Hassemer*, Sondervotum in BVerfG NJW 2008, 1137 (1145).
[1664] So gerade BVerfG NJW 2008, 1137 (1140).
[1665] So auch *Hassemer*, Sondervotum in BVerfG NJW 2008, 1137 (1145).
[1666] Vgl. bereits Kapitel VII, A I 6 b sowie *Hassemer*, Sondervotum in BVerfG NJW 2008, 1137 (1145).

tation stützt[1667], können gerade durch therapeutische Maßnahmen besser erreicht werden. Appellative Strafrechtsnormen und strafrechtliche Sanktionen helfen diesen Familien in aller Regel nicht, ihre Probleme zu lösen; Hilfestellungen durch therapeutische Maßnahmen und jugendwohlfahrtspflegerische Unterstützungshandlungen hingegen schon.

c) Verhältnismäßigkeit im engeren Sinne

Darüber hinaus verstößt die Norm auch gegen das Übermaßverbot, da es der Norm an gesetzlichen Beschränkungen der Strafbarkeit fehlt. Verhaltensweisen, welche keinen der möglichen Schutzzwecke gefährden, werden dennoch vom Tatbestand erfasst und somit strafrechtlich sanktioniert. Die Verfahrenseinstellung nach §§ 153 ff. StPO oder das Absehen von Strafe sind – wie bereits bei der Prüfung im Rahmen des Art. 6 Abs. 1 GG gezeigt wurde[1668] – keine geeigneten Korrekturmöglichkeiten. Auch schlägt eine Rechtfertigung fehl, die behauptet, der Straftatbestand berühre nur einen „schmalen Bereich der persönlichen Lebensführung" und nur Wenige seien überhaupt vom Verbot in einer einschränkend spürbaren Weise betroffen[1669]. *Hassemer*[1670] warnt, dass diese Darstellung im Strafrecht, welches seit jeher in besonderer Weise auf die Person hin orientiert sei, zynisch wirken könne.

> „Wer vom Inzestverbot betroffen ist, wird in einem zentralen Bereich seiner Lebensführung berührt sein, und diese Berührung kann ihn tief und langfristig treffen."

Da die Norm mithin nicht verhältnismäßig ist, stellt sie auch einen nicht-gerechtfertigten Eingriff in Art. 2 Abs. 1 GG i. V. m. Art. 1 Abs. 1 GG dar.

III. Art. 2 Abs. 1 GG

§ 173 StGB entfaltet eine Steuerungswirkung für den Einzelnen, der die strafrechtliche Vorschrift zu beachten hat. Insofern stellt die Norm zweifellos einen Eingriff in die allgemeine Handlungsfreiheit dar[1671].

Auf die Beschränkungsgrundlagen des Art. 2 Abs. 1 GG wurde soeben im Rahmen der Prüfung des allgemeinen Persönlichkeitsrechts eingegangen[1672]. § 173 StGB ist daher auch geeignet die allgemeine Handlungsfreiheit gem. Art. 2 Abs. 1 GG einzuschränken. Jedoch muss auch die Einschränkung der all-

---

[1667] Siehe BVerfG NJW 2008, 1137 (1139 f.) sowie Kapitel IV, B IV 2.
[1668] Siehe Kapitel VII, A I 6 c.
[1669] So aber BVerfG NJW 2008, 1137 (1141).
[1670] *Hassemer*, Sondervotum in BVerfG NJW 2008, 1137 (1146).
[1671] Vgl. hierzu auch *Al-Zand/Siebenhüner*, KritV 2006, S. 68 (70).
[1672] Siehe Kapitel VII, A II.

gemeinen Handlungsfreiheit verhältnismäßig sein[1673]. Auch insofern kann auf die Ergebnisse der Verhältnismäßigkeitsprüfung beim allgemeinen Persönlichkeitsrecht verwiesen werden[1674].

IV. Art. 13 Abs. 1 GG

Als weiteres von § 173 StGB betroffenes Grundrecht ist zunächst an Art. 13 Abs. 1 GG zu denken. Bei Art. 13 Abs. 1 GG ist allerdings schon der Schutzbereich nicht eröffnet[1675]. Art. 13 Abs. 1 GG dient der Unverletzlichkeit der Wohnung. Da durch § 173 StGB kein räumlicher Bereich betroffen wird und es in § 173 StGB auch nicht unmittelbar um staatliche Eingriffe im Rahmen von Ermittlungen im Strafverfahren geht, ist das Grundrecht nicht einschlägig.

V. Art. 20 Abs. 3 GG

Möglicherweise liegt ein Verstoß gegen das Rechtsstaatsprinzip, Art. 20 Abs. 3 GG vor. Nach überwiegender Ansicht[1676] verstößt die Bestrafung reiner Unmoral gegen die Prinzipien der Demokratie und des sozialen Rechtsstaats[1677]. Fraglich ist daher, ob aus der Tatsache, dass nur ein sehr schwaches, von § 173 StGB geschütztes Rechtsgut bzw. gar kein Rechtsgut vorliegt bereits die Verfassungswidrigkeit der Norm folgt.

Wie anhand der Prüfung der Rechtsgüter bzw. der bisherigen Verfassungsmäßigkeitsprüfung ersichtlich, ist es durchaus schwierig ein von § 173 StGB geschütztes Rechtsgut bzw. Gut von Verfassungsrang zu finden. Größtenteils wird deshalb auch vertreten, § 173 StGB diene nicht dem Schutz eines Rechtsgutes bzw. eines Gutes von Verfassungsrang[1678]. Schutzgut der Strafbewehrung ist nach Auffassung der Rechtsprechung nicht irgendein Rechtsgut, sondern gerade der Zweck, der mit der Verhaltensnorm erreicht werden soll[1679]. Dieser Zweck muss also vor der Verfassung bestehen können. Daraus lässt sich schließen, dass sofern ein solcher Zweck nicht vorhanden ist bzw. nicht den An-

---

1673 Vgl. BVerfGE 103, 197 (215); 109, 96 (111).

1674 Siehe Kapitel VII, A II 2 a-c.

1675 Vgl. hierzu *Klöpper*, Das Verhältnis von § 173 StGB zu Art. 6 I GG, S. 92.

1676 Siehe hierzu *Amelung*, Rechtsgüterschutz, S. 318; BGHSt 23, 40 (43 f.).

1677 A.A. *Appel*, Verfassung und Strafe, S. 201, der die Auffassung vertritt, dass sich weder der bisherigen Verfassungsrechtsprechung noch dem Verfassungsrecht Anhaltspunkte dafür entnehmen ließen, dass die Strafbewehrung unsittlichen Verhaltens per se verfassungswidrig sei. Seines Erachtens sei dies vielmehr eine Frage der Verhältnismäßigkeit.

1678 Vgl. hier die ausführlichen Untersuchungen zur Verfassungsmäßigkeit von *Klöpper*, Das Verhältnis von § 173 StGB zu Art. 6 I GG, S. 131 f.; *Al-Zand/Siebenhüner*, KritV 2006, S. 68 (80).

1679 So *Appel*, Verfassung und Strafe, S. 66; BVerfGE 92, 191 (196 ff.).

sprüchen der Verfassung genügt, die Norm verfassungswidrig ist. Eine ähnliche Ansicht vertritt auch *Hassemer*[1680], ohne jedoch einen Bezug zu Art. 20 Abs. 3 GG herzustellen. So heißt es bei ihm schlichtweg[1681]:

> „Das Verbot eines Verhaltens unter Strafdrohung, das sich auf ein Rechtsgut nicht berufen kann, wäre Staatsterror."

Eine solche Strafnorm sei seiner Meinung nach nichts anderes als ein Eingriff in die menschliche Handlungsfreiheit, ohne dass dieser Eingriff irgendwie legitimiert werden könne[1682]. Auch lässt sich argumentieren, mangels Rechtsguts fehle es an der Gesetzmäßigkeit des staatlichen Handelns. Aus diesem Grund sei die Frage nach der Legitimität von Strafrechtsnormen, die keine Rechtsgüter „in Mitleidenschaft" ziehen würden, eine rein rhetorische Frage. Schließlich sei das Rechtsgut der notwendige und verfassungsrechtlich tragende Grund sowohl für die Konzeption einer Schutzpflicht als auch für die Bestimmung einer Eingriffsschranke und deren Feinbemessung in Einzelheiten[1683]. Das Rechtsgut gilt danach als eine „Schranke strafrechtlicher Eingriffe"[1684] und stellt damit schlussendlich eine der „Beschränkungen" dar, „denen der strafende Staat im Interesse des Schutzes der Menschenrechte aller am Strafrechtskonflikt Beteiligten zu unterwerfen ist"[1685]. Wo also kein Rechtsgut verletzt bzw. beeinträchtigt ist, dort ordne die Rechtsgutslehre an, jegliche Strafdrohung aus dem Strafgesetzbuch herauszunehmen[1686].Geht man also davon aus, § 173 StGB schütze kein Rechtsgut, d.h. lässt das Risiko für den erbbiologischen Schutzgedankens nicht genügen, so müsste konsequenterweise auch ein Verstoß gegen Art. 20 Abs. 3 GG bejaht werden. Zu bedenken ist jedoch, dass Rechtsgut und verfassungsrechtlich zulässiger Zweck nicht vollständig identisch sind. Während die Rechtsgutslehre hauptsächlich dazu dient bloß unsittliche bzw. unmoralische Verhaltensweisen aus dem Strafrechtsschutz auszuscheiden, kann aus verfassungsrechtlicher Sicht zunächst auch ein unsittliches bzw. unmoralisches Verhalten als zulässiger Zweck anzusehen sein[1687]. Die Verfassungsmäßigkeit eines solchen Strafrechtsschutzes klärt sich erst auf den weiteren Stufen der Verhältnismäßigkeitsprüfung. Die Stufe des zulässigen Zwecks dürfte daher keine zu hohe Schwelle darstellen, so dass aus verfassungsrechtlicher Sicht die Existenz von „rechts-

---

1680 Vgl. *Hassemer*, Straftaten, S. 57, 57 ff.
1681 *Hassemer*, Straftaten, S. 57, 64.
1682 Siehe *Hassemer*, Straftaten, S. 57, 64. Nach *Hassemer* liegt also kein Eingriff in Art. 20 GG, sondern ein Eingriff in Art. 2 Abs. 1 GG vor.
1683 *Hassemer*, Straftaten, S. 57, 64.
1684 *Hassemer*, Straftaten, S. 57, 59.
1685 *Hassemer*, Straftaten, S. 57, 58.
1686 Vgl. *Hassemer*, Straftaten, S. 57, 59.
1687 Vgl. *Appel*, Verfassung und Strafe, S. 200 f.

gutslosen Delikten" schwer vorstellbar ist. Aus der strafrechtlichen Rechtsgutslosigkeit muss daher nicht automatisch die Verfassungswidrigkeit der Norm folgen. Dies ist jedoch anders zu beurteilen, wenn ein vorbehaltloses Grundrecht betroffen ist. Dann bedarf es nämlich nicht nur irgendeines zulässigen Zweckes, sondern vielmehr eines Zweckes von Verfassungsrang. Wird ein solcher nicht bejaht, so folgt daraus, dass der Eingriff in das Grundrecht nicht gerechtfertigt werden kann, was wiederum die Verfassungswidrigkeit der Norm zur Folge hat. Bei Art. 20 Abs. 3 GG handelt es sich jedoch gerade nicht um ein vorbehaltloses Grundrecht, sondern um ein Verfassungs- bzw. Strukturprinzip[1688], so dass irgendein zulässiger Zweck zunächst ausreicht, um einen Verstoß gegen das Rechtsstaatsprinzip vorerst zu rechtfertigen. Aus der strafrechtlichen Rechtsgutslosigkeit folgt daher nicht automatisch ein ungerechtfertigter Eingriff in Art. 20 Abs. 3 GG. Dies gilt umso mehr, wenn man den erbbiologischen Schutzgedanken als Rechtsgut anerkennt, so dass der Forderung nach einem zulässigen Zweck[1689] genüge getan ist. Ein Verstoß gegen Art. 20 Abs. 3 GG ist somit nicht feststellbar.

B. Gleichheitsgrundrechte

I. Art. 6 Abs. 1 GG

In Betracht kommt auch eine Verletzung des in Art. 6 Abs. 1 GG verankerten Gleichheitsgrundsatzes[1690], indem § 173 StGB nur den Beischlaf zwischen blutsverwandten Familienmitgliedern erfasst. Im Rahmen der Gleichheitsgrundrechte ist nicht jede Ungleichbehandlung rechtlich relevant, sondern vielmehr lediglich die Ungleichbehandlung von „wesentlich Gleichem"[1691]. Insofern liegt eine wesentliche Gleichheit nur bei Vergleichbarkeit der zu beurteilenden Lebenssachverhalte bzw. Personen vor, d.h. wenn diese einen gemeinsamen Bezugspunkt haben[1692]. Ein Verstoß gegen die Gleichheitsgrundrechte wird dann angenommen, wenn die Rechtsanwendung bei verständiger Würdigung der das Gesetz beherrschenden Gedanken nicht mehr verständlich ist und sich daher der Schluss aufdrängt, dass sie auf sachfremden Erwägungen beruht[1693].

Ob die Tatsache, dass § 173 StGB nur leibliche Verwandte erfasst, d.h. den Inzest zwischen nicht-blutsverwandten Familienmitgliedern, so z.B. im Falle der

---

[1688] Vgl. *Schmidt-Bleibtreu/Klein-Hofmann*, GG, Art. 20 Rn. 3.

[1689] Vgl. Kapitel VII, A I 6 a.

[1690] Siehe hierzu bereits ausführlich Kapitel VII, A I 1 c.

[1691] Vgl. BVerfGE 1, 14 (16) sowie *Pieroth/Schlink*, Grundrechte, Rn. 431 zu Art. 3 Abs. 1 GG.

[1692] Vgl. *Pieroth/Schlink*, Grundrechte, Rn. 431 ff.

[1693] Vgl. hierzu BVerfGE 4, 1 (7); 13, 132 (150).

Adoption, nicht unter Strafe stellt eine solch relevante Ungleichbehandlung darstellt, ist fraglich. Unter den Familienschutz des Art. 6 Abs. 1 GG fallen genauso Eltern mit ihren Adoptivkindern bzw. Pflegekindern[1694]. Der Beischlaf zwischen solchen Familienmitgliedern ist ebenso geeignet, die Familienordnung zu beeinträchtigen bzw. zu stören. Einen sachlichen Grund für eine unterschiedliche Behandlung dieser Fälle kann also nicht im Familienschutz liegen. Nur dann, wenn man auf den erbbiologischen Schutzgedanken abstellt, ist ein sachlicher Differenzierungsgrund gegeben.

Des weiteren könnte eine mögliche Ungleichbehandlung in der Tathandlung des Beischlafs zu sehen sein. Andere sexuelle Beeinträchtigungen, wie z.B. sexuelle Berührungen oder homosexuelle Handlungen, bleiben außer Betracht. Solche Handlungen können jedoch ebenso zu einer Beeinträchtigung bzw. Störung der Familienordnung führen. Hiergegen lässt sich als mögliches Argument vorbringen, der Gesetzgeber habe sich für den Beischlaf als Tathandlung entschieden, da dieser insofern den stärksten Eingriff bzw. Angriff auf die Familienordnung darstelle, mithin also ein sachlicher Grund für eine Ungleichbehandlung vorliegen würde. Eine solche Betrachtung lässt jedoch außer Betracht, dass es auch Fälle geben kann, in welchen es überhaupt nicht zu Beischlafshandlungen kommt, es also bei sonstigen bzw. homosexuellen Handlungen bleibt, die aber ebenfalls Auswirkungen auf die Familienordnung haben können. Diese können durchaus auch über die Auswirkungen des Beischlafs hinausgehen. Der Beischlaf muss also nicht immer den stärksten Eingriff darstellen. Er eignet sich daher auch nicht als sachlicher Differenzierungsgrund. Somit verbleibt auch in diesem Fall nur der erbbiologische Schutzgedanke als sachlicher Differenzierungsgrund. Nur im Falle des Beischlafs besteht ein erhöhtes Risiko, dass es zu einer Schwangerschaft kommen kann und somit das Risiko einer Manifestation rezessiv krankhafter Gene.

Auch die Tatsache, dass zeugungsunfähige Personen bzw. Personen, die Verhütungsmaßnahmen treffen, mit Personen gleichgestellt werden, die zeugungsfähig sind bzw. keine Verhütungsmaßnahmen treffen, könnte eine Ungleichbehandlung darstellen. Da das Gesetz lediglich auf die Tathandlung des Beischlafs abstellt, ist darin also womöglich eine Ungleichbehandlung zu sehen[1695]. Lässt man jedoch auch hier das geringe Risiko für den erbbiologischen Schutzgedanken genügen, so lässt sich auch hier ein sachlicher Grund bejahen.

In den soeben genannten Fällen ist es jedoch fraglich, ob das Interesse am sachlichen Differenzierungsgrund, d.h. am öffentlichen Grund der Ungleichbehandlung höher zu bewerten ist, als das Interesse der ungleich behandelten

---

[1694] Vgl. hier nur *Sachs/Schmitt-Kammler*, GG, Art. 6 Rn. 16.

[1695] Vgl. hierzu *Klöpper*, Das Verhältnis von § 173 StGB zu Art. 6 I GG, S. 93.

Gruppe, d.h. dem Interesse der potentiellen Täter. Letztlich muss also auch das mit der Differenzierung verfolgte Ziel angemessen bzw. verhältnismäßig sein[1696]. Dies lässt sich mit dem unter A I 6 gefundenen Ergebnis verneinen.

Eine weitere Ungleichbehandlung ist möglicherweise darin zu sehen, dass – sofern man auf den erbbiologischen Schutzgedanken abstellt – das Risiko der Manifestation von Erbkrankheiten bei Inzestpaaren strafrechtlich sanktioniert wird, während nicht-inzestuösen Paaren, die ebenso mit einem erbbiologischen Risiko behaftet sein können, keine strafrechtliche Verfolgung droht[1697]. Ein sachlicher Differenzierungsgrund kann nur dann bejaht werden, wenn man das Risiko für das Schutzgut des erbbiologischen Schutzgedankens im Falle des Inzests höher bewertet als im Falle des nicht-inzestuösen Geschlechtsverkehrs. Das dies empirisch nicht bzw. nur schwerlich zu belegen ist, wurde im Rahmen der Rechtsgüterprüfung ausführlich dargestellt[1698]. Die Wahrscheinlichkeit, dass beide Eltern Träger des rezessiv krankhaften Gens sind, ist im Falle des Inzest sicherlich erhöht. Wenn aber beide Teile des nicht-inzestuösen Paares ebenfalls Träger der krankhaften Gene sind, so besteht kein Unterschied zum Inzestpaar. In einem solchen Fall darf jedoch die weitgehende Einschätzungsprärogative des Gesetzgebers nicht vergessen werden. Auch in diesem Fall entscheidet sich die Frage der Rechtfertigung der Ungleichbehandlung erst auf der Ebene der Verhältnismäßigkeitsprüfung.

II. Art. 3 Abs. 1 GG

Da es sich bei Art. 6 Abs. 1 GG, wie dargestellt[1699], ein besonderes Gleichheitsrecht handelt, ist dieses spezieller als Art. 3 Abs. 1 GG und daher vorrangig zu prüfen[1700].

1696 Vgl. BVerfGE 9, 291 (294); *Stein* in: Alternativkommentar, Art. 3 Rn. 33; *Heun*, Grundgesetz, Art. 3 Rn. 26 ff.

1697 Vgl. hierzu bereits Kapitel V, C II 1.

1698 Siehe Kapitel V, C II 1 a cc.

1699 Siehe Kapitel VII, B I.

1700 Vgl. ausführlich hierzu *Klöpper*, Das Verhältnis von § 173 StGB zu Art. 6 I GG, S. 93; *Sachs/Schmitt-Kammler*, GG, Art. 6 Rn. 6, „lex specialis"; *Jarass/Pieroth*, GG, Art. 6 Rn. 11. Vgl. auch BVerfG NJW 2008, 1137 (1141). Dort heißt es nur: „Gleichfalls kann offen bleiben, ob § 173 Abs. 2 S. 2 StGB auch am allgemeinen Gleichheitssatz des Art. 3 Abs. 1 GG zu messen ist. Der Strafgesetzgeber hat in weitem Umfang die Befugnis zu differenzierter Tatbestandsgestaltung. Aus den dargelegten Gründen kann eine Überschreitung der ihm dabei gesetzten äußersten Grenzen jedenfalls nicht festgestellt werden." Weiter wird ausgeführt, dass die Gründe, die es dem Gesetzgeber im Lichte des Grundsatzes der Verhältnismäßigkeit erlaubten, die Strafbarkeit sexueller Handlungen unter Geschwistern auf den Beischlaf zwischen leiblichen Geschwistern zu beschränken, auch ausreichendes Gewicht hätten, um eine in dieser Differenzierung etwa zu sehende

C. Zusammenfassung

Inzesttäter stehen grundsätzlich unter dem Schutz des Art. 6 Abs. 1 GG. Durch § 173 StGB wird in den Schutzbereich des Art. 6 Abs. 1 GG eingegriffen. Hierbei handelt es sich um ein vorbehaltloses Grundrecht, welches lediglich durch verfassungsimmanente Schranken beschränkt werden kann[1701]. Bereits die Suche nach einer verfassungsimmanenten Schranke gestaltet sich bei § 173 StGB schwierig. Letztlich lässt sich auch im Schutz nachfolgender Generationen bzw. im Schutz der Erbverfassung der Gesellschaft als Gemeinwohlbelang keine solche Schranke finden. Im Rahmen der Verhältnismäßigkeitsprüfung ist des weiteren ersichtlich, dass die Pönalisierung des Inzests über § 173 StGB schon nicht das erforderliche Mittel ist, um den angestrebten Zweck zu erreichen; das gesellschaftliche Tabu kann die Aufgabe des Rechtsgüterschutzes vollständig übernehmen. § 173 StGB stellt sich darüber hinaus aber als unverhältnismäßig dar. Der Zuwachs an Rechtsgüterschutz über § 173 StGB steht in keinem angemessenen Verhältnis zur Beeinträchtigung des Grundrechts aus Art. 6 Abs. 1 GG.

Auch die Auffassung des Bundesverfassungsgerichts in seinem Urteil zur Vereinbarkeit des § 173 Abs. 2 S. 2 StGB mit dem Grundgesetz[1702] überzeugt nicht. Das Gericht scheint sogar selbst zu erkennen, dass die von ihm angeführten Strafzwecke – Schutz von Ehe und Familie, Schutz der sexuellen Selbstbestimmung und die Vermeidung von Erbschäden – jeweils für sich allein betrachtet keine verfassungsrechtlich legitimen Zwecke darstellen. Weder der Tatbestand der Norm, noch dessen Einordnung in das System des StGB sprechen für die Annahme, § 173 StGB diene gerade dem Schutz der angeführten Zwecke. Auch ist es wenig überzeugend, wenn das Gericht „jedenfalls“[1703], d.h. nur in der Gesamtheit der Zwecke eine zulässige Legitimation der Einschränkung des allgemeinen Persönlichkeitsrechts sehen will[1704]. Doch am allerwenigsten greift der Versuch, die Norm vor dem Hintergrund einer „kulturhistorisch begründeten, nach wie vor wirkkräftigen Überzeugung von der Strafwürdigkeit des Inzests“[1705] zu legitimieren. Das ist, wie *Hassemer*[1706] zutreffend bemerkt, nichts anderes als der „Schutz einer gesellschaftlichen Moralvorstellung“. Das Gericht wird seinem eingangs selbst vorgegebenem Maßstab vom

---

Diskriminierung wegen der Abstammung vor Art. 3 Abs. 3 GG zu rechtfertigen.

1701 Siehe Kapitel VII, A I 5.

1702 Siehe BVerfG NJW 2008, 1137 (1137 ff.).

1703 Siehe BVerfG NJW 2008, 1137 (1139).

1704 Vgl. BVerfG NJW 2008, 1137 (1139).

1705 So BVerfG NJW 2008, 1137 (1140).

1706 Siehe *Hassemer*, Sondervotum in BVerfG NJW 2008, 1137 (1144).

„Einsatz des Strafrechts als ultima ratio des Rechtsgüterschutzes“[1707] und der besonderen Bedeutung des „Übermaßverbots als Maßstab für die Überprüfung einer Strafnorm“[1708] nicht gerecht. Vielmehr scheint das Gericht äußerst sorgfältig darauf bedacht, auf die grundsätzliche Entscheidungsfreiheit des Gesetzgebers im Hinblick auf die Festlegung strafbaren Handelns[1709] sowie den begrenzten Überprüfungsumfang des Bundesverfassungsgerichts generell hinzuweisen[1710]. *Hörnle*[1711] ist zuzustimmen, wenn sie feststellt, dass dies umso erstaunlicher sei, wenn man die Entscheidung mit solchen zum Strafverfahrens- und Datenschutzrecht vergleiche, wo das Gericht überwiegend anders entschieden[1712] und einen deutlich strengeren Maßstab an die Beurteilung der Einschätzungsprärogative des Gesetzgebers angelegt hätte. Kritisch sieht sie insbesondere, dass sofern es beispielsweise um die Speicherung automatisch erfasster Autokennzeichen[1713] gehe, das Gericht im Gegensatz zum jetzigen Urteil wenig Neigung zeige, die Autonomie des demokratisch legitimierten Gesetzgebers zu betonen[1714]. Diese unterschiedliche Gewichtung ist in der Tat nicht nachvollziehbar[1715]. Die Speicherung der Autokennzeichen soll den Bürger in seinen Grundrechten unzumutbar beeinträchtigen; der Eingriff eines Strafverfahrens und die Verbüßung einer Haftstrafe im Falle einer einvernehmlich gewollten sexuellen Beziehung zwischen volljährigen erwachsenen Blutsverwandten soll hingegen nur in einer „einschränkend spürbaren Weise“[1716] betreffen und deshalb hinzunehmen sein. Warum sich das Bundesverfassungsgericht ausgerechnet im Fall eines so tiefgreifenden Grundrechtseingriffs wie dem des § 173 StGB hinter dem Beurteilungsspielraum des Gesetzgebers versteckt, ist nicht verständlich. Man kann *Hassemer*[1717] nur beipflichten, wenn er in seinem von der Senatsmehrheit deutlich abweichenden Sondervotum nüchterne Worte hierfür findet:

[1707] Siehe BVerfG NJW 2008, 1137 (1138).
[1708] Siehe BVerfG NJW 2008, 1137 (1138).
[1709] Vgl. BVerfG NJW 2008, 1137 (1138).
[1710] Vgl. BVerfG NJW 2008, 1137 (1138).
[1711] Siehe *Hörnle*, NJW 2008, 2085 (2088).
[1712] Siehe *Hörnle*, NJW 2008, 2085 (2088), mit Verweis u.a. auf BVerfGE 109, 279 (279 ff.); 113, 348 (348 ff.); 118, 168 (168 ff.).
[1713] Siehe hierzu BVerfG NJW 2008, 1505 (1505 ff.).
[1714] Vgl. *Hörnle*, NJW 2008, 2085 (2088).
[1715] Vgl. *Hörnle*, NJW 2008, 2085 (2088): „Vergleicht man das Gewicht der Eingriffe, so kann man die Kontraste nur als paradox bezeichnen.“
[1716] Vgl. BVerfG NJW 2008, 1137 (1141).
[1717] Siehe *Hassemer*, Sondervotum in BVerfG NJW 2008, 1137 (1142).

„Die Norm steht mit dem Grundsatz der Verhältnismäßigkeit, der gerade dem Strafgesetzgeber Grenzen zieht, nicht im Einklang; eine so verunglückte Strafdrohung passieren zu lassen, segnet schwere Fehler und Versäumnisse des Gesetzgebers verfassungsrechtlich ab und überdehnt den legislativen Spielraum im Strafrecht auf Kosten der Kontrollkompetenz des Verfassungsgerichts.“[1718]

[1718] Beipflichtend auch *Leipold/Beukelmann*, NJW-Spezial 2008, 248 (248).

Kapitel VIII: Endergebnis

1. Es existieren zahlreiche Definitionen des Inzestbegriffs. Nach dem juristischen Begriffsverständnis, welches dem § 173 StGB zu Grunde liegt, ist unter Inzest der einvernehmliche Geschlechtsverkehr mit nahen Blutsverwandten zu verstehen. Entgegen landläufiger Meinung ist der Inzest im Sinne von § 173 StGB nicht mit (Kindes-) Missbrauch gleichzusetzen.

2. Die Nichttolerierung des Inzests ist ein menschheitsallgemeines Phänomen. Teilweise wurde der Inzest lediglich gesellschaftlich tabuisiert, teilweise durch Eheverbote geregelt, überwiegend jedoch strafrechtlich verfolgt. Das Inzestverbot ist nicht nur eine Strafrechtsnorm; es ist vielmehr auch ein kulturell determiniertes Merkmal unserer heutigen Gesellschaft. Woher es stammt, ist ungewiss.

3. Der Inzest und sein Verbot sind nahezu universell; auch in anderen Ländern ist der Inzest unter Strafe gestellt. Was jedoch unter Inzest verstanden, warum er unter Strafe gestellt und wie die Tat konkret bestraft wird, ist länderspezifisch uneinheitlich.

4. § 173 StGB ist ein abstraktes Gefährdungsdelikt. Im Gegensatz zu den §§ 174 ff. StGB beschränkt sich die Strafbarkeit auf einen eingeschränkten Täterkreis: Erfasst werden ausschließlich einvernehmliche Beischlafshandlungen zwischen volljährigen Blutsverwandten. In der Praxis beschränkt sich der Hauptanwendungsbereich des § 173 StGB auf den Geschwisterinzest. Die Problematik des Missbrauchs durch Familienmitglieder ist nicht Gegenstand des § 173 StGB, sondern wird von den §§ 174 ff. StGB erfasst.

5. Als durch den Inzest betroffene Rechtsgüter kommen lediglich die „Gesundheit des Individuums/Nachwuchses“ und die „Gesundheit nachfolgender Generationen“ als Ausprägungen des „erbbiologischen Schutzgedankens“ in Betracht. Der begrenzte Tatbestand und die konkrete Einordnung der Norm in die Systematik des StGB lassen aber bereits erhebliche Zweifel daran aufkommen, dass diese Rechtsgüter tatsächlich von der Norm erfasst sein sollen. Erst recht aber sprechen Tatbestand und Systematik in jedem Fall gegen den Schutz anderer, in Literatur und

Rechtsprechung benannter Rechtsgüter, wie Familienschutz, Schutz der sexuellen Selbstbestimmung, Schutz der aus der Inzestbeziehung hervorgegangenen Kinder, oder dem Schutz der Sittlichkeit. Festzustellen ist ein gewisses Risiko im Hinblick auf die Manifestation von Erbkrankheiten beim Nachwuchs, welches im Vergleich zu nicht-inzestuös gezeugtem Nachwuchs geringfügig erhöht ist. Gleiches gilt für die „Degenerierung der Erbanlagen der Gesellschaft". Damit genügt die Norm zwar den Minimalanforderungen eines abstrakten Gefährdungsdelikts und denen der Rechtsgutstheorie. Sieht man das Strafrecht jedoch als ultima ratio staatlichen Handelns, welches nur dann eingesetzt werden darf, wenn andere Mittel nicht ebenso erfolgsversprechend sind, so bestehen erhebliche Bedenken am Fortbestand der Strafrechtsnorm. Vor dem Hintergrund anderer erfolgsversprechender Mittel deutet vieles daraufhin, dass mit der Norm lediglich gesellschaftliche Moralvorstellungen geschützt werden sollen. Es kann aber gerade nicht Aufgabe des Strafrechts sein, auf geschlechtlichem Gebiet einen moralischen Standard des erwachsenen, mündigen Bürgers und damit der Gesellschaft durchzusetzen. Rechtspolitisch ist daher eine Abschaffung des § 173 StGB zu fordern.

6. Eine Legitimation des § 173 StGB auf Grundlage anderer Strafrechtslegitimierungsmodelle als der Rechtsgutslehre kommt nicht in Betracht.

7. § 173 StGB stellt einen nicht gerechtfertigten und somit unverhältnismäßigen Eingriff in das Grundrecht des Art. 6 Abs. 1 GG eines potenziellen Inzesttäters dar. Weder der erbbiologische Schutzgedanke noch der Familienschutz fungieren als verfassungsimmanente Schranken. Die Norm ist ferner aufgrund der Existenz des menschheitsallgemeinen Inzesttabus weder erforderlich noch verhältnismäßig. Der Schutz des Gemeinwohls, welches durch den Inzest nur in einem ganz geringen Maß betroffen wird, muss hinter dem Grundrecht aus Art. 6 Abs. 1 GG zurückstehen.

8. Die Norm stellt darüber hinaus einen nicht gerechtfertigten Eingriff in Art. 2 Abs. 1 i.V.m. Art. 1 Abs. 1 GG dar. Die vom Bundesverfassungsgericht herangezogenen Zwecke – Familienschutz, Schutz der sexuellen Selbstbestimmung und Vermeidung schwerwiegender genetisch bedingter Erkrankungen – stellen weder alleine noch in ihrer Gesamtheit verfassungsrechtlich legitime Zwecke dar. Die Strafnorm rechtfertigt sich auch nicht vor dem Hintergrund einer kulturhistorisch begründeten, nach wie vor wirkkräftigen gesellschaftlichen Überzeugung von der Strafwürdig-

keit des Inzests, denn dies bedeutet – bei Licht betrachtet – nichts anderes als den Schutz einer gesellschaftlichen Moralvorstellung. § 173 StGB stellt des weiteren einen unverhältnismäßigen Eingriff in die sexuelle Selbstbestimmung dar. Der Norm kann zwar eine Teileignung nicht abgesprochen werden, in gewissem Sinne zum Schutz der genannten Güter beizutragen. Die Norm ist aber unverhältnismäßig, da insbesondere der Familienschutz und der Schutz der sexuellen Selbstbestimmung eines möglicherweise unterlegenen Inzestbeteiligten mittels vormundschaftsgerichtlichen bzw. familienrechtlichen oder jugendwohlfahrtspflegerischen Maßnahmen besser erreicht werden kann, als durch die Verbüßung einer Haftstrafe. Sofern man der Norm überhaupt eine appellative, normstabilisierende und damit generalpräventive Funktion zugestehen möchte, bedarf es zur Erreichung dieser Funktion aber keineswegs zwingend einer Strafrechtsnorm. Das gesellschaftliche Tabu kann diese Funktion vollständig übernehmen. Ferner verstößt die Norm gegen das Übermaßverbot, indem sie Handlungen erfasst und unter Strafe stellt, die schon objektiv keinen der genannten Strafzwecke gefährden können.

9. § 173 StGB ist unverhältnismäßig und deshalb verfassungswidrig.

Literaturverzeichnis

Abegg, Julius Friedrich Heinrich: Kritische Betrachtungen über den Entwurf des Strafgesetzbuches für die preussischen Staaten vom Jahre1843, Erste Abtheilung, Neustadt an der Orla, 1844, (zitiert: *Abegg*, Kritische Betrachtungen).

Alternativ-Entwurf eines Strafgesetzbuches, Besonderer Teil, Sexualdelikte, Straftaten gegen Ehe, Familie und Personenstand, Straftaten gegen den religiösen Frieden und die Totenruhe, vorgelegt von *Baumann, Jürgen/ Brauneck, Anne-Eva/u.a.*: Tübingen, 1968, (zitiert: Alternativ-Entwurf, 1968).

(Alternativ-) Kommentar zum Grundgesetz für die Bundesrepublik Deutschland, Band I, Art. 1-37, 2. Auflage, bearbeitet von *Axel Azzola* u.a., Neuwied/Frankfurt am Main, 1989, (zitiert: *Bearbeiter* in: Alternativkommentar).

Al-Zand, Ali/Siebenhüner, Jan: § 173 StGB – Eine kritische Betrachtung des strafrechtlichen Inzestverbots, *in* Kritische Vierteljahresschrift für Gesetzgebung und Rechtswissenschaft (KritV), 2006, S. 68 ff., (zitiert: *Al-Zand/Siebenhüner*, KritV 2006).

Amelung, Knut: Rechtsgüterschutz und Schutz der Gesellschaft, Untersuchungen zum Inhalt und zum Anwendungsbereich eines Strafrechtsprinzips auf dogmengeschichtlicher Grundlage. Zugleich ein Beitrag zur Lehre von der „Sozialschädlichkeit“ des Verbrechens, Frankfurt am Main, 1972, (zitiert: *Amelung*, Rechtsgüterschutz).

ders.: Der Begriff des Rechtsguts in der Lehre vom strafrechtlichen Rechtsgüterschutz, *in* Die Rechtsgutstheorie, Legitimationsbasis des Strafrechts oder dogmatisches Glasperlenspiel?, 1. Auflage, Baden-Baden, 2003, S. 155 ff., (zitiert: *Amelung*, Der Begriff des Rechtsguts).

Amtlicher Entwurf eines Allgemeinen Deutschen Strafgesetzbuchs nebst Begründung, veröffentlicht auf Anordnung des Reichsjustizministeriums, Zweiter Teil: Begründung, Berlin, 1925, Nachdruck *in* Materialien zur Strafrechtsreform, Band 3, Bonn, 1954 (zitiert: Amtlicher Entwurf eines Allgemeinen Deutschen Strafgesetzbuchs 1925).

Appel, Ivo: Verfassung und Strafe, Zu den verfassungsrechtlichen Grenzen staatlichen Strafens, Berlin, 1998, (zitiert: *Appel*, Verfassung und Strafe).

Aquin, Thomas von: Die katholische Wahrheit oder die Theologische Summa des heiligen Thomas von Aquin, deutsch wiedergegeben von *Schneider, Ceslaus Maria*, Zweiter Haupttheil, die Sittenlehre, 2. Abtheilung, Regensburg, 1888, (zitiert: *Thomas von Aquin*, Summa Theologica).

Arndt, Adolf: Strafrecht in einer offenen Gesellschaft, in Merkur, Deutsche Zeitschrift für europäisches Denken, 22. Jahrgang, 1968, S. 1077 ff., (zitiert: *Arndt*, Merkur 22).

Baumann, Jürgen: Der lange Weg des 4. Strafrechtsreformgesetzes, *in* ZRP 1971, S. 129 ff., (zitiert: *Baumann*, ZRP 1971).

ders./Weber, Ulrich/Mitsch, Wolfgang: Strafrecht, Allgemeiner Teil, Lehrbuch, 11. neubearbeitete Auflage, Bielefeld, 2003, (zitiert: *Baumann/Weber/Mitsch*, StrafR AT).

Beratungen des Sonderausschusses für die Strafrechtsreform, Deutscher Bundestag, Bonn, Wahlperiode 6, 1969-1972, (zitiert: *Autor*, Prot. VI).

Beratungen des Sonderausschusses für die Strafrechtsreform, Deutscher Bundestag, Bonn, Wahlperiode 7, 1972-1976, (zitiert: *Autor*, Prot. VII).

Bericht der von der Württembergischen Kammer der Abgeordneten zur Begutachtung des Entwurfs eines Strafgesetzbuches für das Königreich Württemberg niedergesetzten Commission, Stuttgart, 1837, (zitiert: Bericht der Württembergischen Kammer der Abgeordneten).

Berner, Albert Friedrich: Lehrbuch des deutschen Strafrechtes, fünfte, im Anschluss an das Strafgesetzbuch für das deutsche Reich bearbeitete Auflage, Leipzig, 1871, (zitiert: *Berner*, Lehrbuch).

Beseler, Georg: Kommentar über das Strafgesetzbuch für die Preußischen Staaten und das Einfühungsgesetz vom 14. April 1851, nach amtlichen Quellen, Leipzig, 1851, (zitiert: *Beseler*, Kommentar).

Bischof, Norbert: Die biologischen Grundlagen des Inzesttabus, *in* Bericht über den 27. Kongress der Deutschen Gesellschaft für Psychologie in Kiel 1970, Göttingen, 1973, S. 115 ff., (zitiert: *Bischof*, Grundlagen).

ders.: Das Rätsel Ödipus, Die biologischen Wurzeln des Urkonfliktes von Intimität und Autonomie, München, 1985, (zitiert: *Bischof*, Ödipus).

Blei, Hermann: Der Strafrechtsschutz von Familienordnung und Familienpflichten, *in* FamRZ 1961, S. 137 ff., (zitiert: *Blei* FamRZ 1961).

Bleibtreu-Ehrenberg, Gisela: Homosexualität, Die Geschichte eines Vorurteils, Frankfurt am Main, 1981, (zitiert: *Bleibtreu-Ehrenberg*, Homosexualität).

Bleuler, Eugen: Lehrbuch der Psychiatrie, 3. Auflage, Berlin, 1920, (zitiert: *Bleuler*, Lehrbuch).

Bloy, René: Die dogmatische Bedeutung der Strafausschließungs- und Strafaufhebungsgründe, 1. Auflage, Berlin, 1976, (zitiert: *Bloy*, Die dogmatische Bedeutung).

Blume, E. Sue: Secret Survivors, Uncovering incest and its aftereffects in women, New York, u.a., 1990, (zitiert: *Blume*, Secret Survivors).

Bonner Kommentar zum Grundgesetz, Gesamtherausgeber: *Rudolf Dolzer*, Zweitbearbeitung, 36. Lieferung, August 1976, (zitiert: *Bearbeiter* in: Bonner Kommentar).

Böse, Martin: Grundrechte und Strafrecht als „Zwangsrecht", *in* Die Rechtsgutstheorie, Legitimationsbasis des Strafrechts oder dogmatisches Glasperlenspiel?, 1. Auflage, Baden-Baden, 2003, S. 89 ff., (zitiert: *Böse*, Grundrechte).

Bürgerliches Gesetzbuch und Einführungsgesetz zum Bürgerlichen Gesetzbuche nach den Beschlüssen des Reichstages in dritter Berathung, Berlin, 1896, (zitiert: Bürgerliches Gesetzbuch von 1896).

Bunzel, Michael: Die Potenz des verfassungsrechtlichen Verhältnismäßigkeitsprinzips als Grenze des Rechtsgüterschutzes in der Informationsgesellschaft, *in* Die Rechtsgutstheorie, Legitimationsbasis des Strafrechts oder dogmatisches Glasperlenspiel?, 1. Auflage, Baden-Baden, 2003, S. 96 ff., (zitiert: *Bunzel*, Die Potenz).

Chmurzinski, Nicole: Inzest aus Rechtsmedizinischer Sicht, Dissertation, Düsseldorf, 1992, (zitiert: *Chmurzinski*, Inzest).

Code Civil, Civil-Gesetzbuch der französischen Republik, übersetzt und mit Anmerkungen begleitet von *Franz Lassaulx*, öffentl. Vertheidiger bei den Tribunalien zu Koblenz, Erster Theil, Koblenz, 1803-1805, (zitiert: Code Civil).

Code Napoléon mit Zusätzen und Handelsgesetzen als Land-Recht für das Großherzogthum Baden, Karlsruhe, 1809, (zitiert: Code Napoléon/Badisches Landrecht).

Codex iuris canonici, Pii X Pontificis Maximi iussu digestus Benedicti Papae XV auctoritate promulgatus / praefatione, fontium annotatione et indice analytico-alphabetico a *Petro Gasparri*; 1918, (zitiert: Codex Iuris Canonici, 1917).

Codex iuris canonici, Codex des kanonischen Rechtes, Lateinisch-deutsche Ausgabe, mit Sachverzeichnis, hrsg. im Auftrag der Deutschen und der Berliner Bischofskonferenz. Die deutsche Übersetzung und die Erarbeitung des Sachverzeichnisses besorgte im Auftrag der Deutschen Bischofskonferenz die folgende von ihr berufene Übersetzergruppe: *Winfried Aymans* u.a., 2., verbesserte und vermehrte Auflage, Bonn, 1984, (zitiert: Codex Iuris Canonici).

Das Bayerische Landrecht (Codex Maximilianeus Bavaricus civilis) vom Jahre 1756, in seiner heutigen Geltung, hrsg. von: *Danzer*, *Max*, München, 1894, (zitiert: Cod. Max. 1756).

Das Corpus Iuris Civilis (Romani), ins deutsche übersetzt von einem Verein Rechtsgelehrter und hrsg. von: *Otto, Karl Eduard/Schilling, Bruno/Sintenis, Karl Friedrich Ferdinand*, in 7 Bänden, Band I, Institutionen, Pandekten Buch 1-11, 2. Auflage, Neudruck der Ausgabe Leipzig 1839, Aalen, 1984, (zitiert: Corpus Iuris Civilis).

Das Strafrecht für das Königreich Bayern, I. Bändchen, correkter Abdruck der amtlichen Ausgabe und Anmerkungen hierzu, München, 1862, (zitiert: Das Strafrecht für das Königreich Bayern, I. Bändchen, 1862).

Darwin, Charles: The descent of man and selection in relation to sex, Band 2, London, 1871, (zitiert: Darwin, The descent of man, Band 2).

Demel, Walter: Die bayerische Gesetzgebungspolitik in der Ära Montgelas und die Entstehung des Entwurfs von 1811, *in* Der Entwurf eines Bürgerlichen Gesetzbuchs für das Königreich Bayern von 1811, hrsg. von: *Demel, Walter/ Schubert, Werner*, Ebelsbach, 1986, S. XLIII ff., (zitiert: *Demel*, Die bayerische Gesetzgebungspolitik).

Des Herzogthums Würtembergs erneuerte Ehe- und Ehe-Gerichtsordnung samt der Cynosura ecclesiastica, durch *Friedrich Carl, Hertzog zu Würtemberg*, den 4. April 1687, Stuttgart, 1716, (zitiert: Erneuerte Ehe- und Ehe-Gerichtsordnung 1687).

Dreier, Horst: Grundgesetz, Kommentar, Band I, Präambel, Artikel 1-19, 2. Auflage, Tübingen, 2004, (zitiert: *Autor*, Grundgesetz).

Duden, Fremdwörterbuch, Band 5, 9., auf der Grundlage der deutschen Rechtschreibung überarbeitete und erweiterte Auflage, Mannheim u.a., 2006, (zitiert: Duden, Fremdwörterbuch).

Durkheim, Emile: Die elementaren Formen des religiösen Lebens, Erste Auflage, Frankfurt am Main, 1981, (zitiert: *Durkheim*, Die elementaren Formen).

Duttge, Gunnar/Hörnle, Tatjana/Renzikowski, Joachim: Das Gesetz zur Änderung der Vorschriften über die Straftaten gegen die sexuelle Selbstbestimmung, *in* NJW 2004, S. 1065 ff., (zitiert: *Duttge/Hörnle/Renzikowski*, NJW 2004).

Eibl-Eibesfeldt, Irenäus: Die Biologie des menschlichen Verhaltens, Grundriß der Humanethologie, München, 1984, (zitiert: *Eibl-Eibesfeldt*, Biologie).

ders.: Grundriß der vergleichenden Verhaltensforschung, Ethologie, Siebte, überarbeitete und erweiterte Auflage, München, 1987, (zitiert: *Eibl-Eibesfeldt*, Ethologie).

Ellbogen, Klaus: Strafbarkeit des Beischlafs zwischen Verwandten. Ein Relikt aus der Vergangenheit, *in* ZRP 2006, S. 190 ff., (zitiert: *Ellbogen*, ZRP 2006).

Elliger, T.J./Schötensack, K.: Sexueller Missbrauch von Kindern, eine kritische Bestandsaufnahme, *in* Nissen: Psychogene Psychosyndrome und ihre Therapie im Kindes- und Jugendalter, Bern, Stuttgart, Toronto, 1. Auflage, 1991, S. 143 ff., (zitiert: *Elliger/Schötensack*, Sexueller Missbrauch von Kindern).

Entwurf eines Allgemeinen Deutschen Strafgesetzbuchs nebst Begründung und zwei Anlagen, Vorlage des Reichsministers der Justiz an den Reichstag, Berlin, 1927, Nachdruck *in* Materialien zur Strafrechtsreform, Band 4, Bonn, 1954, (zitiert: Entwurf eines Allgemeinen Deutschen Strafgesetzbuchs 1927).

Entwurf eines Allgemeinen Deutschen Strafgesetzbuchs 1930, (Entwurf Kahl), Nachdruck *in* Materialien zur Strafrechtsreform, Band 5, Bonn, 1954, (zitiert: Entwurf eines Allgemeinen Deutschen Strafgesetzbuchs 1930).

Entwurf eines bürgerlichen Gesetzbuches für das Deutsche Reich, Erste Lesung, 1888, *in Mugdan, Benno*: Die Gesamten Materialien zum Bürgerlichen Gesetzbuch für das Deutsche Reich, herausgegeben und bearbeitet, 5 Bände und Sachregister sowie Ergänzungsband, Band 4, Familienrecht, Neudruck der Ausgabe Berlin 1899, Aalen, 1979, (zitiert: Entwurf eines bürgerlichen Gesetzbuches für das Deutsche Reich, Erste Lesung 1888).

Entwurf eines bürgerlichen Gesetzbuches. Zweite Lesung, 1892, *in Mugdan, Benno*: Die Gesamten Materialien zum Bürgerlichen Gesetzbuch für das Deutsche Reich, herausgegeben und bearbeitet, 5 Bände und Sachregister sowie Ergänzungsband, Band 4, Familienrecht, Neudruck der Ausgabe Berlin 1899, Aalen, 1979, (zitiert: Entwurf eines bürgerlichen Gesetzbuches, Zweite Lesung 1892).

Entwurf eines Straf-Gesetzbuchs für das Großherzogthum Baden. Nach den Berathungen der Grossherzoglichen Gesetzgebungs-Commission, Karlsruhe 1836, *in* Entwürfe für das Strafgesetzbuch des Großherzogtums Baden, Karlsruhe 1836 und 1839, mit einer Einleitung neu hrsg. von *Rainer Schröder*, Frankfurt am Main, 1989, (zitiert: Entwurf eines Strafgesetzbuchs für das Großherzogtum Baden 1836).

Entwurf eines Strafgesetzbuchs für das Großherzogthum Baden, Karlsruhe 1839, *in* Entwürfe für das Strafgesetzbuch des Großherzogtums Baden, Karlsruhe 1836 und 1839, mit einer Einleitung neu hrsg. von *Rainer Schröder*, Frankfurt am Main, 1989, (zitiert: Entwurf eines Strafgesetzbuchs für das Großherzogtum Baden 1839).

Entwurf eines Strafgesetzbuchs für den Norddeutschen Bund, angebunden: Motive und Anlagen zu den Motiven, Berlin, 1869, (zitiert: Entwurf und Motive eines Strafgesetzbuches für den Norddeutschen Bund).

Entwurf eines Strafgesetzbuches (StGB) E 1962, mit Begründung, Bundesratsvorlage, Bonn, 1962, (zitiert: Entwurf eines Strafgesetzbuches 1962).

Entwurf des Gesetzbuches über Verbrechen und Vergehen nebst Motiven für das Königreich Bayern, München, 1854, (zitiert: Entwurf des Gesetzbuches über Verbrechen und Vergehen 1854).

Entwurf zu einem Deutschen Strafgesetzbuch nach den Beschlüssen der Strafrechtskommission, Berlin, 1913, *in* Entwürfe der Strafrechtskommission zu einem Deutschen Strafgesetzbuch und zu einem Einführungsgesetz (1911-1914), hrsg. von *Schubert, Werner*, Frankfurt am Main, 1990, (zitiert: Entwurf zu einem Deutschen Strafgesetzbuch 1913).

Entwurf zu einem Deutschen Strafgesetzbuch 1919, *in* Entwürfe zu einem Deutschen Strafgesetzbuch, veröffentlicht auf Anordnung des Reichs-Justizministeriums, Berlin, 1920, (zitiert: Entwurf zu einem Deutschen Strafgesetzbuch 1919).

Federley, Harry: Das Inzuchtproblem, *in* Handbuch der Vererbungswissenschaft, Band II, Berlin, 1927, (zitiert: *Federley*, Das Inzuchtproblem).

Feinberg, Joel: Harm to Others, Volume One, in The Moral Limits of the Criminal Law, New York, Oxford, 1984, (zitiert: *Feinberg*, Harm to Others).

ders.: Offense to Others, Volume Two, in The Moral Limits of the Criminal Law, New York, Oxford, 1985, (zitiert: *Feinberg*, Offense to Others).

ders.: Harm to Self, Volume Three, in The Moral Limits of the Criminal Law, New York, Oxford, 1986, (zitiert: *Feinberg*, Harm to Self).

ders.: Harmless Wrongdoing, Volume Four, in The Moral Limits of the Criminal Law, New York, Oxford, 1988, (zitiert: *Feinberg*, Harmless Wrongdoing).

Fischer, Thomas: Das Verhältnis der Bekenntnisbeschimpfung (§ 166 StGB) zur Volksverhetzung (§ 130 StGB), *in* GA 1989, S. 445 ff., (zitiert: *Fischer*, GA 1989).

ders.: Strafgesetzbuch und Nebengesetze, 55. Auflage, München, 2008, (zitiert: *Fischer*).

Freud, Sigmund: Gesammelte Werke, erster Band, Werke aus den Jahren 1892 – 1899, London, 1952, (zitiert: *Freud*, Band 1).

ders.: Gesammelte Werke, zweiter und dritter Band, Die Traumdeutung, Über den Traum, London, dritte Auflage, 1961, (zitiert: *Freud*, Band 2/3).

ders.: Gesammelte Werke, fünfter Band, Werke aus den Jahren 1904 – 1905, London, dritte Auflage, 1961, (zitiert: *Freud*, Band 5).

ders.: Gesammelte Werke, neunter Band, Totem und Tabu, Einige Übereinstimmungen im Seelenleben der Wilden und der Neurotiker, Frankfurt am Main, Dritte Auflage, 1961, (zitiert: *Freud*, Totem und Tabu).

ders.: Gesammelte Werke, dreizehnter Band, Jenseits des Lustprinzips, Massenpsychologie und Ich-Analyse, Das Ich und das Es, Reprinted, London, 1947, (zitiert: *Freud*, Band 13).

Frisch, Wolfgang: Rechtsgut, Recht, Deliktsstruktur und Zurechnung im Rahmen der Legitimation staatlichen Strafens, *in* Die Rechtsgutstheorie, Legitimationsbasis des Strafrechts oder dogmatisches Glasperlenspiel?, 1. Auflage, Baden-Baden, 2003, S. 215 ff., (zitiert: *Frisch*, Rechtsgut).

ders.: Toleranz als Prinzip der Strafrechtsbegrenzung?, *in* Mediating Principles, Begrenzungsprinzipien bei der Strafbegründung, 1. Auflage, Baden-Baden, 2006, S. 83 ff., (zitiert: *Frisch*, Toleranz als Prinzip).

Fuchs, Carl: Kritische Bemerkungen zu den Gesetzentwürfen über Prozessverfahren und Strafrecht für den Norddeutschen Bund, Breslau, 1869, (zitiert: *Fuchs*, Kritische Bemerkungen).

Gegen-Entwurf zu den Strafbestimmungen des amtlichen Entwurfs eines Allgemeinen Deutschen Strafgesetzbuchs über geschlechtliche und mit dem Geschlechtsleben im Zusammenhang stehende Handlungen, vom: Kartell für Reform des Sexualstrafrechts, Berlin, 1927, (zitiert: Gegen-Entwurf 1927).

Gegenentwurf zum Vorentwurf eines deutschen Strafgesetzbuchs, aufgestellt von *Kahl, W. /u.a.*, Berlin, 1911, (zitiert: Gegenentwurf 1911).

Gerchow, J.: Die Inzestsituation, *in* Das sexuell gefährdete Kind, Vorträge gehalten auf dem 8. Kongress der Deutschen Gesellschaft für Sexualforschung vom 25. bis 27. Mai 1964 in Karlsruhe, in Beiträge zur Sexualforschung, Heft 33, Stuttgart, 1965, (zitiert: *Gerchow*, Inzestsituation).

Girtler, Roland: Überlegungen zum Inzesttabu, Probleme, Kategorien und die Konzeption der „Geschwisterheirat“, *in* Kölner Zeitschrift für Soziologie und Sozialpsychologie, 28. Jahrgang 1976, S. 674 ff. (zitiert: *Girtler*, Inzesttabu).

Gössel, Karl Heinz: Das neue Sexualstrafrecht, Eine systematische Darstellung für die Praxis, Berlin, 2005, (zitiert: *Gössel*, Sexualstrafrecht).

Goltdammer: Die Materialien zum Strafgesetzbuch für die Preußischen Staaten, aus den amtliche Quellen nach den Paragraphen des Gesetzbuches zusammengestellt und in einem Kommentar erläutert, Theil II, Berlin, 1852, (zitiert: *Goltdammer*, Materialien).

Goody, Jack: Die Entwicklung von Ehe und Familie in Europa, Berlin, 1986, (zitiert: *Goddy*, Die Entwicklung von Ehe und Familie).

Graul, Eva: Abstrakte Gefährdungsdelikte und Präsumtionen im Strafrecht, Berlin, 1991, (zitiert: *Graul*, Gefährdungsdelikte).

Grimm, Jakob/ Grimm, Wilhelm: Das deutsche Wörterbuch, 2. Band, Biermörder - D, Hamburg, 1860, (zitiert: *Grimm*, Deutsches Wörterbuch, 2. Bd.).

Gross, Norbert: Der Code Napoléon als Badisches Landrecht. Eine deutsch-französische Rechtsbegegnung zur Gründungszeit des Verlages C. F. Müller 1797, *in* Code Napoléon Badisches Landrecht Wegbereiter Deutscher Rechtsgeschichte, Ausstellung in der Badischen Landesbibliothek anlässlich des 200. Jahrestages der Gründung des Verlages C. F. Müller 1797, Heidelberg, 1997, S. 24 ff., (zitiert: *Gross*, Der Code Napoléon).

Gürtner, Franz/u.a.: Das kommende deutsche Strafrecht, Besonderer Teil: Bericht über die Arbeit der amtlichen Strafrechtskommission, Berlin, 1935, (zitiert: *Autor*, Das kommende deutsche Strafrecht, Besonderer Teil).

Hanack, Ernst-Walter: Die Reform des Sexualstrafrechts und der Familiendelikte, *in* NJW 1974, S. 1 ff., (zitiert: *Hanack*, NJW 1974).

Hanhart, Ernst: Nachprüfung des Erfolges von 30 eugenischen Beratungen bei geplanten Vetternehen, *in* Akademie der Wissenschaften und der Literatur, Abhandlungen der mathematisch-naturwissenschaftlichen Klasse, Nr. 7, Mainz, Wiesbaden, 1972, (zitiert: *Hanhart*, Nachprüfung).

Hassemer, Winfried: Theorie und Soziologie des Verbrechens, Ansätze zu einer praxisorientierten Rechtsgutslehre, Frankfurt/M., 1973, (zitiert: *Hassemer*, Theorie).

ders.: Kennzeichen und Krisen des modernen Strafrechts, *in* ZRP 1992, S. 378 ff., (zitiert: *Hassemer*, ZRP 1992).

ders.: Darf es Straftaten geben, die ein strafrechtliches Rechtsgut nicht in Mitleidenschaft ziehen?, *in* Die Rechtsgutstheorie, Legitimationsbasis des Strafrechts oder dogmatisches Glasperlenspiel?, 1. Auflage, Baden-Baden, 2003, S. 57 ff., (zitiert: *Hassemer*, Straftaten).

ders.: Der Grundsatz der Verhältnismäßigkeit als Grenze strafrechtlicher Eingriffe, *in* Mediating Principles, Begrenzungsprinzipien bei der Strafbegründung, 1. Auflage, Baden-Baden, 2006, S. 121 ff., (zitiert: *Hassemer*, Der Grundsatz der Verhältnismäßigkeit).

Hefendehl, Roland: Kollektive Rechtsgüter im Strafrecht, Köln u.a., 2002, (zitiert: *Hefendehl*, Kollektive Rechtsgüter im Strafrecht).

ders.: Die Materialisierung von Rechtsgut und Deliktsstruktur, *in* GA 2002, S. 21 ff., (zitiert: *Hefendehl*, GA 2002).

Hentig, Hans von/Viernstein, Theodor: Untersuchungen über den Inzest, Heidelberg, 1925, (zitiert: *Hentig/Viernstein*, Untersuchungen).

Herlihy, David: Making Sense of Incest: Women and the Marriage Rules of the Early Middle Ages, *in* Women, Family and Society in Medieval Europe. Providence/Oxford, 1995, S. 96 ff., (zitiert: *Herlihy*, Making Sense of Incest).

Hirsch, Andrew von: Der Rechtsgutsbegriff und das „Harm Principle", *in* GA 2002, S. 2 ff., (zitiert: *von Hirsch*, GA 2002).

ders.: Der Rechtsgutsbegriff und das „Harm Principle", *in* Die Rechtsgutstheorie, Legitimationsbasis des Strafrechts oder dogmatisches Glasperlenspiel?, 1. Auflage, Baden-Baden, 2003, S. 13 ff.,(zitiert: *von Hirsch*, Der Rechtsgutsbegriff).

ders./Seelmann, Kurt/Wohlers, Wolfgang: Einführung: Was sind Mediating principles? *in* Mediating Principles, Begrenzungsprinzipien bei der Strafbegründung, 1. Auflage, Baden-Baden, 2006, S. 13 ff., (zitiert: *von Hirsch/Seelmann/Wohlers*, Mediating Principles).

Hirsch, Mathias: Realer Inzest, Psychodynamik des sexuellen Missbrauchs in der Familie, Neuauflage, Berlin u.a., 1987, (zitiert: *Hirsch*, Realer Inzest 1987).

ders.: Realer Inzest, Psychodynamik des sexuellen Missbrauchs in der Familie, Gießen, 1999, (zitiert: *Hirsch*, Realer Inzest).

ders.: Inzest und Psychoanalyse, *in* Ramin: Inzest und sexueller Missbrauch, Beratung und Therapie, Paderborn, 1993, S. 105 ff., (zitiert: *Hirsch*, Psychoanalyse).

His, Rudolf: Geschichte des Deutschen Strafrechts bis zur Karolina, München, 1967, (zitiert: *His*, Geschichte des Deutschen Strafrechts).

Hörnle, Tatjana: Begriff des „Eindringens" bei sexuellem Missbrauch, *in* NStZ 2000, S. 310 ff., (zitiert: *Hörnle*, NStZ 2000).

dies.: Der Schutz von Gefühlen im StGB, *in* Die Rechtsgutstheorie, Legitimationsbasis des Strafrechts oder dogmatisches Glasperlenspiel?, 1. Auflage, Baden-Baden, 2003, S. 268 ff., (zitiert: *Hörnle*, Der Schutz von Gefühlen).

dies.: Das Verbot des Geschwisterinzests – Verfassungsrechtliche Bestätigung und verfassungsrechtliche Kritik, *in* NJW 2008, S. 2085 ff., (zitiert: *Hörnle*, NJW 2008).

Hohmann, Olaf: Das Rechtsgut der Umweltdelikte, Grenzen des strafrechtlichen Umweltschutzes, Frankfurt am Main u.a., 1991, (zitiert: *Hohmann*, Umweltdelikte).

Holzendorff, Franz von/u.a.: Handbuch des deutschen Strafrechts, Band 3, Die Lehre von den Verbrechensarten, Berlin, 1874, (zitiert: *Holzendorff*, Handbuch, Bd. 3).

Hommel, Carl Ferdinand: Hommelische Vorrede, *in* Des Herren Marquis von Beccaria unsterbliches Werk von Verbrechen und Strafen, auf das Neue, selbst aus dem Italienischen übersetzt mit durchgängigen Anmerkungen des Ordinarius zu Leipzig Herren Hofrath Hommels, von: *Beccaria, Cesare/ Hommel, Carl Ferdinand/ Flade, Philipp Jacob*, Breslau, 1778, (zitiert: *Hommel*, Hommelische Vorrede).

Hufnagel, Carl, Friedrich von: Das Strafgesetzbuch für das Königreich Württemberg, mit erläuternden Anmerkungen, Tübingen, 1845, (zitiert: *Hufnagel*, Strafgesetzbuch).

Hummel, Konrad: Zum Phänomen des Vater-Tochter-Inzests, *in* ZfJ 83. Jahrgang, 1996, S. 417 ff., (zitiert: *Hummel*, ZfJ 83).

Jäckel, Karin: Inzest, Tatort Familie, Originalausgabe, Rastatt, 1988, (zitiert: *Jäckel*, Inzest).

Jäger, Herbert: Strafgesetzgebung und Rechtsgüterschutz bei Sittlichkeitsdelikten, Eine kriminalsoziologische Untersuchung, *in* Beiträge zur Sexualforschung, 12. Heft, Stuttgart, 1957, (zitiert: *Jäger*, Strafgesetzgebung).

Jakobs, Günther: Strafrecht, Allgemeiner Teil, Die Grundlagen und die Zurechnungslehre, Lehrbuch, 2., neubearbeitete und erweiterte Auflage, Berlin, New York, 1991, (zitiert: *Jakobs*, StrafR AT).

Jarass, Hans/Pieroth, Bodo: Grundgesetz für die Bundesrepublik Deutschland, Kommentar, 8. Auflage, München, 2006, (zitiert: *Jarass/Pieroth*, GG-2006).

ders.: Grundgesetz für die Bundesrepublik Deutschland, Kommentar, 9. Auflage, München, 2007, (zitiert: *Jarass/Pieroth*, GG).

Jarzebowski, Claudia: Inzest, Verwandtschaft und Sexualität im 18. Jahrhundert, Köln/Weimar/Wien, 2006, (zitiert: *Jarzebowski*, Inzest).

Jescheck, Hans-Heinrich/Weigend, Thomas: Lehrbuch des Strafrechts, Allgemeiner Teil, 5. , vollständig neubearbeitete und erweiterte Auflage, Berlin, 1996, (zitiert: *Jescheck/Weigend*, StrafR AT).

John, Richard Ed.: Das Strafrecht in Norddeutschland, Beurtheilung des Entwurfes eines Strafgesetzbuches für den Norddeutschen Bund in Form eines revidirten Entwurfes, Göttingen, 1870, (zitiert: *John*, Beurteilung des Entwurfs eines Strafgesetzbuches für den Norddeutschen Bund).

Jung, Heike: Zur Strafbarkeit des Inzests, *in* Kriminologie – Psychiatrie – Strafrecht, Festschrift für Heinz Leferenz zum 70. Geburtstag, Heidelberg, 1983, S. 311 ff., (zitiert: *Jung*, FS Leferenz).

Jungjohann, Eugen E.: Symptom als Botschaft: Psychosomatische Reaktionen als Signale bei sexueller Ausbeutung des Kindes, *in* Acta Paedopsychiatrica 53. Jahrgang, 1990, S. 54 ff., (zitiert: *Jungjohann*, Acta Paedopsychiatrica 53).

J. von Staudingers Kommentar zum Bürgerlichen Gesetzbuch mit Einführungsgesetz und Nebengesetzen; Viertes Buch, Familienrecht, Einleitung zu §§ 1297 ff., §§ 1297-1302; Nichteheliche Lebensgemeinschaft (Anhang zu §§ 1297 ff.); §§ 1303-1362; Dreizehnte Bearbeitung 2000, von: *Hübner, Heinz*, u.a., Berlin, 2000, (zitiert: Staudinger/*Bearbeiter*).

Kahlo, Michael: Über den Zusammenhang von Rechtsgutsbegriff und objektiver Zurechnung im Strafrecht, *in* Die Rechtsgutstheorie, Legitimationsbasis des Strafrechts oder dogmatisches Glasperlenspiel?, 1. Auflage, Baden-Baden, 2003, S. 26 ff., (zitiert: *Kahlo*, Über den Zusammenhang).

Karkatsoulis, Panagiotis: Inzest und Strafrecht, Die Bedeutung des Strafrechts am Beispiel des Inzesttatbestandes (§ 173 StGB), Pfaffenweiler, 1987, (zitiert: *Karkatsoulis*, Inzest und Strafrecht).

Kindhäuser, Urs Konrad: Gefährdung als Straftat, Rechtstheoretische Untersuchungen zur Dogmatik der abstrakten und konkreten Gefährdungsdelikte, Frankfurt am Main, 1989, (zitiert: *Kindhäuser*, Gefährdung als Straftat).

ders.: Strafrecht-Allgemeiner Teil, 3., völlig neu überarbeitete Auflage, Baden-Baden, 2008, (zitiert: *Kindhäuser*, StrafR AT).

Klein, Jörg: Inzest: Kulturelles Verbot und natürliche Scheu, Opladen, 1991, (zitiert: *Klein*, Inzest).

Klöpper, Karl: Das Verhältnis von § 173 StGB zu Art. 6 Abs. 1 GG, München, 1995, (zitiert: *Klöpper*, Das Verhältnis von § 173 StGB zu Art. 6 I GG).

Köhler, Klaus: Kindesmissbrauch: Gewalt verrückt die Seele, Zur Rekonstruktion der Lebensgeschichte von psychisch Kranken, Wiesbaden, 1991, (zitiert: *Köhler*, Kindesmissbrauch).

Kraepelin, Emil: Psychiatrie, Ein Lehrbuch für Studierende und Ärzte, I. Band, Allgemeine Psychiatrie, Achte Auflage, Leipzig, 1909, (zitiert: *Kraepelin*, Psychiatrie, I. Band).

Kriminalisierung jenseits des Rechtsgutsdogmas, Diskussionsbericht, 3. Sitzung, bearbeitet von *Brandt, Karsten/Hoentzsch, Susanne/Maatz, Rico/Schulenburg, Johanna*, *in* Die Rechtsgutstheorie, Legitimationsbasis des Strafrechts oder dogmatisches Glasperlenspiel?, 1. Auflage, Baden-Baden, 2003, S. 303 ff., (zitiert: *Autor*, Kriminalisierung jenseits des Rechtsgutsdogmas).

Krüll, Marianne: Freud und sein Vater, Die Entstehung der Psychoanalyse und Freuds ungelöste Vaterbindung, überarbeitete Neuausgabe, Frankfurt a.M., 1992, (zitiert: *Krüll*, Freud und sein Vater).

Kühl, Kristian: Strafgesetzbuch, 26., neu bearbeitete Auflage, München, 2007, (zitiert: *Kühl*, StGB).

ders.: Stellungnahme zum Gesetzesentwurf der Bundesregierung zur Umsetzung des Rahmenbeschlusses des Rates der Europäischen Union zur Bekämpfung der sexuellen Ausbeutung von Kindern und der Kinderpornographie, BT-Drucks. 16/3439, veröffentlicht unter: http: //www.bundestag. de/ausschuesse/a06/ anhoerungen/ 21_kinderpornographie/ 04_stellungnahmen/kuehl.pdf, (zitiert: *Kühl*, Stellungnahme).

Kuhlen, Lothar: Rechtsgüter und neuartige Deliktstypen, *in* Mediating Principles, Begrenzungsprinzipien bei der Strafbegründung, 1. Auflage, Baden-Baden, 2006, S. 148 ff., (zitiert: *Kuhlen*, Rechtsgüter).

Kusch, Roger/Mössle, Karen Ilka: Verschärfter Jugendschutz, Zur Auslegung des neuen § 182 StGB, *in* NJW 1994, S. 1504 ff., (zitiert: *Kusch/Mössle*, NJW 1994).

Lagodny, Otto: Das materielle Strafrecht als Prüfstein der Verfassungsdogmatik, *in* Die Rechtsgutstheorie, Legitimationsbasis des Strafrechts oder dogmatisches Glasperlenspiel?, 1. Auflage, Baden-Baden, 2003, S. 83 ff., (zitiert: *Lagodny*, Das materielle Strafrecht).

Lassaulx, Franz: Civil-Gesetzbuch der französischen Republik, übersetzt und mit Anmerkungen begleitet von Franz Lassaulx, öffentl. Vertheidiger bei den Tribunalien zu Koblenz, Erster Theil, Koblenz, 1803-1805, (zitiert: Lassaulx, Anmerkungen).

Laubenthal, Klaus: Sexualstraftaten, Die Delikte gegen die sexuelle Selbstbestimmung, Berlin, Heidelberg, 2000, (zitiert: *Laubenthal*, Sexualstraftaten).

Lautmann, Rüdiger: Sexualdelikte – Straftaten ohne Opfer?, *in* ZRP 1980, S. 44 ff., (zitiert: *Lautmann*, ZRP 1980).

Leferenz, Heinz: Zur anthropologischen Dimension der Sexualkriminologie, *in* Kultur – Kriminalität – Strafrecht, Festschrift für Thomas Würtenberger zum 70. Geburtstag, Berlin, 1970, S. 317 ff.,(zitiert: *Leferenz*, FS Würtenberger).

Leipold, Klaus/Beukelmann, Stephan: Strafbarkeit des Geschwisterinzests mit dem Grundgesetz vereinbar, *in* NJW-Spezial 2008, S. 248, (zitiert: *Leipold/ Beukelmann*, NJW-Spezial 2008).

Leipziger Kommentar, Großkommentar, Fünfter Band, §§ 146 bis 222, 11., neu bearbeitete Auflage, hrsg. von *Jähnke, Burkhard/ Laufhütte, Heinrich W./ Odersky, Walter* Berlin, 2005, (zitiert: LK, *Bearbeiter*).

Lévi-Strauss, Claude: Die elementaren Strukturen der Verwandtschaft, 1. Auflage, Frankfurt am Main, 1993, (zitiert: *Lévi-Strauss*, Verwandtschaft).

Licht, Hans: Sittengeschichte Griechenlands, Band II, Das Liebesleben der Griechen, Dresden, u.a., 1926, (zitiert: *Licht*, Sittengeschichte Griechenlands).

Löffler, Lorenz G.: Wieso ist Inzest tabu? Das Thema im Blick des Ethnologen, *in* Ramin: Inzest und sexueller Missbrauch, Beratung und Therapie, Paderborn, 1993, S. 11 ff., (zitiert: *Löffler*, Inzest).

Lubbock, Sir John: Die Entstehung der Civilisation und der Urzustand des Menschengeschlechtes, erläutert durch das innere und äußere Leben der Wilden, Autorisierte Ausgabe für Deutschland, nach der dritten vermehrten Auflage aus dem Englischen, Jena, 1875, (zitiert: *Lubbock*, Civilisation).

Lutterbach, Hubertus: Sexualität im Mittelalter, Eine Kulturstudie anhand von Bußbüchern des 6. bis 12. Jahrhunderts, Köln, Weimar, Wien, 1999, (zitiert: *Lutterbach*, Sexualität im Mittelalter).

Maisch, Herbert: Inzest, Hamburg, 1968, (zitiert: *Maisch*, Inzest).

Maiwald, Manfred: Zum fragmentarischen Charakter des Strafrechts, *in* Festschrift für Reinhart Maurach zum 70. Geburtstag, hrsg. von: *Friedrich-Christian Schroeder* und *Heinz Zipf*, Karlsruhe, 1972, S. 9 ff., (zitiert: *Maiwald*, FS Maurach).

Malinowski, Bronislaw: Geschlecht und Verdrängung in primitiven Gesellschaften, 7. Auflage, 1997, Eschborn bei Frankfurt a.M., (zitiert: *Malinowski*, Geschlecht und Verdrängung).

Mangoldt, Hermann von/Klein, Friedrich/Starck, Christian: Kommentar zum Grundgesetz, Band 1: Präambel, Artikel 1 bis 19, Fünfte, vollständig neubearbeitete Auflage, München, 2005, (zitiert: *Bearbeiter* in: v. Mangoldt/Klein/ Strarck).

Marcuse, Max: Vom Inzest, *in* Juristisch-psychiatrische Grenzfragen, X. Band, Halle, 1915, (zitiert: *Marcuse*, Vom Inzest).

Marx, Michael: Zur Definition des Begriffs Rechtsgut, Prolegomena einer materialen Verbrechenslehre, Köln u.a., 1972, (zitiert: *Marx*, Zur Definition des Begriffs Rechtsgut).

Maunz, Theodor/Dürig, Günter: Grundgesetz, Kommentar, Loseblatt-Ausg., Band I, Präambel bis Art. 5, München, Stand Oktober 1996, (zitiert: *Bearbeiter*, Maunz/Dürig).

Maurach, Reinhart: Deutsches Strafrecht, Besonderer Teil, 4., erweiterte und bearbeitete Auflage, Karlsruhe, 1964, (zitiert: *Maurach*, Deutsches Strafrecht).

ders./Zipf, Heinz: Strafrecht, Allgemeiner Teil, Teilband 1, Grundlehren des Strafrechts und Aufbau der Straftat, 8., neubearbeitete und erweiterte Auflage, Heidelberg, 1992, (zitiert: *Maurach/Zipf*, StrafR AT).

ders./Schroeder, Friedrich-Christian/Maiwald, Manfred: Strafrecht, Besonderer Teil, Teilband 2, Straftaten gegen Gemeinschaftswerte, 9., neubearbeitete Auflage, Heidelberg, 2005, (zitiert: *Maurach/Schroeder/Maiwald*, Strafrecht BT).

Maurer, Wolfheinrich: Untersuchung einer klinisch auffälligen Gruppe von Inzestfamilien: Die „Triadische Inzestfamilie“, Dissertation, Düsseldorf, 1994, (zitiert: *Maurer*, Triadische Inzestfamilie).

McLennan, John Ferguson: Primitive Marriage, An inquiry into the origin of the form of capture in marriage ceremonies, in Studies in ancient history, A new edition, London, New York, 1886, (zitiert: *McLennan*, Primitive Marriage).

Meyer, Friedrich: Strafgesetzbuch für den Norddeutschen Bund, vom 31. Mai 1870, mit Benutzung der Entwürfe, der Motive derselben, der Verhandlungen des Reichstags und der Reichstags-Kommissionen, sowie unter Vergleichung mit den bisherigen Partikularrechten, namentlich dem preussischen erläutert, Berlin, 1871, (zitiert: *Meyer*, Strafgesetzbuch für den Norddeutschen Bund).

Michaelis, H.: Das neue Ehegesetz (NEG), Kontrollrat-Gesetz Nr. 16 vom 20.2.1946, mit Erläuterungen und den gültigen Durchführungsverordnungen sowie Auszügen aus dem Personenstandsgesetz und der Ausführungsverordnung zum Personenstandsgesetz, 2., neubearbeitete und verbesserte Auflage, Berlin, 1949, (zitiert: *Michaelis*, NEG).

Miebach, Klaus: Aus der Rechtsprechung des Bundesgerichtshofs zu materiellrechtlichen Fragen des Sexualstrafrechts, *in* NStZ 1992, S. 174 ff., (zitiert: *Miebach*, NStZ 1992).

ders.: Aus der Rechtsprechung des Bundesgerichtshofs zu materiell-rechtlichen Fragen des Sexualstrafrechts, *in* NStZ 1993, S. 223 ff., (zitiert: *Miebach*, NStZ 1993).

Mitnick, Mindy: Inzestuös missbrauchte Kinder, Symptome und Behandlungsmethoden, *in* Sexueller Missbrauch von Kindern in Familien, Köln, 1986, S. 83 ff., (zitiert: *Mitnick*, Inzestuös missbrauchte Kinder).

Mittermaier, Wolfgang: Vergleichende Darstellung des Deutschen und Ausländischen Strafrechts, Vorarbeiten zur deutschen Strafrechtreform, Besonderer Teil, IV. Band, Verbrechen und Vergehen wider die Sittlichkeit, Beleidigung, Personenstandsdelikte, Berlin, 1906, (zitiert: *Mittermaier*, Verbrechen und Vergehen).

Mommsen, Theodor: Römisches Strafrecht, aus Systematisches Handbuch der Deutschen Rechtswissenschaft, Erste Abteilung, vierter Teil, Leipzig, 1899, (zitiert: *Mommsen*, Römisches Strafrecht).

Motifs zum Ersten Theile des revidirten Codex Maximilianeus Bavaricus civilis, Kurze Darstellung der Beweggründe zu dem Entwurf des revidirten Baierischen Civilgesetzbuches von der zur Redaktion Commißion, *in* Der Entwurf eines Bürgerlichen Gesetzbuchs für das Königreich Bayern von 1811, hrsg. von: *Demel, Walter/Schubert, Werner*, Ebelsbach, 1986, (zitiert: Motifs zum Ersten Theile des rev. Cod. Max. 1811).

Müller-Dietz, Heinz: Strafe und Staat, *in* Juristische Reihe, Heft 5/6, Frankfurt am Main, 1973, (zitiert: *Müller-Dietz*, Strafe und Staat).

Müller-Emmert, Adolf: Der Stand der Strafrechtsreform und ihre Aussichten, *in* DRiZ 1965, S. 45 ff., (zitiert: *Müller-Emmert*, DRiZ 1965).

Münch, Ingo von/Kunig, Philip: Grundgesetz-Kommentar, Präambel bis Art. 19, 5., neubearb. Auflage, München, 2000, (zitiert: *Bearbeiter* in: v. Münch/Kunig, GG).

Münchener Kommentar zum Bürgerlichen Gesetzbuch, Band 7, Familienrecht I, §§ 1297-1588, VAHRG VAÜG HausratsV, Redakteur: *Rebmann, Kurt*, 4. Auflage, München, 2000, (zitiert: MK zum BGB, *Bearbeiter*).

Münchener Kommentar zum Strafgesetzbuch, Bandredakteur: *von Heintschel-Heinegg, Bernd* Band 2/2, §§ 80-184 f StGB, München, 2005, (zitiert: MK, *Bearbeiter*).

Münsterischer Kommentar zum Codex Iuris Canonici, Band 5, (1055-1310), hrsg. von: *Lüdicke, Klaus*, unter besonderer Berücksichtigung der Rechtslage in Deutschland, Österreich und der Schweiz, Loseblatt-Ausgabe, Essen, Neuester Stand 1985 ff., (zitiert: Münsterischer Kommentar-*Bearbeiter*).

Neumann, Ulfrid: Das Verhältnismäßigkeitsprinzip als strafbegrenzendes Prinzip, *in* Mediating Principles, Begrenzungsprinzipien bei der Strafbegründung, 1. Auflage, Baden-Baden, 2006, S. 128 ff., (zitiert: *Neumann*, Das Verhältnismäßigkeitsprinzip).

Nomos Kommentar zum Strafgesetzbuch, Loseblattsammlung, 1. Auflage, Stand 14. Auflage, hrsg. von: *Neumann, Ulfrid/ Puppe, Ingeborg/Schild, Wolfgang* Baden-Baden, 2003, (zitiert: NK-*Bearbeiter*).

Oppenhoff, Friedrich C.: Das Strafgesetzbuch für das Deutsche Reich, siebente verbesserte und bereicherte Ausgabe, Berlin, 1879, (zitiert: *Oppenhoff*, Das Strafgesetzbuch).

Otis-Cour, Leah: Lust und Liebe, Geschichte der Paarbeziehungen im Mittelalter, Frankfurt am Main, 2000, (zitiert: *Otis-Cour*, Lust und Liebe).

Palandt, Bürgerliches Gesetzbuch, bearbeitet von: *Bassenge, Peter/u.a.*, 67., neubearbeitete Auflage, München, 2008, (zitiert: Palandt/*Bearbeiter*).

Palmen, Franz: Der Inzest, Eine strafrechtlich-kriminologische Untersuchung, Köln, 1968, (zitiert: *Palmen*, Der Inzest).

Parsons, Talcott: Beiträge zur soziologischen Theorie, 2. Auflage, Neuwied am Rhein und Berlin, 1968, (zitiert: *Parsons*, soziologische Theorie).

Pieroth, Bodo/Schlink, Bernhard: Grundrechte, Staatsrecht II, mit höchstrichterlichen Entscheidungen auf CD-ROM, 23., neu bearbeitete Auflage, Heidelberg, 2007, (zitiert: *Pieroth/Schlink*, Grundrechte).

Polizeiliche Kriminalstatistik für das Jahr 2006, Hrsg.: *Bundeskriminalamt*, Wiesbaden, 2007, (zitiert: PKS, 2006).

Protokolle der Kommission für die zweite Lesung, *in Mugdan, Benno*: Die Gesamten Materialien zum Bürgerlichen Gesetzbuch für das Deutsche Reich, herausgegeben und bearbeitet, 5 Bände und Sachregister sowie Ergänzungsband, Band 4, Familienrecht, Neudruck der Ausgabe Berlin 1899, Aalen, 1979, (zitiert: Protokolle der Kommission für die zweite Lesung in: *Mugdan*, Materialien zum BGB).

Radbruch, Gustav: Entwurf eines Allgemeinen Deutschen Strafgesetzbuches (1922), Tübingen, 1952, (zitiert: Entwurf von *Gustav Radbruch* 1922).

Reddy, Ponnaluru, Govinda: Marriage Practices in South India, Social and biological aspects of consanguineous unions, First Edition, 1993, Madras, (zitiert: *Reddy*, Marriage Practices).

Ranieri, Filippo: 200 Jahre Code civil, *in* 200 Jahre Code civil. Die napoleonische Kodifikation in Deutschland und Europa, hrsg. von: *Schubert, Werner/ Schmoeckel, Mathias*, Köln Weimar Wien, 2005, S. 85 ff. (zitiert: *Ranieri*, Code Civil).

Rechtsgutstheorie und Harm Principle, 1. Sitzung, bearbeitet von *Bunzel, Michael /Schmidt, Juana/Stolle, Peer*, *in* Die Rechtsgutstheorie, Legitimationsbasis des Strafrechts oder dogmatisches Glasperlenspiel?, 1. Auflage, Baden-Baden, 2003, S. 291 ff., (zitiert: *Autor*, Rechtsgutstheorie und Harm Principle).

Rein, Wilhelm: Das Criminalrecht der Römer von Romulus bis auf Justinianus, Ein Hülfsbuch zur Erklärung der Classiker und der Rechtsquellen für Philologen und Juristen, nach Quellen bearbeitet, Leipzig, 1844, (zitiert: *Rein*, Das Criminalrecht der Römer).

Renzikowski, Joachim: Das Sexualstrafrecht nach dem 6. Strafrechtsreformgesetz – 2. Teil, *in* NStZ 1999, S. 440 ff., (zitiert: *Renzikowski*, NStZ 1999).

ders.: Stellungnahme zum Entwurf eines Gesetzes zur Umsetzung des Rahmenbeschlusses des Rates der Europäischen Union zur Bekämpfung der sexuellen Ausbeutung von Kindern und der Kinderpornographie (BT-Drucks. 16/3439), vom 15. Juni 2007, S. 1 ff., veröffentlicht unter: http: //www.bundestag.de/ ausschuesse/a06/anhoerungen/21_kinderpornographie /04_ stellungnahmen/ renzikowski.pdf, (zitiert: *Renzikowski*, Stellungnahme).

Revidirter Codex Maximilianeus Bavaricus civilis von 1811, *in* Der Entwurf eines Bürgerlichen Gesetzbuchs für das Königreich Bayern von 1811, hrsg. von: *Demel, Walter/Schubert, Werner*, Ebelsbach, 1986, (zitiert: Rev. Cod. Max. 1811).

Riemer, Svend: Die Blutschande als soziologisches Problem, *in* MschrKrim, 27. Jahrgang, 1936, S. 86 ff., (zitiert: *Riemer*, MschrKrim 27).

Rosenfeld, Ernst Heinrich: Grundsätzliches zur Bestrafung des Inzests, *in* MschrKrim, Beiheft 1, 17. Jahrgang, 1926, S. 45 ff., (zitiert: *Rosenfeld*, MschrKrim 17, Beiheft 1).

Roxin, Claus: Strafrecht, Allgemeiner Teil, Band I, Grundlagen, Der Aufbau der Verbrechenslehre, 4., vollständig neu bearbeitete Auflage, München, 2006, (zitiert: *Roxin*, StrafR AT 1).

Rudolphi, Hans- Joachim: Die verschiedenen Aspekte des Rechtsgutsbegriffs, *in* Festschrift für Richard M. Honig, Göttingen, 1970, S. 151 ff., (zitiert: *Rudolphi*, FS Honig).

Rush, Florence: Das bestgehütete Geheimnis: Sexueller Kindesmissbrauch, 2. Auflage, Berlin, 1984, (zitiert: *Rush*, Das bestgehütete Geheimnis).

Rust, Gisela: Sexueller Missbrauch – ein Dunkelfeld in der Bundesrepublik Deutschland. Aufklärung, Beratung und Forschung tun not, *in* Sexueller Missbrauch von Kindern in Familien, Köln 1986, S. 7 ff., (zitiert: *Rust*, Sexueller Missbrauch).

Sabean, David Warren: Inzestdiskurse vom Barock bis zur Romantik, *in* Die Liebe der Geschwister, Köln, Weimar, Wien, 2002, S. 7 ff., (zitiert: *Sabean*, Inzestdiskurse).

Sachs, Michael: Grundgesetz, Kommentar, 4. Auflage, München, 2007, (zitiert: *Sachs/Bearbeiter*, GG).
Saller, K.: Zur Bedeutung des Inzests, *in* Münchener Medizinische Wochenschrift, 107. Jahrgang, 1965, S. 2105 ff., (zitiert: *Saller*, Münchener Medizinische Wochenschrift 107).

Sauer, Wilhelm: System des Strafrechts, Besonderer Teil, Köln, Berlin, 1954, (zitiert: *Sauer*, Besonderer Teil).

Schelsky, Helmut: Soziologie der Sexualität, Über die Beziehungen zwischen Geschlecht, Moral und Gesellschaft, Hamburg, 1955, (zitiert: *Schelsky*, Soziologie).

Schmidt-Bleibtreu, Bruno/Klein, Franz: Kommentar zum Grundgesetz, 11. Auflage, Köln München 2008, (zitiert: *Schmidt-Bleibtreu/Klein-Bearbeiter*, GG).

Schmidt, Gerhard: Sinn und Bedeutung der Constitutio Criminalis Carolina als Ordnung des materiellen und prozessualen Rechts (1966), *in* Die Carolina, Die Peinliche Gerichtsordnung Kaiser Karls V. von 1532, hrsg. von: *Schroeder, Friedrich-Christian*, Darmstadt, 1986, S. 185 ff., (zitiert: *Schmidt*, in: Carolina).

Schönke, Adolf/Schröder, Horst/u.a.: Strafgesetzbuch, Kommentar, 27., neu bearbeitete Auflage, München 2006, (zitiert: S/S-*Bearbeiter*).

Schroeder, Friedrich-Christian: Die Straftaten gegen die sexuelle Selbstbestimmung nach dem Entwurf eines 4. StrRG, *in* ZRP 1971, S. 14 ff., (zitiert: *Schroeder*, ZRP 1971).

ders.: Systematische Stellung und Rechtsgut der Sexualstraftaten nach dem 4. StrRG, *in* Festschrift für Hans Welzel zum 70. Geburtstag, Berlin, New York, 1974, S. 859 ff., (zitiert: *Schroeder*, FS Welzel).

ders.: Die Peinliche Gerichtsordnung Kaiser Karls V. (Carolina) von 1532 (1980), *in* Die Carolina, Die Peinliche Gerichtsordnung Kaiser Karls V. von 1532, hrsg. von: *Schroeder, Friedrich-Christian*, Darmstadt, 1986, S. 305 ff., (zitiert: *Schroeder*, in: Carolina).

Schulenburg, Johanna: Dogmatische Zusammenhänge von Rechtsgut, Deliktsstruktur und objektiver Zurechnung, *in* Die Rechtsgutstheorie, Legitimationsbasis des Strafrechts oder dogmatisches Glasperlenspiel?, 1. Auflage, Baden-Baden, 2003, S. 244 ff., (zitiert: *Schulenburg*, Dogmatische Zusammenhänge).

Schumann, Hans-Joachim von: Probleme des Sittenstrafrechts, Ein Beitrag zur Strafrechtsreform vom Standpunkt des Arztes, *in* NJW 1964, S. 1158 ff., (zitiert: *von Schumann*, NJW 1964).

Schwarze, Friedrich Oskar: Commentar zum Strafgesetzbuch für das Deutsche Reich vom 31. Mai. 1870, mit dem Gesetze, betreffend die Redaktion des Strafgesetzbuchs für den Norddeutschen Bund als Strafgesetzbuch für das Deutsche Reich, Leipzig, 1871, (zitiert: *Schwarze*, Commentar zum Strafgesetzbuch).

Seelmann, Kurt: Rechtsgutskonzept, „Harm Principle“ und Anerkennungsmodell als Strafwürdigkeitskriterien, *in* Die Rechtsgutstheorie, Legitimationsbasis des Strafrechts oder dogmatisches Glasperlenspiel?, 1. Auflage, Baden-Baden, 2003, S. 261 ff., (zitiert: *Seelmann*, Rechtsgutskonzept).

ders.: Verhaltensdelikte: Kulturschutz durch Recht?, *in* Festschrift für Heike Jung, 1. Auflage, Baden-Baden, 2007, S. 893 ff., (zitiert: *Seelmann*, FS Jung).

Seemanová, Eva: Genetisches Risiko für Kinder aus Inzest- und Verwandtenverbindungen, *in* Zeitschrift für ärztliche Fortbildung, Jena, 80.Jahrgang, 1986, S. 799 ff., (zitiert: *Seemanová*, Zeitschrift für ärztliche Fortbildung (80)).

Seher, Gerhard: Prinzipiengestützte Strafnormlegitimation und der Rechtsgutsbegriff, *in* Die Rechtsgutstheorie, Legitimationsbasis des Strafrechts oder dogmatisches Glasperlenspiel?, 1. Auflage, Baden-Baden, 2003, S. 39 ff., (zitiert: *Seher*, Prinzipiengestützte Strafnormlegitimation).

Seligman, Brenda Z.: The incest taboo as a social regulation, *in* The Sociological Review, Volume 27, 1935, S. 75 ff., (zitiert: *Seligman*, The Sociological Review 27).

dies.: The Problem of Incest and Exogamy: A Restatement, *in* American Anthropologist, Volume 52, Wisconsin, 1950, S. 305 ff., (zitiert: *Seligman*, American Anthropologist 52).

Shepher, Joseph: Incest, A Biosocial View, New York u.a., 1983, (zitiert: *Shepher*, Incest).

Sidler, Nikolaus: Zur Universalität des Inzesttabu, Eine kritische Untersuchung der These und der Einwände, Stuttgart, 1971, (zitiert: *Sidler*, Zur Universalität des Inzesttabu).

Siebert, Martin F.: Das Inzestverbot in der normativen Architektur früher Gesellschaften, Dissertation an der Freien Universität Berlin, 1996, (zitiert: *Siebert*, Das Inzestverbot).

Simester, Andrew P./ Hirsch, Andrew von: Rethinking the Offense Principle, in Legal Theory 8, 2002, S. 269 ff., (zitiert: *Simester/von Hirsch*, Legal Theory 8).

Smith, William Robertson: Lectures on the religion of the semites, The fundamental institutions, third edition, New York, 1969, (zitiert: *Smith*, Religion of the semites).

Spencer, Herbert: Die Principien der Sociologie, II. Band, Autorisierte deutsche Ausgabe, nach der dritten vermehrten und verbesserten englischen Auflage übersetzt, Stuttgart, 1887, (zitiert: *Spencer*, Soziologie).

Spiro, Melford E.: Children of the Kibbutz, Revised Edition, Cambridge, Massachusetts, London, 1975, (zitiert: *Spiro*, Children).

Staudacher, Hans: Anthropologische Untersuchungen zum Inzestproblem unter besonderer Berücksichtigung des Bruder-Schwester-Inzests, Dissertation, Giessen, 1974, (zitiert: *Staudacher*, Anthropologische Untersuchungen).

Stern, Klaus: Das Staatsrecht der Bundesrepublik Deutschland, Band I, Grundbegriffe und Grundlagen des Staatsrechts, Strukturprinzipien der Verfassung, zweite, völlig neubearbeitete Auflage, München, 1984, (zitiert: *Stern*, Staatsrecht I).

ders.: Das Staatsrecht der Bundesrepublik Deutschland, Band III, Allgemeine Lehren der Grundrechte,1. Halbband, Grundlagen und Geschichte, nationaler und internationaler Grundrechtskonstitutionalismus, juristische Bedeutung der Grundrechte, Grundrechtsberechtigte, Grundrechtsverpflichtete, München, 1988, (zitiert: *Stern*, Staatsrecht III/1).

ders.: Das Staatsrecht der Bundesrepublik Deutschland, Band III, Allgemeine Lehren der Grundrechte,2. Halbband, Grundrechtstatbestand, Grundrechtsbeeinträchtigungen und Grundrechtsbegrenzungen, Grundrechtsverluste und Grundpflichten, Schutz der Grundrechte, Grundrechtskonkurrenzen, Grundrechtssystem, München, 1994, (zitiert: *Stern*, Staatsrecht III/2).

ders.: Bundesrepublik Deutschland, Band IV, Die einzelnen Grundrechte,1. Halbband, Der Schutz und die freiheitliche Entfaltung des Individuums, in Verbindung mit *Michael Sachs*, München, 2006, (zitiert: *Stern*, Staatsrecht IV/1).

Sternberg-Lieben, Detlev: Rechtsgut, Verhältnismäßigkeit und die Freiheit des Strafgesetzgebers, *in* Die Rechtsgutstheorie, Legitimationsbasis des Strafrechts oder dogmatisches Glasperlenspiel?, 1. Auflage, Baden-Baden, 2003, S. 65 ff., (zitiert: *Sternberg-Lieben*, Rechtsgut).

Strafgesetzbuch für das Großherzogthum Baden, nebst dem Einführungs-Edict, Amtliche Ausgabe, Karlsruhe 1845, (zitiert: Strafgesetzbuch für das Großherzogthum Baden 1845).

Strafgesetzbuch für das Königreich Baiern, Bei der Redaktion des allgemeinen Regierungsblatts, München, 1813, (zitiert: Strafgesetzbuch für das Königreich Baiern, 1813).

Strafgesetzbuch für das Königreich Sachsen vom 13. Aug. 1855, München, 1858, (zitiert: Strafgesetzbuch für das Königreich Sachsen vom 13. Aug. 1855).

Strafgesetzbuch für den Norddeutschen Bund mit sachlichen, hauptsächlich aus der geschichtlichen Entstehung desselben geschöpften Erläuterungen, zum praktischen Gebrauche bearbeitet von: *von Kirchmann, Julius Hermann*, Elberfeld, 1870, (zitiert: Strafgesetzbuch für den Norddeutschen Bund 1870).

Strampff, Heinrich Leopold von: Kritische Briefe über den Entwurf des Strafgesetzbuches für die Preußischen Staaten, Berlin, 1844, (zitiert: *Strampff*, Kritische Briefe).

Stratenwerth, Günter: Inzest und Strafgesetz, *in* Familienrecht im Wandel, Festschrift für Hans Hinderling, Basel und Stuttgart, 1976, S. 301 ff., (zitiert: *Stratenwerth*, FS Hinderling).

ders.: Zukunftssicherung mit den Mitteln des Strafrechts?, *in* ZStW 105, 1993, S. 679 ff., (zitiert: *Stratenwerth*, ZStW 105).

ders.: Zum Begriff des „Rechtsgutes", *in* Festschrift für Theodor Lenckner zum 70. Geburtstag, München, 1998, S. 377 ff., (zitiert: *Stratenwerth*, FS Lenckner).

ders.: Kriminalisierung bei Delikten gegen Kollektivrechtsgüter, *in* Die Rechtsgutstheorie, Legitimationsbasis des Strafrechts oder dogmatisches Glasperlenspiel?, 1. Auflage, Baden-Baden, 2003, S. 255 ff., (zitiert: *Stratenwerth*, Kriminalisierung).

ders.: Zur Legitimation von Verhaltensdelikten, *in* Mediating Principles, Begrenzungsprinzipien bei der Strafbegründung, 1. Auflage, Baden-Baden, 2006, S. 157 ff., (zitiert: *Stratenwerth*, Zur Legitimation von Verhaltensdelikten).

ders./ Kuhlen, Lothar: Strafrecht Allgemeiner Teil I, Die Straftat, 5., neu bearbeitete Auflage, Köln u.a., 2004, (zitiert: *Stratenwerth*, StrafR AT).

Systematischer Kommentar zum Strafgesetzbuch, Band II, Besonderer Teil (§§ 80-358); hrsg. von: Hans Joachim Rudolphi u.a., 6. neubearbeitete Auflage, 46. Lfg. (September 1998), Neuwied, Frankfurt am Main, 1998, (zitiert: SK-*Bearbeiter*).

Szibor, R.: Inzest und Konsanguinität, Eine Übersicht unter biologischen, soziologischen, klinisch-genetischen und rechtmedizinischen Aspekten, *in* Rechtsmedizin, Band 14, 2004, S. 387 ff., (zitiert: *Szibor*, Rechtsmedizin (14)).

Talmon, Yonina: Mate Selection in Collective Settlements, *in* American Sociological Review 29, 1964, S. 491 ff., (zitiert: *Talmon*, American Sociological Review 29).

Tiedemann, Klaus: Verfassungsrecht und Strafrecht, Vortrag: 8. März 1990, Heidelberg, 1991, (zitiert: *Tiedemann*, Verfassungsrecht und Strafrecht).

Tittmann, D. Carl August: Handbuch der Strafrechtswissenschaft und der deutschen Strafgesetzkunde, Zweiter Band, 2. umgeänderte Auflage, Halle, 1823, (zitiert: *Tittmann*, Handbuch).

Többen, Heinrich: Über den Inzest, Leipzig, Wien, 1925, (zitiert: *Többen*, Über den Inzest).

Thommen, Marc: Toleranz & Anti Social Behaviour, *in* Mediating Principles, Begrenzungsprinzipien bei der Strafbegründung, 1. Auflage, Baden-Baden, 2006, S. 109 ff., (zitiert: *Thommen*, Toleranz).

Verschuer, Otmar Freiherr von: Genetik des Menschen, Lehrbuch der Humangenetik, München, Berlin, 1959, (zitiert: *von Verschuer*, Genetik des Menschen).

Vogel, Friedrich: Lehrbuch der allgemeinen Humangenetik, Berlin, Göttingen, Heidelberg, 1961, (zitiert: *Vogel*, Lehrbuch).

Vorentwurf zu einem Deutschen Strafgesetzbuch, bearbeitet von der hierzu bestellten Sachverständigen-Kommission, veröffentlicht auf Anordnung des Reichs-Justizamts, Berlin, 1909, (zitiert: Vorentwurf zu einem Deutschen Strafgesetzbuch 1909).

Vorentwurf zu einem Deutschen Strafgesetzbuch, Begründung , Besonderer Teil, bearbeitet von der hierzu bestellten Sachverständigen-Kommission, veröffentlicht auf Anordnung des Reichs-Justizamts, Berlin, 1909, (zitiert: Begründung der Kommission zu des Vorentwurf zu einem Deutschen Strafgesetzbuch 1909).

Wasek, Andrzej: Zur Problematik der Beziehung zwischen Strafrecht und Moral, *in* ZStW 99, 1987, S. 88 ff., (zitiert: *Wasek*, ZStW 99).

Weber, Hellmuth von: Die Peinliche Halsgerichtsordnung Kaiser Karls V. (1960), *in* Die Carolina, Die Peinliche Gerichtsordnung Kaiser Karls V. von 1532, hrsg. von: *Schroeder, Friedrich-Christian*, Darmstadt, 1986, S. 162 ff., (zitiert: *von Weber*, in: Carolina).

Weber, Ulrich: Tagung der Strafrechtslehrer in Freiburg i.Br., *in* JZ 1965, S. 503 ff., (zitiert: *Weber*, JZ 1965).

ders.: Der 47. deutsche Juristentag, Die Verhandlungen der Strafrechtlichen Abteilung, *in* JZ 1968, S. 755 ff., (zitiert: *Weber*, JZ 1968).

Welzel, Hans: Das Deutsche Strafrecht, elfte neubearbeitete und erweiterte Auflage, Berlin, 1969, (zitiert: *Welzel*, Strafrecht).

Wessels, Johannes/Beulke, Werner: Strafrecht, Allgemeiner Teil, Die Straftat und ihr Aufbau, 37., neu bearbeitete Auflage, Heidelberg, 2007, (zitiert: *Wessels/Beulke*, StrafR AT).

Westermarck, Eduard: Geschichte der menschlichen Ehe, einzig autorisierte deutsche Ausgabe, Jena, 1893, (zitiert: *Westermarck*, Geschichte der menschlichen Ehe).

Wirtz, Ursula: Seelenmord, Inzest und Therapie, Stuttgart, 2005, (zitiert: *Wirtz*, Seelenmord).

Wittig, Petra: Rechtsgutstheorie, „Harm Principle“ und die Abgrenzung von Verantwortungsbereichen, *in* Die Rechtsgutstheorie, Legitimationsbasis des Strafrechts oder dogmatisches Glasperlenspiel?, 1. Auflage, Baden-Baden, 2003, S. 239 ff., (zitiert: *Wittig*, Rechtsgutstheorie).

Wohlers, Wolfgang: Deliktstypen des Präventionsstrafrechts – zur Dogmatik „moderner“ Gefährdungsdelikte, Berlin, 2000, (zitiert: *Wohlers*, Deliktstypen).

ders.: Die Tagung aus der Perspektive eines Rechtsgutsskeptikers, *in* Die Rechtsgutstheorie, Legitimationsbasis des Strafrechts oder dogmatisches Glasperlenspiel?, 1. Auflage, Baden-Baden, 2003, S. 281 ff., (zitiert: *Wohlers*, Die Tagung).

Wohlmuth, Josef (Hrsg.): Dekrete der ökumenischen Konzilien, Band 2, Konzilien des Mittelalters, vom ersten Laterankonzil (1123) bis zum fünften Laterankonzil (1512-1517), im Auftrag der Görres-Gesellschaft ins Deutsche übertragen und hrsg. unter Mitarbeit von Gabriel Sunnus und Johannes Uphus, Paderborn u.a., 2000, (zitiert: *Wohlmuth*, Viertes Laterankonzil).

Wolf, Arthur P.: Childhood Association, Sexual Attraction and the Incest Taboo: A Chinese Case; *in* American Anthropologist, Volume 68, 1966, S. 883 ff., (zitiert: *Wolf*, American Anthropologist 68).

ders.: Adopt a Daughter-in-Law, Marry a Sister: A Chinese Solution to the Problem of Incest Taboo, in American Anthropologist, Volume 70, 1968, S. 864 ff., (zitiert: *Wolf*, American Anthropologist 70).

ders.: Childhood Association and Sexual Attraction, A Further Test of the Westermarck Hypothesis, *in* American Anthropologist,Volume 72, 1970, S. 503 ff., (zitiert: *Wolf*, American Anthropologist 72).

Wulffen, Erich: Der Sexualverbrecher, Ein Handbuch für Juristen, Verwaltungsbeamte und Ärzte, *in* Encyklopädie der modernen Kriminalistik, Band VIII, Berlin, Gross-Lichterfelde, 1910, (zitiert: *Wulffen*, Der Sexualverbrecher).

Zieschang, Frank: Die Gefährdungsdelikte, Berlin, 1998, (zitiert: *Zieschang*, Die Gefährdungsdelikte).

www.ingramcontent.com/pod-product-compliance
Ingram Content Group UK Ltd.
Pitfield, Milton Keynes, MK11 3LW, UK
UKHW021912290926
8980IPUK00015B/1214

9 783631 585146